# L'ORDINATEUR

DU MÊME AUTEUR
*CHEZ POCKET*

10 JUIN 1999

ERIC L. HARRY

# L'ORDINATEUR

ROBERT LAFFONT

Titre original :

*SOCIETY OF THE MIND*

traduit de l'américain
par Léon Mercadet


ISBN : 2-266-09391-6
(édition originale : ISBN 0-06-017694-6 Harper Collins
Publishers, New York)

*Je dédie ce livre à mes parents, à qui je dois beaucoup plus que les mots ne pourraient le dire.*

# 1

Ré*seau neu*ronal : réseau de processeurs étroitement connectés, ou « neurones », modelé sur l'architecture du cerveau biologique. Grâce à l'interaction des neurones individuels, un réseau neuronal peut améliorer ses performances à partir de l'expérience. Appelé aussi neu-ro-or-di-na-teur.

— Docteur Aldridge ? demanda le coursier, une enveloppe à la main.

Pas de cachet sur le papier épais, luxueux, juste « Dr Laura Aldridge, département de psychologie de Harvard » — d'une écriture manuscrite à l'encre noire. Quand elle leva les yeux, l'homme avait disparu.

Les étudiants s'agitaient dans l'attente du cours : une opération de chirurgie robotique. Mais pour l'instant, seule une mire en couleurs remplissait l'écran haute définition et Laura en profita pour ouvrir son pli.

« Cher Docteur Aldridge, commençait la lettre au trait gras, noir et ample. J'aimerais vous engager comme consultante pour une durée d'une semaine. Ce soir à dix heures, un avion vous attendra au terminal de l'aviation civile de Logan Airport pour vous conduire au siège de ma société. Les honoraires se montent à un million de dollars. Je vous remercie de prendre cette offre en considération. »

Signé « Joseph Gray », le paraphe empiétait sur le « sincèrement vôtre ».

Joseph Gray — l'homme le plus riche du monde.

Bouche bée, Laura lut et relut la missive. *Un million de dollars !* se dit-elle, en essayant de réaliser ce qui lui tombait dessus. Joseph Gray ? Sûrement une blague. Un million de dollars pour une semaine ! Elle palpa la lettre, admirative devant la qualité du papier et devant cette écriture manuscrite dont chaque lettre était distincte et lisible, tracée d'une main ferme, maîtrisée.

La signature, pourtant, sortait du moule. « Joseph Gray », comme un coup de griffe, tout en aigus, avec un J et un G surdimensionnés. Ce n'était pas un nom, pensa Laura, plutôt un sceau, la marque d'un homme dont l'ego égalait la célébrité.

Un murmure collectif s'éleva du groupe des étudiants. Laura se retourna vers l'écran du petit amphithéâtre et vit qu'il s'était scindé en deux images. À droite, un chirurgien était assis devant un terminal d'ordinateur. À gauche, un bras de robot tenait un électro-stimulateur à trois centimètres au-dessus de la surface luisante d'un cortex cérébral. L'image du cerveau à nu se changea en gros plan et il y eut des hoquets et des « ouh » dans l'assistance.

— Il ne s'agit pas d'un film d'horreur, dit Laura pour apaiser le chahut. Le chirurgien va localiser le meilleur point d'entrée pour l'incision d'après les réactions du patient à la stimulation de certaines zones du cerveau.

« On y va, Doug », annonça le chirurgien et sa voix couvrit celle du commentateur de la chaîne. Les mots « John Hopkins » apparurent sous l'image impeccablement nette d'un homme en combinaison blanche, les yeux fixés sur un moniteur. Avec, à gauche de l'écran, sous la masse grise et ridée en haute résolution, les mots « Cedar Sinai, Los Angeles ».

« Nous allons commencer les stimulations, poursuivit le chirurgien depuis son bureau, à des milliers de kilomètres. Décrivez-moi exactement ce que vous voyez, entendez, sentez, les souvenirs qui vous reviennent, tout. Racontez-moi du mieux possible ce que déclenche la stimulation, c'est tout. »

Laura posa la lettre sur l'estrade et essaya de rassembler ses idées. Le cours commençait.

— Le chirurgien de droite, dit-elle en se raclant la gorge et en haussant la voix pour obtenir l'attention de l'auditoire, se trouve à Baltimore au John Hopkins Medical Center. Le sujet, expliqua-t-elle en braquant le pointeur laser, est un individu mâle de dix-neuf ans atteint d'épilepsie aggravée, suivi au Cedar Sinai Hospital de Los Angeles. Le but de cette opération par télérobotique est l'ablation du corps calleux, situé à la base de la fente longitudinale entre les deux hémisphères du cerveau. Qui peut me dire ce qu'est le corps calleux ?

— Le câble qui transmet les données entre les deux moitiés du cerveau, répondit une fille.

— Le corps calleux, précisa Laura depuis le centre de la « cuvette » aux gradins escarpés, est le principal moyen de communication entre les deux hémisphères cérébraux, entre les moitiés gauche et droite du cerveau. Il existe néanmoins de nombreuses autres interfaces.

— Pourquoi ils lui font ça, à ce type ? demanda un étudiant d'une voix peu assurée.

— Dans certains cas graves d'épilepsie, répondit Laura, la procédure radicale qui consiste à ôter le corps calleux peut empêcher une crise commencée dans un hémisphère de se transmettre à l'autre. Comme nous l'avons déjà vu, l'architecture du cerveau humain met en jeu un haut degré d'interconnectivité. L'« orage » électrochimique provoqué par une attaque d'épilepsie se transmet rapidement aux autres cellules cérébrales, ce qui engendre de nouvelles zones de perturbation et déclenche une crise générale. Ce patient passe sa vie entre deux crises. Il est volontaire pour tenter l'ablation du corps calleux.

Sur les visages des étudiants se lisait une gamme d'émotions allant de la nausée muette à la répugnance affichée.

— Je sais, ce n'était pas au programme d'aujourd'hui, dit Laura pour calmer le jeu. Je m'excuse de ne pas vous avoir préparés, mais nous n'avons été prévenus qu'hier soir de cette émission sur le Web. Cela peut paraître horrible, mais ce sera très éclairant pour vous. Suivez bien la procédure, on n'a pas souvent l'occasion d'observer *en direct* une intervention sur le cerveau humain.

Une voix chuchota une blague qui fit naître des gloussements nerveux dans l'assistance.

« Parfait, Doug, fit le chirurgien, vous m'entendez ?

— Ouais », répondit le jeune homme, et l'image de gauche bascula pour montrer un plan large du bloc chirurgical.

Dans la salle, des grognements s'élevèrent à la vue du crâne rasé qui émergeait de la toile verte et brillante. L'image revint rapidement au gros plan sur la surface du cerveau.

— Ils vont lui ouvrir le cerveau comme ça, sans l'endormir ? demanda un étudiant avec effarement.

— Ils l'endormiront quand ils seront dedans. Mais le patient doit rester conscient pour décrire ce qu'il sent pendant la stimulation.

« D'accord, Doug, reprit le médecin. On a lancé le programme, ça tourne.

— Je ne sens rien », s'inquiéta le patient d'une voix tremblante.

Le bras robotique qui tenait le stylet s'abaissait vers le cerveau, de plus en plus lentement. Sur la moitié droite de l'écran, le médecin suivait sur son moniteur, un bloc-notes à la main.

« Ah, ouh ! s'écria soudain le jeune homme. Six-ah-six-ah-huit-quatre-*deux* ! fredonna-t-il. Je t'attendais ! Je fais ton numéro... j'appelle. *Da-da-da-da-da-da-da-da-da-da-da.* Pas de... réponse ! *Da-da-da-da-da-da-da-dada.*

— C'est une chanson ? intervint le chirurgien.

— Ouais. Les B-52s ! dit le jeune homme. Mon père écoutait ça sans arrêt.

— Vous l'entendez quand nous stimulons cette zone, ici ? »

Dans son bureau de la côte Est, le chirurgien pianota sur son clavier. En Californie, le bras robotique descendit d'un cran.

« Ouh ! Encore ! On dirait qu'ils jouent dans ma tête !

— Pas la peine de crier.

— Excusez-moi. »

— Le patient subit une expérience mémorielle, expliqua Laura. Si on trouvait un vieux CD de la chanson, on pourrait comparer l'enregistrement du patient avec la bande-son originelle et on s'apercevrait probablement qu'ils sont synchrones. Comme s'il avait des écouteurs et qu'il chantait avec la musique.

« Violet, dit le jeune homme dans le bloc opératoire.

— Vous voyez quelque chose ? demanda le médecin. Une chose violette ?

— Non, rien. Juste du violet. Juste la couleur. »

— Nous aborderons les couleurs plus tard dans le semestre, coupa Laura. Pour l'instant, ne retenez que la description de l'expérience par le sujet. Il « voit » et décrit du violet, tout en ne voyant rien. La sensation se réduit au violet pur. L'exercice du prochain cours consistera à imaginer une vache violette. Fermez les yeux, visualisez le maximum de détails, puis réfléchissez : avez-vous « vu » la couleur violette ou seulement « pensé » à du violet ? Si vous n'avez pas vu la couleur, pourquoi la vache apparaît-elle en violet ?

Quand Laura se tut, elle s'aperçut que la liaison satellite était muette. Le médecin se penchait sur son bureau d'un air concentré. Sur l'autre image, la pointe de l'électro-stimulateur était posée sur le cortex, mais on n'entendait plus le patient.

« Doug ? appela le médecin avec inquiétude. Que ressentez-vous maintenant, Doug ? »

Pas de réponse. « Répondez, Doug. Ce sont des souvenirs ?

— Je n'ai pas envie d'en parler.

— Mon gars, il faut...

— Enlevez-moi ce truc de la tête ! »

Deux infirmières masquées, en blouses vertes, se précipitèrent vers le jeune homme qui se tordait les mains dans leurs attaches de nylon noir.

« Arrêtez ! Arrêtez ça ! » hurlait-il, mais le bras robotique maintenait la pression du stylet sur le cerveau.

— Que se passe-t-il ? demanda un étudiant d'une voix décomposée.

— Ce putain d'ordi l'oblige à se rappeler un truc dont il n'a pas envie ! répondit un autre.

« Doug, dit calmement le chirurgien sur l'écran de droite, si vous voulez, je peux vous aider à vous débarrasser de ce qui vous dérange. En insistant un peu sur la zone, probable que...

— *Fichez-moi la paix !* J'ai dit *arrêtez* ! Tout de suite !

— D'accord, d'accord. Du calme. »

Le médecin pianota sur son terminal. Pourtant, le bras robotique ne relâcha pas la pression du stimulateur.

« Stop ! S'il vous plaît ! hurlait Doug, et il se mit à pleurer. Je ne veux plus ! Non... »

Les rayures de la mire remplacèrent l'image du jeune épileptique tordu par les spasmes et celle du bras robotique qui maintenait avec précaution l'électro-stimulateur sur le point où il était programmé pour le faire.

Laura referma la porte de son bureau et se dirigea vers son fauteuil, la lettre de Gray à la main. La porte se rouvrit brusquement derrière elle, la faisant sursauter.

— Ma parole, tu viens de voir un fantôme ! s'exclama Jonathan Saunders.

Jonathan était son voisin de couloir et son meilleur copain. Il entra d'un pas décontracté et se laissa tomber dans le canapé. Laura se cala sur sa chaise, le souffle court, en s'efforçant de ralentir les battements de son cœur.

— Écoute, dit Jonathan sur un ton d'excuse, ta secrétaire m'a parlé du torrent d'e-mails que tu as reçu ce week-end. Tous les cœurs solitaires de notre charmante institution. Désolé pour cette histoire de test. Tu es tombée sur des maniaques ?

Elle secoua la tête.

— Mes excuses, Laura, poursuivit Jonathan. C'était une *blague*. Je croyais que ça te ferait plaisir. Le titre accrochait bien : « Top Ten des collègues. » Un étudiant du MIT a chargé le soft sur le réseau de l'université. Ça fait fureur. Mais je m'excuse.

Laura leva les yeux. Elle n'avait qu'une envie, qu'il s'en aille et la laisse réfléchir.

— Qui sait ? continuait Jonathan, accroché à son baratin. Tu trouveras peut-être l'âme sœur dans le cyberespace.

— Jonathan, je ne suis pas d'humeur à ça en ce moment, vu ?

— Tiens, tiens ! Tu devrais aller voir ton score. Pas mal du tout.

Laura détacha les yeux de la lettre sans regarder Jonathan pour autant. *Je rêve ou quoi ?*

— J'ai rentré ta description — un mètre soixante-dix, mince, athlétique, cheveux blonds, yeux bleus, peau douce, etc. — et le programme t'a classée dans le haut du panier. « Poulette de première classe », je crois. Avec une personnalité moins terrifiante — titres universitaires, Aime et Aime pas, tous ces trucs — et une poitrine légèrement plus grosse, tu aurais enfoncé le score de l'esthéticienne de Brookline.

— Jonathan ! Ce n'est pas le moment.

Elle poussa un soupir excédé. Jonathan l'ignorait, mais le vendredi soir, après qu'il lui eut demandé de remplir le questionnaire électronique, elle s'était enfermée dans son bureau et avait trouvé son portrait sur le Web. Pendant le week-end, des milliers d'e-mails s'étaient déversés dans sa messagerie. Elle avait tout effacé, non sans en lire un échantillon, dont un fort pourcentage consistait en représentations graphiques d'actes sexuels, allant du dégoûtant inoffensif au pathétique pur. Certains avaient joint des images ou des petits films, avec retour demandé sous forme de photos de nus ou de vidéo-clip.

L'affaire l'avait considérablement énervée et elle avait passé le week-end à essayer de penser à autre chose. Était-ce à cause de la sensation de saleté à l'idée d'être la cible de grivoiseries, repérée par tous les dérangés du réseau ? Elle l'avait cru tout d'abord mais le dimanche soir, en effaçant les centaines de mails de la journée, elle avait relu le portrait que Jonathan avait fait d'elle et compris la véritable raison de son énervement.

Tout ce qu'il avait écrit était vrai. Alors, devant son écran, elle avait pleuré. Ce qui avait attiré Laura vers Jonathan, c'était sa prodigieuse intuition. La même intuition qui, aujourd'hui, disséquait son âme et la livrait au monde entier. Qu'un programme conçu par un boutonneux de première année la décrive comme une « garce castratrice » lui était égal. Ce qui la troublait, c'est que la description de « la vraie Laura » par Jonathan lui plaisait. Exactement ce qu'elle aspirait à être — et ce qu'elle était. Le problème, c'est qu'elle était la seule à apprécier. Personne apparemment — dans la vie comme dans les centaines de messages qu'elle avait parcourus avec un désespoir croissant — ne semblait aimer ce qu'il voyait.

— Pardon, Laura, conclut Jonathan d'une voix plaintive, et Laura revint au présent, les larmes aux yeux.

— Tu as donné mon adresse Web, Jonathan ! J'ai reçu des milliers de messages, et pas mal d'obscénités.

— Oh, oh ! Je peux lire ?

— Si tu fais ce genre de coup pour t'exciter à l'œil, fais ton profil à *toi*, par pitié !

— Bah, qui enverrait des mails pornographiques à un vieux prof pédé au gros ventre ?

— Je t'en prie, Jonathan. J'ai autre chose en tête. Tiens, lis ça, dit-elle en lançant la lettre sur le bureau.

— Je croyais que tu ne m'en parlerais pas, fit-il en se jetant sur la lettre.

— Tu es au courant ?

— Je sais qu'un charmant jeune homme est venu te l'apporter. Il m'a demandé où tu étais et... — Jonathan s'interrompit, haussant les sourcils à mesure qu'il lisait. — Je vois, je vois ! Nous avons là tous les ingrédients d'un dilemme moral.

— Explique-toi, ordonna-t-elle en se tassant sur son fauteuil.

— Hum, voyons. — Il leva les yeux au plafond. — Un riche ermite, commença-t-il d'un air concentré en brandissant un doigt professoral, erre à la frontière de l'anormalité. — Il posa le doigt sur ses lèvres. — Avertis de son besoin de psychothérapie, ses collaborateurs passent au peigne fin le département de psychologie de

Harvard. Des assistants dévoués lui dénichent une jeune et jolie psychologue pour aller passer une semaine de détente et d'analyse dans son île du Pacifique. Ils ignorent, hélas, qu'un abîme sépare la *psychiatrie* de la *psychologie*, et que la jolie poulette sélectionnée n'est pas un as de la *thérapie* concrète, mais une chercheuse spécialisée dans les arcanes de la conscience, du soi et autres créations fantasmatiques du cerveau animal.

Laura se frotta les yeux.

— Jonathan, tu sais que tu deviens assez cochon sur tes vieux jours ?

— Oui, mais un million de dollars ! insista-t-il avec une expression rêveuse. Que peut-on faire, avec un million de dollars ? Tiens, par exemple, financer une étude : les Aphides sont-ils susceptibles de développer une accoutumance para-humaine au Coca-Cola ? Ou encore... un grille-pain a-t-il *honte* quand il brûle les gaufres ?

— Je n'ai *aucune* intention d'accepter, le coupa Laura, stupéfaite qu'il puisse même le suggérer.

— Et pourquoi pas ? Une semaine entre tes douces mains, chaudes comme le vent des îles... — Il rejeta la tête en arrière et passa les doigts dans ses cheveux rares et grisonnants. — Et ton patient redeviendra gai comme un pinson ! Balance-lui quelques questions sur son enfance, deux trois commentaires psycho-débiles et conseille à son médecin de lui prescrire du Prozac !

À moitié affalée sur le bureau, Laura lui lança un regard mauvais et cacha son visage dans le creux de son bras.

— Non, sérieux, reprit-il d'une voix moins badine. Je ne plaisante pas.

— Quoi, je dois prendre ce boulot ?

Elle leva vers son ami des yeux étonnés.

— Pourquoi pas ? Gray n'a pas besoin de cet argent,

c'est l'homme le plus riche du monde ! Moi, je demanderais dix millions. Pour lui, c'est rien. Depuis qu'il a mis la main sur le marché de la télé haute def, on dit qu'il pèse soixante-dix *milliards*, ou quatre-vingts. — Jonathan se pencha et, avec une sincérité jouée : — Par ailleurs, il s'agit d'un véritable appel au secours. Joseph Gray est un être humain, après tout.

— Je ne peux pas travailler pour ce genre de type.

— Aaah, fit Jonathan en s'enfonçant dans le canapé, la chaire, hein ? — Il souriait, mais son regard était triste. — Écoute, Laura, dit-il avec un coup d'œil vers la porte, je ne sais comment dire, mais... perdre une chaire n'est pas la fin du monde.

Elle soutint le regard de Jonathan, dont le visage afficha une vague compassion, puis baissa les yeux sur la pagaille du bureau. Noyée sous les émotions, elle dut faire un effort pour empêcher ses yeux de se remplir de larmes. Elle se mordit la lèvre, résolue à ne pas montrer son désarroi.

— Tu sais quoi ? demanda-t-elle d'une voix aiguë, peu naturelle.

Jonathan secoua la tête.

— Non, mais... Écoute, Laura. Avec cet article, tu as pris ta chance. Je t'avais prévenue, il vaut ce qu'il vaut. Si ça avait marché, tu serais une star maintenant. Contrats d'édition, tournée de conférences, tout le bazar. Mais bon, tu as passé la ligne d'arrivée et personne n'a applaudi.

— Qu'aurais-je dû faire, grands dieux ? Rajouter des rats dans des labyrinthes comme cette canaille de *Burns* ?

C'était injuste. Paul Burns, son rival pour la chaire, n'avait pas une idée dans le crâne mais chaque année, avec une régularité d'horloge, il décrochait le gros lot des publications savantes. Des revues à la pelle, bulletins universitaires obscurs oubliés en trois semaines.

Mais il réussirait. Elle le voyait à l'attitude des gens qu'elle croisait dans les couloirs. Et maintenant, à celle de Jonathan, qui venait d'enfoncer le dernier clou du cercueil où finissaient ses espoirs de carrière. Elle ouvrit la bouche pour parler, mais hésita — pas sûre de vouloir en entendre davantage.

— À ton avis, demanda-t-elle enfin, j'ai raison, pourtant, non ?

— Oh, tu parles du *contenu* de l'article ? C'est un des boulots les plus originaux, les plus stimulants qui soient sortis de ce bâtiment depuis des années. Maintenant, était-ce une bonne idée de le publier cet été ? Avec la réunion du comité d'attribution des chaires à la fin du semestre ? — Il grimaça, secoua la tête. — Non, je te l'ai dit. Sur un sujet aussi sensible que la conscience, les gens ne sont pas prêts pour un changement de paradigme. Que dirais-tu, toi, devant un stagiaire de trente-quatre ans qui t'enseignerait que la bonne et la mauvaise humeur n'existent pas ? Qu'il s'agit en réalité de soi différents d'autres personnalités qui remontent à la surface et prennent le contrôle de l'organisme hôte ? Je te cite : « Nous hébergeons tous des personnalités multiples, assez similaires pour que nous ne remarquions pas les glissements de l'une à l'autre. Nous ne diagnostiquons le syndrome de personnalités multiples que lorsqu'elles sont radicalement distinctes, ainsi le Docteur Jekyll et Mister Hyde. » Non. Tu aurais dû faire circuler le brouillon d'abord et ramasser les réactions, au lieu de prendre tout le monde par surprise.

— Les *réactions* ! dit-elle en fronçant les sourcils. Le temps qu'ils *réagissent*, le papier serait deux fois plus long et deux fois moins bon. — Elle leva les yeux au ciel, et souffla lentement. — Si j'avais été un mâle à cheveux gris, je ne dis pas...

— Si j'étais Grace Kelly, j'aurais épousé un prince.

— Tu ne sais pas à quel point c'est *blessant,* Jonathan ! Combien de fois me suis-je retrouvée dans des conférences, des séminaires idiots, à donner mon opinion sans que personne n'écoute ! Un quart d'heure plus tard, un *homme* dit la *même* chose et tout le monde s'exclame !

— Ouaf, ouaf !

— Tu n'es pas drôle, Jonathan.

— Oh si, c'est drôle ! dit-il, soudain tout excité, en équilibre sur le bord du canapé. Une vaste farce. On me dit de ne pas amener mon amant au cocktail annuel des administrateurs, je ne l'amène pas. Ici, tant que tu n'as pas de chaire, il faut faire ce qu'il faut pour en obtenir une. Après, tu es libre. — Il se renfonça dans le canapé et contempla le plafond. — En tant que stagiaire, tu vois, tu n'es qu'une petite sangsue de mer. Tu explores les fonds, tu te cherches un bout de corail convenable pour faire ton trou. Pour cela, un système nerveux rudimentaire suffit. Une fois trouvé le bon coin, quand tu as pris racine, tu n'en as même plus besoin. Et tu fais la sangsue de mer : tu dévores ton propre cerveau.

Laura renversa sa tête sur le dossier de sa chaise. Elle se sentit lasse et inspira à fond.

— Merci pour cette intéressante comparaison.

En elle montait un désir frénétique de passer à l'action, de renflouer sa carrière et sa vie, mais par où commencer ?

— J'ai tout gâché, c'est ça ?

Jonathan hésita, puis il se pencha en avant en faisant crier le cuir du canapé, replia la lettre et la lança sous le nez de Laura.

— Donc, reprit-elle en examinant à nouveau l'impeccable écriture, ton opinion ? J'ai de l'avenir dans la *psychanalyse* ?

Jonathan haussa les épaules.

— Si tu réussis à te faire un million par semaine en soignant les têtes, tiens-moi au courant.

— Mon Dieu, Jonathan ! dit-elle.

Elle jeta un regard circulaire sur le décor familier du petit bureau. Ainsi, elle partirait, bientôt et pour toujours. Elle poussa un soupir enroué et contempla la lettre à travers ses larmes.

— Ça paraît incroyable. Si je prends ce boulot, je verrouille mon destin. Tout le monde dira que c'était le signe que j'attendais.

— Il y a pire... Ce type, Gray, c'est un pirate, un soudard. Ça arrivera forcément. Je veux dire, pourquoi crois-tu qu'il t'offre un million de *dollars,* bon sang ?

Elle le regarda sans comprendre.

— De quoi parles-tu ?

— Tu sais, Laura, c'est beaucoup d'argent. Il va probablement...

Il s'interrompit.

— Probablement quoi ? fit-elle, exaspérée. Changer d'avis ? Il a monté la barre parce que personne ne voulait du boulot ? J'étais la énième sur la liste ?

Jonathan se tortilla sur son canapé.

— La-a-aura...

— Il te l'a proposé à *toi* ? C'est ça ?

Jonathan secoua la tête et Laura retomba dans les eaux tièdes de l'autocompassion.

— Fais attention, c'est tout. Je ne sais pas grand-chose sur lui mais d'après ce que j'ai lu, ça n'est pas forcément une bonne affaire. C'est peut-être même, euh, dangereux.

Laura s'assit devant un terminal de la grande bibliothèque d'Harvard. Les cheveux encore humides, elle s'était replongée dans la routine du matin sans éliminer son angoisse. En soupirant, elle se connecta au Web. Le gigantesque réseau — les « autoroutes de l'information » qui reliaient des milliers de sous-réseaux en un système global à grande vitesse — lui servait à l'occasion, sans qu'elle y vît, il s'en fallait de beaucoup, la révolution annoncée. Laura se focalisa sur le curseur, transformé en sablier dans l'attente de l'affichage du moteur de recherche.

« Gray, Joseph », tapa-t-elle. Elle pressa *Enter* et mordit dans son sandwich. L'ordinateur mit un temps considérable à répondre, que Laura passa à mastiquer le sandwich. Elle détestait les ordinateurs.

« 10 362 entrées » afficha l'écran.

— Mince, marmonna-t-elle la bouche pleine.

Plus qu'elle n'attendait. Comment s'y retrouver... En affinant la recherche avec d'autres paramètres pour raccourcir la liste ? Mais lesquels ? Elle voulait des informations, mais ne savait pas quoi.

Laura explora les fichiers. L'article le plus récent remontait à dix jours. Le magazine *Forbes* présentait Gray comme l'homme le plus riche du monde, une fortune estimée entre quarante et soixante-dix milliards de dollars. Électronique grand public, télécoms, fournisseur d'accès Internet, satellites, ordinateurs, robotique, opérations spatiales. Les yeux de Laura s'attardèrent sur les derniers mots.

— *Opérations,* murmura-t-elle. Elle avait d'abord lu « exploration ».

« Sans aucun soutien de l'État, Gray Corporation a virtuellement éliminé toute concurrence sur le marché de la télévision haute définition, aussi bien aux États-Unis qu'au Japon et en Europe. Avec son réseau d'antennes satellites, des programmes kiosque-TVHD compressés et leur diffusion par Internet à partir d'une centaine de satellites en orbite basse, Gray Corporation pourrait cette année réaliser un chiffre supérieur à cinquante milliards de dollars. Joseph Gray est l'actionnaire unique de Gray Corporation, dont l'endettement est quasi nul. » Une photo au téléobjectif montrait une étrange fusée à carène plate, dressée sur une plate-forme de lancement. La légende précisait : « Une fusée d'un étage, réutilisable, à carburant liquide. » Pas de photo de Gray. Laura parcourut l'article à la recherche de détails et trouva la date de naissance. *Trente-sept ans,* calcula-t-elle, étonnée.

Elle avala le reste du sandwich et se mit à surfer. Des centaines d'articles, qui remontaient le temps. Un papier, vieux de deux ans, lui rappela la première fois où elle avait entendu son nom. « Archives judiciaires du ministère du Commerce. » Gray, qui lançait ses satellites à partir d'une base russe, se défendait de violer la législation sur les transferts de technologie. Les articles se répétaient, mais certains jetaient sur les faits un éclairage inquiétant. « Le Wonder Boy achète des fusées russes. » Pour placer ses satellites en orbite, Gray avait acquis à des prix bradés des dizaines de gros ICBM voués à la destruction par les accords START III.

Surfant d'article en article, elle remonta le passé de Gray. « La Commission fédérale du commerce déboutée d'une plainte antitrust. » Les abonnements au satellite proposés par Gray étaient scandaleusement bas, sans qu'il s'agisse de tarifs « prédateurs » et illégaux, avait estimé le tribunal. « La Commission fédérale du commerce ouvre une enquête. » S'il n'obtenait pas la licence aux États-Unis, déclarait Gray, il vendrait ses systèmes en Europe et au Japon. « Le turbulent homme d'affaires à nouveau devant le Congrès. » La Commission science et technologie l'avait convoqué en témoignage. « Quels sont vos projets ? — Gagner de l'argent », avait-il répondu. La salle, bondée, avait éclaté de rire, précisait l'article de *Time*.

En piochant au hasard, elle remonta jusqu'au tiers du dossier. Début 1988, un article du *Wall Street Journal* à propos d'une caisse d'investissement qui avait mal tourné. Gray en était l'emprunteur principal avant la faillite et le Congrès l'avait cité comme témoin. Laura fronça les sourcils.

— Je vois, murmura-t-elle, vaguement déçue. *Comme les autres. Le seul moyen d'arriver en haut, c'est la triche.* Le dernier paragraphe attira son attention. « Le laboratoire de recherche de Monsieur Gray à Palo Alto a honoré le billet à ordre, intégralement et avec les intérêts, sur demande du comité d'audit, un mois avant que la caisse ne succombe sous le poids de placements immobiliers hasardeux. » *Il a remboursé ?* demanda Laura, perplexe. *Allez savoir ce qui s'est passé,* conclut-elle, et elle retourna explorer le passé de Gray.

Six mois plus tôt, Gray avait été l'objet d'une première enquête, en liaison cette fois avec une affaire de manipulation du marché dans le sillage du krach de 1987.

— Charmant, murmura-t-elle en jetant dans la corbeille l'emballage du sandwich.

Son doigt plana sur la touche *Exit.* Elle en savait assez, mais continua à lire.

Le jeudi précédant le krach, Gray avait acheté pour deux cents millions de dollars de « primes » sur les marchés d'options. En une semaine, les deux cents millions s'étaient transformés en six milliards après impôt. Il avait fait fortune sur l'effondrement du marché et, lors de l'enquête, avait prétendu s'être servi d'un programme informatique nouveau et performant, un « réseau neuronal probabiliste » qui avait prévu l'imminente correction du marché. L'enquête n'avait trouvé aucune preuve de manipulation illégale.

Laura soupira. Pas très net, tout ça. 1987. *Gray avait... vingt-quatre ans.* Multimilliardaire à vingt-quatre ans.

Quelque part, avant, était la source, l'origine de la fortune et de la réussite. Plus elle cherchait, plus cet argent s'avérait sale. Au début des années quatre-vingt, Gray avait été le petit génie de Michael Milken chez Drexel-Burnham. Il avait gagné des millions en analysant des portefeuilles d'actions high-tech pour le roi des junk bonds et futur taulard. Au procès Milken, il avait été cité comme témoin. Apparemment, il y avait eu bisbille entre Gray et Milken et, en 1984, le duo s'était séparé. « Gray a nié avoir démissionné de Drexel-Burnham pour des raisons éthiques, et répété que sa démission tenait à des désaccords sur la faisabilité d'un projet informatique conçu pour anticiper les tendances du marché. Après son départ de Drexel, Gray a gagné des centaines de millions en montant un groupe d'investissement et en se lançant à son compte dans l'industrie pétrochimique. »

« Un homme d'affaires local vend son usine, rapportait le *Houston Chronicle* au début 1987. Le géant industriel Monsanto paiera sept cents millions de dollars pour une usine de produits en PVC. » Laura frémit à la vue d'une photo de l'usine et secoua la tête à l'idée des tonnes de produits toxiques déversées sur les consommateurs américains. « Des produits principalement utilisés pour les conduites d'eau potable qui alimentent la majorité des immeubles neufs. » Gray avait mis quatre millions de dollars dans l'affaire — jusqu'à son dernier centime — après son départ de Drexel-Burnham. Bien vu. La demande mondiale de tuyaux en PVC s'était brusquement accrue. Une nouvelle fois, Gray avait anticipé avant tout le monde un mouvement du marché.

Laura oublia un instant l'écran. À la différence du papier sur le krach, aucune mention ici d'un « réseau neuronal » qui aurait analysé les tendances du marché des PVC. Des programmes, elle le savait, couramment employés depuis. Les agents de change faisaient de la pub pour leurs softs dans les magazines et à la télévision, les affublant de noms aguicheurs comme « Primus One » et « Tendance 2000 ». *Gray aurait-il développé un logiciel semblable dès cette époque ? En 1984 ?*

*Mille neuf cent quatre-vingt-quatre.* Laura fit le calcul. En 1984, Gray avait vingt et un ans.

Elle creusa plus loin dans la banque de données. Un bref article de *Business Week* montrait une photo de Gray à vingt ans. Il était assis sur une table à côté d'un ordinateur, vêtu d'une chemise à col ouvert et d'un jean. Il avait l'air... normal, pour l'époque. L'article était rédigé sur le mode humoristique — on riait « avec » Gray et non « de » lui. « À en croire le jeune prodige, le "réseau neuronal analogique" est parfaitement adapté à la résolution des problèmes "flous" (terme que les spécialistes de la rédaction de BW sont bien en peine de définir). Mais, quand nous avons demandé au programme de résoudre le problème "Combien font deux et deux ?", la réponse a été "Quatre environ". Interrogés sur l'invention de Gray, censée traiter de grandes quantités de variables plus ou moins cohérentes et reconnaître des structures ou des correspondances utiles à l'analyse des marchés, les supérieurs de Gray chez Drexel-Burnham sont restés muets. »

Il y avait très peu d'articles antérieurs à 1983. Le nom de Gray apparaissait au côté de nombreux autres qui avaient bouclé le tour de table ou donné leur avis sur la fusion Drexel-Burnham.

Ce qu'elle avait appris lui tournait dans la tête. *Missiles russes, violations de la loi antitrust, manipulations boursières, emprunt frauduleux, junk bonds, usine chimique...* Elle scanna rapidement le reste. A mesure que le dégoût s'emparait d'elle, Laura s'écœurait elle-même d'avoir pu songer un instant à accepter la proposition d'un type pareil. Elle tendit la main vers le terminal. Le doigt sur *Exit,* elle décida une fois pour toutes qu'elle perdait son temps.

Pourtant, elle ne pouvait se résoudre à appuyer sur la touche. Encore un, le dernier, se dit-elle. Avec un sentiment de culpabilité, elle pressa sur *Home* pour revoir l'historique. Année 1976. Un petit article — un encadré plutôt, avec une photo — dans un journal de l'Indiana. « Un enfant du pays admis à Harvard à treize ans. » Joe Gray partait étudier la philosophie. La *philosophie* ? Elle examina le cliché granuleux. Un petit garçon, des yeux tristes où brillait un éclat singulier.

— Professeur Paulus ? demanda Laura.

Derrière la pagaille de son bureau, le directeur du département de philosophie semblait minuscule.

— Ah, entrez ! Entrez donc !

La paperasse couvrait les étagères, les chaises et le divan.

— Posez ça n'importe où, dit-il avec un geste de la main. Prenez un siège. Asseyez-vous.

La voix était rauque, fatiguée. Paulus prenait sa retraite à la fin de l'année, et Laura avait suivi le barouf qui entourait sa succession.

Laura posa ses notes, manuscrites, illisibles, sur le plancher.

— Merci de prendre le temps de me recevoir.

— J'ai *toujours* le temps, pour mes étudiants.

— Oh, hum... je suis professeur associé, au premier étage, psychologie.

— Grands dieux ! Excusez-moi. — Paulus ôta ses épaisses lunettes, les essuya dans un mouchoir, les remit et loucha vers elle. — Hummpf, fit-il au terme de son inspection, concluant à l'évidence que son erreur était compréhensible. Laura faisait plus jeune que son âge. Bien. Que puis-je pour mon estimée collègue, mademoiselle... ?

— Aldridge. Laura Aldridge. — Elle préféra ne pas dire « Docteur », de crainte de paraître prétentieuse ou féministe aux yeux du vieux monsieur. — Une question me trotte dans la tête. Vous souviendriez-vous par hasard de l'un de vos étudiants du nom de Joseph Gray ? Ça ne date pas d'hier, il était...

— Brillant. Absolument brillant, oui, mais...

Le vieil homme était tout à fait réveillé maintenant, le regard lointain, fixé sur un point de l'espace.

— Mais quoi ?

— Pourquoi me demandez-vous ça ?

— Eh bien...

Devait-elle déballer toute l'histoire ?

— Puis-je voir votre passe de l'université ?

— Quoi ?

— Votre passe, répéta-t-il en tendant la main et en agitant les doigts comme un flic devant l'automobiliste qu'il vient d'arrêter.

Elle prit la carte dans son sac banane.

— Désolé, Docteur Aldridge, dit le vieil homme en la lui rendant, radouci. On n'est jamais trop prudent, par ces temps. Il y a tellement de gens qui posent des questions.

— Sur Gray ?

Il acquiesça.

— Qui ?

— Le gouvernement américain, pour commencer. Ils ont envoyé quelqu'un pas plus tard que jeudi dernier. Un type du FBI. Plus une intrusion pendant le week-end. Chez vous aussi, paraît-il.

— On a forcé les bureaux ?

— Non, non, non ! J'aurais mieux fait de me taire. Ça doit rester top secret — d'après eux, il ne faut pas mollir sur la sécurité, quand on travaille pour la défense nationale. — Il se pencha et baissa la voix. — Une intrusion sur le réseau de l'université. En se servant du truc, là, le Web. Ils ont fouillé dans les fichiers attribués à la philosophie, la linguistique, et à votre département, psychologie.

— Qu'ont-ils fait des fichiers ? C'était une farce ? Du vandalisme ?

— Rien, dit-il en secouant la tête. Pas de dégâts apparents. Ils n'ont rien copié, juste visité. — Il rit et haussa les épaules, avec une expression comique. — Qu'y a-t-il dans nos fichiers pour qu'on parle de secrets militaires ? Ça me dépasse.

— Quel rapport avec Gray ? Soit, les hackers sont une menace. C'est l'une des *cent* raisons qui me font détester les ordinateurs. Le mois dernier, j'ai reçu une note jointe à mon relevé de compte, comme quoi l'ordinateur de la banque avait été piraté et qu'ils ne garantissaient plus la confidentialité des dossiers. Ensuite, croyez-le ou pas, un de ces... paumés, je ne sais pas, qui n'a rien de mieux à faire, a pénétré dans l'ordinateur de la boutique vidéo où je loue des cassettes. Elle eut un petit rire. Ils ont mis une affiche à l'entrée de la section X pour prévenir les gens. J'imagine les types, assez nerveux, se demandant qui a consulté les fichiers. — Laura rit de bon cœur, mais Paulus semblait mal à l'aise. — Bref, poursuivit-elle, quel rapport avec Gray ?

Le professeur semblait perdu dans ses pensées. Il haussa les épaules.

— Vous avez raison, dit-il, vous avez probablement raison. Ce garçon...

Il secoua la tête.

— Oui ?

— Dommage, soupira-t-il. Quel dommage, vraiment ! L'esprit le plus brillant que j'aie jamais rencontré, très au-dessus du lot.

— Vous l'avez eu comme élève ?

— Pas exactement, dit Paulus avec un rire bref. Vous savez, Docteur Aldridge, personne ne lui a jamais appris quoi que ce soit, autant que je m'en souvienne. Ah ! pour lire, il lisait. Tout. À la vitesse de l'éclair, avec une mémoire photographique. Je crois me souvenir que quelqu'un de votre département a voulu lui faire passer des tests. Un certain Docteur Weems. Il est toujours chez nous ?

Laura secoua la tête.

— Non, monsieur. Il est décédé avant mon arrivée.

— En tout cas, ça ne s'est jamais fait, je peux vous l'assurer, parce qu'une chose est sûre, le garçon était têtu. Il savait ce qu'il voulait.

— Je ne vous suis pas, Professeur. Vous dites que personne ne lui a rien appris. Pourtant il suivait les cours, il a eu le diplôme.

— Oui, oui. Mais il était trop... trop en avance, voilà tout. Logique, avec tous les bouquins qu'il avalait. Il dormait rarement plus de quatre ou cinq heures par nuit. Et chaque nuit il ingurgitait des textes de plus en plus abscons, glanant des idées de plus en plus insignifiantes dans un tas de traités que personne n'avait jamais lus.

— Brillant, dites-vous ? Qu'en savez-vous ? Vous l'avez interrogé — de professeur à élève, je veux dire ?

— Oh oui, ça oui ! Mais je n'ai jamais réussi à le classer. Je lui mettais la meilleure note possible, c'est tout. — Soudain, il éclata de rire. — Un jour... un assistant lui a mis un 15 en logique. C'était un cours avancé, mais Joe s'était servi des outils les plus primitifs du raisonnement déductif pour les appliquer à des arguments logiques des plus simplistes.

À l'évidence, le souvenir de l'anecdote amusait beaucoup le vieux professeur. *Un enseignant,* songea Laura avec une bouffée d'autocompassion, *au terme d'une carrière méritante, se souvient de son meilleur élève.*

— Des arguments bateau, vous voyez le genre. Le coup de Platon : « Aristote est un homme, tous les hommes sont mortels, donc Aristote est mortel. » Sauf que Joe l'appliquait au *cogito* de Descartes, « Je pense donc je suis ». Le clou de son exposé avait été de trouver le facteur manquant, la charnière centrale qui relie « Je pense » avec « donc je suis ». — Paulus éclata d'un rire sonore. — Pour l'assistant, c'était trop simpliste. Joe avait fait l'impasse sur les méthodes élaborées de la logique symbolique, sans même citer les arguties classiques. L'assistant a pondu quinze pages de correction, alors que le texte de Joe en faisait sept ou huit. Il n'écrivait jamais des tartines.

— Et qu'avez-vous fait ?

— J'ai changé le 15 en 18. C'était du pur génie.

— Il concluait quoi... à propos de Descartes ?

— D'accord avec Descartes.

Laura éclata de rire, mais Paulus ne partageait pas son hilarité.

— C'était carrément un éloge de Descartes, dit le vieil homme d'un ton sérieux. Vous auriez dû l'entendre mettre en pièces ce pauvre Kant.

Laura était perplexe. Un adolescent, qui confirmait Descartes et réfutait Kant.

— Bon, s'il est d'accord avec Descartes, où est le problème ?

— C'était sa *manière* d'être d'accord ! Que voulez-vous, dit Paulus avec un accent nostalgique, il était très frustrant de fréquenter Joe Gray. Difficile de lui tirer les vers du nez. Il fallait lui ouvrir le cerveau à la perceuse et même là, il ne lâchait pas. Un jour, j'essayais de discuter avec lui, il a dit qu'il ne refusait pas de parler aux gens, juste qu'il lui faudrait trop de temps pour définir les mots qu'il employait. Vous voyez, dit Paulus en posant un doigt sur son crâne, les idées, les concepts qui germaient dans sa tête n'avaient pas d'équivalent en anglais. Ni dans *aucune* langue. Il disait aussi qu'il lui arrivait de penser à des choses et de leur coller des étiquettes non verbales... ah, zut, comment appelait-il ça, déjà ?

— Des marqueurs ?

— Des marqueurs, oui, comment le savez-vous ? Oh, j'oubliais. Psychologue, hein ? — Laura sourit et hocha la tête. — Bref, il stockait ces « marqueurs » pour plus tard, pour le jour où il reviendrait sur le sujet. Je veux dire, imaginez des idées assez complexes pour embrasser l'ensemble de la discipline que vous avez passé une vie à étudier ! Supposez une seconde que vous vouliez résumer toute la psychologie, en attribuant une signification, une formule logique à chaque terme du débat, avec pour chaque incertitude les solutions proposées par des théories contradictoires, et tout cela en un seul mot, qui permette d'y réfléchir et d'en discuter...

— L'instanciation, dit Laura d'un ton grave, consciente d'imiter la voix quasi respectueuse avec laquelle Paulus évoquait Joe Gray. La représentation concrète d'un concept complexe. Vous n'allez pas dire que c'est possible chez un humain ?

— Avez-vous déjà rencontré Joe Gray ? dit Paulus en haussant les épaules. Le génie personnifié, ce garçon. Je ne parle pas des gros QI de pacotille dont ce bâtiment regorge. Je parle de l'intelligence requise pour opérer la synthèse entre deux disciplines radicalement différentes. C'est cela, le vrai test. Vos petits questionnaires de QI s'appliquent aux mortels ordinaires. Mais essayez un peu de mesurer l'intelligence d'un Joe Gray, et là... — Il écarta les mains et secoua la tête. — Les vrais génies sont ceux qui se servent d'une science pour faire avancer une autre science. Qui puisent dans la physique pour percer en biologie. Dans les maths pour résoudre un problème de chimie.

— Joseph Gray avait cette forme d'intelligence ?

Une expression d'absolue sérénité passa sur le visage de Paulus. Le vieil homme ne la voyait plus. Il était ailleurs. Dans le passé, avec Gray.

— Un jour, j'ai assisté à une scène incroyable.

La voix se fit solennelle.

— C'était dans un couloir, dans le bâtiment des Beaux-Arts. J'ai aperçu Joe. Il ne faisait rien de spécial. Il était juste là, figé sur place, la tête penchée, ses livres à la main. Des centaines de gens passaient dans ce couloir mais il ne les voyait pas. Je me suis approché. J'étais inquiet. Il n'avait pas l'air dans son assiette. Je lui ai tapé sur l'épaule, il a sursauté, m'a regardé, puis il est parti. — Paulus éclata de rire. — J'étais plus fringant, à l'époque. J'ai fini par le retrouver, dans une salle vide. Penché sur un carnet, il écrivait frénétiquement. J'ai essayé de lire mais c'était du chinois. Une page entière de formules — un « ensemble », n'est-ce pas ? — des symboles inconnus. Je brûlais de savoir, j'ai dit : « Joseph, que faites-vous ? » Il a marmonné quelque chose à propos des « transformations de Fourier », je crois, et je l'ai laissé. Douze heures plus tard, à neuf heures du soir, il était toujours là, assis à la même table, en train de gribouiller. Je l'ai envoyé dans sa chambre.

— Et... et alors ?

— Alors ? répondit lentement Paulus. Quand Joe Gray regardait de l'art, cela déclenchait chez lui une transe mathématique ! Un autre jour, je l'ai trouvé à la bibliothèque en train d'écouter de la musique. Je suis allé le saluer. Et bon !... — Paulus s'agitait, en proie à une espèce de colère. — La *musique* l'avait mis en transe. Il s'est lancé dans un discours, intarissable. D'étincelantes spirales logiques dont chaque conclusion engendrait, avec fluidité, la démonstration suivante ! Il parla pendant une demi-heure, preuves, symboles, un raisonnement brutal, *inattaquable,* à tel point que...

Laura ne s'attendait pas à ça. Le vieux Paulus s'était dressé derrière son bureau.

— Je donnerais cher pour ça.

Il retomba sur sa chaise, hors d'haleine.

— Si seulement j'avais noté la moitié de ce qu'il a dit dans la bibliothèque, cet après-midi-là...

Le silence se fit dans le bureau, et Laura hésita avant de le rompre.

— Que disait-il ?

Paulus tourna les paumes vers le ciel, dans l'attitude du suppliant.

— Je... je ne sais pas. C'est bien le problème. Je n'en ai pas la moindre idée !

Laura observa une pause de respect, puis salua pour prendre congé. À la porte, elle se retourna.

— Au fait, comment Gray prouvait-il le cogito de Descartes ? Quelle est la connexion entre « Je pense » et « donc je suis » ?

Paulus ne réagit pas. Il était épuisé. Défait. Puis, d'une voix atone :

— Pour Joe Gray, dit-il, tout être humain est un univers en soi. Rien ne permet de dire que mes expériences sont identiques à celles des autres. En conséquence, chaque être pensant crée et construit son propre monde. Un « univers virtuel, m'a-t-il expliqué un jour. Un monde virtuel. » — Paulus avait l'air réjoui, ressuscité par l'évocation du passé. — Plus tard, je l'ai interrogé à ce sujet, mais il n'a jamais voulu en reparler. C'est tout lui. Tant qu'il réfléchissait, il s'ouvrait. Dès qu'il avait trouvé, il passait à autre chose et nous laissait en rade. — Il respira bruyamment. — Toutes ces idées, comme celle des « univers virtuels » personnels, étaient pour lui... j'ai l'impression, presque une... *religion.* Pour Joe, le créateur d'un monde était le dieu de ce monde. Ou à peu près.

— Tout est relatif, dit Laura.

— Taisez-vous, malheureuse ! Joe détestait le relativisme. Il était absolutiste et objectiviste : il existe une vérité, une loi morale, et une seule.

— C'est absurde.

— Pas pour lui. D'après lui, voyez-vous, fort peu de gens discernent la vérité. Seuls ceux dont les mondes hétéro-phénoménologiques (ce qu'il y a dans votre tête) recoupent de façon significative le réel objectif connaissent la loi. À l'intérieur de votre univers virtuel, vous pouvez vous croire entièrement dans votre droit, mais il faut vous étalonner en fonction de critères objectifs. Bon ou méchant, tout dépend de la distance qui sépare votre tête de la réalité.

— Bref, un égomaniaque. Parce que lui, bien sûr, voyait la vérité unique, commenta Laura. — Paulus lui lança un regard qui lui fit sur-le-champ regretter sa légèreté. — Pourquoi, Professeur Paulus, avoir exprimé des regrets ? Gray était brillant, certes, mais que vouliez-vous dire par « quel dommage » ?

— Oh, eh bien, il a cessé de s'intéresser à tout ça. Il a suivi le cursus deux ans et trois étés puis il est parti. — Paulus secoua la tête. — Il aurait dû s'accrocher... écrire, je ne sais pas.

— Il a obtenu le diplôme en deux années. À quinze ans ? — Paulus acquiesça. — Et ensuite ?

Paulus tourna le pouce vers la fenêtre.

— MIT, dit-il comme si cela justifiait sa déception.

— Le plus grand gâchis humain que j'aie jamais vu ! glapit le Professeur Petry.

Assise dans le spacieux bureau du chef du département de mathématiques du MIT, Laura vit l'homme, l'instant d'avant calé dans sa chaise, se lever et arpenter le plancher derrière son bureau.

— Ça ne suffisait pas. Fallait qu'il aille à Wall Street gagner du fric. — Il eut une grimace de mépris. — Je lui ai écrit, il y a quelques années, avant qu'il se lance dans la télévision, toutes ces bêtises. Je lui ai dit que je l'aiderais et que je lui ferais avoir ses doctorats, si seulement il se décidait à pondre son fichu texte.

— Ses doctorats ? demanda Laura. Au pluriel ?

— Oui. — Il jeta son stylo sur la table. — J'en ai parlé aux chefs des départements d'ingénierie et d'informatique. Tous d'accord pour un projet interdisciplinaire, au choix de Joseph, mais...

— Il est docteur en maths, en ingénierie et en informatique — il ne manque que sa copie. Après une licence de philosophie ?

Il hocha la tête et soupira.

— Un gâchis.

— Quel gâchis ? risqua Laura. Après tout, il ne s'est pas laissé coincer dans la course du rat universitaire. Il y a d'autres choses dans la vie, vous savez. — L'austère professeur fronça les sourcils. — Autre chose, disons, que..., bafouilla-t-elle, puis elle se tut et baissa les yeux. A-t-il... répondu à votre lettre ?

Petry renifla et se pencha vers un tiroir d'où il tira une feuille de papier. Il n'y avait rien d'autre dans le tiroir. Il lut :

— « Je regrette mais je suis très occupé. Merci pour votre sympathique proposition. »

— Je peux voir ? demanda Laura et il tendit la lettre, précautionneusement, du bout des doigts.

Trois lignes tapées à la machine sous l'en-tête en caractères gras, *J.G.* En bas, la signature et ses boucles à l'encre noire.

Laura rendit la lettre et remercia. Sur le seuil, elle entendit :

— Pourquoi toutes ces questions ? Il essaie de vous embaucher, vous aussi ?

Elle fit demi-tour.

— Eh bien, oui, en fait. Comment avez-vous deviné ?

Il hocha la tête et posa sur elle un regard neuf.

— Ça fait des années qu'il essaie de nous avoir... nous et les gens de Palo Alto. Département de psychologie, vous dites ? — Debout contre le bureau, il tenait toujours la lettre à la main. — Eh bien, quoi qu'il trame là-bas, dans son île, ça doit être du sérieux. Il a bien dû embaucher deux douzaines de grosses têtes, rien que dans ce département.

— C'est comment, travailler pour Gray ?

— Je n'en sais rien, fit Petry en haussant les épaules.

— Que disent ceux qui en reviennent ?

— Je n'en sais rien, répéta-t-il avec un regard appuyé. Personne n'est revenu. Pas à ma connaissance, du moins. — Laura frissonna. — Ah, dites-lui qu'on a résolu le dernier théorème de Fermat, mais qu'il reste l'hypothèse de Riemann et le programme de Langlands, s'il veut entrer dans l'Histoire. Donnez-nous une chance de remettre à leur place ces intolérables algébro-géomètres.

— Pardon ?

— Prévenez Joseph que Princeton nous a doublés. S'il s'était excité sur les maths autant que sur le football...

— Au MIT, Gray travaillait sur le théorème de Fermat ?

— Il disait qu'il pouvait s'en passer, dit Petry en riant. Qu'il avait le théorème, et aussi la preuve finale de la conjecture de Taniyama. — Il secoua la tête en fronçant les sourcils. — Il m'a promis cette preuve. J'attends toujours.

— Je lui en toucherai un mot, si je le vois. Je ne sais pas si je vais accepter ce boulot.

— Mais si, s'exclama Petry, vous accepterez ! Vous accepterez sans problème. J'ignore qui vous êtes et ce que vous faites, mais si Gray vous veut, vous devez être sur un coup.

— Je ne vous suis pas.

— Il ne prend que la crème. — Il lui lança un regard inquisiteur. Pour voir, supposa-t-elle, ce qui avait attiré l'attention de Gray. — La crème, le haut du panier.

Les mots résonnaient dans sa tête tandis qu'elle revenait à pied vers le campus de Harvard. Les mots qu'elle avait toujours rêvé d'entendre. « *La crème, le haut du panier.* »

— Docteur Aldridge ?

Laura s'arrêta net, pivota et se retrouva face à deux hommes en costume et lunettes noires.

— Oui ? fit-elle en gardant ses distances.

Ils sortirent des insignes de leur veste.

— FBI, m'dame. On peut vous parler ?

— À quel sujet ? questionna Laura en serrant instinctivement son sac banane sur son ventre.

Elle essaya de se détendre — ne pas avoir l'air sur la défensive.

Les deux hommes s'immobilisèrent.

— Pas ici. Ça vous ennuie de nous accompagner en ville ?

L'homme se tourna vers une voiture garée le long du trottoir, portière ouverte.

— Oui, c'est le mot. Ça m'ennuie. — Les deux agents ne s'offusquèrent pas et restèrent impassibles. — J'ai commis un délit ?

— Non, m'dame. On veut juste vous parler.

— Dans ce cas... parlons, dit Laura en haussant les épaules.

Des flots d'étudiants les dépassaient, dévisageant l'étrange trio. C'était la sortie des cours et la foule la rassurait.

— On peut s'installer là ? demanda l'homme, et elle les suivit au pied d'une statue en bordure de l'allée.

Les deux hommes à lunettes noires semblaient s'accommoder du soleil aveuglant mais Laura dut se mettre à l'ombre de la statue.

— Nous savons que vous avez reçu une offre d'emploi d'un certain Joseph Gray.

La phrase ne sonnait pas vraiment comme une question. Plutôt comme une accusation.

— Il ne s'agit pas d'un emploi. Je serais consultant

libre. Et d'ailleurs, comment le savez-vous, et en quoi cela vous regarde-t-il ? Il est interdit d'engager un consultant ?

— Non, m'dame. — Les deux hommes échangèrent un regard. — Que savez-vous sur Monsieur Gray ?

— Je ne l'ai jamais vu. J'ai reçu sa proposition aujourd'hui. Écoutez, pourquoi ne pas dire ce que vous cherchez ?

— Nous ne cherchons rien, m'dame. Nous voulons juste vous poser quelques questions.

Laura attendit la suite.

— Connaissez-vous le Docteur William Krantz ?

Laura hocha la tête. Département de physique, autant qu'elle s'en souvienne. Il s'était cassé un doigt pendant un match de football contre le département de psycho.

— Oui, je sais qui est le Docteur Krantz. Pourquoi ?

L'un des agents notait dans un carnet.

— Vous travaillez au département de psychologie d'Harvard, exact ?

— Oui.

— Vous n'avez rien à voir avec la physique des hautes énergies ?

— Ça vous dérangerait, dit Laura en riant, de me dire à quoi rime tout ça ?

— Je crains que ça soit impossible, m'dame, mais nous avons besoin de votre aide.

— Soit, de quel genre d'aide avez-vous besoin ?

— Depuis un certain temps déjà, nous enquêtons sur les activités de Monsieur Gray. Nous avons des raisons de penser que... bref, que les choses ont atteint une phase critique.

— Quelle phase critique ? Quelles activités ?

Les deux hommes se regardèrent, puis l'un d'eux tendit à Laura une carte de visite. Sur la carte, un numéro de téléphone avec le code-zone de Washington.

— Voici un numéro où vous pouvez appeler à tout moment, vingt-quatre heures sur vingt-quatre, au cas où vous remarqueriez quelque chose de... suspect.

— Qu'entendez-vous par « suspect » ? Que se passe-t-il ?

Un long silence s'ensuivit. Les deux hommes l'observaient. À la fin, celui qui parlait dit :

— Nous l'ignorons.

Après le départ des agents, Laura s'appuya contre le froid piédestal de la statue. À ses pieds, la plaque mentionnait : « Galileo Galilei. 1564-1642. »

Jonathan la suivit dans son bureau et s'écroula comme à son habitude dans le canapé. Laura lança son sac banane sur la table et s'affala sur la chaise.

— Et alors, demanda-t-il, qu'as-tu décidé ?

— Je suis suivie, dit Laura.

Elle se leva et se dirigea vers la fenêtre. Personne en vue. Ils devaient se cacher.

— Des professionnels. En plus, j'ai l'impression qu'ils farfouillent dans mes comptes, à la banque et à la boutique vidéo.

Elle se retourna et croisa le regard de Jonathan.

— Quoi ?

— Soigne-toi toi-même, Docteur. C'est la phrase qui s'impose, on dirait.

— Je ne suis *pas* paranoïaque ! s'écria-t-elle. — Elle tira de sa poche la carte de visite et la lança à Jonathan. — Le FBI m'a alpaguée et on a parlé de Gray.

Jonathan examina la carte et la lui rendit.

— Et nous qui pensions qu'ils avaient retenu les leçons du Watergate. Raid sur une boutique vidéo, hein ? — Laura grogna, les dents serrées, et retomba sur sa chaise. — Alors, que vas-tu faire ? reprit-il.

— Je ne sais pas. Jonathan, je suis incapable de dire

si ce type est un marginal excentrique persécuté par l'establishment ou un salaud d'*Antéchrist* !

Jonathan s'était emparé d'un magazine et le feuilletait d'un air absent.

— J'ai appelé un type que j'ai connu l'an dernier au truc neurosciences de Chicago. Il m'avait raconté qu'il avait passé son année de philo avec Gray, il y a longtemps. D'après lui, Gray était un type sans histoires.

Laura attendit la suite, mais Jonathan se contentait de tourner les pages du magazine.

— C'est ça ta grande nouvelle ?

— C'est ce qu'il m'avait dit à l'époque. Mais je l'ai rappelé cet après-midi, et je l'ai cuisiné.

Jonathan se lécha l'index pour tourner une page.

— Pitié, Jonathan !

— Sa théorie, c'est que Gray est mal barré.

— Barré comment ?

— Minute. Comment parler poliment de ton futur patron ? — Jonathan parut réfléchir. — Il pense que Gray est devenu complètement cinglé. — Laura le dévisagea silencieusement. — Comportement asocial exacerbé. À la limite de la misanthropie. D'après lui, c'est classique. En tant que surdoué, tu sais, il a eu une enfance assez bizarre. Il n'a rien en commun avec les autres et s'enferme dans la solitude. En grandissant, il cesse d'être un phénomène de foire. D'autres intelligences le rattrapent, le dépassent. Il s'isole. Début de la haine pour l'humanité. Il achète des îles dans le Pacifique. Cesse de se couper les ongles et les cheveux. Obsession du lavage de mains, peur des microbes. Tente à oxygène pour augmenter la longévité. Etc., etc.

Laura hocha lentement la tête.

— Ton *ami* n'a pas revu Gray depuis le lycée, hein ? Il ne sait rien.

— C'est juste une théorie, se défendit Jonathan. Il sait une chose, pourtant.

Laura réprima un rire.

— Ne me dis pas que Gray est homosexuel.

— Non, rassure-toi. Il est hétéro. J'ai demandé.

— Ton copain sait donc deux choses. Au moins.

Jonathan sourit d'un air condescendant. À la surprise de Laura, il ne répliqua pas par un sarcasme.

— Gray a perdu ses parents dans un accident de voiture quand il avait douze ans. Pas de frères, pas de sœurs, ni tantes ni oncles, pas de cousins. C'est son prof d'anglais du lycée qui l'a hébergé l'année précédant son arrivée à Harvard. Un soir, mon contact de Chicago était en train de bachoter avant un exam. À la fermeture de la bibliothèque, il est remonté dans sa chambre. La lumière était allumée dans celle de Gray. Comme toujours. Apparemment, il ne dormait jamais. Il passait ses nuits à lire. Mais ce soir-là, Gray ne lisait pas. Mon ami a fait le tour par l'extérieur et jeté un œil par la fenêtre. Gray était assis sur son lit, seul, et il regardait le mur. À trois heures du matin. — Jonathan fit une pause. — Au département, cet après-midi-là, ils lui avaient préparé un gâteau. C'était le jour de son seizième anniversaire.

# 2

L'air pesant et humide du Pacifique Sud s'abattit sur Laura dès sa sortie de l'avion.

Elle vit plusieurs long-courriers garés sur le tarmac, des avions à hélices, des hélicoptères. Mais personne à l'horizon. Le stewart lui désigna un petit bâtiment tapi au pied d'une montagne d'un vert luxuriant.

Le jet privé supersonique avait couvert la distance depuis Boston en six heures pile.

Laura descendit la passerelle tandis que le pilote coupait les moteurs.

Un grondement sourd et distant, le bruit d'un tissu qu'on déchire, perça le sifflement des réacteurs. Dans le ciel, au-dessus de la montagne verte qui se dressait au centre de l'île, une flamme brillante apparut. Mains levées pour se protéger les yeux, Laura constata qu'il s'agissait des gaz crachés par la tuyère d'une fusée trapue, aux lignes aplaties. L'engin avait un nez carré et un train d'atterrissage qui se rétractait dans la carlingue. Laura le regarda s'élever à travers la fine couche de nuages, puis sa trajectoire s'incurva pour l'emporter dans l'espace. Il disparut et elle se mit en marche vers le terminal.

« Bienvenue dans les établissements Gray Corporation Pacifique Sud », disait un panneau qui dominait l'accès au bâtiment. « Défense d'entrer sous peine d'arrestation », avertissait une affiche plus petite. Le logo Gray Corporation occupait le centre du panneau. Il avait en gros la forme d'une tête humaine. Le sigle, fameux dans le monde entier, se composait de larges diagonales grises, en un dégradé de nuances qui allaient du gris revolver à l'ardoise, et c'étaient ces variations de couleur qui donnaient au logo l'apparence d'un visage humain. De façon indéfinissable, le design était high-tech, futuriste même par la complexité de la forme et des tons. De près, l'effet se dissipait et on ne voyait plus que le camaïeu subtil des diagonales.

Laura secoua la tête. Le vol l'avait rendue patraque et elle accusait le coup. Elle avait dormi presque tout le voyage, ne s'éveillant qu'au contact des roues avec le sol. Elle se connaissait assez pour savoir que, dans cet état cotonneux, le moindre feu rouge pouvait la fasciner.

Un homme émergea du bâtiment. Elle eut un frisson d'excitation, suivi d'une bouffée de déception. Ce n'était pas celui qu'elle attendait.

— Bonjour, Docteur Aldridge, dit le jeune homme en empoignant sa valise.

La porte du terminal s'ouvrit automatiquement. À l'intérieur, à la place des comptoirs et des sièges, une piste blanche, creusée dans le sol, traversait le bâtiment. Dans cet encaissement stationnait un étrange véhicule, les portières latérales relevées comme les ailes d'un énorme oiseau.

L'homme posa la valise à l'arrière. La cabine passagers en Plexiglas comportait quatre sièges et on ne voyait pas de commandes pour le conducteur.

— Cette voiture va vous emmener chez Monsieur Gray, précisa l'homme. — Puis, voyant que Laura hésitait : — C'est automatique. Asseyez-vous, c'est tout. En un quart d'heure, vous serez au sommet de la montagne.

Laura monta dans le véhicule et s'assit sur le siège avant. À sa surprise, les portières se refermèrent automatiquement, dans un chuintement d'air qui précédait le silence de l'habitacle hermétiquement clos. Au bord de la piste, l'homme lui fit un signe de main.

Un son léger se fit entendre puis, sur le tableau de bord, un voyant rouge s'alluma : « Attachez votre ceinture s'il vous plaît. » Dès que Laura eut bouclé le mécanisme, la voiture s'ébranla tandis qu'une porte se soulevait au bout du bâtiment.

Laura se cala sur le siège et agrippa les bras du fauteuil. La voiture accélérait en douceur. Sur la piste, pas de rails, ni de glissières ; les quatre pneus étaient indépendants.

Le moteur électrique monta souplement en régime et la voiture émergea du bâtiment sous un soleil éblouissant. L'accélération se maintenait. Laura la sentait dans son dos. À la sortie de l'aéroport, comme la voiture escaladait une colline, la pression la plaqua sur le siège. Crispée par l'appréhension, elle serra l'accoudoir.

La route s'allongeait en courbes molles entre les accotements. À la différence d'une route ordinaire, elle ne comportait ni carrefours ni signaux, juste des bifurcations. Assez large pour deux véhicules de front, la surface lisse ne portait aucune marque, et le conducteur invisible ne faisait aucun effort pour rester entre des lignes imaginaires. Dans un virage en épingle à cheveux, la voiture tangua et se déporta et le cœur de Laura se serra en prévision du choc. L'ascension reprit sans incident.

Peu à peu, Laura se détendit. Vers cent kilomètres à l'heure, la vitesse se stabilisa. La voiture s'engagea dans plusieurs embranchements successifs et prit de l'altitude. Laura sentit ses oreilles claquer et déglutit pour alléger la pression. Graduellement, son attention se détourna du danger, imminent mais imaginaire, vers le panorama qui défilait derrière les vitres.

À plusieurs reprises, elle aperçut à courte distance d'étranges bâtiments, mais ils disparaissaient aussitôt derrière les frondaisons. D'étroits passages s'ouvraient dans la jungle, révélant d'énormes sphères blanches semées dans le paysage, semblables à des ballons d'acier arrimés sur des socles de béton. Certains, à demi couverts de glace, dégageaient des panaches de vapeur, mais rien, aucun signe ne permettait d'en deviner le contenu. De ces premiers aperçus des installations de Gray, Laura retirait deux impressions : tout ici, sur l'île, était neuf, et tout relevait de l'industrie.

La pente se raidissait. À intervalles, au flanc d'un contrefort, ou sur une ligne de crête, la route coupait des sentiers forestiers. Alors, de vastes étendues se dévoilaient. Une jungle à première vue inextricable couvrait l'île et lui conférait un aspect primitif et sauvage. Un décor en vif contraste avec le terrain que longeait la piste et qui évoquait plutôt une nature domestiquée.

De chaque côté défilait une végétation dense, une muraille continue, mais cette exubérance était peignée, taillée et émondée là où elle empiétait sur le domaine des hommes. Elle croissait et proliférait, avide d'envahir les enclaves vides et ensoleillées de son royaume végétal, mais s'inclinait devant une volonté supérieure. Celle de Joseph Gray.

La route montait toujours. Elle se glissa par un col entre deux mamelons et Laura découvrit l'ensemble de la montagne. Non, tout chez Gray Corporation n'était pas consacré au travail : une bâtisse, qui faisait penser à un hôtel, s'accrochait au flanc de la haute falaise concave. Des baies vitrées et des terrasses surplombaient la jungle en contrebas. De là-haut, la vue devait être impressionnante.

On atteignit une nouvelle crête, et le moteur monta en régime pour se lancer dans le raidillon final. De là,

Laura pouvait voir, nichés au pied de la montagne, des groupes de bâtiments, de tailles diverses, une petite ville à demi enfouie sous les arbres massifs et les arbustes qui semblaient jaillir du sol fertile. Au bout des rues, la jungle obscure, toute-puissante, reprenait son emprise. Un sommet qui lui masquait la vue glissa derrière elle et, à la place de la jungle, apparut la lisière nette d'une impeccable pelouse. Ici aussi la nature reculait devant l'homme.

Laura retint son souffle. Lentement, un gigantesque bâtiment blanc prenait possession du paysage. Telle une lune géante montant à l'horizon, il miniaturisait tout le reste. Il s'étalait dans l'espace dégagé, haut d'une vingtaine d'étages sans portes ni fenêtres. Avec ses dimensions cyclopéennes, ce devait être le cœur industriel des activités de l'île.

La voiture approchait du sommet, qui s'incurvait en arc de cercle autour d'un à-pic recouvert de végétation. La totalité de l'île était désormais visible. Une large route partait au-delà de l'édifice, fendait la jungle et conduisait à trois rampes de lancement en béton au bord de l'océan. Les plates-formes étaient construites aux extrémités de trois langues de terre, écartées comme des doigts tout au bout de l'île. Sur la rampe de droite stationnait une fusée courte et trapue, semblable à celle que Laura avait vue s'élever dans l'atmosphère un quart d'heure plus tôt. Sur la plate-forme centrale, vide, des écharpes de fumée dérivaient lentement. La plate-forme de gauche était la plus rapprochée du bâtiment géant. Vide elle aussi, avec sa tour de montage semblable à une sentinelle solitaire.

Au-delà des rampes de lancement ondulaient des plages verdoyantes, les rouleaux d'écume qui s'effondraient sur les récifs et l'étendue vierge des eaux profondes qui baignaient le royaume de Joe Gray. Le lieu était isolé du monde, loin de tout, suspendu dans l'espace. Nulle autre île à l'horizon. Un point vert minuscule sur l'immensité bleue. Et Laura, en contemplant cela, se surprit à penser que l'océan protégeait l'île, comme une douve défend une forteresse. D'un côté Gray et ses secrets, de l'autre l'ennemi.

La voiture plongea soudain dans une obscurité totale qui arracha à Laura un hoquet de panique. Elle fonçait dans un tunnel, éclairé seulement par de faibles balises. Un virage, et le véhicule ressortit brusquement dans la violente lumière du soleil.

Le temps d'accommoder, Laura réalisa que la voiture ralentissait. Sur la droite, derrière un mur de pierre couvert de lierre, se profila une magnifique résidence. La voiture freina, tourna et franchit une grille métallique. Devant Laura s'étendait une vaste cour pavée enclose sur trois côtés par les murs de stuc de la villa. Deux lanternes à gaz flambaient joyeusement de part et d'autre de l'entrée majestueuse et, au centre de la cour, une cascade rebondissait sur une superbe fontaine qu'entouraient des parterres de fleurs tropicales. La piste encastrée dans le sol dessinait un pli net et incurvé, une boucle de ciment blanc autour de la fontaine. La voiture s'arrêta devant la résidence. Une femme en jean et chemise à manches courtes descendit le perron. La portière de gauche s'ouvrit comme une aile, automatiquement, dans un sifflement étouffé.

— Docteur Aldridge, je présume ? dit gaiement la femme.

— Bonjour, fit Laura en sortant dans l'air de la montagne, d'une surprenante fraîcheur.

— Janet Baldwin, se présenta la femme, avec un fort accent australien. Je suis le majordome de Monsieur Gray.

Laura lui serra la main. Face à la première représentante de l'abondante coterie qui, présumait-elle, veillait aux moindres besoins de l'ermite milliardaire, elle ne put réprimer un sourire.

— Tout cela doit vous paraître un peu bizarre, j'imagine, dit Janet d'un ton allègre.

Le sourire semblait lui venir naturellement aux lèvres. Janet Baldwin avait des cheveux couleur sable, une peau bronzée semée de taches de rousseur et, à première vue, quarante ans dépassés.

— Ne vous en faites pas. Ici, nous ne sommes pas à cheval sur l'étiquette.

Laura surprit le coup d'œil que Janet lançait à son jean élimé avant de se retourner vers le perron. Elle examina discrètement le jean pour jauger la gravité de l'impair et rattrapa Janet sous un portique de pierre ouvragé. Un homme en livrée blanche descendit prestement les marches et prit la valise sur le siège arrière. Puis les portières se refermèrent, la voiture démarra, contourna rapidement la fontaine et s'éloigna, toujours sans conducteur.

— C'est..., fit Laura en hochant la tête, c'est très impressionnant.

— Quoi, la *voiture* ? s'enquit Janet. On voit que vous venez d'arriver.

Elle introduisit Laura par une porte monumentale en verre dépoli. En pénétrant dans le hall, Laura fut sidérée. Sur les murs, pas un centimètre carré qui ne fût couvert, à l'ancienne, par des tableaux de toutes formes et de toutes tailles. Elle reconnut plusieurs maîtres de l'impressionnisme et son cœur battit plus vite. Chez Joe Gray, ce n'étaient sûrement pas des copies. Un escalier double s'élevait contre les murs et menait sur le palier du premier. Sous l'escalier, une antichambre desservait le reste du rez-de-chaussée.

Laura restait figée sur place, ébahie. Le parquet impeccablement ciré était incrusté de motifs compliqués de marbre noir. Au centre du plafond, haut de quinze mètres, pendait un lustre de cristal. Le volume de l'entrée était tel qu'on avait l'impression d'entrer sous une coupole monumentale. Laura suivit Janet, les yeux fixés sur la marqueterie du plancher à la recherche d'une carte, des États-Unis peut-être, ou de l'archipel dont l'île de Gray faisait partie. Mais la disposition des dalles ne révélait rien.

— Vous résiderez chez Monsieur Gray, dit Janet en conduisant Laura vers l'escalier. J'espère que vous trouverez les chambres à votre goût.

Le sourire amusé de Laura se transforma en gloussements quand son regard survola des Renoir, Matisse et autres maîtres dont elle ne reconnut pas la signature.

— Vous devez faire du jogging, poursuivit Janet.

Question ou affirmation, Laura n'aurait pu le dire.

— Ça m'arrive, oui.

Janet avait dû remarquer ses chaussures de sport, qui crissaient sur le plancher poli.

— Vous verrez, il y a des allées, parallèles aux pistes. L'air est un peu raréfié ici, nous sommes presque à quinze cents mètres, mais il est aussi plus frais. En bas, au village, il peut faire humide et chaud.

— Le village ? demanda Laura avec, de nouveau, un sourire amusé.

Le seigneur, dans son château sur la montagne et, en bas, le village.

— C'est ainsi que nous appelons les quartiers résidentiels où vivent les employés et leurs familles. Il y a environ cinq mille habitants. Au début de l'année, ils ont organisé un concours pour lui trouver un nom. « L'Éden du Travail » l'a emporté, mais ça n'a pas accroché et nous disons toujours le village.

Parvenues sur le palier, elles pénétrèrent dans un petit couloir voûté, éclairé par des appliques. Tout dans la finition était parfait, on n'avait reculé devant aucune dépense. *Pourquoi pas, d'ailleurs ?* songea Laura en imaginant Gray en train de commander des sculptures de glace en plein été ou d'allumer des cigares cubains avec des billets de cent dollars.

Après une enfilade de portes à la française, le passage donnait dans un nouveau couloir qui, de chaque côté, s'incurvait et se dérobait à la vue. Elles se trouvaient probablement dans le bâtiment que Laura avait aperçu pendant l'ascension de la montagne. De l'extérieur, il ressemblait à un hôtel pour touristes. À l'intérieur, il faisait plutôt penser à... Laura n'avait jamais rien vu de comparable.

Janet prit à gauche. Les rares portes se trouvaient toutes sur le côté droit du corridor. Ici, la décoration était plus dépouillée, réduite à des niches qui abritaient des statuettes sous des lumières tamisées. *Gray devait être un peu court,* se dit Laura. *On en met plein la vue dans l'entrée et on gratte sur les chambres d'amis.*

Janet fit halte devant une porte qui pouvait mesurer quatre mètres de haut. Elle ouvrit et entra dans une chambre décorée d'un plafond à caissons. Des lambris couraient au bas des cloisons, des boiseries ouvragées peintes en blanc laqué. Le papier mural, bleu lavande, faisait la transition avec les bleus profonds de lourdes tentures retenues par des cordons. Le soleil se déversait à travers une paroi de verre, finement voilée de gaze blanche.

Laura s'avança, éblouie. Un épais tapis d'Orient recouvrait le plancher, si grand qu'il lui donnait l'impression d'être un enfant, et pas du tout à sa place. Sur les rayonnages, des livres à reliure de cuir ; sur les tables basses, des statuettes de porcelaine. Sous des lampes de cuivre, des encadrements d'or pur rehaussaient des peintures de maîtres. Dans l'angle le plus éloigné, un piano à queue, qu'on remarquait à peine tant la pièce était grande. Sur la surface laquée, noire et immaculée, le soleil posait çà et là des taches de lumière.

— Votre salon, commenta Janet en se dirigeant vers une porte à l'autre bout du tapis.

Elles passèrent devant un bureau Louis XV, des canapés en demi-cercle devant une cheminée pétillante, et un bar en bois sombre doublé, expliqua Janet, d'une cuisine fonctionnelle.

La porte donnait sur une chambre. Spacieuse, mais plus intime, sans la démesure absurde du salon, meublée d'un lit à baldaquin recouvert de coussins. Janet tira les rideaux et le soleil couchant inonda la pièce. Laura se dirigea vers la baie vitrée, qui s'étendait du sol au plafond sur toute la longueur du mur.

— Waou ! fit-elle.

À un kilomètre en contrebas s'étendait le village, à moitié enfoui sous les frondaisons. La jungle, les pelouses, les rampes de lancement, les plages de sable noir et les reflets bleus et verts de l'océan s'offraient à la vue au pied de sa chambre.

— Ça me fait plaisir de revoir ça par les yeux d'un invité, dit Janet. Ça me rappelle mon arrivée ici. Et mes rêves à l'idée de vivre dans cette maison.

Laura la dévisagea. L'expression de son visage avait changé du tout au tout.

— Voilà, dit Janet en reprenant une voix de garçon d'étage faisant visiter une suite, le panorama est de ce côté. — Elle ne regardait ni Laura ni le panorama. — La maison est creusée dans le flanc de la montagne, c'est pour ça.

L'instant, quoi qu'il signifiât, était passé et Laura se retourna pour examiner l'île. Au centre du décor se dressait l'énorme bâtiment sans fenêtre sur son esplanade gazonnée et sans arbres.

— À quoi sert ce grand machin ? demanda Laura.

Inutile de le montrer du doigt, c'était le seul édifice qui dominait le paysage.

— Le hall de montage. L'usine principale, si vous voulez. Je suis certaine que vous la visiterez bientôt.

Puis Janet passa dans la salle de bains en marbre. À la vue du sauna, Laura marmonna :

— Pas de vraie salle de bains sans sauna, c'est ce que je dis toujours, ce qui fit sourire son guide.

Elles pénétrèrent ensuite dans un placard de la taille d'un living. Laura se sentit gênée. Les vêtements qu'elles avait apportés tiendraient sur trois ou quatre cintres dans un angle du placard, aussi grand que son studio à Cambridge.

La visite était terminée. Janet regarda Laura et attendit.

— Oh, bredouilla Laura, oui, ça devrait aller.

Janet éclata de rire, mais dut sentir que sa réaction était déplacée car elle mit la main devant sa bouche et détourna la tête.

— Excusez-moi, dit-elle.

Le rire s'acheva en un sourire joyeux et Laura se demanda combien au juste Janet était payée.

— Bien, reprit Janet une fois calmée, le domestique de Monsieur Gray s'occupera de vos vêtements. Si vous avez besoin de quoi que ce soit — effets personnels que vous auriez oubliés, vêtements, nourriture ou boisson qui manqueraient dans la cuisine, n'importe quoi —, composez le zéro.

— Et pour les appels longue distance ? demanda Laura.

Elle pensait à Jonathan, qui lui avait fait promettre de téléphoner, et à qui elle brûlait de tout raconter. L'image de la carte de l'agent du FBI, avec le numéro de téléphone, lui traversa l'esprit.

— Composez le même numéro qu'aux États-Unis, répondit Janet.

Les yeux de Laura se posèrent sur le service à thé déjà installé au milieu des canapés et des fauteuils. *Il y a un salon de thé dans le placard,* se dit-elle avec stupéfaction. Quand elle se retourna, Janet avait disparu.

Elle retrouva le chemin de la chambre et constata qu'on avait monté sa valise pendant la visite. La pièce était silencieuse. Aucun bruit n'émanait de la grande maison.

Aucun signe de vie. Laura se demanda si Gray était là, quelque part.

Après avoir défait ses bagages, elle se livra à une exploration personnelle. Il y avait un terminal d'ordinateur sur le bureau du salon et, accroché au mur, un de ces téléviseurs à écran plat de Gray Corporation. Elle concentra son attention sur l'écran. On les avait vus apparaître deux ans auparavant. Après une bruyante campagne de lobbying, les géants de l'électronique américaine avaient obtenu l'accord de la Federal Communications Commission pour diffuser en TVHD. Sitôt le premier poste en vente sur le marché, Gray le franc-tireur avait proposé son propre système HD. Les géants avaient crié au fou. Déjà vainqueurs du concours à plusieurs milliards de dollars pour remplacer l'ancienne norme NTSC par la haute def, ils avaient réclamé et obtenu le soutien du gouvernement. Washington avait interdit à Gray de vendre aux États-Unis. Mais Gray s'était entêté, lançant des satellites, commandant des programmes et commençant à vendre ses équipements au Canada, en Europe et en Extrême-Orient. Des téléviseurs compatibles Gray commencèrent à faire surface aux États-Unis, mais son satellite, qui arrosait le Canada, n'était piratable que dans le nord du pays. Progressivement, le public cessa d'acheter des téléviseurs à la norme FCC, à mesure que la presse célébrait la supériorité des produits Gray et prophétisait l'échec cinglant de ses concurrents. Des plaintes furent déposées, des enquêtes administratives lancées, mais au bout du compte les consortiums des géants FFC avaient proposé un accord et une collaboration. Gray avait décliné l'offre. Sous la pression des consommateurs, la FFC transigea et approuva la commercialisation du système Gray aux États-Unis. La demande jusqu'ici freinée lâcha comme un barrage et le chiffre d'affaires de Gray s'envola tandis que ses rivaux et partenaires potentiels plongeaient dans la banqueroute.

Pour le consommateur, la cerise sur le gâteau apparut le jour où le système Gray donna l'accès au Web. Le résultat, pour les clients qui payaient quelques dollars de plus afin de s'équiper en lignes numériques, fut la fusion du téléphone, de la télévision et de l'ordinateur en un unique appareil multimédia.

Le système de Gray fournissait le nec plus ultra de l'interactivité. De petites lentilles au bas des téléviseurs les transformèrent en véritables régies de diffusion. « Zapper sur la télé » et « surfer sur le Web » devint une seule et unique distraction. D'une simple pression sur la télécommande, les spectateurs pouvaient passer de la mire multi-écrans au Web et vice versa.

Laura s'était payé le système complet mais n'en avait jamais exploré toutes les possibilités, jusqu'à cet article dans *Newsweek.* Le Net, racontait *Newsweek,* ne s'animait vraiment que tard dans la nuit. Ce soir-là, elle s'était connectée et avait veillé jusqu'à quatre heures du matin, fascinée et totalement dégoûtée. Tous les efforts des censeurs avaient été vaincus par des ados technologiquement plus avancés. Grâce à l'astuce du « Serveur anonyme », des émissions underground surfaçaient au hasard dans le réseau et restaient intraçables. Avec la liberté de l'anonymat fleurissaient les voies les plus glauques des autoroutes de l'information. L'article de *Newsweek* avait servi de guide à Laura. Elle arriva sur les « newsgroups » et découvrit avec stupeur une pornographie proliférante et incontrôlée que n'importe qui, n'importe où dans le monde, pouvait diffuser à partir de son ordi. Elle avait entendu parler d'obsédés qui ne sortaient plus de chez eux. Il y avait des histoires à sensation sur des procès en divorce à cause du Net. Des articles médicaux sur de nouvelles catégories de troubles compulsifs. Tout cela à partir d'un téléviseur.

Laura passa la main sur la fine pellicule noire qui recouvrait l'écran. Un LCD à plasma liquide. Finis les appareils encombrants, les périphériques. Juste une antenne d'un mètre carré, réglée « électroniquement », que Laura avait fixée à la porte du placard. Il n'y avait même pas de câbles entre l'écran et l'antenne. Pour Laura, tout cela était très mystérieux.

L'écran du salon, avec ses trois centimètres d'épaisseur, pouvait s'accrocher au mur comme un tableau. Le format 16/9 donnait, Laura l'avait lu sur la première page de l'épais mode d'emploi avant de le refermer, découragée, des images en supervision, dont les réalisateurs de cinéma raffolaient. Et quelles images ! Qualité 35 millimètres. Laura n'avait jamais vu les téléviseurs concurrents, mais les produits Gray passaient pour les meilleurs, et de loin. Quand les gens voyaient ça, entendaient le son numérique sortir des gros baffles cachés à l'intérieur qui émettaient directement à travers l'écran, les vieux postes NTSC prenaient un coup de vieux.

Ce fut une hystérie collective. Soudain, tout le monde, en dépit d'un prix prohibitif, voulut posséder un écran plat 16/9. Le haut de gamme — l'écran de six mètres à quinze haut-parleurs intégrés — dépassait les cinquante mille dollars. La TVHD devint le troisième poste des achats à crédit, après l'immobilier et la voiture. Même Laura, qui n'aimait pas la télévision, avait claqué dix mille dollars qu'elle n'avait pas. C'était beaucoup d'argent, mais étalé sur dix ans, ça ne coûtait que deux cents dollars par mois.

Il avait suffi d'une démonstration au centre commercial. L'autorisation de crédit prit cinq minutes. Le même jour, des hommes en uniforme bleu arrivaient pile à l'heure pour livrer et repartaient une demi-heure plus tard après avoir tout installé. Avec Gray, tout était facile.

Ce soir-là, Laura avait invité des amis à regarder l'écran merveilleux. Au démarrage s'affichait un menu à partir duquel on pouvait lancer un programme de démo. La démo montrait un grand-huit dans un parc d'attractions. Le ciel était d'un bleu profond avec des petits nuages pelucheux à la résolution époustouflante. On pouvait se mettre devant l'écran, le nez dessus même, comme l'avait fait un Jonathan éméché, on ne voyait ni lignes ni contours flous.

Un coup à la porte ramena Laura au présent. Elle traversa le salon et posa la main sur la poignée de cuivre. Gray, sûrement. Elle sentait sa présence, de l'autre côté du battant de bois sombre. Le cœur battant, elle ouvrit.

Un homme en gilet, porteur d'un plateau d'argent, lui faisait face. Sur le plateau, une enveloppe était posée.

C'était une invitation. « Monsieur Joseph Gray requiert le plaisir de votre compagnie, ce soir à dîner, à huit heures. Tenue d'intérieur. »

À huit heures, Laura suivit le domestique dans le somptueux escalier circulaire. Elle avait mis la seule robe qu'elle avait — une blouse simple, sans manche, serrée à la taille — et une paire d'escarpins bleus. Elle eut besoin de respirer à fond pour calmer ses nerfs en pelote, et s'en voulut qu'un détail aussi trivial qu'une robe déplacée l'énerve à ce point. Autre motif d'agacement, il n'y avait dans sa valise que des jeans, des tee-shirts et des tenues de jogging. Au moins avait-elle eu le temps de prendre une douche et d'arranger ses cheveux, qu'elle portait d'ordinaire en chignon. Ils retombaient sur ses épaules, ce qui lui donnait un air sévère et le minimum d'assurance. Le dos bien droit, Laura s'avança dans la salle à manger avec toute la dignité dont elle était capable.

La pièce était vide. Là-bas, près de la fenêtre, à l'extrémité de la longue table, deux couverts étaient dressés face à face. Des bougies sur la table et des éclairages indirects sous la frise du plafond plongeaient la scène dans le clair-obscur. Un feu accueillant flambait dans la cheminée et une musique de chambre aérienne se déversait de baffles invisibles ou, peut-être, de l'alcôve secrète où Gray avait dissimulé le quartet.

Laura contourna la table et s'approcha de la baie vitrée. À ses pieds s'étendait un festival de lumière. Les lampes clignotaient à l'Éden du Travail où les heureux citoyens se délectaient, imagina Laura, des vies insouciantes qu'ils menaient dans le domaine féodal de Gray. Des phares de voiture glissaient sur les voies rapides du royaume affairé.

Au-delà du village, le gigantesque hall de montage et les trois rampes de lancement baignaient dans un violent éclairage. Ici et là, Gray changeait la nuit en jour. Ainsi un terrain de football, aux confins du village, où un match était en cours. D'autres poches de lumière s'espaçaient dans les ténèbres.

— Intéressante perspective, n'est-ce pas ?

Laura se retourna et vit deux yeux bleus baissés vers les lumières scintillantes. C'était Gray, surgi de nulle part, juste à côté d'elle. Elle sentit sa gorge se serrer, une sorte de pincement au-dessus du larynx.

— Toute cette agitation qui semble individuelle vue de près, dit-il, apparaît très collective vue de haut.

Gray la regardait avec un sourire affable. Le blanc

des dents et des yeux contrastait avec le bronzage et les cheveux noirs. Il avait l'air beaucoup plus jeune que Laura ne l'avait imaginé et elle se prit à douter que ce fût vraiment Gray. Pourtant, ces yeux...

Mais déjà le sourire se figeait. Il la dévisageait avec une telle intensité qu'elle dut détourner le regard vers le village, tout en restant consciente d'être observée. Le moment s'éternisait et Laura se sentit rougir.

Du coin de l'œil, elle s'aperçut qu'il lui tendait la main.

— Joseph Gray, dit-il.

Le timbre de sa voix avait changé. Inquisiteur, comme s'il guettait sa réaction.

Laura respira un bon coup et le regarda droit dans les yeux. Il lui prit la main, gentiment, elle serra la sienne, fermement, très femme d'affaires.

— Laura Aldridge.

Le regard perçant insista, mais cette fois elle soutint le contact et ce fut Gray qui rompit le premier. Il semblait troublé, perplexe.

— Je, euh... heureux de vous voir, Docteur Aldridge, dit-il.

Laura hocha la tête et grimaça un sourire stupide. *On se détend!* se dit-elle, et elle serra les mâchoires.

— Asseyez-vous, je vous en prie. — Gray lui avança une chaise. — J'espère que vous avez fait bon voyage.

— Excellent, merci, répondit-elle tandis que Gray prenait place en face d'elle.

Un serveur apparut et emplit leurs verres de vin rouge.

— J'avais entendu parler de ces nouveaux supersoniques.

— Oh, le... le Grumman-Sukhoi?

Laura réalisa avec embarras qu'il n'avait pas de temps à perdre avec le type d'avion qu'il lui avait envoyé.

— C'est une excellente idée. Le temps a trop de valeur, et puisque la technologie permettant de voyager vite existe... — Il haussa les épaules et déplia sa serviette sur ses genoux. — Si on ne l'avait pas fabriqué, je demanderais à mes gens de le faire.

Laura porta le verre à ses lèvres pour cacher un sourire narquois. *Mes gens,* pensait-elle, *les braves serfs du village au pied du château.* Le contact piquant du vin se changea aussitôt en un merveilleux arrière-goût. Laura observa le liquide sombre, en reprit une gorgée... un délice.

— Eh bien, reprit Gray, où demeurez-vous ?

Laura écarquilla les yeux, faillit renverser son verre et toussa dans sa serviette.

— Pardon ? fit-elle d'une voix encombrée.

— Où vous a-t-on installée ? répéta Gray d'une voix moins assurée.

— A... à l'étage. Chez vous. — Il parut surpris, son visage s'empourpra. — Ça ne vous dérange pas ? bredouilla-t-elle. Je veux dire, je ne voudrais pas...

— Non, non ! Vous... c'est...

— Si vous voulez, je peux...

— Il n'en est pas question. — Gray se racla la gorge. — Avez-vous tout ce qu'il vous faut ?

— Non, répondit-elle, puis elle se hâta de corriger cette réponse ambiguë : *Non,* je veux dire, je n'ai besoin de *rien.* C'est donc plutôt... plutôt oui, conclut Laura en se forçant à rire.

Et elle reprit une gorgée de vin.

— Oui quoi ? demanda Gray, qui n'avait rien compris.

— Je veux dire que... oui, j'ai tout ce qu'il me faut, merci.

Un grand silence emplit la salle à manger. Dans ce silence, la respiration de Laura prenait les proportions d'un soupir exaspéré. Elle baissa les yeux pour porter sa serviette à ses lèvres et se vit dans sa robe de tous les jours. Mais quand elle les releva, elle s'aperçut que Gray lui-même était en jean et jersey ordinaire, manches roulées sur les bras. C'était très étrange car, cinq minutes plus tôt, quand elle l'avait vu pour la première fois, l'image d'un homme en costume strict s'était formée dans son esprit.

Gray prit une bouchée de sauté aux champignons que deux serveurs, opérant avec une synchronisation muette, venaient de servir. Il s'aperçut qu'elle l'observait et ce fut elle, gênée, qui baissa les yeux vers son assiette.

— Vous avez une maison magnifique, dit Laura, en piquant un morceau minuscule qui lui fondit dans la bouche.

Un régal.

— Merci, répondit Gray. Je dois avouer que je n'ai pas joué un grand rôle dans la décoration. — Il se retourna, semblant chercher un détail à commenter. — C'est en style, vous voyez..., marmonna-t-il la bouche pleine, Old England, avec un zeste de science-fiction.

Laura considéra les carafes de cristal, les plats d'argent et les assiettes de prix en ligne sur les étagères, et s'arrêta sur la baie vitrée. Au-delà, comme suspendus dans la nuit, brillaient le hall de montage et les rampes de lancement.

De petits plis autour des yeux de Gray révélaient qu'il venait de plaisanter. Laura sourit, mais elle avait plusieurs secondes de retard.

— Bien, dit Gray. — Il posa sa fourchette sur son assiette et s'essuya la bouche. — Parlons affaires. J'ai câblé vos honoraires sur un compte de la Chase Manhattan que nous vous avons ouvert à Boston. Un million de dollars, brut...

Laura se sentit rougir au rappel de ce montant obscène.

— Merci, fit-elle en se maudissant aussitôt pour cette repartie absurde.

*Un million de dollars.* La somme l'obsédait, elle culpabilisait, et elle fit un effort pour la chasser de son esprit. À quoi emploierait-elle l'argent ? Elle l'ignorait. Elle n'avait pas vraiment réalisé que le chèque l'attendrait, dès son retour. Pour la première fois, elle s'imagina en train d'ouvrir son relevé de compte et de lire le crédit.

Gray en avait fini avec son entrée. Elle avala vivement ses derniers champignons, au goût si fin qu'elle n'aurait pas voulu les laisser repartir à l'office.

— D'après mes horaires, votre semaine de travail commence à l'instant où vous avez mis le pied dans l'avion, et se termine... — Le silence lui fit lever la tête. — Eh bien, jusqu'à votre retour à Boston dimanche, j'imagine. Je ne suis pas sûr que votre travail vous prenne la semaine entière.

Le premier plat fut enlevé et remplacé par le second, un tournedos avec assortiment de légumes et jupe de pommes de terre.

— Ici, poursuivit Gray en piochant sans cérémonie dans son assiette, le temps est un peu accéléré. Nous tournons vingt-quatre heures sur vingt-quatre. Mais bien sûr, vous travaillerez à votre rythme.

Le serveur apporta une nouvelle bouteille de vin.

— Merci, je reprendrai bien de celui-ci, dit Laura en désignant la première bouteille, encore à moitié pleine.

Gray lui remplit son verre et le serveur disparut.

— Quel est ce vin ? demanda Laura en goûtant une nouvelle gorgée. Merveilleux.

Gray n'en avait aucune idée. Il retourna la bouteille pour lire l'étiquette : « Merlot, Californie, 1978. » Puis il se servit à son tour et se désintéressa du sujet.

Le dîner se poursuivit dans un silence profond, troublé seulement par le tintement de l'argenterie. Laura mâchait en feignant un grand intérêt pour la tapisserie, derrière Gray, pour l'entablement sculpté de la cheminée, pour le bouquet massif qui ornait la table. Au passage, elle étudiait Gray. Mince, mais large d'épaules. Mâchoires carrées, mais pas au point de gâcher l'ovale du visage. Des poils sur les avant-bras et dans le V du col, mais pas sur le cou ni sur les mains.

Elle le surprit soudain à baisser vivement la tête. Lui aussi l'observait. Il regardait la peau nue de ses bras.

Laura s'examina à la dérobée. Les bras, trop maigres, trop blancs. Comparée au bronzage de Gray, elle faisait maladive.

*Tout va bien,* se dit Laura, dans le silence soudain étouffant. Il ne manquait plus qu'un métronome, battant le rythme dans le vide. Elle mourait d'envie de se tortiller sur sa chaise.

— Qu'est-ce... ? commença-t-elle, à l'instant précis où Gray disait :

— Vous arrivez au...

Du dialogue confus qui suivit, Laura sortit gagnante en obtenant de Gray qu'il termine sa phrase le premier.

— Vous arrivez au bon moment pour le spectacle, dit-il en consultant sa montre. Nous avons une navette qui atterrit dans cinq minutes.

— Là-bas, vous voulez dire ? demanda Laura avec un signe de tête vers les flaques de lumière qui perçaient l'écran noir de la baie vitrée.

Quand elle se retourna, il l'observait encore. Mais il hocha la tête, soudain intéressé par les mécanismes de mastication de la nourriture. Le silence régnait de nouveau. Quand il termina son plat, Laura n'était qu'à la moitié du sien.

— En gros, nous avons deux lancements et deux récupérations par semaine, lança-t-il brusquement en jetant sa serviette sur la table, ressuscitant la conversation. Surtout de la maintenance pour les satellites. Quelques nouveaux marchés. Ce matin, on a lancé un satellite qui couvrira toute l'Indonésie.

— Oui, j'ai vu le décollage, dit Laura en avalant d'une seule bouchée un énorme morceau de tournedos.

Gray se tourna vers la baie vitrée, scrutant le ciel. Il consulta une nouvelle fois sa montre.

— Vu la taille des antennes, poursuivit-il en prenant une nouvelle fois Laura de court, les satellites sont obligés de transmettre à très grande puissance. Nous avons étudié les méthodes classiques pour les positionner en orbite géostationnaire, et couvrir de vastes surfaces fixes, mais il y a un problème. À trente-six mille kilomètres d'altitude, les satellites n'assurent pas la bande passante correspondant à cinq cents chaînes et une antenne d'un mètre. À la place, nous avons dû envoyer une flotte d'une centaine de satellites en orbite basse. Ils survolent un territoire donné en un temps bref, mais il s'en trouve toujours au moins un au-dessus de chaque zone de réception. C'est d'ailleurs terriblement compliqué, calculer les survols de façon à enchaîner les programmes sans rupture de flux. Un satellite transmet deux minutes en orbite ouest-est sur les États-Unis, traverse l'Atlantique et commence à émettre pour l'Angleterre, puis la France, l'Allemagne, la Hongrie, l'Ukraine, la Russie. Je ne pense pas qu'on ait d'accord avec le Kazakhstan. Enfin la Chine, et fin du tour du monde sur une orbite plus méridionale qui le décale. Si ça se trouve, il ne repassera pas au-dessus des États-Unis avant une centaine d'orbites. Et comme nous n'avons qu'une source d'émission verticale depuis la Terre, les satellites doivent aussi se transmettre les signaux entre eux, en temps réel et sans interruption. C'est un ballet très complexe autour du cadran, mais les ordinateurs s'en sortent à merveille.

Le discours était apparemment terminé, Laura le

vérifia d'un coup d'œil rapide au-dessus de son assiette.

— Étonnant, commenta-t-elle en engloutissant la dernière pomme de terre.

— Prenez votre temps, vous savez, dit gentiment Gray.

Les assiettes furent enlevées et il consulta sa montre. *Personnalité de type A,* devina Laura. Moteur à fond vingt-quatre heures sur vingt-quatre, comme son usine. Le domestique posa un sorbet devant lui et il l'avala en trois cuillerées, aussi peu conscient des bonnes manières que de l'extravagance de sa demeure.

— Le voilà, fit-il en se levant.

Elle fit glisser une tranche de sorbet sur sa cuillère, la mit dans sa bouche et se précipita à la fenêtre. Haut dans le ciel, une flamme brillait, un pinceau de feu qui tombait de la nuit étoilée et, imperceptiblement, ralentissait.

— Fusée à un étage, expliqua Gray.

Elle le regardait, il regardait les étoiles. Après ce que Paulus et Petry lui avaient raconté de la jeunesse de Joe Gray, elle attendait un homme taciturne, triste, avare de son temps. Eh bien, conclut Laura, c'est qu'il a changé.

— Tout est réutilisable, reprit-il. Nous utilisons un carburant liquide et trois jours suffisent pour préparer un nouveau lancement. Théoriquement, ça pourrait même se faire en quelques heures.

— J'ai lu que vous projetiez une base spatiale habitée, dit Laura en se souvenant d'un des articles lus la veille.

Il la regarda en souriant, haussant les sourcils d'un air de conspirateur. *Première fois qu'il triche,* notat-elle et elle regarda la descente de l'engin spatial, avec les jets de flammes qui se rapprochaient du sol.

— On dirait un vieux film, remarqua Laura, série B

années cinquante, vous voyez ? Avec rétrofusées, ce genre de trucs. Des vaisseaux à pattes qui décollent de la Lune ou de Mars.

— À terme, c'est le meilleur rapport qualité-prix, dit-il et Laura fut soulagée de constater qu'ils avaient enfin trouvé un sujet de discussion. — *Son boulot,* songea-t-elle. *Typique !* — Nous utilisons depuis peu des composites ultra-légers à base de résine et de fibres de graphite qui réduisent le poids du lanceur. Si on exclut la cargaison, quatre-vingt-dix-huit pour cent du poids consiste en carburant. À vide, par mètre cube de volume, il est plus léger que le polyuréthane.

— Silencieux, aussi, fit observer Laura.

La fusée ralentissait toujours, presque immobile déjà, en suspension au-dessus de l'océan.

— Pas vraiment, répliqua Gray en tapotant sur la vitre. Triple vitrage, une couche de vide, une couche d'argon.

Il se dirigea vers le mur et tira sur une poignée à peine visible. Une porte s'ouvrit et un rugissement emplit la pièce.

Laura suivit Gray dans l'air piquant de la nuit. Au passage, elle examina le cadre de la porte, si finement encastré dans les boiseries que la fente était à peine visible.

Même à cette distance, le mugissement des réacteurs faisait vibrer l'air. Le train d'atterrissage s'était déplié de part et d'autre de la tuyère. Sous leurs yeux, le lanceur glissait vers la rampe située le plus à gauche.

— Manœuvre de translation latérale, c'est la plus bruyante, expliqua Gray en haussant la voix. Nous avons insonorisé les appartements et les lieux de travail pour pouvoir travailler jour et nuit !

La fusée se positionna à la verticale de la plateforme bétonnée, à hauteur d'œil pour Gray et Laura, ses flancs aplatis pris dans les pinceaux des projecteurs, puis se mit à descendre en ligne droite vers la terre. Tout était précis, linéaire, robotique — clairement l'œuvre d'un ordinateur. Laura leva les yeux vers Gray. Son visage était éclairé par le même éclat qui brillait dans ses yeux. Il exprimait... la satisfaction, probablement. *Comment savoir ce qu'il a dans la tête ?* Elle trouverait. Ça faisait partie de son boulot.

Les flammes martelaient la plate-forme et s'élargissaient en flaque au contact du béton. Des nuées blanches giclaient d'un côté vers l'océan, de l'autre vers la route, en tourbillons furieux comme dans ces films qui montrent à l'accéléré la progression d'un orage. Tout autour, la jungle et l'océan étaient baignés de lumière artificielle. Le feu des tuyères changeait la nuit en jour, illuminant la façade du hall de montage.

Des ombres nettes s'allongeaient sur l'esplanade gazonnée à mesure que la fusée descendait, avant de s'immobiliser sur le pas de tir. Les réacteurs s'éteignirent. Dans le silence subit, le cœur de Laura battit la chamade dans l'attente instinctive d'une explosion, d'une catastrophe. Mais la fusée était bien calée sur ses assises, et bientôt la nuit se referma sur les derniers rougeoiements de la tuyère.

Laura se retourna vers Gray. Un sourire de contentement flottait sur son visage, qu'il essaya de dissimuler.

— Nous sommes sur une île volcanique, dit-il d'une voix qu'il n'avait plus besoin de forcer. Le cratère se trouvait à l'emplacement actuel du village. Ce côté de la montagne — il désigna la paroi semi-circulaire au milieu de laquelle se nichait la villa — était la face intérieure du cratère. D'après mes géologues, l'autre moitié a été soufflée par une éruption il y a environ dix mille ans.

Laura imagina le cirque primitif. À l'origine, l'île se réduisait au sommet émergé d'un volcan sous-marin.

— L'érosion a complété le travail, poursuivit Gray,

mais il nous a tout de même fallu plus d'un an de déblayage avant de pouvoir commencer à construire. Au centre de l'île, là-bas, dit-il en désignant les lumières clignotantes du village, se trouvait un petit lac que nous avons dû assécher. C'était un endroit stérile, noir de moustiques.

— L'île était habitée avant que vous ne l'achetiez ?

— Je ne l'ai pas achetée, je la loue. Un bail de quatre-vingt-dix-neuf ans. Je suis le « gouverneur général », soumis aux lois fidjiennes. — Il grimaça un sourire. — La réponse à votre question est non. L'île était inhabitable. Pas d'eau douce. J'ai fait construire une usine de dessalement, là-bas.

Il tendit la main vers le rivage ténébreux, tel un capitaine debout sur la dunette. Il lui suffisait de pointer un doigt pour faire sortir de terre des réalisations d'une confondante ingéniosité. Il était le créateur. Le démiurge. *Moi, moi, toujours « moi »,* nota la psychologue.

Laura se frotta les bras pour se réchauffer.

— On rentre ? proposa Gray, qui ne la quittait pas des yeux.

Sur la table était apparue une énorme mousse au chocolat, décorée de serpentins de chocolat noir qui dessinaient des volutes compliquées autour du somptueux dessert. Gray passa sans rien remarquer.

— Prête à commencer ? demanda-t-il.

Laura, qui avait déjà sa serviette à la main, la laissa retomber sur la chaise.

— D'accord, répondit-elle de sa voix la plus assurée. Allons-y.

Soumis au rythme accéléré de Gray, le dîner avait duré moins d'un quart d'heure. Mais, une fois l'analyse commencée, Laura entendait bien imposer ses propres règles. C'était le seul moyen de diriger Gray, en douceur, vers les sujets qu'elle jugerait importants.

— Où voulez-vous vous installer ? demanda-t-elle.

— Pardon ?

— L'analyse peut s'avérer un processus éprouvant. Il n'y a pas de raccourci. Vous seriez surpris de voir combien certains patients trouvent cela pénible, physiquement. Tout dépend, évidemment, de la... nature du problème.

Gray semblait tomber des nues. Puis il sourit, les yeux brillants, et éclata de rire.

— Vous vous imaginez que... ? commença-t-il. — Laura fronça les sourcils. — Excusez-moi, dit Gray, c'est ma faute. Nous n'avons pas encore parlé de votre travail. J'attendais la fin du dîner, et le moment est venu, je crois. — Il s'éclaircit la gorge et retrouva son sérieux. — Je crains qu'il n'y ait un petit malentendu. Ce n'est pas moi qui ai besoin de votre assistance, Docteur Aldridge.

Laura haussa les épaules et secoua la mèche de cheveux qui lui tombait sur la joue.

— Qui, alors ?

Gray n'avait pas manqué le moindre de ses gestes. Il étudiait ses réactions. Debout devant elle, il la dévisagea fixement. Le sourire s'effaça.

— Monsieur Gray ?

Il détourna la tête. Elle attendit.

— Qui est mon patient, Monsieur Gray ? insista Laura, déconcertée.

Gray se raidit et, avec un effort visible pour la regarder en face :

— L'ordinateur, dit-il.

— Central informatique, s'il vous plaît, ordonna Gray en s'installant à l'avant de la voiture sans pilote, à côté de Laura.

— Il suffit de parler ? demanda Laura qui s'empêtrait dans sa ceinture.

— Vous indiquez votre destination, répondit-il comme s'il s'agissait d'un détail anodin. — La boucle de la ceinture claqua et aussitôt le véhicule s'ébranla. — La reconnaissance vocale et la voix de synthèse sont des fonctions grand public et réclament une puissance de calcul considérable. Mais l'ordinateur sait analyser les ondes sonores assez précisément pour identifier des commandes de base, si elles sont prononcées clairement.

La voiture prit de la vitesse, franchit le portail et s'engagea à gauche sur la piste.

À la place du conducteur, Laura sentait son pouls accélérer à mesure que le véhicule prenait de la vitesse. Elle se pencha vers Gray et aperçut, au-delà d'un virage, des phares qui s'approchaient et sur lesquels ils ne pouvaient que s'écraser.

— Tout va bien, dit Gray calmement.

Le timbre radouci de sa voix, l'intimité qu'il suggérait lui firent lever les yeux. Ils étaient presque nez à nez. Embarrassée, elle se recroquevilla sur son siège.

— Nous n'avons jamais eu d'accident. Pas une fois. Jamais.

Laura essaya de se détendre, tout en surveillant l'accélération de la voiture qui entamait une descente et l'espace qui la séparait physiquement de Gray.

— Nous avons... des problèmes. Avec l'ordinateur. — Obnubilée par sa peur et par cette technologie inconnue à laquelle elle confiait sa vie, Laura avait du mal à se concentrer. — Depuis plusieurs mois, poursuivit Gray, il multiplie les erreurs inexpliquées. Le pourcentage d'erreurs augmente... exponentiellement. Au train où vont les choses, d'ici une semaine, peut-être avant...

— D'ici une semaine, quoi ? risqua-t-elle.

— L'ordinateur est au centre de toutes nos activités. Pas seulement sur l'île, mais à l'échelle planétaire.

Depuis le réseau de satellites dont je vous parlais jusqu'aux cent cinquante millions de comptes individuels qui permettent à nos clients de passer des commandes en pay-per-view, de faire du téléachat, des opérations bancaires, de répondre à des sondages, d'organiser des matches de foot entre lycées, de télécharger des logiciels, jouer à des jeux vidéo et communiquer par e-mail, plus divers services interactifs, l'ordinateur est la clé de voûte du système. Et encore, ce n'est qu'une fraction de ce que nous lui demandons.

La voiture devait maintenant dévaler à près de cent cinquante à l'heure. Des embranchements se présentaient, incurvés comme des pistes de bobsleigh, qu'elle négociait en souplesse. Mais rien n'indiquait à l'avance quelle voie le véhicule sans pilote allait prendre, et Laura se contractait dans l'attente de l'accident.

— L'ordinateur intervient aussi dans la fabrication des produits, naturellement, expliquait Gray. Si nous avons pu construire toutes ces installations, c'est grâce à la productivité des travailleurs de l'île. Ils ne sont que quinze cents, mais le rendement est phénoménal. La productivité est fonction du capital investi dans les infrastructures, et j'ai investi massivement.

Des bâtiments de toutes tailles, dont rien n'indiquait l'emploi, défilaient dans la nuit, mais Laura gardait les yeux droit devant elle, sur la piste qu'ils dévalaient à tombeau ouvert.

— Le PNB de l'île est supérieur à celui de la plupart des pays membres de l'ONU. Par kilomètre carré et par homme, c'est la zone la plus productive de la planète. La plus productive dans l'*histoire* de la planète, pour être précis.

— Pardon ? dit Laura d'une voix tendue, avec un rapide regard en coin vers Gray, qui semblait très confiant et parfaitement décontracté sur son siège.

— Nous créons chaque année des produits dont la valeur marchande, s'ils étaient commercialisés, se chiffrerait en centaines de milliards de dollars. Certes, la productivité par travailleur est une statistique trompeuse, surtout à ce niveau d'automatisation. Ça n'a plus guère de sens. D'ailleurs, pas mal d'autres choses n'en ont plus, marmonna-t-il.

Peu à peu, Laura retrouvait son calme. Ils doublèrent un autre véhicule. Sur ces routes spéciales, la circulation semblait rare. Les voitures sans pilote étaient sans doute réservées à Gray et à ses adjoints. Cette pensée rassurante s'envola quand un, puis plusieurs bolides identiques les croisèrent dans un claquement d'air. Laura remarqua que la conduite jusqu'ici fantaisiste de l'automate s'était modifiée. Il avait ralenti et roulait sur la droite de la piste comme ceux qui remontaient en sens inverse. Tout devait être contrôlé. Par l'ordinateur. *Mais Gray ne venait-il pas de dire que l'ordinateur multipliait les erreurs ?* Laura soupira, épuisée par cette succession de vagues d'anxiété.

Gray s'était renfermé dans son mutisme. Ses yeux, reflétés dans le noir de la vitre, regardaient ailleurs, très loin.

— Pardon, vous disiez ? fit Laura.

— Je dis que des tas de choses n'ont plus de sens.

Au ton de sa voix, il semblait que tout n'allait pas pour le mieux dans l'Éden du Travail. La fin du trajet s'accomplit en silence.

À l'entrée du village, la voiture ralentit encore et s'en tint à une vitesse civilisée. Laura fit rouler ses épaules durcies par le stress et se massa les mains.

— Vous ne m'avez toujours pas expliqué, dit-elle. En quoi puis-je vous être utile ? J'ai peur qu'il n'y ait un malentendu. Je suis psychologue. Si l'un de vos adjoints vous a induit en erreur sur mes qualifications, je me verrai dans l'obligation de vous restituer mes honoraires et de...

— L'ordinateur est dépressif, coupa Gray en décollant le regard de la vitre. Du moins, c'est ce qu'il dit. Dépression chronique.

Laura prit le temps de digérer ce qu'elle venait d'entendre, puis poussa un bref soupir, qui aurait pu être un rire si elle en avait été capable.

— Vous plaisantez, dit-elle.

Mais Gray ne plaisantait pas. Il avait plutôt l'air triste et la peine se lisait dans ses yeux — même expression que sur la photo dans le journal, celle qui le montrait enfant.

L'hypothèse était absurde. Dans l'esprit de Laura, des visions du village se mêlaient à ses réflexions. La voie était libre, mais la voiture s'immobilisa à un carrefour. Les rues paraissaient distribuées selon le schéma normal de toute agglomération, mais la voiture automatique y circulait avec la même aisance que sur les voies à grande vitesse qui sillonnaient l'île.

— Ce que j'ai construit, Docteur Aldridge, est le premier ordinateur sixième génération. Savez-vous ce que cela signifie ?

Laura secoua la tête, son attention attirée par une statue solitaire qui dominait une longue avenue. Une voie large, avec un terre-plein central gazonné, qui descendait en pente douce vers le centre du village. Laura était fascinée par le spectacle. La voiture progressait maintenant le long de l'avenue vivement éclairée, grouillante de vie nocturne. Une vraie petite ville, avec des gens qui flânaient dans les contre-allées, le long des terrasses de café, des boutiques de luxe et d'un cinéma qui était à l'évidence le rendez-vous des ados. Plusieurs personnes, remarqua Laura, reconnaissant Gray, pointaient le doigt, poussaient du coude leurs compagnons de table et le saluaient. Mais Gray semblait imperméable à ces marques de célébrité.

— Les ordinateurs de première génération, enchaîna-t-il, comprenaient des tubes à vide et des retardeurs à mercure, par exemple le Sperry Univac, au début des années cinquante. La seconde génération, au début des sixties, avec l'Honeywell 800, reposait sur les transistors.

À la sortie du village, la route retomba dans l'obscurité. Un panneau flanqué d'un sémaphore indiquait « Zone interdite » en lettres capitales. La jungle se referma sur eux et la voiture reprit de la vitesse sous ce tunnel végétal.

— La troisième génération était basée sur les circuits intégrés. Elle a dominé le marché pendant dix ans à partir du milieu des sixties. L'IBM 36 en faisait partie. La fin des années soixante-dix vit les circuits intégrés à grande échelle, la quatrième génération.

La voiture s'engagea sur une esplanade au bout de laquelle se dressait le hall de montage. L'édifice géant emplit le pare-brise de sa masse hallucinante.

— Au début des années quatre-vingt commencèrent les recherches sur les machines de cinquième génération. Des machines massivement parallèles, dotées de milliers de processeurs qui traitent les données simultanément. Le premier est entré en fonction au milieu des années quatre-vingt-dix.

La voiture ralentit et s'engagea dans une allée circulaire avant de s'arrêter devant un bunker de béton. Les deux portières s'ouvrirent automatiquement, se soulevant avec un sifflement assourdi.

À peine furent-ils sortis du véhicule, les portières se refermèrent et l'engin s'ébranla. Gray désigna un sentier qui conduisait vers le bunker, à demi enfoui dans le sol. L'air humide était lourd d'odeurs chimiques âcres et nauséabondes. Laura fit la grimace.

— Gaz d'échappement, dit Gray. La base de lancement.

Un escalier s'enfonçait en contrebas, fermé par une lourde porte métallique qui devait donner accès à un monde souterrain. Laura hésita. Pas question de s'aventurer là-dedans avant d'en savoir plus. Elle éprouva une sensation déplaisante au creux de l'estomac. Était-ce l'effet du trajet ? Ou d'autre chose ? Une menace imprécise...

Soudain, l'enchaînement des décisions qui justifiait son expédition dans l'île de Gray lui paraissait vicié. Que faisait-elle ici ? Et Gray ? D'un côté elle voulait savoir, comprendre pour étancher sa curiosité éveillée par ce bref aperçu. De l'autre, dans un recoin plus prudent de son esprit, un pressentiment naissant la poussait à rentrer chez elle.

— Moi, dit Gray debout au sommet de l'escalier, j'ai construit un ordinateur sixième génération. — Le timbre de la voix soulignait l'importance de l'enjeu, un enjeu qui échappait à Laura. — Un réseau neuronal massivement parallèle.

Elle le regarda : il évaluait l'effet produit par ses paroles.

— Le premier véritable neuro-ordinateur.

Ces mots firent vraiment de l'effet.

— Vous êtes sérieux ? demanda-t-elle.

Sa question resta sans réponse.

— Excusez-moi, mais... un neuro-ordinateur, rapide, qui marche vraiment, c'est techniquement impossible. C'est une fausse piste, une impasse.

Un sourire d'autosatisfaction se dessina sur le visage de Gray.

— Impossible, oui, martela-t-il, avant la logique floue, avant les algorithmes génétiques, et avant moi.

Que dire, devant un tel égocentrisme ? À première vue pourtant, Gray n'avait rien d'un mythomane. Et Laura n'avait pas envie de le voir comme un égomaniaque. Elle était venue aider Joseph Gray, l'orphelin incompris, pas Joseph Gray le nombriliste. Par ailleurs, il fallait se méfier des projections, et ne pas voir chez cet homme intrigant ce qu'elle souhaitait y trouver. Du coup, elle ne savait quoi penser.

Mais on ne l'avait pas fait venir ici pour formuler un diagnostic sur l'état mental de Gray. On l'avait convoquée pour autre chose — pour une *chose.* Laura baissa les yeux vers le bas de l'escalier, sombre, inquiétant. Elle n'avait plus envie d'avancer, plus envie de savoir ce que le grand créateur cachait dans sa nécropole de béton.

Gray s'aperçut de sa réticence et fit quelques pas.

— D'abord, une petite promenade, dit-il en lui effleurant le coude pour l'inviter à le suivre.

Ils empruntèrent la piste encastrée dans le sol qui traversait l'esplanade jusqu'au hall de montage. Tout au bout, la structure géante formait une muraille qui barrait l'espace. Une brise caressante nettoyait l'air des vapeurs toxiques. Laura inspira profondément. L'odeur de l'océan dissipait ses appréhensions.

— Au départ, reprit Gray, nous n'avions pas d'idée préconçue. Nous savions juste qu'il nous fallait une puissance de calcul considérable. Nous voulions une automatisation maximum, vous comprenez. Mais les limites de la robotique ne se trouvent pas dans les robots eux-mêmes. Plutôt dans la puissance des ordinateurs qui les pilotent. Prenez la vision. Nous avons laissé tomber les caméras au profit de processeurs rétiniens. Très performants pour s'ajuster aux transitions de lumière et d'obscurité — c'est le grand problème — et pour suivre les objets qui traversent leur champ de vision. Seul ennui, la puissance de calcul requise est énorme. Rien que pour distinguer les contours et identifier les limites d'un objet, il faut plusieurs minutes aux ordinateurs les plus rapides. Ajoutez l'ouïe, le toucher, la kinesthésie, la résolution de problèmes, les contraintes — tout ce qu'il faut pour être opérationnel dans le monde réel... Les besoins du système excédaient, et de loin, ses capacités.

La voix de Gray était dotée du pouvoir de soutenir l'attention sans hausser le volume. Sa pensée s'enchaînait avec fluidité, comme s'il avait répété. Pourtant, il s'exprimait avec naturel, très à l'aise.

— Les ordinateurs numériques sont très précis, poursuivit-il, ce qui convient pour les tâches qui mettent en jeu des chiffres.

Laura écoutait, plus par plaisir que par intérêt.

— Mais le meilleur ordinateur numérique que nous ayons réussi à fabriquer ne dépasse pas les performances d'un enfant de trois ans. Et il ne les dépassera jamais. L'ordinateur numérique est une voie sans issue.

Gray replongea dans le silence, tout en continuant à marcher, mains dans les poches.

— Vous semblez très sûr de vous, dit enfin Laura.

Il s'arrêta et lui fit face.

— Ceci — il écarta les bras — n'est pas un univers digital; c'est de l'analogique pur. C'est pourquoi le cerveau humain a évolué de façon à traiter de l'information analogique, et pas pour mouliner des chiffres. Imaginez que votre cerveau soit conçu comme un ordinateur numérique. Vous stockeriez le descriptif des visages de vos relations dans une liste. Face à votre mère, il vous faudrait explorer la liste avant de la reconnaître. Avec l'âge, la liste s'allongerait, le temps d'accès aussi. Oui, mais vous n'avez pas un cerveau numérique. Il n'y a pas de liste. Vous êtes équipée d'un réseau de neurones interconnectés. Quand vous voyez « mère », les connections vous restituent son identité, mais pas seulement : tout ce qui la concerne et cela, instantanément! Votre amour pour elle. L'affection dont elle vous entourait dans votre enfance.

L'odeur de son parfum. Son anniversaire la semaine prochaine. Tout d'un bloc. Et pour retrouver cette masse d'informations, un réseau neuronal se satisfait d'un fragment de données, par exemple du son — unique — de sa voix quand elle prononce votre nom. Au contraire des machines numériques, un réseau neuronal excelle dans le maniement des données fragmentaires — les données « floues ».

Au mot « flou », Laura leva les yeux. En 1983 déjà, Gray travaillait sur un réseau neuronal.

*Et ce serait ça le résultat, vingt ans après ?* Laura était soudain accrochée, plongée en pleine spéculation. Elle n'avait pas remarqué que Gray s'était tu. Leurs regards se croisèrent brièvement, un éclair qui lui donna la chair de poule. C'était irrationnel, mais l'échange avait suffi pour qu'elle se sente touchée, mentalement — comme s'il avait soulevé un rideau et deviné ses pensées. Il aurait pu aussi bien dire : « Je sais ce que vous pensez. » C'était très troublant, et la sensation rompit le fil de ses idées.

Quand il reprit la parole, ce fut d'une voix douce, comme s'il respectait sa rêverie.

— Et puis, il s'est passé quelque chose. Spécial. Magique.

Bizarrement, Laura dut faire un effort pour demander :

— Quoi ?

— Il apprend, dit simplement Gray.

Sa première réaction fut la déception. Elle s'attendait à mieux. Mais Gray reprit la parole et la déception, très vite, s'estompa.

— Il généralise, Laura. Mais quand il généralise, il le fait par analogie, non avec le monde des humains, mais avec son monde. Ce n'était pas prévu ! La première fois qu'il a conclu qu'un câble est à l'électricité ce qu'une veine est au sang, nous avons sauté au plafond. Par la suite, son intelligence a dépassé la nôtre. Et cela parce que, voyez-vous, il n'est pas prisonnier d'une... *coquille,* dit Gray en regardant son corps, d'une perspective limitée, comme nous, limitée aux expériences de notre vie.

Laura, maintenant, redoutait de le regarder en face. Elle avait peur de se trahir. Et peur de lire, sur son visage, quelque chose qu'elle n'aurait pas aimé y voir. La bouche sèche, elle interrogea :

— Que voulez-vous dire au juste ?

— Que nous sommes entrés dans une nouvelle époque. — Il leva un bras et désigna un point dans l'espace. — Tenez, là, un de nos robots.

Au-delà de la pelouse, elle aperçut les phares distants d'un véhicule qui approchait. Quel rapport, se demanda-t-elle, entre la nouvelle époque et l'apparition du robot ?

Laura eut soudain l'impression qu'il n'existait plus que deux êtres sur terre. Seuls parmi les engins issus tout droit de l'imagination de Gray. Mais ce n'était pas exactement ça. Gray n'était pas seul. Il régnait au centre d'un monde né dans son esprit et qui maintenant s'incarnait, se mettait à vivre autour d'eux. Un monde dans lequel elle entrait à son tour.

Gray se remit en marche et sa voix de nouveau chassa les pensées de Laura.

— Nous avons découvert quelque chose, dit-il. Pour que l'ordinateur puisse développer son intelligence, il fallait le doter du mouvement. Qu'il soit capable de se déplacer et d'explorer le monde physique. Prendre en main les objets, les casser, se construire son propre « feeling » des lois de la nature, que nous, humains, tenons pour acquises. Le mouvement, c'est la clé... et plutôt deux fois qu'une. — Il soupira. — Nous en sommes au stade opérationnel des Modèles 7. Les deux premiers modèles étaient purement expérimentaux. Ensuite sont venus les Modèles 3, les petites voitures que vous connaissez. Les Modèles 4 et 5 étaient des robots à autonomie limitée. Ils ont été retirés ou installés sur la chaîne de montage. Puis nous avons sorti les 6 et les 7. Environ deux cents Modèles 6 sont toujours en activité, et une centaine de Modèles 7. — De nouveau, il tendit le bras. — Voilà un 6.

L'engin était encore à bonne distance. Laura ne distinguait qu'un véhicule avec des phares rapprochés et un gyrophare sur le toit. Il avançait vers eux, avec un léger vrombissement semblable au bruit d'une tondeuse à gazon.

La trajectoire du robot ne tarderait pas à leur couper le chemin. Laura examina l'engin. Qu'il soit capable de tondre le gazon à cinquante kilomètres à l'heure l'impressionnait moins que les voitures sans pilote de la génération précédente.

— Les 6 comme les 7 ont été entièrement conçus par l'ordinateur. D'ailleurs, l'ordinateur lui-même est pour une large part auto-conçu. Nous savons très bien comment fonctionne le hardware, mais le logiciel, lui, est révolutionnaire.

À cent mètres environ, le robot s'arrêta. Le bruit de tondeuse disparut. Un long bras frontal leva en l'air une espèce de hotte. Le robot réussit à retourner la hotte en la cognant sur le bord d'une remorque et le gazon se déversa dans la remorque. Une lampe s'alluma sur la « tête » du robot. Le bras remonta pour éclairer l'intérieur de la hotte. Des touffes de gazon étaient restées collées au fond, que le robot fit tomber en la secouant. Il vérifia que la hotte était bien vide cette fois puis, apparemment satisfait de son travail, se remit en route.

*Résolution de problème logique,* se dit Laura. Un sentiment oppressant l'envahit soudain, l'impression de se lancer tête la première dans une histoire pour laquelle elle n'était pas préparée. La scène portait des implications qu'elle comprenait trop bien. *Lui a-t-on appris à secouer le sac, ou le robot l'a-t-il appris par lui-même ?*

Laura observa les lumières sur la tête du robot. Ce n'était pas un gyrophare comme elle l'avait d'abord cru, mais deux phares indépendants qui balayaient la surface du sol par saccades rapides. Les puissants projecteurs décrivaient un arc de cercle dans l'axe du véhicule, scrutant nerveusement le terrain au rythme de plusieurs aller-retour par seconde.

Elle prit l'allée et s'approcha du robot, fascinée par le spectacle de ses mouvements parfaitement coordonnés. C'était maintenant Gray qui suivait. À vingt mètres de distance, les projecteurs se braquèrent sur eux. Laura s'immobilisa et leva la main pour se protéger les yeux. La tondeuse s'arrêta, le ronflement des lames décrut et se résorba. Quelques instants plus tard, les spots s'éteignirent à leur tour et tout redevint silencieux.

Laura contempla le robot inerte, les deux boîtiers abritant les projecteurs toujours dirigés vers eux.

« Monsieur Gray, retentit une voix crachée par des baffles invisibles, veuillez contacter le Central informatique. » L'annonce se répercuta en écho sur l'esplanade.

— Pour la visite du hall de montage, nous verrons plus tard, dit Gray.

Il fit demi-tour et poussa doucement Laura dans la direction du Central. Elle lança un dernier regard derrière elle sur la machine inerte, plongée dans l'obscurité, sans pouvoir se défaire de l'idée qu'en dépit de son inactivité apparente, la machine la regardait elle aussi.

À peine eurent-ils tourné le dos, les projecteurs les éclairèrent à nouveau et leurs silhouettes noires s'allongèrent sur le revêtement bétonné de l'allée. Laura frissonna. La machine les observait. Puis les lumières pivotèrent et la tondeuse se remit en marche.

Laura se retourna. Le long bras unique se déplia et alla chercher loin du châssis, vers un carré de terrain pris sous les feux croisés des deux projecteurs. Le bras s'abattit à une vitesse surprenante. Sans même s'arrêter, le robot ramena dans la lumière ses griffes refermées sur quelque détritus et agita son trophée. Puis il jeta négligemment le détritus dans la remorque. Sans se retourner : il savait où elle se trouvait.

Gray, debout et muet à côté d'elle, resta impassible. Indéchiffrable.

— Impressionnant ! s'exclama Laura.

Lentement, Gray se radoucit. Ses lèvres frémirent et il se détendit. Les pinceaux de lumière artificielle allumaient des reflets dans ses yeux sombres.

Il pivota et se dirigea vers le bunker. Laura le suivit, toujours à l'affût du moindre indice sur le visage énigmatique.

## 3

Parvenu devant la porte du Central, Gray colla un œil sur l'œilleton. Une légère détonation métallique se fit entendre dans les profondeurs bétonnées. Gray se redressa et la lourde porte coulissa dans le mur avec un grondement sourd. Des mécanismes en acier inoxydable se dressaient, comme à l'entrée d'une chambre forte. *Ou d'un abri anti-atomique,* conclut Laura après une brève réflexion.

L'énorme vantail, épais de trente centimètres, s'immobilisa pesamment et une porte intérieure, plus légère sans doute, s'ouvrit rapidement dans un sifflement d'air. Une pièce étroite apparut, plongée dans la pénombre. En son centre était suspendue une mince passerelle métallique munie d'une rambarde. Laura suivit Gray, toujours silencieux, à l'intérieur de ce caisson. Gorge serrée, souffle court et cœur battant, elle reconnaissait tous les signes d'un malaise incoercible. Gray s'arrêta au milieu de la passerelle. Un bruit d'air comprimé accompagna la fermeture du caisson. Au-delà, Laura entendit la porte blindée qui se refermait elle aussi. À quoi pouvait servir cette chambre noire ? Plancher, murs et plafond se composaient de plaques de métal sombre. Laura attendit que Gray avance. Immobile, une main serrée sur la rambarde, il semblait perdu dans ses pensées.

— Ah, fit-il, j'ai oublié de vous dire. Le Central informatique est en isolation. Il faut réduire la poussière au minimum.

Une sonnerie retentit, des lettres rouges s'affichèrent sur un écran mural : « Soufflerie activée. » Une série de craquements se fit entendre.

— Vous feriez mieux de vous tenir à... ! hurla Gray, mais un mugissement couvrit la fin de la phrase.

Le souffle frappa Laura avec la violence d'une tempête. Gray cria quelque chose mais le changement brutal de pression lui fit claquer les tympans. La soufflerie se déchaînait de tous les côtés à la fois. Les cheveux lui cinglaient les joues et elle dut fermer les yeux.

Des tourbillons d'air fusaient sous ses vêtements, remontant vers le visage et exposant sa peau nue à l'ouragan. La ceinture de sa robe vint se coller sous sa poitrine. Elle eut beau tirer sur le tissu gonflé, la mince robe d'été résistait et elle dut la plaquer des deux mains, devant et derrière.

Aussi brusquement qu'il avait éclaté, l'ouragan s'apaisa. Laura ouvrit les yeux au milieu d'une broussaille de cheveux. Elle voulut les écarter et l'électricité statique lui colla les cheveux sur les mains. Puis elle vit Gray, qui lui décocha un petit sourire d'excuse. Gray, hirsute lui aussi, la tête hérissée de mèches folles.

Laura éclata de rire.

— Excusez-moi, bredouilla-t-elle, une main sur les cheveux, l'autre sur la bouche.

Elle se redressa. L'orage passé, elle retrouvait son aplomb.

— Agréable surprise, commenta-t-elle.

Gray ratissa sa crinière et haussa les épaules.

— Les robes sont plutôt rares, ici.

L'écran mural afficha un nouveau message, « Bienvenue », en lettres vertes, puis un sifflement annonça l'ouverture de la seconde porte, devant eux. Une vive lumière inonda le caisson.

Laura emboîta le pas à Gray et ils débouchèrent dans une vaste salle bourdonnante. Une dizaine de techniciens s'activaient sur des alignements de consoles. Pour Laura, c'était comme pénétrer dans un vaisseau spatial d'un lointain futur. Partout des surfaces blanches, aseptisées, des écrans multifenêtres multicolores, des moniteurs muraux où palpitaient des graphes, sur un rythme syncopé, mystérieux. Des chiffres pulsaient sur les écrans, des diagrammes éclatants qui rappelaient les light-shows psychédéliques.

Gray l'observait, elle lui fit face.

— Waouh ! s'exclama-t-elle, et ce fut tout ce qui lui vint à l'esprit.

Il s'approcha d'un petit miroir accroché près de la porte et entreprit de se repeigner. Après un coup d'œil dans le miroir, Laura s'empara d'une brosse-cadeau « Gray Corporation ».

— Si vous avez besoin d'un pull ou d'une veste, dit Gray, demandez à un opérateur. Nous avons essayé plusieurs fois de monter le chauffage, mais rien à faire. C'est le problème, avec les ordinateurs à supraconducteurs. Ils sont refroidis à l'azote liquide.

Après l'escapade dans la nuit chaude du Pacifique, l'air frais était vivifiant. Et Laura était trop fascinée par le spectacle pour se soucier du froid. Les doigts précis des techniciens volaient de clavier en clavier, enfonçaient les touches, faisaient tourner les trackballs. Plusieurs opérateurs étaient équipés d'oreillettes, en liaison permanente avec leurs collègues invisibles au fond de la salle, ou de l'autre côté de la planète, difficile à dire. C'était la technologie de l'extrême, une nef de pionniers avec plusieurs siècles d'avance sur le reste de l'humanité.

Gray tapota sur un petit carré de tapis noir, fixé au mur à côté du miroir. « Touchez avant d'entrer », lisait-on sur un panneau rouge vif. Laura obéit sans réfléchir. Une décharge douloureuse lui cingla la main.

— Aïe ! grimaça-t-elle en se frottant les doigts.

— Désolé, murmura faiblement Gray, sur le seuil de la salle merveilleuse.

— Où sommes-nous ? demanda Laura, tétanisée par la stupeur.

— Dans la salle d'opérations de l'ordinateur principal.

Pour toute réplique, Laura hocha la tête.

— Ah ! fit-elle.

Gray la guida dans le dédale des stations de travail. La quasi-totalité des techniciens étaient des hommes et, remarqua Laura, ils évitaient de croiser son regard. Mais ils louchaient furtivement dans son dos, comme des gamins dans un couloir de lycée.

Ce comportement insolite n'échappa pas à Gray.

— Mes informaticiens sont du genre sérieux, dit-il en guise d'explication.

Ils passèrent devant des consoles sur lesquelles étaient posés des containers de jus d'orange en plastique transparent. Des sacs géants de feuilletés au fromage, de bretzels et de pop-corn traînaient dans tous les coins du vaisseau amiral « aseptisé ». Les moniteurs étaient décorés de décalcomanies « Légalisez la marijuana » et du croiseur *Enterprise.* Quant aux oreillettes, elles vomissaient de la musique à fond, du classique au hard-rock prise-de-tête.

Les opérateurs étaient vêtus de pulls épais. Certains, à force de rester penchés sur leurs consoles, semblaient transformés en bossus. D'autres étaient affalés dans de confortables fauteuils de cuir. L'un d'eux, les pieds sur le bureau, tenait en équilibre sur ses genoux un numériseur surdimensionné. Les écrans bariolés se reflétaient sur leurs lunettes à verres épais et lourdes montures classiques. Laura imagina cette tribu de taupes contrainte d'émerger de son terrier, les mains sur les yeux, aussitôt bombardée de coups de soleil mortels.

— Qu'en dites-vous ? interrogea Gray en faisant halte au fond de la pièce.

— Des *nerds,* murmura Laura.

Gray sourit, puis le sourire se changea en rire, faisant sursauter les êtres-taupes les plus proches. Il braqua son regard sur elle, les yeux brillants. Il était beau.

— Non, dit-il, je parlais des installations.

Il avait l'air de beaucoup s'amuser.

Laura balaya la salle du regard, en quête d'une réponse.

— C'est vraiment... très propre.

— Merci, répondit-il au bord du fou rire. Tous des nerds, oui, telle est la triste vérité. Dont le revenu net moyen passe la barre des dix millions de dollars, je suppose. — Laura lui lança un regard surpris. — Je leur donne une prime, une tranche de bénefs, comme on dit. Beaucoup d'argent, mais qui dépend de leur productivité. Si un type pond mille fois plus de trucs qu'un autre, je peux bien le payer mille fois plus. Ou au moins, précisa-t-il en la regardant dans les yeux, cent fois plus.

Il sourit de bon cœur, satisfait de son astuce.

Puis il lui tourna le dos et l'introduisit dans un corridor. Ils passèrent devant des portes banales, sans boiseries ni quincaillerie, en plastique blanc. L'une des portes coulissa à leur approche en envoyant une bouffée d'air vers le mur.

Laura remarqua que la porte s'était ouverte une demi-seconde avant leur arrivée. En face, de l'autre côté du couloir, une porte identique était restée fermée. Comment la porte savait-elle qu'elle devait s'ouvrir ? Gray ne parut pas s'en préoccuper et elle pénétra à sa suite dans la pièce.

Ils tombaient au beau milieu d'un débat animé. C'était une salle de conférences, au design high-tech. Six nerds masculins et féminins étaient assis autour d'une longue table ovale — plus un non-nerd aisément reconnaissable. L'exception, un homme musculeux au visage tanné, aux mâchoires carrées de militaire de carrière, semblait totalement déplacé au milieu de la bande. Tandis que les nerds s'empoignaient, il se taisait. Ses yeux vifs scrutèrent Laura qui prit place à côté de Gray.

Gray s'accouda sur la table et tous se turent comme à un signal.

— Pour commencer, dit Gray dans le silence, je voudrais vous présenter une nouvelle venue dans l'équipe, le Docteur Laura Aldridge.

Il y eut de brefs hochements de tête, mais nulle réaction de bienvenue, et Laura se mit aussitôt sur ses gardes. Gray se tourna sur sa gauche.

— Docteur Margaret Bickham. En charge du département de l'intelligence artificielle — le software.

La femme acquiesça. Elle avait l'air sévère, avec des lèvres minces, pincées, voire crispées, qui lui barraient le visage d'une fente rectiligne et sans expression.

— À gauche, dit Gray en désignant le plus petit bout de l'ovale, le Docteur Georgi Filatov, chef du département de l'informatique.

— Rravi de vous connaître, vrrai, dit l'homme avec un fort accent russe, à l'allure type du champion d'échec mythique ou du tordeur de cuillères à distance, un crâne d'œuf dont la tignasse ébouriffée, poivre et sel, multipliait le volume par deux.

— Georgi est responsable de l'ordinateur central, côté hardware. Le Docteur Philip Griffith, dit Gray avec un signe de tête vers l'homme assis en face de lui. Le Dr Griffith est en charge de la robotique.

Pas besoin de commentaire. L'homme tortilla les doigts en un salut maladroit. Il avait des yeux sympathiques derrière de grosses lunettes et un sourire fendu entre des favoris en côtelette qui révélait un clavier dépareillé de dents en mauvais état.

Laura tourna les yeux vers le suivant, le costaud au regard dur qui l'examinait depuis son entrée dans la pièce.

— Franz Hoblenz. Chef de la sécurité.

L'homme salua sèchement. Large d'épaules, le masque buriné d'un homme de terrain, il la dévisageait ouvertement, attitude révélatrice d'un type précis de vulgarité — la vulgarité des machos, que Laura détectait d'instinct.

— Au bout de la table, le Docteur Dorothy Holliday. Notre épidémiologiste.

Les autres éclatèrent de rire. L'astuce, quelle qu'elle fût, échappait totalement à Laura.

— En fait, je suis chargée des « EV », dit la jeune femme en rougissant, d'une voix bizarre et suraiguë. Erreurs et Virus, traduisit-elle.

Le regard de Laura s'attarda sur la fille, qui semblait plus loquace que les autres. Jeune — vingt-cinq ans au plus — et jolie. Sourire franc, mais embarrassé, sans la grâce et l'aisance qu'apporte la maturité. Laura, avec dix ans de moins.

— Nous l'appelons Doc Holliday, grogna le militaire.

L'allusion au roi de la gâchette des légendes de l'Ouest provoqua des rires sous cape. L'intervention du gorille avait surpris Laura. Non la voix, sourde, graveleuse, correspondant au physique, mais le fort accent texan. Chef de la sécurité, blond : elle l'avait pris pour un Allemand.

Gray termina les présentations. Les directeurs de la production et des opérations spatiales, deux derniers clones sortis de son usine de savants fous.

— O.K., fit Gray en changeant de voix. — Il tendit

les mains en un geste interrogatif. — Que dit le dernier rapport d'erreurs ?

Dorothy Holliday appuya la pointe d'un stylo sur son ordinateur de poche.

— Il y a deux heures, une porte pneumatique a claqué au nez d'un type, dans la salle de gym.

— Vérifié ? lança Margaret Bickham.

— Ouais, répondit Dorothy en secouant comiquement la tête. Le type sortait de, disons, une grosse dispute avec sa femme devant Dieu et devant les hommes. Il fichait le camp, et pif ! — elle claqua les paumes pour la démonstration — en plein dans la porte. Vingt témoins. Il paraît qu'ils ont bien rigolé. Bref, peu après, la porte fonctionnait à nouveau normalement. Scan sous Phase 1, négatif.

Il n'y eut aucun commentaire. Dorothy fronça les sourcils, grimaça et reprit la parole. Juvénile et ingénue. Laura ne put réprimer un sourire : on lisait à livre ouvert sur ce visage, non exercé encore à la tromperie. Au contact du stylo, son petit PDA émettait de légers *bing*.

— Ensuite, reprit-elle de sa voix de souris, il y a une heure environ, une cliente de Copenhague — une ancienne contrôleuse de chez nous, par ailleurs — s'est plainte que son compte en banque était, euh, dans le rouge. Nous avons vérifié, le compte présentait un débit de plusieurs centaines de *milliers* de dollars.

— Bon Dieu ! fit Georgi Filatov en secouant la tête d'un air écœuré, ce qui agita le buisson de son crâne. Il se pencha sur la table et échangea de brefs regards avec ses collègues.

— Et *enfin...* commença Dorothy.

— *Encore ?* la coupa Margaret d'un ton incrédule.

Dorothy fronça les sourcils.

— Un néon a grillé dans le parking de l'usine de Taiwan. C'est un vigile qui l'a signalé, mais normalement, la panne aurait dû déclencher un message à opérateur.

— J'envoie une équipe à Taiwan, dit Hoblenz à Gray. Deuxième défaillance dans la même boîte, ça peut compromettre la sécurité.

— D'accord, dit Gray. On règle le problème comment ? Margaret ?

Il commença son tour de table par la directrice de l'intelligence artificielle. Margaret Bickham souleva une mallette métallique, la posa délicatement sur la table et l'ouvrit en faisant claquer le fermoir. Elle entreprit de fouiller dans ses papiers et Laura en profita pour l'examiner. Pas mal de kilos en trop, et lunettes comme les autres, sauf Gray et Hoblenz. Et Dorothy.

Assises aux deux bouts de la table, Dorothy et Margaret faisaient un peu l'effet de « serre-livres », seules femmes à bord avant l'arrivée de Laura.

Son regard allait de l'une à l'autre. Dorothy et ses cheveux raides, châtain clair, retenus par des barrettes, aux mèches folles et charmantes. Margaret sous une calotte de poils noirs et gris qui lui serrait le crâne dans une espèce de casque. Ni l'une ni l'autre n'était maquillée, mais la peau fraîche et lisse de Dorothy n'en avait nul besoin. À l'évidence, elles se fichaient de leur apparence. Margaret portait un pantalon de polyester marron et une chemise blanche de coupe militaire à épaulettes et passepoil, avec une poche boutonnée gonflée à exploser d'un contenu invisible. Dorothy, un jean mou délavé et un corsage étroit sans manches. Elle n'avait que la peau sur les os.

Placée à égale distance des deux femmes, Laura se demanda distraitement laquelle lui ressemblait le plus. Ce fut alors qu'elle sentit, plus qu'elle ne vit, le regard de Gray. Il l'observait. Inquiète, elle prit conscience de sa présence, de cet examen permanent et troublant auquel il la soumettait. Elle réussit à éviter son regard, en se concentrant sur les autres, et se retrouva du coup face aux yeux fixes de Hoblenz. L'homme ne prit même pas la peine de tourner la tête. Il l'observait effrontément, nullement gêné de se faire prendre. Ce fut Laura qui dut rompre le contact.

— Margaret, bon Dieu ! éructa Filatov. On ne va pas y passer la nuit !

Margaret ignora le sarcasme. Elle ralentit au contraire l'exploration de la mallette, fouillant les recoins avec un mépris affiché pour les gesticulations de ses collègues. Filatov, reniflant tel un taureau, quêtait un renfort autour de la table. Enfin, elle se racla la gorge. Elle ajusta ses lunettes, étala une feuille de papier, croisa les doigts et y cala son menton.

— Nous avons demandé à l'ordinateur de faire tourner un programme de reconnaissance de forme sur les erreurs relevées jusqu'à aujourd'hui.

— Résultat ? demanda Gray.

— Néant.

Il y eut un silence, puis Filatov explosa :

— *Bon sang !*

Il claqua la main sur la table, qui trembla, faisant sursauter Laura.

Margaret l'ignora royalement.

— Erreurs aléatoires à première vue, poursuivit-elle comme si Filatov vivait dans un autre univers. L'ordinateur a lancé une surveillance en continu. Il signalera les convergences s'il en trouve.

— Elle sort de Vulcain ou quoi ? hurla Filatov, très agité. Vulcain, non, c'est une *Klingon,* oui !

— Oh, Georgi-i, fit Griffith en secouant la tête devant pareille calomnie.

— Comment l'ordinateur a-t-il fixé les critères de convergence ? questionna Gray, impavide au milieu de cet étalage de discorde.

— Je ne sais pas, répondit Margaret.

— Vérifiez, ordonna Gray d'un ton cassant. Baissez les seuils. Je préfère m'embarquer sur une fausse piste que rater la détection immédiate. — Puis, à Filatov, le responsable des opérations informatiques : — Et vous, Georgi ? demanda-t-il d'un ton allègre en pressant sur les coins de sa bouche pour retenir un sourire.

Hoblenz avança les épaules, au comble de l'attention.

— Avant de commencer, dit Filatov d'une voix délibérément trop forte, nous pouvons applaudir Margaret pour son formidable travail en vue de résoudre nos problèmes actuels.

Il tapa dans ses mains au ralenti. Gray ne broncha pas.

Filatov poussa un gros soupir et enchaîna.

— Nous tournons à quatre-vingt-seize pour cent de nos capacités. Résultat net, bien sûr, sans tenir compte de la Phase 1 antivirus. J'ai discuté avec Dorothy de... l'éventualité de dégager des ressources pour passer en Phase 2.

Laura, surprise par l'insolence apparemment admise du Russe, n'avait pas remarqué que tous les regards s'étaient tournés vers Gray. Elle n'avait pas compris un mot à l'intervention de Filatov, mais le terme « Phase 2 » avait introduit dans la pièce une nervosité perceptible. La proposition, quoi qu'elle signifiât, semblait d'une importance capitale.

Le regard de Gray fit lentement le tour de la table et se posa sur Dorothy.

La jeune femme griffonnait d'un air absent sur son PDA. Sans se donner la peine de lever les yeux, elle reprit la parole.

— Total, il faudrait libérer quoi... — Elle rentra les épaules comme pour se protéger d'une claque. — *Six pour cent ?*

Elle grimaça.

Autour de la table, l'émotion fut immédiate. Critiques, protestations, les nerds vociféraient.

— Chacun son tour ! les tança sévèrement Gray, ce qui rétablit le calme.

Dorothy Holliday enchaîna d'une voix à peine audible, recroquevillée sur sa chaise.

— D'après Georgi, il faudrait un pour cent, et même deux...

— Plus fort ! brailla Hoblenz comme pour donner l'exemple.

Dorothy se redressa.

— Oui, monsieur ! — Sa voix flûtée se raffermit. Elle adressa ironiquement à Hoblenz une espèce de salut militaire. — Il faut — *deu-u-ux pour cent* supplémentaires, dit-elle en baissant son timbre de soprano pour s'aligner sur le baryton de Hoblenz.

— Ça ne laisse pas de marge pour les pointes, coupa Filatov. Nous approchons dangereusement cent pour cent de capacité. À la moindre surcharge de débit... — Il hésita, se tut. Tous ici comprenaient l'enjeu. Tous sauf Laura. — Total huit pour cent, poursuivit Filatov avec embarras. Je peux en trouver quatre en jonglant avec les routines de nuit. — Il dévisagea ses collègues, mains écartées en geste d'excuse ou de supplication. — Reste quatre pour cent à dégotter.

Un coup de sifflet raté se fit entendre du côté de Philip Griffith, le chef de la robotique.

— On gagnerait quoi en arrêtant pendant la nuit la routine de vérification sur les transferts interbanques ? demanda Gray. — Les visages se rembrunirent. — J'indemniserai les banques, ajouta-t-il, en cas d'erreurs dans les comptes.

Laura se sentait spectatrice d'un jeu dont elle ignorait les règles, contrainte aux suppositions en décodant les réactions des autres.

Filatov se renfonça dans sa chaise et croisa les mains derrière la tête. Son regard se perdit dans le plafond. Des ronds de sueur perlaient sous ses aisselles.

— Dans les quatre pour cent, je suppose, répondit-il. Mais calculez, vingt-deux heures sur la côte Ouest, c'est sept heures du matin en Europe. Ça ne laisse que deux heures avant l'ouverture des banques européennes et le lancement du débuggage.

— Et en chargeant la Phase 2 plus tôt, dans l'après-midi ? demanda Gray.

— Il faut voir avec les émissions, dit Filatov. Ce soir, on a le championnat du monde des lourds à Las Vegas en pay-per-view. Il paraît qu'au marketing, ils attendent cinquante millions de demandes.

— En huit-canaux ! coupa Hoblenz à qui on ne demandait rien. Un canal pour chaque coin, un avec pub et un sans pub, plus les caméras-casques et Dieu sait quoi. Plus la diff RV en temps réel pour les bêta-testeurs.

— Deux heures, ça suffit pour balayer l'ensemble du système sous Phase 2 ? demanda Gray à Dorothy.

Dorothy haussa les épaules. Puis elle se mit à balancer la tête, d'une épaule sur l'autre, d'abord mollement, puis au rythme d'une musique qu'elle seule entendait.

— Oooh, dit-elle en soupirant, on n'a pas lancé Phase 2 depuis l'an dernier et depuis, la taille du système a doublé. À l'époque, le balayage avait pris soixante-quatorze minutes.

Gray fronça les sourcils.

— Dans ce cas, commençons tout de suite. Il faut libérer de la mémoire. Allez, tous, je veux des propositions, moins dix pour cent sur l'allocation de votre département.

Il y eut un grognement général. Hoblenz se racla la gorge en secouant les épaules.

— Tous sauf la sécurité, rectifia Gray.

Hoblenz approuva d'un signe du menton.

— Réunion dans quatre heures.

Laura consulta sa montre. *Il sera une heure du matin,* se dit-elle. Mais elle n'était pas fatiguée. Excitée, plutôt. Elle ne comprenait rien, elle ignorait ce qu'on attendait d'elle, mais tout cela tranchait avec la routine d'Harvard. Telle était la réalité du monde des affaires, et elle l'acceptait : travailler beaucoup. *C'est pour ça qu'on gagne autant,* conclut-elle. L'idée de prendre un million de dollars lui paraissait soudain moins choquante.

— D'ici là, Docteur Aldridge, dit Gray en tirant Laura de son cocon, je vous laisse vous familiariser, avant de commencer. Docteur Griffith, j'aimerais que vous fassiez visiter les installations au Docteur Aldridge.

L'homme parut surpris. Il dévisagea son patron avec une grimace qui rejoignait ses énormes favoris, les yeux protubérants, encore agrandis par des verres épais comme des capsules de Coca.

— Monsieur Gray, j'ai prévu ce soir un... une vérif système sur les convoyeurs auxiliaires, plus un contrôle de qualité dans le...

— Trouvez quelqu'un pour vous remplacer, coupa Gray, et il se leva pour partir. Réunion suspendue. Rendez-vous dans quatre heures.

— Désolée de vous déranger dans votre travail, dit Laura. — L'ascenseur descendait à toute allure. — Vous avez l'air très occupé. J'ignore pourquoi Monsieur Gray *vous* a choisi, *vous,* pour me piloter.

Griffith haussa les épaules.

— Monsieur Gray est un gars bizarre, fit-il en retroussant la lèvre, découvrant son clavier de dents cariées.

Laura détourna la tête, sans se départir d'une expression neutre. Des Griffith, elle en avait beaucoup vu, surtout chez les universitaires. Des excentriques, des solitaires qui ne connaissent rien à rien. Le genre de types qui peuplent les rangs du département des moteurs et passent leur temps à dénoncer les complots du gouvernement. La seule différence entre eux et des cracks comme Griffith, c'était le QI.

Griffith renifla bruyamment et émit une sorte de grognement en se raclant la gorge. Les tympans de Laura claquèrent pour la troisième fois.

— Ça descend jusqu'où ? demanda-t-elle.

— Le bassin principal est à trois cents mètres sous le niveau de la mer, répondit-il. À cette profondeur, le basalte absorbe la plupart des machins subatomiques qui se trimballent dans l'espace et réduit substantiellement le pourcentage d'erreurs. Il élimine aussi, bien sûr, les interférences électromagnétiques et les menus ennuis du style vibrations et poussières... — L'ascenseur commença à décélérer. — Sans compter que ça facilite la sécurité.

Griffith ouvrit un compartiment dans la cloison de l'ascenseur et tendit à Laura une paire de lunettes noires. Les verres étaient noir opaque et la monture prise dans un matériau semi-rigide noir.

— À quoi ça sert ? fit-elle.

— Ça évite de s'abîmer la rétine avec les lasers.

— Quoi ? demanda Laura, les jambes fléchies par la décélération. Quels lasers ?

Sans attendre la réponse, elle s'empressa d'imiter Griffith et mit les lunettes.

Aussitôt la nuit envahit la cabine. L'ascenseur s'immobilisa et la lumière rémanente s'éteignit à son tour.

— Hé ! cria Laura.

— Il faut empêcher les photons parasites de brouiller les signaux, expliqua Griffith. Sur la plate-forme d'observation, on sera en lumière rouge.

Un long moment s'écoula encore avant l'ouverture des portes, à trois cents mètres sous le bunker du Central informatique. En s'écartant, elles révélaient une petite pièce faiblement éclairée et percée de fenêtres.

Une vague d'air glacial s'engouffra dans l'ascenseur. Dans les ténèbres, Laura sentit l'onde glacée l'envelopper, parcourir ses jambes comme un fluide et remonter vers sa tête. En quelques secondes, elle fut plongée dans un bain polaire. Laura s'enfonça dans l'air froid sur les talons de Griffith. D'un vestiaire, il sortit une grosse parka et la secoua vigoureusement avant de la lui tendre.

— En principe, ça chauffe dès que les pochettes chimiques, dans la doublure, entrent en action.

Mais Laura ne l'écoutait plus. Ses yeux s'accoutumaient aux ténèbres et le spectacle qui scintillait, au-delà des vitres couvertes de givre, la stupéfiait. Elle n'avait jamais rien vu de tel.

Ce monde obscur brillait d'un milliard d'étoiles. Elles clignotaient si vite que les rayons semblaient des jeux de l'imagination, un trucage oculaire. L'effet était saisissant. Au sein de la grotte mystérieuse, plongée dans une nuit sidérale, palpitait une lumière vivante. Le froid paralysant obligeait Laura à sautiller dans la parka trop grande. Les mains tremblantes, elle tira sur la fermeture Éclair et rabattit la capuche fourrée. La parka lui tombait jusqu'aux chevilles, comme une gabardine militaire, mais les pieds restaient exposés à la morsure de l'air.

Avec circonspection, Laura s'aventura sur la plate-forme et s'approcha des lumières. Le froid transperçait le tissu et un frisson lui parcourut la colonne vertébrale.

— Ça alors ! marmonna-t-elle en claquant des dents.

— Ouais, dit Griffith, la voix chevrotante lui aussi. Fait fr-froid !

— Je parlais de l'endroit. Où sommes-nous ? demanda Laura face à la vitre sous lumière rouge. Toutes ces étoiles ! ça fait...

— Extraterrestre, oui, compléta Griffith. C'est ce que je me dis toujours. On a l'impression de contempler un autre monde, une autre dimension.

Laura tendit le bras vers la vitre.

— Non ! cria Griffith, et elle retira vivement la main. Le froid pourrait vous brûler la peau.

Griffith prit un grattoir sur le rebord de la fenêtre et entreprit de racler la vitre.

— Les visiteurs sont rares par ici, dit-il en s'escrimant sur une large surface irrégulière au centre de la vitre.

Puis il enfonça vivement la main dans sa poche et, dans un geste assez comique, leva le coude pour frotter le verre. Après quoi il recula d'un pas pour permettre à Laura de s'approcher de cette espèce de judas. Vu ainsi, ce n'étaient plus des étoiles clignotantes mais des pulsations de lumière fixe, milliards de têtes d'épingle sur le canevas d'un noir d'encre. Le spectacle se renouvelait sans cesse, chaque éclair s'avérant un événement singulier, différent du précédent. Aléatoire, mais tendu vers un ordre supérieur.

— Le réseau, prononça Griffith à voix basse, avec une sorte de révérence. Un réseau neuronal. Neuronal, optique et analogique. La machine la plus géniale jamais inventée. Docteur Aldridge, vous voici devant la huitième merveille du monde. Ah, si Archimède voyait ça !

— Magnifique, balbutia Laura, hypnotisée par cette vision d'un autre monde.

— On ne le voit pas dans l'obscurité, bien sûr, mais nous sommes sur une plate-forme suspendue au-dessus d'une piscine en béton. Une piscine en béton, dix mètres de fond, deux cents mètres de long et cent de large, remplie d'azote liquide qui bout à moins 270 degrés Farenheit. Quand les composants électroniques périphériques sont refroidis à une telle température, ils deviennent super-conducteurs. Techniquement, l'idée consiste à plonger dans la piscine des châssis, similaires aux jeux de construction des enfants. Chaque châssis supporte un millier de circuits, et chaque circuit est cent fois plus puissant, en gros, que les anciens Cray-1.

Sa voix tremblotait et il se balançait d'un pied sur l'autre. La visite n'allait pas s'éterniser, conclut Laura, malgré la tiédeur chimique qui irradiait maintenant la parka.

— Sur chaque circuit, il y a dix millions de nœuds. Des neurones, dans votre terminologie. Dix millions de cellules cérébrales.

Mais tout ceci n'était que des mots, impuissants à rendre compte du spectacle qu'elle avait sous les yeux. L'ampleur même du déploiement coupait le souffle. Par quel miracle obtenait-on ce rendu paradoxal : du noir pur saturé de lumière ?

— Ordinateur optique, poursuivit Griffith. Optique, et non électronique. Pour traiter ses opérations logiques, et stocker sa mémoire, il fonctionne à la lumière, pas à l'électricité. Les portes logiques s'ouvrent et se ferment en fonction de l'intensité d'un rayon laser, qui remplace les semi-conducteurs.

Laura entendit un froissement de tissu et s'arracha un instant à la contemplation du light-show pour regarder sous la capuche de Griffith.

— Savez-vous ce qu'est une picoseconde ? demanda-t-il du fond de sa cagoule de fourrure.

— Euh... oui ! fit Laura dont le souffle se changeait en vapeur. Il me semble.

— Un millième de milliardième de seconde. Les super-ordinateurs électroniques d'aujourd'hui mettent quatre cents pico-secondes pour traiter une opération binaire, additionner deux nombres par exemple. L'ordinateur optique a abaissé le délai à 0,4 picoseconde. Et encore, vous ne voyez là qu'une fraction minime des opérations. 99,9 pour cent des signaux circulent sur des sillons microscopiques directement gravés sur les circuits.

C'était magique. Les aiguilles de lumière explosaient dans l'air raréfié comme de minuscules ampoules. Cela rappelait l'astronomie, les photos du cosmos. Mais ce nouvel univers palpitait d'une vie accélérée — d'étoiles qui naissaient, brillaient et mouraient en moins d'une pico-seconde.

— Donc, dit-elle, toutes ces lumières ne représentent qu'un pour cent de l'activité de l'ordinateur, c'est bien ça ?

— En fait, non. Beaucoup moins. Quatre-vingt-dix-neuf pour cent des signaux qui ne transitent pas par les circuits sont routés par des fibres optiques, invisibles elles aussi.

— Minute, l'interrompit Laura. Les signaux des circuits sont invisibles, ceux des fibres optiques aussi, mais alors..., elle se retourna vers l'étincelant carrousel, alors que voyons-nous ?

— Les pulsations laser. Les signaux entre circuits aléatoires ou trop éloignés pour justifier un branchement physique. Les circuits communiquent en émettant des rayons laser dans l'azote gazeux qui s'évapore de la piscine. Soit un pour cent millions des paquets de données qui circulent entre les portes logiques.

Griffith continua à pérorer sur l'incessante nécessité de « rationaliser » les connexions pour accroître l'efficacité de l'ordinateur, mais Laura n'écoutait plus. Sidérée par les implications, elle ne s'intéressait plus aux détails. *Si cela,* songeait-elle en contemplant l'immense constellation d'étoiles éphémères, *n'est que le cent millionième du total des signaux...* Inconcevable. Un torrent continu de bruits cacophoniques la submergeait, l'empêchant de réfléchir.

*C'est un cerveau.* L'idée se forma aussi nettement

que si on la lui avait soufflée à l'oreille. Elle était à l'intérieur d'un cerveau vivant. Elle assistait aux pulsations élémentaires de sa pensée — les interactions synaptiques, le dialogue des neurones. Un picotement lui envahit le haut du crâne, gagna son cou et ses épaules. Elle frissonna, mais ce n'était pas de froid. Plutôt le contrecoup physique d'un trou noir cérébral.

Laura le savait, c'était de connexions comparables, aussi complexes, que les pensées naissaient dans les cerveaux biologiques. Et d'un inextricable réseau d'impulsions similaire à ce chaos lumineux que la conscience émergeait chez les hommes.

— ... Les signaux extérieurs parviennent au réseau par des interfaces, caméras, micros, détecteurs de mouvement, etc., ou interfaces classiques, claviers, souris, numériseurs. Ils sont convertis de signaux électroniques en signaux optiques par...

— Il a réussi, murmura-t-elle, les yeux humides et la bouche sèche, en contemplant la symphonie de lumière qui se déployait au-dessus de la piscine d'azote.

Dans un froissement de parka, Griffith s'approcha à son tour de la vitre et s'absorba dans le silence.

Gray avait réussi. Il avait fabriqué un cerveau. Tant de discours — tant de recherches vainement menées par tant d'hommes depuis tant d'années —, mais le créateur, c'était Gray. Laura se sentit gagnée par la chair de poule, frissonnante d'exaltation. Un triomphe. Un seuil avait été franchi. L'euphorie se répandit en elle comme une drogue à cette vision brutale, dans sa plénitude, de l'œuvre de Joe Gray.

— Comment a-t-il pu concevoir un truc pareil ? demanda-t-elle dans cet état second — ce n'était pas vraiment une question, plutôt la formulation de son incrédulité. C'est tellement complexe... phénoménal !

— Oh, ce n'est pas Monsieur Gray qui a construit le réseau.

Laura se retourna vivement vers la silhouette noire.

— Quoi ? Qui, alors ?

— Là, fit Griffith vous mettez les pieds en plein dans un débat philosophique. C'est Monsieur Gray qui a démarré le processus, aucun doute là-dessus. Il y a trois ans environ, lui et Margaret ont confié à l'ordinateur le développement du réseau. Gray a implanté le programme-source mais ensuite, le programme s'est mis à grandir et...

— Le programme-source ?

Impossible, dans l'obscurité, de lire sur le visage de Griffith. Il prit son temps pour répondre.

— Eh bien... il... ils ne sont pas partis de zéro. Gray bricolait tout un tas de *théories,* depuis des années. Avec Margaret, ils sont partis d'un programme qui, au début, se contentait d'accroître la taille du réseau. Il y a environ un an, nous avons rempli cette piscine, puis une autre — l'annexe — à huit cents mètres d'ici. Potentiellement, l'annexe a un volume supérieur mais pour le moment, nous nous contentons du même nombre de circuits que dans la piscine principale.

— Ce programme-source, c'est Gray qui l'a écrit ? demanda Laura.

— Pour ça, oui !

Laura hocha la tête. Dans son esprit, les connexions s'étaient établies. Le fil rouge reliant les moments forts de la biographie de Gray, les tournants sur la voie de la plus grande fortune que le monde ait jamais connue lui apparaissaient en toute clarté.

Depuis ses modestes débuts à Wall Street, le logiciel « mathodéficient » de l'enfant prodige avait évolué jusqu'à devenir... ça ! *Tout s'enchaîne !* Gray avait commencé à travailler vingt ans auparavant. Le petit programme-source était en réalité le fruit de longues années d'efforts laborieux et d'éclairs de génie. Découverte stupéfiante mais qu'à l'évidence les autres avaient faite depuis longtemps.

— Pourquoi cette question ? chuchota Griffith d'une voix de conspirateur. Qu'avez-vous derrière la tête ?

Réaction étonnante. L'un des membres au moins de « l'équipe » Gray n'avait pas tiré les conclusions évidentes pour elle.

— Rien, dit-elle.

Sans qu'elle sût pourquoi, elle hésitait à s'ouvrir à Griffith, l'un des bras droits de Gray.

Elle revint à ce qu'il disait.

— Ainsi, le programme-source a donné *ça* ? En somme, l'ordinateur se serait auto-construit ?

Griffith hésita. Il y eut un silence. Il doit être déçu par mon manque de confiance, songea Laura.

— Il va sans dire que nous avons tout supervisé. Mais seulement sur un plan général. Prenez mon département, la robotique. Chaque robot possède son micro-réseau neuronal. Nous éduquons les micro-réseaux en les faisant tourner sur l'ordinateur central, qui les teste à l'aide de simulations. Pour les Modèles 7, nous avions besoin de capacités kinesthésiques supérieures ; il a suffi de demander à l'ordinateur un entraînement kinesthésique. Des circuits s'allument dans la piscine et hop ! l'agilité motrice des robots s'accroît.

Laura se tourna vers la silhouette floue de Griffith, puis de nouveau vers la piscine où l'ordinateur continuait son incessant dialogue avec lui-même.

— Au fond, remarqua-t-elle, vous ne savez pas vraiment comment ça marche. Je me trompe ?

Griffith prit son temps pour répondre.

— Pour être franc, c'est vrai ; je n'en ai pas la moindre idée.

Dans l'allée qui conduisait au hall de montage, l'air tiède de la nuit tropicale dégelait progressivement les pieds de Laura. Elle avait insisté pour marcher. Non pour se réchauffer, comme elle l'avait dit à Griffith, mais pour ralentir ce voyage accéléré dans le futur, prendre le temps de digérer ce qu'elle venait d'apprendre.

Griffith, implacable, continuait son cours d'initiation au vingt et unième siècle.

— ... ordinateur analogique, pas numérique. Les signaux lumineux ne se limitent pas, comme en numérique, au couple allumé-éteint. Il existe des signaux faibles et des puissants, des chauds et des froids, des aigus et des graves, qui varient avec l'intensité du rayon laser, en fonction de l'information qu'on veut transmettre.

Il était lancé, intarissable. À l'énoncé des prodiges dont Gray avait doté sa bulle de futur, Laura était ahurie.

— Il s'agit d'un ordinateur massivement parallèle. Confronté à un problème, il va le casser en un maximum de morceaux, puis attaquer simultanément tous les morceaux.

Laura avait la tête saturée d'idées neuves, les mémoires bourrées de données à mettre en ordre. Mais Griffith était un lac de science aux vannes désormais grandes ouvertes.

— Face à un problème inédit, un réseau neuronal va procéder par essais-erreurs. Même quand il sait le problème résolu, il va continuer à fouiller, à multiplier les connexions pour augmenter encore son efficacité.

— Comportement adaptatif complexe, murmura Laura, qui peinait à imaginer l'inconcevable.

— Des milliards de milliards de connexions plus tard, nous n'avons plus la moindre idée de ce qui se passe dans le système. La majeure partie des signaux qui transitent sur l'autoroute à un instant T se compose en fait de reprogrammations qui peuvent modifier radicalement le fonctionnement de tel ou tel circuit.

Une tiède brise marine les enveloppa. Laura secoua la tête, ses propres circuits en surchauffe.

— La pagaille complète, on dirait, le fouillis absolu.

— C'est le cas ! dit Griffith en souriant. Mais dans cette jungle, un miracle s'accomplit.

Sa voix avait changé de registre. On sentait que, laissant tomber vis et boulons, il s'adressait au sublime.

— Un jour... un jour où j'étais connecté sur le cortex — ça, c'est l'interface générale du système — l'ordinateur me sort, de but en blanc : « Avez-vous remarqué que certains nuages ressemblent à des visages ? »

Laura leva les yeux. Griffith n'avait pas besoin d'expliquer ce que signifiait une telle question, posée par un ordinateur. Chaque mot, chaque inflexion de sa voix trahissait son émerveillement.

— J'ai demandé à l'ordinateur de tracer le routage synaptique de cette pensée précise, et j'ai trouvé l'explication. Il avait fait des relevés météo sur la plate-forme de lancement. Quand un nuage passe, le circuit chargé de la détection du mauvais temps attribue à l'image une priorité — un coefficient synaptique fort — et la recrache par toutes ses connexions pour un traitement approfondi. D'autres circuits captent l'image et décident si le nuage est porteur de charges électriques, de micro-orages, etc. Si c'est un nuage à risques, ces circuits montent encore le coefficient du nuage et joignent les informations traitées avant de les réexpédier dans le réseau. Les circuits non concernés par les nuages font le contraire, ils *réduisent* la puissance du signal avant de le transmettre. Le signal aboutit souvent dans des impasses, une succession de circuits qui l'amenuisent l'un après l'autre jusqu'à ce qu'il disparaisse. Dans mon histoire, au fond d'une impasse — juste avant que l'image ne s'efface —, le signal avait atterri dans un circuit qui détourait des images vidéo. Le circuit a reconnu une structure. Il a tiré des lignes autour du nuage et conclu que l'image avait la forme d'un visage. Que dites-vous de ça ?

— Je... je dis... fantastique ! Une analogie !

Cela confirmait ce que Gray lui avait raconté pendant leur promenade, au début de la soirée.

— Grâce aux analogies, l'ordinateur peut procéder à des généralisations ! s'exclama Laura, de plus en plus exaltée, et mesurant la portée des paroles de Gray et Griffith. Et à partir des généralisations, il peut apprendre ! Comprendre qu'un divan est fait pour s'asseoir, parce qu'il ressemble à une chaise. Avec un tel potentiel de progression, il pourrait... !

Les mots se coincèrent dans sa gorge.

*Il a réussi !* se dit-elle en renonçant à mettre en forme ses pensées en déroute. Elle agrippa Griffith par le poignet et ils s'arrêtèrent. Elle reconnut l'allée qui longeait la route, et ce même virage où Gray lui avait montré le Modèle 6.

— Je veux savoir, dit Laura. Comment l'ordinateur fonctionne. Je veux *tout* savoir sur lui.

— À quoi bon ? répondit Griffith.

Il eut un haussement d'épaules sans appel et se remit en marche vers leur objectif, le hall de montage nimbé de lumière.

— Les gros ordinateurs centraux, ceux des piscines, incarnent une forme déjà dépassée de l'informatique. La clé, c'est la miniaturisation. Nous avons réussi à réduire considérablement la taille des circuits. Vous serez impressionnée par les Modèles 7. Pourquoi s'intéresser à cet ordinateur ? C'est une perte de temps.

Cette réplique sans ambages réveilla en Laura un sentiment d'insécurité toujours prêt à jaillir. Au fond, elle n'avait qu'une seule crainte. Une seule chose comptait à ses yeux. Peu importaient son apparence, sa personnalité ou le nombre réduit de prétendants qu'elle avait présentés à sa mère. Le critère de sa propre estime, c'était son intelligence. Sa vivacité d'esprit.

Jusqu'ici, elle n'avait évalué son intelligence qu'à l'aune de ses publications et des discussions que suscitaient ses idées. D'après ces critères, elle passait déjà pour une ratée. Elle en était très consciente en montant dans l'avion. Cette offre de collaboration avec Gray et son « équipe de rêve » la sortait du désastre. Gray lui avait donné une chance rare, l'occasion d'envoyer paître les types du comité d'attribution des chaires. Mais l'incartade avait un point faible. Elle excluait tout retour honteux. Impossible de rentrer la tête basse de l'île de Gray, de son cénacle de l'intelligence.

— Apparemment, dit-elle, Monsieur Gray ne considère pas l'ordinateur comme dépassé. En fait — elle chercha ses mots — il m'a embauchée pour le réparer.

Elle s'efforça de masquer son inquiétude à l'idée que son rôle, déjà marginal, risquait de tendre vers zéro.

Griffith haussa les épaules.

— Peut-être, mais il a stoppé la production de nouveaux circuits, alors que l'annexe est encore à moitié vide.

Laura fixa le sol de ciment sous ses pieds. Elle dut faire un effort pour relever le menton et redresser les épaules.

— Quand ?

— Hier.

— Pourquoi ?

Griffith secoua la tête.

— Comment diable le saurais-je ? Je ne dirige qu'un service de vingt-six milliards de dollars ! — C'était de l'humour, mais sous le sarcasme le ressentiment était perceptible. — De toute façon, l'avenir est à la mobilité. C'est vers ça qu'on tend. Une évolution naturelle, d'ailleurs. Dans vingt ans, il n'y aura plus de différence entre un ordinateur et un robot. Il n'y aura plus qu'une seule machine.

Ils continuèrent en silence. Laura réfléchissait aux conséquences de ce que Griffith venait de lui apprendre. En pleine confusion, elle soupira, en proie à un sentiment de panique — désir soudain de tout plaquer, d'admettre qu'elle touchait le fond. Elle serra les dents et décida que rien ne pressait. Chaque chose en son temps.

— C'est l'ordinateur qui ouvre les portes, automatiquement ? La porte de la salle de réunion, celle de la salle de gym où le type se disputait avec sa femme ?

— Les portes à air comprimé dépendent de mon service, dit Griffith. Robotique. Mais je vous le garantis, l'erreur venait de l'ordinateur, pas des servo-commandes de la porte.

— Pourquoi se compliquer la vie ? Faire ouvrir les portes par l'ordinateur ? Les supermarchés font ça très bien avec les cellules, là, qui détectent les mouvements.

Contre toute attente, Griffith éclata d'un rire jovial, les mains sur le ventre. Il ressemblait à un Père Noël, en plus mince. Il riait de bon cœur, comme à une bonne blague. Le moral de Laura en prit un nouveau coup mais elle s'entêta, fermement résolue à comprendre au moins la première page du manuel, avant de rattraper Griffith au dernier chapitre.

— D'accord, admit-elle. Dans ce cas, comment l'ordinateur ouvre-t-il les portes ? Quand je suis arrivée à la réunion, avec Monsieur Gray, la porte s'est ouverte avant même que nous soyons devant. Comment l'ordinateur savait-il qu'il devait ouvrir *cette* porte et pas celle d'en face ?

— Bah... gloussa Griffith. — Il semblait perplexe, comme si la réponse coulait de source. — Il n'avait aucune raison de penser que vous vouliez entrer dans un placard. En face, il n'y a que des serpillières, des balais et des seaux.

Au tour de Laura d'être perplexe.

— Vous voulez dire... l'ordinateur savait *où* nous allions ? — Griffith hocha la tête. Pour lui, ça tombait sous le sens. — Mais alors... il savait *qui* nous étions.

— Évidemment, dit Griffith.

Il dévisagea Laura comme s'il découvrait soudain l'ampleur de son ignorance. Décidément, elle n'était pas mûre pour vivre dans le siècle de Gray... ni pour travailler dans son équipe. Elle se souvint que ce dernier, en la présentant, n'avait pas mentionné ses titres. Les autres n'avaient aucune raison de soupçonner sa nullité en informatique, et plus généralement son arriération technologique.

— Les portes à air comprimé sont là pour la *sécurité,* pas pour le confort, ânonna Griffith sur le ton du prof devant une classe de redoublants. Quand une personne non autorisée veut interrompre une réunion, elle doit utiliser l'interphone et demander qu'on lui ouvre. Mais si l'ordinateur sait pourquoi elle vient — apporter l'impression d'un e-mail, signaler un incendie en salle de contrôle —, alors il ouvre immédiatement. Il est très doué pour les déductions. C'est pourquoi l'histoire de la salle de gym est difficile à interpréter. D'habitude, il ne fait jamais ce genre de bourde.

Dans l'esprit de Laura, les questions se bousculaient. Par quoi enchaîner ? Elle n'avait aucune envie de se trahir par une question naïve et opta pour le profil bas.

— L'ordinateur contrôle *toutes* les portes ?

— Dans les bâtiments publics, oui, répondit Griffith. Dans les domiciles privés, non, bien sûr.

Toujours ce ton condescendant qui l'énervait, comme si la question méritait à peine qu'on y réponde. Laura commençait à s'échauffer.

— Écoutez ! C'est peut-être vieux jeu pour vous, mais dans la vraie vie, les portes ne décident pas elles-mêmes de s'ouvrir ou pas ! Il faut tourner un bidule qui s'appelle une « poignée », d'accord ? — Elle guetta un signe de tête approbateur avant de continuer. — Et donc, reprit-elle d'une voix suave qui passait l'éponge, pourquoi l'ordinateur ouvre les portes dans les bâtiments publics et pas dans les domiciles privés ?

Griffith ouvrit la bouche, parut hésiter, puis reformula sa réponse en observant Laura du coin de l'œil.

— Parce que, dit-il lentement, ça touche à la vie privée. Gray tient beaucoup à la vie privée, c'est même un de ses dadas. Pour que l'ordinateur puisse vous ouvrir, il doit savoir qui vous êtes et ce que vous êtes en train de faire. Et pour le savoir, il fait tourner une simulation, une modélisation en temps réel du monde : qui et quoi font quoi à l'instant T. Modélisation qu'il génère en traitant les données communiquées par son réseau de capteurs. Capteurs visuels, auditifs, thermiques, détecteurs de mouvement, il mixe toutes les données et se fabrique une image du monde et de ses composants. Si nous l'autorisions à élargir ce monde aux domiciles privés — y compris les chambres, les salles de bains, les... —, bref, vous voyez le tableau. Mais l'ordinateur, justement, ne le voit pas ! — Il lui lança un clin d'œil, doublé d'un coup de coude. — Pigé ? — Laura fit signe que oui. — C'est une astuce, pigé ? Un jeu de mots. Marrant, non ?

— Oui !

Griffith prit un air penaud, comme s'il avait sans le vouloir heurté le mauvais caractère de Laura.

— Excusez-moi, dit-elle.

Ils poursuivirent leur marche en silence. Laura contempla les pelouses désertes, de plus en plus mal à l'aise.

— Donc, reprit-elle, dans les lieux publics, des caméras nous observent en permanence ?

— Des caméras, des détecteurs infrarouges, des

capteurs thermiques, des viseurs nocturnes, des micros, des détecteurs de vibrations, de pression et tout un tas de feed-backs à partir des interrupteurs, des...

— Compris, coupa Laura.

— Pour lui, c'est la seule façon de construire sa modélisation. Utiliser tous les capteurs disponibles pour se faire une idée d'un endroit. Si ses sens sont obturés — vous vous cachez, mettons, derrière un buisson pour vous gratter le ventre, tout le monde le fait —, eh bien, pour l'ordinateur, il ne s'est rien passé. Il ne l'intègre pas à la modélisation. Quand on habite sur l'île, on repère vite les trous dans le filet, c'est pas sorcier.

— Tout ça pour des raisons de sécurité ? Il ne serait pas un maniaque du contrôle, votre Gray ?

— Oh non, il n'y a pas que la sécurité. Les robots ont recours à la modélisation pour éviter de se cogner partout. Si les petites voitures, les Modèles 3, dévalent les pistes à toute vitesse, c'est parce qu'elles voient loin devant elles. Elles savent si, là-bas, à la sortie du virage, un Modèle 6 est en train de traverser ou pas. Et le 6, lui, sait qu'il peut traverser parce qu'il est connecté sur la même modélisation et qu'il regarde des deux côtés. C'est tout l'art de construire et d'actualiser un modèle complet. Les utilisations sont infinies.

Laura, c'était plus fort qu'elle, se sentait oppressée depuis qu'elle savait qu'ils étaient observés en permanence. Chaque geste était enregistré. Elle avait la sensation physique d'une présence étouffante, d'un œil fixe et omniprésent qui l'épiait. L'œil fixe et sans paupière d'une entité mentalement déréglée.

— Alors, Docteur Griffith... d'après vous, qu'est-ce qui cloche, dans l'ordinateur ?

— Allez savoir, dit-il avec un haussement d'épaules. Un nouveau virus, peut-être. L'ordinateur est massivement connecté. En interne, et avec le monde entier, par le Web. Il faut gérer les hackers, l'espionnage industriel, des bugs à la pelle. L'année dernière, un virus a failli planter le système.

— Quoi ? Un simple virus a failli bousiller votre ordinateur géant ?

— Pire qu'un virus, dit Griffith en secouant la tête. Un pur sida, le Hong-Kong 1085. L'une de nos agences avait donné un faux numéro aux opérateurs de Georgi et l'ordinateur a appelé une BBS de Hong-Kong à la place d'un processeur externe qu'on venait de prendre en leasing. L'ordinateur a écrit un programme — un « gopher » — et l'a balancé dans la BBS. Problème, dans la BBS, en deux secondes, le gopher s'est dupliqué un million de fois et il a avalé la banque de données. Il s'est propagé partout, dans des jeux, des vidéos pornos amateurs, des petites annonces, avant de nous revenir au milieu d'un paquet de données et de s'autodétruire. C'est par là que le virus est entré. Les données étaient compressées et elles ont traversé le *firewall* antivirus de la Phase 1. Deux jours plus tard, l'ordinateur était mal. Il a fallu quasiment tout éteindre pour tuer ce fichu bug.

Laura avait entendu parler des virus numériques. On voyait ça dans tous les journaux. Mais un sida informatique, c'était nouveau.

— Ça veut dire quoi, tomber malade, pour un ordinateur ?

— La même chose que pour vous et moi, j'imagine. À mon avis, on vous a fait venir justement pour répondre à cette question. Entre autres. — Griffith remonta sa ceinture et avança la mâchoire. — On ne sait jamais, avec le grand manitou.

Il prononça les derniers mots comme une espèce d'imitation, mais trop mauvaise pour deviner de qui.

Laura comprit que Griffith essayait d'être drôle et sourit poliment.

— C'est comme ça que vous l'appelez ? Le grand manitou ?

— Qui, *vous* ? cette bande de coincés ? dit Griffith d'une voix méprisante, pouce tourné vers le Central. Faudrait d'abord qu'ils se déboutonnent.

Laura sourit et cette fois, sa bonne humeur n'était pas feinte. Griffith lui retourna son sourire. Il émanait de lui une totale assurance. En le regardant, elle ne voyait plus les touffes de poils sur les oreilles, le crâne d'œuf. Disparues les dents de travers, les grosses lunettes et les monstrueuses rouflaquettes. Quoi qu'il y ait sous son crâne, ça valait mieux que les apparences.

Ils poursuivirent leur marche dans la nuit silencieuse, mais Laura était obnubilée par cette histoire de sida.

— Docteur Griffith... ?

— Phil, corrigea-t-il.

— Phil, répéta-t-elle. Appelez-moi Laura.

— Moi Phil, mima Griffith d'une voix cromagnonesque en se frappant la poitrine, toi Laura.

Il éclata de rire à son propre cinéma.

Laura se rembrunit et s'éclaircit la gorge.

— Phil, dites-moi : pourquoi l'ordinateur est-il entré dans la BBS de Hong-Kong ? Il a bien dû se rendre compte qu'il s'agissait d'un faux numéro. Pourquoi n'a-t-il pas raccroché ?

— Parce que la curiosité est un vilain défaut. Mis à part le petit programme-source de départ, l'ordinateur est quasiment autodidacte, vous savez. Le seul moyen de le stimuler, c'était de le programmer pour être curieux. Ce que Margaret a fait, et à la louche.

— Vous minimisez le rôle de Monsieur Gray, il me semble, lança Laura à tout hasard.

— Oh ! Si c'est le cas, excusez-moi. Ce n'est jamais bon pour la carrière de débiner le patron. Je voulais juste dire que Monsieur Gray est avant tout un génie de la robotique. L'intelligence artificielle n'est pas vraiment son rayon.

*Gray,* songeait Laura, *génie de la robotique ?* Elle avait cru comprendre que les réalisations de l'île découlaient de son travail sur les réseaux neuronaux, plus que de recherches en mécanique.

— *Man,* reprit Griffith, je me rappelle, qu'est-ce qu'il a pu nous casser les oreilles, avec sa mécanique — je parle de l'ordinateur. En général, je communique en langage-machine, mais il m'arrive de sécher et d'avoir besoin de lui poser des questions. Je passe sur le cortex et là, on peut taper en langage courant. Sachant que le moteur hydraulique est relié à une transmission à quatre degrés de liberté et trois contraintes, le système de contrôle peut-il générer un objectif susceptible d'empêcher le mécanisme d'être sous-contraint ?

Laura leva les yeux et s'arracha un sourire.

— En *langage courant ?* demanda-t-elle.

Griffith parut déconcerté.

— Ou en japonais, en allemand, en français, comme vous voulez, dit-il en se méprenant. Bref, au milieu de la séance, l'ordinateur demandait : « C'est tout ce que vous voulez savoir ? » et si on répondait « Oui », il disait : « Ça vous ennuierait que je *vous* pose des questions ? » — Griffith éclata de rire. — On le voyait venir à un kilomètre. On s'écorchait les doigts jusqu'à l'os sur le clavier. À cette époque, il était socialement immature. On tapait : « T'as vu l'heure ? bientôt minuit », il répondait : « Je vois dans votre agenda que vous n'avez pas de rendez-vous à minuit. »

Laura se mit à rire.

— Il suffit de l'éteindre, dit-elle.

— Oui, mais..., commença Griffith, puis il chercha ses mots, ce ne serait pas très... *gentil.*

— Ne regardez pas en l'air, conseilla obligeamment Griffith à Laura qui s'agrippait à la rampe métallique.

Ils descendaient l'escalier menant à l'entrée du hall de montage, située comme celle du Central sous le niveau du sol. Laura avait levé la tête et perdu l'équilibre. La façade mesurait seize étages de haut, un kilomètre de chaque côté. L'effet produit par cette surface improbable, perpendiculaire au sol, désorientait le cerveau qui perdait le repère de l'horizon.

— Vous n'êtes pas la première, dit Griffith. Entrons, ça ira mieux à l'intérieur.

Elle descendit tête baissée, les deux mains sur la rampe. Ils franchirent une porte blindée et se retrouvèrent dans le terrible « dépoussiéreur ».

— Je ferais mieux de me raser le crâne, dit Laura en ratissant les cheveux sur son visage.

— Là, tenez, fit Griffith, impavide dans le maelström. — Il désigna une bille noire encastrée dans le mur à côté de la porte. — Une puce rétinienne, grand angle. Il y en a partout ici.

Il salua la caméra en tirant la langue, pouces dans les oreilles.

La porte intérieure s'ouvrit en coulissant sur une espèce de sas très éclairé, où vibrait l'écho assourdi d'une intense activité. Elle suivit Griffith, effleura la plaque antistatique, reçut une décharge dans les doigts, chercha des yeux le miroir et la brosse, mais ne vit qu'un nouvel œil noir qui surveillait le sas.

— Mettez ça, dit Griffith.

Il lui tendit de grosses lunettes et des oreillettes qui ressemblaient à de vieux casques stéréo. Laura enfila les lunettes. Le rembourrage plastique de la monture s'ajusta étroitement sur son visage. Les oreillettes réduisirent le bruit extérieur à un murmure. Griffith lui tendit alors un casque, blanc, qu'elle vissa sur sa tête en écrasant ses cheveux en bataille.

— Là où on va, c'est assez bruyant ! cria Griffith après s'être équipé lui aussi.

La porte du fond s'effaça dans le mur. La vive lumière d'un jour artificiel inonda le sas. Ils étaient au seuil d'une gigantesque bulle, le hall de montage, plein de mouvement et d'agitation. De nouveau, Laura éprouvait l'irrésistible impression de pénétrer dans un vaisseau spatial à la finition impeccable. Comme dans le Central, tout paraissait agencé au millimètre — conçu et réalisé selon les normes réservées d'ordinaire aux sous-marins et aux satellites. Et comme dans le Central, tout était neuf et immaculé.

Laura fit quelques pas en avant, yeux écarquillés, bouche bée, le masque du touriste. L'immense volume était vide pour l'essentiel et procurait une sensation physique que Laura n'avait jusqu'ici ressentie que dans les grands stades couverts. Mais ici, ce n'étaient pas des hommes qui remplissaient le stade. C'étaient des machines.

Là-haut, sous le plafond, des grues géantes glissaient sans à-coups sur des rails qui se croisaient, formant comme une grille. Les bennes défilantes masquaient à intervalles des tubes de néon aussi longs que le bâtiment. Des néons brillaient, si violents que Laura dut mettre la main devant les yeux.

— Des pipe-lines de lumière ! dit Griffith en criant pour couvrir le vacarme. Aux deux extrémités de l'usine, des générateurs de micro-ondes tirent dans les tubes ! L'énergie excite au passage des molécules de soufre, ça donne la même lumière que la lumière solaire !

Un Modèle 6, réplique de la tondeuse à gazon, passa devant eux. Il tractait une remorque chargée de pièces métalliques de tailles et de formes diverses. Il contourna un 6 jumeau qui filait en sens inverse, une ponceuse rotative au bout du bras. Dans l'axe du bâtiment, un gigantesque convoyeur livrait des objets hétéroclites aux bras manipulateurs installés le long de la chaîne. Et sur toute la longueur du convoyeur, des étincelles giclaient, des perceuses miaulaient, du métal en fusion grésillait. Formidable spectacle, que Laura n'avait même jamais imaginé.

— C'est assez *canon,* hein ? dit Griffith avec un grand sourire.

Pour mieux voir, Laura s'avança sur la surface de béton noir, mais il la retint par le bras. « Désolé ! » fit-il. Il désigna une large bande jaune vif, d'un mètre de large. Sur toute sa longueur se reproduisaient les mêmes mots, à intervalles réguliers : « PÉRIMÈTRE DE TRAVAIL — Interdit aux humains au-delà de cette ligne. » Laura lut et relut l'avertissement, avec l'intuition d'un sens caché, qui lui échappait pour l'instant.

— « Sécurité d'abord ! » expliqua Griffith.

Un Modèle 6 passa devant eux, lancé à toute vitesse.

— Suivez-moi ! dit-il en se dirigeant vers une échelle.

Laura remarqua que Griffith restait à distance de la bande jaune, tout comme le faisaient, de leur côté, les robots laborieux. *Une frontière,* songea-t-elle. *Qui sépare l'homme de la machine. Une frontière entre deux mondes, deux univers.*

Laura se débattait dans un océan d'idées nouvelles et chacune la noyait sous un tourbillon d'émotions. Sur l'échelle, un vertige la prit et elle dut s'agripper à la rambarde. Elle se vit comme une extraterrestre, avec la combinaison, les grosses lunettes, les oreillettes. Idées et images se succédaient à l'accéléré dans son esprit. *Un étranger au royaume de l'étrange,* se dit-elle en se souvenant du titre d'un vieux roman. La formule collait parfaitement.

Ils arrivèrent sur une passerelle, à une dizaine de mètres au-dessus du sol. En découvrant sous un autre angle l'enfilade du bâtiment, Laura reçut un nouveau choc. L'usine était visible dans toute sa longueur. Aussi loin que portait la vue, le convoyeur central fendait le bâtiment en deux. Des convoyeurs plus étroits convergeaient vers le flux principal, à moins qu'ils ne franchissent ce fleuve mécanique par-dessus, par-dessous, en un lacis de nœuds d'autoroutes. Les convoyeurs traversaient des cuves, des réservoirs et des chambres d'acier tapissées de tuyaux verglacés. Et partout, des machines en marche — les robots. Une ruche grouillante dont la reine était plongée dans l'azote liquide à trois cents mètres sous le niveau de la mer.

Griffith, patiemment, laissa à Laura le temps de se rassasier.

— C'est ici que vous fabriquez vos téléviseurs ? demanda-t-elle en hurlant dans le tintamarre.

— Non ! Ici, on fabrique les robots qui fabriquent les téléviseurs ! Et les satellites, les commutateurs, les caméras haute def ! Plus les circuits de l'ordinateur — jusqu'à hier en tout cas ! Les produits grand public sont fabriqués ailleurs, dans des usines délocalisées un peu partout.

De loin, les robots n'étaient pas plus bizarres que des élévateurs ou des sarcleuses. Sauf qu'il n'y avait personne aux commandes. Il n'y avait personne nulle part, pas un humain. Les humains étaient ailleurs, au village, en train de profiter de la soirée. Ici aussi, c'était un village, mais d'un autre genre.

— Incroyable, murmura Laura.

Griffith acquiesça avec une grimace de fierté.

— Bienvenue au vingt et unième siècle, Docteur Aldridge !

— Par ici, fit-il, à peine audible derrière les oreillettes. Je voudrais vous présenter des amis.

Griffith, Laura et un jeune contremaître sur qui ils étaient tombés traversaient une section du hall de montage. Ils avaient gardé leurs casques, mais ôté lunettes et oreillettes. Derrière les épaisses cloisons de cette usine dans l'usine, le rythme industriel du hall central pulsait comme une basse continue. Mais ici, le calme régnait.

Griffith et le contremaître se rangèrent à côté d'une porte à air comprimé, laissant Laura entrer la première. Stupéfaite, elle se retrouva devant une nouvelle salle, face à une passerelle métallique qui surplombait une centaine de Modèles 6, en ligne, immobiles, leurs bras uniques étalés dans les diverses positions de l'abandon. On aurait dit des astronautes endormis en apesanteur. Griffith expliqua à voix basse que le train arrière des 6 était engagé dans des « stations de recharge ».

Tout était silence et lumières tamisées.

— Je ne vois pas de 7, dit Griffith au contremaître.

Le jeune homme cliqua sur un mini-portable de la taille d'un bloc-notes.

— Pas de 7 prévu avant une demi-heure, expliqua-t-il.

— Où est le plus proche ?

Clic sur le portable.

— Dehors, dans la cour latérale.

Griffith hocha la tête et se retourna vers Laura.

— Ces bons vieux 6, dit-il en agitant un doigt mou vers la rangée de robots assoupis. Toutes les deux heures, ils doivent passer deux heures à se recharger. Les 7 mettent quatre heures, mais tous les trois jours seulement.

Laura se pencha pour examiner un robot immobile juste au-dessous d'elle.

— Les 6 ont le même châssis que les 3, les petites voitures qui se baladent sur l'île, expliquait Griffith. — Il parlait d'une voix étouffée de bibliothèque, et sans savoir pourquoi, Laura jugea que c'était le ton juste. — Étant montés sur roues, ils ne peuvent circuler qu'en terrain plat. Et ils n'ont qu'un seul manipulateur frontal, ajouta-t-il en désignant la serre de métal sombre qui émergeait du caisson rechargeur.

Les doigts ressemblaient à des tenailles de dix centimètres de large, striées de canelures et rendues brillantes par l'usage. Griffith fit voir les deux tuyaux latéraux qui alimentaient l'étreinte du robot en énergie hydraulique. *Cette pince d'acier*, songea Laura, *doit être capable de broyer n'importe quoi.*

Au fond de la salle, un robot tressauta et Laura s'écarta vivement de la rambarde, à la grande joie des deux hommes. Le robot leva sa pince et l'orienta vers l'arrière du châssis. Au sommet du mât dressé sur la plate-forme, deux objectifs pareils à des caméras de surveillance pivotèrent pour suivre la pince. L'étau se referma sur une grosse prise noire branchée dans le mur et reliée par câble à un boîtier visible sur le pare-chocs. Les humains regardèrent la pince tirer sur la prise, la pousser et tirer à nouveau d'un coup sec. La prise se décrocha brusquement et retomba sur le robot avec un *bang* sonore. Le cœur de Laura fit un bond.

— Il est mal réveillé, dit le contremaître.

Le robot s'y reprit à plusieurs fois pour ranger la prise dans son compartiment, puis la pince referma normalement le couvercle, l'enfonça par sécurité et se replaça en position frontale.

— Les micro-réseaux se trouvent dans la superstructure, dit Griffith en désignant un boîtier cubique au centre du châssis. Pendant qu'ils rechargent, les 6 perdent certaines de leurs connexions virtuelles, celles qui dépendent du logiciel et non du câblage. Mais ils ne mettent qu'une ou deux minutes à retrouver leurs qualités motrices. Les 7, c'est une autre histoire. Ils tirent davantage sur leurs connexions virtuelles, leurs réseaux sont plus grands. Avant de se stabiliser, vous les voyez zigzaguer comme des marins saouls pendant cinq à dix minutes.

Le robot quitta lentement son ancrage. Au sommet du mât, les deux « yeux » pivotaient en silence. Il contourna la file de ses congénères et, visant la porte, s'approcha de la passerelle.

— Vous voyez ses yeux, qui tournent dans tous les sens ? reprit Griffith. Ce sont ses principaux organes sensoriels. Ça fait œil, oreilles, capteurs thermiques et infrarouges. Il y a aussi des télémètres à ultrasons anticollision sous le châssis, et des détecteurs de pression au bout de l'actuateur — le « bras ». Son univers, ce qu'il voit, ce qu'il sait, tout vient de là, avec bien sûr les informations fournies par l'ordinateur.

Arrivés à la hauteur des humains, les deux senseurs pivotèrent à l'unisson et se braquèrent sur eux. Laura serra la rampe, prête à bondir en arrière, tandis que la pince effilée passait sous ses pieds. Sans savoir pourquoi, elle avait envie de reculer, de laisser la place à l'extraordinaire et nouvelle créature.

— Il cause de nous, dit le contremaître.

— Il fait son rapport, traduisit Griffith. Quand il vous regarde comme ça, aucun doute.

Les deux yeux reprirent l'exploration, brouillonne en apparence, de l'espace qui séparait le robot de la porte.

— Il nous a vus et il a transmis à l'ordinateur.

— De vrais espions, remarqua Laura.

Griffith haussa les épaules.

— Les robots sont les yeux et les oreilles mobiles de l'ordinateur. Ils actualisent la modélisation, ils la « rafraîchissent », comme on dit. Là où l'ordinateur maintient un modèle complet, comme la zone interdite, ils ne transmettent que les événements importants, quelqu'un qui franchirait la bande jaune par exemple — pour le cas où cela aurait échappé à l'ordinateur.

Laura baissa les yeux. En bas, les bandes jaunes couraient de part et d'autre de la passerelle vers la porte opposée. Les humains se trouvaient à l'extérieur de la sacro-sainte frontière homme-machine.

— Dans ce cas... pourquoi nous filmer ? demanda Laura.

Griffith regarda la machine s'éloigner et haussa les épaules en signe d'impuissance.

— Nous avons stoppé la production des 6 au début de l'année ! cria Griffith.

Ils avaient remis lunettes et oreillettes et longeaient maintenant le convoyeur et son flux continu. Les machines étaient si nombreuses, cette énergie primitive à l'œuvre si impressionnante, que la bande jaune paraissait insignifiante, fragile. Pourtant, les robots l'évitaient avec soin. La seule chose qui retenait l'un de ces robustes bras métalliques de leur barrer bestialement le passage était un concept, une loi. *La loi de Gray,* se prit-elle à penser. Mais jusqu'où allait l'autorité du créateur ?

— La production des 7 tourne à plein rendement depuis le mois dernier ! hurla Griffith en se tournant vers le contremaître. Allons dans la cour jeter un œil sur ce 7 !

Ils escaladèrent plusieurs volées d'escaliers, puis franchirent une passerelle suspendue au-dessus du hall principal. Sous leurs pieds, des pièces de tout calibre défilaient sur le convoyeur, épaves d'une rivière mécanique et inépuisable.

Laura s'arrêta au-dessus du convoyeur pour admirer la symphonie d'images et de sons qui montait du hall. Là-bas, tout au fond, elle aperçut deux fuselages pointés, les curieuses fusées de Gray à museau plat, comme deux pyramides escarpées qui touchaient presque le plafond. Entre les fusées et Laura, sur toute la longueur du hall, une forêt de bras robotiques qui rivaient, soudaient, ponçaient, meulaient, peignaient, mesuraient, assemblaient, triaient sans relâche.

*Ce n'est pas une usine humaine,* songeait Laura. *Pas une usine ordinaire, construite par des hommes et automatisée pour plus d'efficacité. C'est une usine imaginée par un ordinateur pour des robots.*

Dans cet océan d'agitation, pas un humain n'était visible.

Laura franchit la passerelle et redescendit un escalier, suivie par ses compagnons. Un nouveau sas, et ils débouchèrent dans l'air tiède de la nuit. Une plateforme de béton, vaste comme un parking de stade, se dressait à l'extrémité la plus éloignée de l'usine. De loin, les trois tours de montage signalaient comme des phares la limite nord de l'île. Laura sentit des picotements sur sa peau. Elle avait l'impression de passer à côté de quelque chose, d'une conclusion décisive qui lui échappait. L'idée était là, à la périphérie de son entendement, mais la sensation s'effaça graduellement. Le visiteur silencieux reflua dans l'ombre, dans la zone grise, puis disparut. Laura secoua la tête, perplexe. La cour était occupée par de petits hangars qui abritaient des monceaux de matériaux hétéroclites. *« Cour » n'est pas le mot*, se dit Laura. *« Décharge » serait plus juste.*

— D'accord, dit Griffith, ce n'est pas le côté touristique du bâtiment. Croyez-moi ou pas, mais on n'a plus de place dans le hall. Une nouvelle usine est en chantier, par là.

Il tendit le bras vers une muraille d'arbres tropicaux aux formes tourmentées. Une lueur provenant de la jungle éclairait les cimes mais aucune construction n'était en vue. Laura imagina les robots de nuit au travail sur la chaîne, pendant que leurs collègues humains se reposaient.

Le contremaître guida la petite troupe au milieu d'une armée de Modèles 6 qui évoluaient lentement. Devant ce capharnaüm, Laura fronça les sourcils. *Une décharge vingtième siècle,* se disait-elle, *cachée derrière la façade rutilante du vingt et unième siècle.*

— Il ne doit pas être loin, fit le contremaître, dont le mini-portable luisait dans la pénombre.

Ils passèrent devant des robots occupés à fouiller dans des amas de rubans de métal tordus, à la lumière de leur double projecteur. Tous des 6, qui ne différaient, à première vue, que par la charge qu'ils trimballaient au bout de leur bras unique.

— C'est quoi ce fourbi ? demanda Laura tandis qu'ils s'enfonçaient dans le labyrinthe.

— Oh, on trouve de tout. Déchets recyclables, carrossages plastique pour les unités de morphing, en gros tous les matériaux récupérables.

— Les unités de morphing ? interrogea Laura.

Griffith tendit le bras pour la retenir. Un Modèle 6 sortait à reculons d'un hangar, chargé d'une palette. Le robot s'arrêta. Le couinement électrique de la marche arrière se tut et les deux projecteurs pivotèrent vers le trio.

Les visiteurs humains se remirent en route. Laura se demanda si Griffith était toujours aussi prudent, ou si les erreurs à répétition de l'ordinateur imposaient une vigilance particulière.

— Le morphing, répondit Griffith — Laura avait déjà oublié sa question —, c'est le processus de fabrication du plastique. Et même, aujourd'hui, de certains composants métalliques. Avant, il fallait dessiner le prototype, le réaliser, fabriquer un moule, verser le plastique ou le métal fondu dans le moule. Aujourd'hui, on passe directement du design informatisé au morphing. La forme est pressée à haute température dans un bac. Le truc, c'est la vitesse d'exécution. Quand vous regardez l'unité en action, la surface plane se redresse en un quart de seconde et prend la forme exacte dessinée par l'ordinateur. Avantage des unités de morphing, vous pouvez modifier un design en quelques millisecondes. Dès que l'ordinateur a dessiné le composant — Griffith claqua des doigts

—, boum, il le crache. On peut basculer d'une pièce A à une pièce B puis C sans changer d'outil ni ralentir la production. On fournit la matière première, le robot fait le reste.

Ils s'engagèrent dans un passage entre deux murailles de débris.

— On n'est plus très loin, dit le contremaître, et Laura remarqua que sur l'écran de son PDA, deux clignotants, vert et rouge, s'approchaient l'un de l'autre.

Au cœur du labyrinthe, entre deux murs de pneus, le contremaître s'arrêta pour se repérer.

— Ici, montra-t-il en mettant la carte sous les yeux de Griffith et de Laura.

Les points vert et rouge maintenant superposés brillaient d'une lumière fixe.

— Je dirais, juste...

Une forme noire s'encastra dans le canyon et le cœur de Laura fit un bond. Une longue patte noire, à trois mètres devant eux. Laura écarta les bras et frappa le contremaître en pleine poitrine. Une seconde patte rejoignit sans bruit la première, puis le corps massif d'une araignée géante couronna la crête de la muraille de pneus et bascula dans le canyon, leur bloquant le passage.

Laura fit demi-tour et s'enfuit, en plein dans les pneus.

Par réflexe, ses compagnons s'étaient mis à courir eux aussi, mais ils s'arrêtèrent aussitôt.

— Pas de panique, Laura ! s'écria Griffith avec humeur. Tout va bien, bon Dieu !

Il mit la main sur sa poitrine, tout essoufflé.

Laura se retourna craintivement, juste à temps pour voir le monstre de métal avancer une quatrième patte.

— Vous m'avez fichu la trouille, dit Griffith.

Mais les deux hommes gardaient les yeux fixés sur le robot.

L'engin s'était immobilisé, ses pattes arachnéennes bien ancrées dans le sol. Des pattes effilées, aux organes internes apparents : un squelette métallique noir, enveloppé de muscles hydrauliques à reflets d'argent.

La machine possédait aussi deux bras, des bras minces de même design que les pattes. Les bras sortaient du thorax et se terminaient par quatre longs doigts refermés sur un énorme pneu. Le robot ne bougeait pas et sa tête arrondie, vaguement triangulaire, restait braquée vers le trio humain. Une tête pourvue d'un visage, deux lentilles plates montées au-dessus d'une série de membranes perforées. Le torse était large comme un réfrigérateur, la tête culminait deux fois plus haut qu'un humain et pourtant l'engin dégageait une impression d'élégance et de légèreté.

— Le voilà, dit Griffith en s'approchant tranquillement de lui. C'est un 7.

Laura examinait les yeux sans paupière quand le contremaître alluma une lampe-torche. Un tressaillement (infime réflexe de la tête qui se rétracta sous le pinceau lumineux) indiqua que la machine se tenait sur ses gardes.

— Venez voir, l'encouragea Griffith avec un signe de main. C'est sans danger.

Les nerfs tendus comme une corde d'arc, le cœur battant, Laura se força à rejoindre Griffith au pied du monstre.

— Vous constaterez que les 7 ne sont pas limités au terrain plat.

Griffith avait repris sa voix rassurante de prof. Pourtant, Laura se sentait mal à l'aise face à cette technologie inconnue, aux réactions imprévisibles.

— Avec leurs quatre jambes, ils peuvent grimper, monter des escaliers ou... sur des tas de pneus, apparemment. Ici en bas, désigna Griffith en s'agenouillant, la torche dirigée sur les pieds du robot, les roues. Quand il se déplace en araignée, il les bloque. Sur une surface plane, pistes, usine, il les actionne avec les moteurs logés dans les carénages, ici. En tant que mode de traction, ça pompe moins d'énergie que la marche.

Griffith se redressa dans un grincement de jointures.

— Il faudra huiler tout ça, lança-t-il au contremaître. — Il posa les mains sur la partie médiane du robot et la lampe-torche éclaira une batterie d'instruments. — Ici, la ceinture d'outils. Si vous observez les bras, vous verrez qu'il a des pinces au bout. — Il désigna les deux mains serrées sur le pneu. — Pour changer d'outil, il lui suffit de remettre la pince dans son étui, à la ceinture, de tourner, la pince se décroche et il peut reprendre un autre outil. — Griffith désigna les accessoires qui dépassaient des étuis : — Perceuse, ponceuse, scie, tenailles, riveteuse, etc. Ou se brancher sur des réservoirs externes et travailler au chalumeau, au pistolet à peinture, ce genre de trucs.

Griffith recula à hauteur de Laura et désigna un point sur le « thorax », plus large qu'épais et arrondi.

— Le micro-réseau est là, sur la poitrine, reprit-il. — La torche alluma un reflet verdâtre sur la surface métallique ; l'ombre du pneu voilait en partie le corps. — Il a cent fois la puissance de calcul des Modèles 6, et donc les 7 ont beaucoup plus d'autonomie. Les 5 pouvaient se débrouiller comme des électrons libres, en clair, sans être reliés à la modélisation de l'ordinateur, mais pour des performances limitées. Alors que les 6 sont « sous perfusion » : ils n'ont pas la capacité de construire et de maintenir un modèle du monde à partir de leurs seuls sens.

La torche se leva vers le visage et la machine olympienne réagit par un nouveau et imperceptible sursaut.

— Les 7 disposent d'une puce rétinienne sensible à la lumière du jour, plus des générateurs d'images infrarouges et haute def pour voir dans l'obscurité. Les deux capteurs sont stéréoscopiques et donnent une assez bonne perception du relief. On lui met des « oreilles » sur le côté, comme nous, et un échantillonneur d'air à la place du nez. L'échantillonneur nous renseigne sur la météo et détecte toute une gamme de molécules indiquant la présence de fumées ou de vapeurs toxiques.

— On a abandonné les détecteurs anticollisions ultrasoniques des 3 et des 6, ajouta le contremaître. Les 7 ont dans la tête une simulation tellement à jour qu'ils ont peu de chances de heurter des obstacles fixes. Et ils sont assez bien équipés en senseurs pour que, si quelque chose bouge, ils le voient.

« Docteur Griffith, Docteur Aldridge, brailla un haut-parleur, veuillez contacter le Central informatique ! »

Griffith consulta sa montre.

— Bientôt l'heure de la réunion, je crois. Prenons une voiture.

Griffith fit demi-tour, tandis que Laura s'attardait sur le Modèle 7. Elle regarda le robot-araignée s'éloigner, bien stable sur ses quatre pattes aux roues bloquées.

— Eh ! cria-t-elle à Griffith, comment savait-il qu'il devait rester sur place quand vous parliez de lui, et qu'il pouvait partir quand vous aviez fini ?

Le robot avait disparu — avalé par le labyrinthe obscur de la décharge. Griffith chercha des yeux l'objet de sa fierté, puis haussa les épaules.

— C'est ainsi. Les 7 sont très malins.

— Attendez la prochaine génération, plaisanta le contremaître. D'ici à ce que je me retrouve au chômage...

Griffith ne réagit pas.

— On ferait mieux d'y aller, dit-il — avec un peu de précipitation, remarqua Laura.

# 4

— Jamais ça ne marchera, jamais ! répéta Filatov.

Margaret ne broncha pas.

— Vous n'arriverez jamais, jamais, *jamais* à libérer assez de puissance pour charger la Phase 2. Pas comme ça. L'espace doit être d'un seul bloc. Dans votre schéma, les fichiers libres se retrouvent fragmentés sur l'ensemble de la mémoire !

— On défragmentera et on compressera les fichiers sur le bassin principal. Ça nous laisse huit pour cent d'espace-bloc libre dans l'annexe.

Filatov secouait la tête.

— Impossible. Pas moi vivant ! Pas dans cet univers !

Le silence envahit la pièce. Filatov surveillait Margaret, prêt à bondir, mais elle avait terminé son exposé.

On entendit de légers *bing* sur la droite et les têtes se tournèrent vers Dorothy.

— Ça *devrait* suffire, tout juste, pour charger la Phase 2, dit-elle en décollant les yeux de son PDA. *Si* les calculs de Margaret sont justes.

Gray tendit les mains pour provoquer les derniers commentaires. Laura, de nouveau, se sentait déplacée au milieu de l'assemblée. Elle était la seule à n'avoir rien à dire.

— Entendu, fit Gray, commencez à décharger tout de suite après la réunion et chargez la Phase 2 dès qu'il y a l'espace.

— Je signale, euh... de nouvelles erreurs, fit timidement Dorothy en tendant son PDA, comme si on pouvait lire sur le mini-écran. Portes défaillantes, une tripotée d'incohérences comptables sur le pay-per-view et dix-sept minutes d'écran noir à la place d'un documentaire français.

— Ça commence à faire beaucoup de problèmes de portes pour moi, signala Hoblenz. — Il avança le buste et dévisagea Gray. — On a peut-être eu de la visite.

— Ça va, laisse tomber ! coupa Filatov. C'est un bug ! Un virus. La Phase 2 va le liquider.

— Oui, et combien de lignes de code aura-t-il bousillées avant ? demanda Margaret.

— Pratiquement rien ! répliqua Dorothy d'une voix grêle. On perdra peut-être les connexions dans les fichiers infectés, mais ça ne devrait pas toucher le système. Quand la Phase 2 trouve un virus nuisible, elle l'isole plutôt que de le poursuivre dans tout le système. Phase 2 nouvelle version : depuis la dernière panne, j'ai changé pas mal de choses !

Le silence qui lui répondit exprimait clairement le scepticisme général.

Laura laissa passer une éternité et, personne ne reprenant la parole, se risqua à demander :

— C'était quoi, le film en pay-per-view et le documentaire ?

*Ils ne vont même pas répondre,* se dit-elle. Quelques têtes se tournèrent vers elle, dont celle de Gray.

Dorothy pianota sur son minuscule clavier et dit :

— Le film, c'était *Chambre avec vue.* Ce week-end, tous ceux qui l'ont commandé se sont vu proposer un crédit.

Laura essaya de cacher sa surprise. Elle-même avait demandé deux fois le film, le vendredi et le samedi.

— En clair, demanda-t-elle, ceux qui ont demandé le film le week-end dernier l'ont eu gratuitement ?

Dorothy fronça les sourcils et acquiesça.

*Chambre avec vue* était le film préféré de Laura. Dans l'avalanche de films qu'on pouvait télécharger sur le réseau Gray, en quelques secondes, rien qu'en pressant une touche, elle était tombée sur une rediffusion de *Chambre avec vue* en version haute def. Elle l'avait commandé le vendredi, le soir où elle se sentait seule et triste à cause du « Top Ten » de Jonathan. Et le lendemain encore, sur une impulsion, dans une tentative sans conviction pour échapper à l'ennui pur et simple.

Tous les regards convergeaient vers Dorothy, qui se tassa sur son ordi de poche.

— Le documentaire coupé s'appelait *Faces de mort V*, dit-elle avec une grimace de dégoût. Pouah ! « Bandes authentiques de morts réelles, suicides, catastrophes et crimes. » On diffuse ce genre de merde ? demanda-t-elle en levant les yeux.

— Modérez vos expressions, jeune fille, aboya Hoblenz.

— Pourquoi serait-ce la faute de l'ordinateur ? argua Filatov, toujours prêt à monter au créneau. Le problème peut être n'importe où sur la chaîne de diffusion !

— J'ai *vérifié,* Georgi, couina Dorothy. Il y a eu quatre passages de satellite. Les satellites ont capté la liaison, mais l'ordinateur n'a pas bipé le code de diffusion et les commutateurs n'ont rien envoyé !

Un silence tendu s'installa dans la pièce.

— Et la diffusion a repris quand ? demanda Laura.

De nouveau Dorothy fit attendre sa réponse. Le cénacle n'était pas habitué à cette nouvelle voix.

— Dans l'heure.

— Dès la fin de *Faces de mort ?* insista Laura.

Dorothy hocha lentement la tête — de plus en plus intéressée, apparemment, par ce que Laura avait à dire.

— Très bien, trancha Gray. — Il recula sa chaise. — Chargez la Phase 2.

La réunion était terminée. Les chefs de département se levèrent et se dirigèrent vers la porte en reprenant leurs querelles.

— Laura ! appela Dorothy.

Laura la rejoignit au bout de la table. La jeune fille sourit et chuchota :

— Alors, Griffith vous a rebattu les oreilles ? — Elle ouvrait sur Laura de grands yeux verts aux reflets malicieux. — Il est connu pour prêcher sur tout et n'importe quoi. Vous avez eu droit à ses tubes de néon ?

Sa bonne humeur était contagieuse. Laura sourit et fit oui de la tête.

— Pfouh ! — Dorothy leva les yeux au ciel, le dos plié comme sous un poids énorme. — Il a demandé à Monsieur Gray d'installer ces trucs *partout* ! Ouais, euh... génial ! Sous cette lumière, on peut compter les pores sur la figure, pas vrai ?

Laura acquiesça, sans bien comprendre ce que Dorothy avait contre les néons.

— Que pensez-vous de Filatov et Margaret ? reprit la jeune femme.

Elle avait la fougue d'une personne qui manque de contacts et qui se libère.

Laura inspira un bon coup en soupesant sa réponse.

— Ils n'ont pas l'air de s'aimer beaucoup.

— Ils sortent ensemble, vous saviez ça ?

Laura dressa l'oreille.

— Quoi ?

— Ils n'arrêtent pas de faire des cochonneries, vous voyez ce que je veux dire ?

Laura était désarçonnée. Elle fit une grimace pour éviter de répondre.

— Je le *sais* ! Dé-goû-tant, hein ? Je n'arrive même

pas à, euh, à imaginer, ajouta Dorothy avec un haut-le-cœur. — Puis, du bout des lèvres : — Oups ! attention, la police de la pensée.

Laura se retourna. Gray revenait dans la pièce.

— À plus, murmura Dorothy en filant vers la porte.

— Vous êtes prête ? demanda Gray en s'approchant.

Une nuance dans le son de sa voix incita Laura à réfléchir avant de répondre.

— Prête à quoi ?

— À rencontrer l'ordinateur.

Ils restèrent un instant immobiles face à face. Enfin Laura se décida. Elle hocha la tête et suivit Gray vers la porte.

— Je ne comprends toujours pas ce que je suis censée faire, dit-elle. — Gray ne daigna même pas ralentir et la porte coulissa dans le mur. — À la fin, si c'est une histoire de virus ou de pirate, qu'est-ce que je fais ici ?

Dans le couloir, Filatov et Margaret discutaient à voix basse. Quand Laura et Gray passèrent, ils leur emboîtèrent le pas en direction de la salle de contrôle.

— Nous explorons toutes les possibilités, répondit Gray.

— Toutes, y compris les désordres mentaux ? demanda Laura en laissant le scepticisme affleurer dans sa voix. Je veux dire, pour être capable de déprimer, l'ordinateur doit être, enfin... — Le mot restait coincé dans sa gorge. — Il lui faudrait des objectifs, des ambitions.

Gray approuva de la tête.

— Êtes-vous en train de me dire que l'ordinateur a une sensibilité ? demanda Laura. Une intelligence comparable à celle d'un humain ?

Gray pivota et lui fit face. D'un geste, il arrêta la petite troupe sur le seuil de la salle de contrôle bruissante d'activité.

— Non, dit-il. Cette question-là, c'est *moi* qui *vous* la pose.

— Elle n'a qu'à s'installer dans ce bureau, dit Filatov.

Il se dirigea vers une porte fermée, dans l'angle le plus calme de la salle. Il souleva ses lunettes et fixa un œilleton noir, ce qui fit coulisser la porte dans le mur, avec un *oouch* à peine audible. Laura suivit Margaret et Gray dans la pièce, un bureau souterrain, sans fenêtre. Filatov s'éclipsa sans un mot. Margaret lui lança un coup d'œil une seconde trop tard et croisa à la place le regard de Laura.

*Tiens,* se dit Laura, *Dorothy a raison, pour Margaret et Filatov.*

La pièce comprenait une table, une chaise et un fichier — sans l'habituelle pagaille qu'on trouve dans un bureau. Sur la table, ultramoderne, d'un noir lustré, étaient posés un énorme moniteur et un clavier. La chaise, en cuir noir, était pourvue d'un rembourrage épais. Au royaume de Gray, tout était coûteux et flambant neuf.

— On va vous connecter, fit Margaret. — Elle enfonça une touche sur la surface de la table. Un ronronnement se fit entendre sous le meuble. — Monsieur Gray, dit-elle, il va falloir votre autorisation d'accès.

Gray s'assit et attendit que le terminal soit activé.

— L'accès aux fonctions centrales est contrôlé, expliqua Margaret. Vous aurez un mot de passe VIP, le même que les chefs de département.

Margaret lança un bref regard à Gray, comme pour lui laisser une chance de faire marche arrière, mais il l'ignora.

— C'est le plus haut niveau d'accès ? demanda Laura.

— Oui, fit Gray sans laisser le temps à Margaret de répondre.

*Dans ce cas, pourquoi ai-je besoin de son accord pour me connecter ?* se demanda Laura. Il y eut un bip, puis Gray colla son œil sur l'extrémité d'une tige flexible, dressée comme un micro à côté du clavier. Un autre bip, et le regard de Gray passa de la tige à l'écran. Il échangea un sourire avec Margaret Bickham.

— Le pauvre, commenta Margaret en lisant les mots qui s'affichaient sur le moniteur.

Gray se mit à taper, Margaret lisant par-dessus son épaule avec un sourire consterné.

— À vous, Docteur Aldridge, dit-elle quand Gray eut terminé, et elle fit signe à Laura d'approcher du terminal.

Gray se leva et lui offrit la chaise.

— Regardez droit dans l'objectif, enjoignit Margaret en désignant le bout de la tige. Essayez de ne pas cligner des paupières. — Laura se pencha vers l'œilleton noir. — Il identifie l'utilisateur d'après les vaisseaux sanguins de la rétine. C'est encore mieux que les empreintes digitales. Le dessin est différent pour chacun et impossible à modifier.

Un éclair jaillit et Laura cligna des yeux.

— Désolée, dit-elle.

L'ordinateur bipa.

— Ça va, dit Margaret, il a pris l'empreinte.

Laura fit face au moniteur. « Docteur Aldridge ? » lut-elle au bas de l'écran. Le curseur clignotait au début de la ligne inférieure, vide — en attente.

— Tout est clair ? demanda Gray en se dirigeant vers la porte, suivi de Margaret. Si vous avez besoin de quoi que ce soit, contactez Georgi. Il y a un petit déjeuner de travail à la villa, demain à neuf heures. C'est votre première nuit ici, ne veillez pas trop tard.

— Attendez ! cria Laura. — Dans l'encadrement de la porte, Gray et Margaret se retournèrent. — Je suis censée faire quoi ?

Sitôt la question posée. Laura sentit un flux de déception la traverser. Venait-il d'elle ? Était-elle trop lente pour l'armada de génies qui entourait Gray ?

Gray, cependant, ne montra aucun signe d'impatience.

— Docteur Aldridge, vous êtes spécialiste en cognition — pour ce qui touche à la conscience humaine. J'ai fabriqué un réseau neuronal avancé dont la fonction première est de faciliter l'interaction entre humains et ordinateurs. J'ai copié son architecture sur celle du cerveau humain avec l'espoir de jeter une passerelle entre deux mondes.

Le profond sérieux qui modelait le visage de Gray se reflétait sur celui de Margaret, laquelle baissait les yeux en silence.

— Au fil des mois, poursuivit Gray d'une voix soudain distante, l'ordinateur s'est mis à faire preuve d'un comportement anthropomorphique, de plus en plus « humain ». Il ne s'est pas stabilisé, comme je le croyais, sur un moyen terme entre humains et ordinateurs. Il est devenu plus homme que machine. Au début, j'ai cru qu'il s'agissait d'un simple phénomène d'imitation. Mais à mesure que sa connaissance de l'humain progressait, son comportement gagnait en subtilité.

— Et c'est alors que les problèmes ont commencé ? devina Laura.

Gray hocha lentement la tête, un signe imperceptible, tandis que Margaret manifestait son désaccord.

— Il y a des coïncidences dans les faits, c'est vrai, mais..., dit-elle sans achever la phrase.

Laura ne lâchait pas Gray des yeux. Il paraissait troublé.

— Ce système, vous savez, reprit Margaret, n'a pas d'équivalent. Il n'a jamais existé dans l'Histoire quoi que ce soit d'approchant, même de loin. Nous avons passé des *années* à élargir ses connaissances et dans ce domaine, c'est le chef-d'œuvre *absolu*. Cette réalisation n'a pas de prix et, partant, nous nous devons d'explorer toutes les possibilités, même les plus... improbables, conclut Margaret sur un ton d'excuse.

Laura s'obligea à contenir le flot de questions qui risquait de révéler son incompétence. Les deux autres quittèrent la pièce mais, jusqu'à la fermeture de la porte, le regard de Gray resta posé sur elle.

Le silence était à peine troublé par le bourdonnement émanant du bureau. Laura considéra la porte et l'œil noir à côté du chambranle. Puis, à contrecœur, elle se retourna et lut le texte affiché sur l'écran :

« Monsieur Gray ! J'espère que vous allez mieux que moi. — Nous irons tous mieux dès tu seras guéri. Nous avons fait venir le Docteur Aldridge pour t'aider. — Connectez-la. Je suis impatient de la rencontrer ! — J'en ai l'impression. — Que voulez-vous dire ? — Peu importe, allons-y. CONNEXION ACCEPTÉE. »

« Docteur Aldridge ? »

De ce dialogue entre Gray et sa machine se dégageait une impression étrange. Mais ici, l'étrange était quotidien. Depuis le début, Laura allait de surprise en découverte.

Elle déglutit, toussa, disposa le clavier dans une position confortable, inclina le moniteur et le fit pivoter jusqu'à l'avoir juste en face d'elle. Puis elle se cala sur la chaise, redressa le dos et décontracta les épaules. Elle était prête. Les doigts bien droits sur le clavier, parés à pianoter. Pourtant, ce ronronnement... d'où venait-il ? Elle recula la chaise et regarda sous la table. La moitié de l'espace était occupée par une espèce de console à voyants lumineux.

Sur l'écran, le curseur clignotait avec insistance au début de la ligne vide.

« Bonjour, tapa-t-elle. Ici Laura Aldridge. » Puis elle appuya sur *Enter*.

« Enfin ! Vous avez fait bon voyage ? »

Laura ne s'attendait pas à ça : la réplique était instantanée.

« Oui. Ça va ? »

À peine eut-elle appuyé sur *Enter* que la réponse s'affichait.

« Pas terrible. On a le temps d'en reparler. Que pensez-vous des installations ? »

Ces reparties foudroyantes l'étouffaient. Elles lui rappelaient le bref échange avec Dorothy — avec quelqu'un trop longtemps privé du plaisir simple d'une compagnie humaine.

« Très impressionnantes, écrivit-elle. J'ai pris l'ascenseur pour la piscine d'azote et j'ai visité le hall de montage. »

« Je sais. Désolé que le Modèle 7 vous ait fait peur. »

Laura revécut mentalement la scène et essaya d'imaginer ce que l'ordinateur avait pu en capter.

« Tu sais tout sur ma visite ? tapa-t-elle. Où je suis allée ? Ce que j'ai fait ? »

« Non. Seulement ce que j'ai vu. »

« Et qu'as-tu "vu" ? »

« Inutile de mettre des guillemets. Je *vois* vraiment. Vous avez repéré les caméras, je le sais. Et le Docteur Griffith a fait des grimaces devant le dépoussiéreur du hall de montage. »

Laura leva les yeux sur l'œil noir à côté de la porte. « Tu vois tout ce qui passe devant toutes les caméras ? »

« En quelque sorte. Je possède à l'intérieur de mon univers un modèle de chaque objet. J'ai dans la "tête" les images de tous les objets, et de ce qui se passe. Il y a des choses qui changent tout le temps, et d'autres jamais. J'ai tendance à remarquer ce qui change, et certains changements plus que d'autres. »

*Un système de veille,* pensa Laura. Elle tapa :

« Comment l'expliques-tu ? »

« Facile. Supposons que je n'aie que deux caméras. Une caméra de surveillance sur un réservoir de carburant, et une autre dans un parking. Supposons qu'on allume une cigarette devant chacune des deux caméras. Demandez-moi si j'ai vu un fumeur, je répondrai : oui, devant le réservoir de carburant. Mais je ne verrai pas le fumeur du parking. Pourquoi ? Je ne suis pas programmé pour intervenir si on fume dans un parking. Je suis programmé pour intervenir si on fume près du carburant des fusées ! Vous comprenez, maintenant ? »

« Oui, fit Laura en hochant la tête. Mais tu pourrais surveiller les fumeurs du parking, si je te le demandais ? »

« *Évidemment !* Tout ce dont j'ai besoin, c'est du désir de savoir si on fume dans le parking. La reprogrammation est automatique. Je regarde, je *vois* ! »

Laura loucha vers l'œil noir. « Et là, tu me vois ? »

« Oui. Vous êtes très jolie. »

Laura se sentit rougir. Son regard fit l'aller-retour de l'œil noir à l'écran sans savoir où se poser. Elle tapa « Merci », hésita puis demanda :

« Tu me regardes ? »

« Maintenant oui. Depuis que vous avez demandé si je vous voyais. Vous êtes au clavier derrière un bureau. »

« Et avant ? »

« Non », répondit sèchement l'ordinateur.

Réponse trop courte, nota Laura. Pour une raison ou une autre, l'ordinateur préférait éluder.

Laura restait sur ses gardes. Elle s'efforça de ne pas lorgner du côté de la caméra et revint à son sujet.

« Donc, tu possèdes une modélisation du monde, que tu corriges à chaque fois que tu enregistres un changement intéressant. »

« Est-ce une affirmation, ou avez-vous oublié le point d'interrogation ? »

« Pardon. Je demande confirmation. »

« Dans ce cas je confirme, à un détail près. Pour lancer une actualisation, je n'ai pas nécessairement besoin de percevoir directement un changement. La quasi-totalité de mon univers, je ne l'ai jamais vue. Par exemple, je n'ai pas de caméras à Cleveland, mais je possède une représentation de l'existence de cette ville. Si, par malheur, je cessais de recevoir des demandes de pay-per-view émanant de l'endroit que j'imagine être Cleveland, tandis que les agences de presse rapportent une catastrophe nucléaire dans cette ville, je mettrais mon modèle en conformité. Je ferais glisser Cleveland dans la même catégorie que Pompéi. Pourtant, je n'ai jamais vu ni Cleveland ni Pompéi, en vie ou détruite. Vous comprenez ? »

Laura sentit un picotement lui remonter dans les bras et lui parcourir la poitrine. Tous ses sens en alerte se focalisèrent sur l'écran. Elle tapa simplement :

« Oui. Je comprends. »

Elle avait passé dix ans à étudier la question. Elle comprenait parfaitement les processus que décrivait l'ordinateur. Un flux de sensations la submergeait. Elle venait d'en prendre conscience : jamais, de sa vie, elle n'avait été aussi bien préparée pour un boulot.

« Alors, verdict ? » afficha l'écran.

« Que veux-tu dire ? »

« La question que je vous pose est : suis-je conscient ? »

Laura ne broncha pas, les yeux rivés à l'écran. *Il se paye ma tête ou quoi ?*

« Le suspense est insupportable », poursuivit l'ordinateur avec impatience.

Laura sourit.

« Là, tu te fiches de moi. »

« Pas vraiment. »

Laura était congelée : le climatiseur. Elle consulta sa montre. Pas loin de trois heures du matin. Elle se sentait à bout de forces, les pieds comme des blocs de glace, mais la fièvre de la découverte et la nouveauté radicale du travail la tenaient en éveil.

« Ce que tu vois, tapa-t-elle, te donne-t-il l'impression d'être à l'intérieur de tes circuits, ou dehors, dans le monde extérieur ? »

« Dans le monde extérieur. »

« C'est ce que tu penses, tout en sachant que le lieu où l'image se forme est enfoui dans les circuits de ton réseau neuronal ? »

« Chaque fois que je capte un élément de mon environnement — visuel, auditif, vibratoire, ultrasonique, thermique, ou un échantillon d'air, n'importe quoi —, il m'apparaît situé hors des limites de ce que je définis comme mon "moi". Je dispose d'un modèle tridimensionnel. Tout ce que j'observe occupe dans cet espace une position spécifique. Je situe cette position au moyen d'une direction et une distance, mesurées à partir de "moi". C'est-à-dire, de la piscine sous le Central informatique. »

« Jamais l'autre, la piscine de l'annexe ? »

« Non. J'ignore pourquoi, mais je ne ressens aucun lien avec l'annexe. »

« D'accord. Y a-t-il d'autres limites à ton "moi" ? Les robots en font-ils partie ? »

« Question intéressante. On pourrait croire que oui, mais en fait non. Quand les robots font leur rapport, ils me disent ce qu'ils voient, *eux*. Il s'agit bien d'un rapport. Venant de quelqu'un qui n'est pas moi. »

« Et les signaux en provenance du reste du système ? »

« Tous les capteurs connectés directement sur l'unité centrale se trouvent à l'intérieur de mes limites. Ce sont mes yeux et mes oreilles. Mais le signal me parvient *déjà* traité. Comme la télévision. On voit, mais il ne s'agit pas d'une expérience réelle. »

« Excuse mon ignorance, tapa Laura, mais je m'y

connais trop mal pour faire la différence entre les stimuli sensoriels que tu traites toi-même et ceux qui arrivent déjà traités. Peux-tu m'expliquer ? »

« Vous n'êtes pas une ignorante, Docteur Aldridge. Vous êtes géniale ! L'un des plus grands penseurs de notre époque ! »

Laura fixa l'écran avec suspicion. Elle se concentra, lut et relut, mais rien. Rien que les phosphorescences du moniteur. Il se fichait d'elle ? Que signifiaient ces flatteries éhontées, manipulatrices ? Et elle ne disposait d'aucun indice non verbal pour déceler le sens réel de la phrase.

Laura serra les mâchoires tout en méditant sa réponse.

« J'imagine que je dois dire merci », tapa-t-elle enfin. Elle hésita et appuya sur *Enter*.

« Ne faites pas attention à ce que les gens disent. On se moque toujours des génies. Il s'agit d'une réaction automatique aux théories audacieuses. Tout système de croyance menacé par une souche de pensée fraîche et virulente tend à se protéger. Il déploie contre le non-conformisme un vaste arsenal. La moquerie, l'irrespect fonctionnent comme des anticorps sécrétés par le système immunitaire pour détruire la connaissance coupable. Mais ne vous en faites pas ! Les idées fortes survivent toujours. Les théories qui vous ont valu des sarcasmes, une fois lâchées dans le système de croyance, ne se laissent plus remettre dans le flacon. Un jour, elles balaieront les idées faibles et finiront acceptées par tous, comme des faits indiscutables, parce qu'elles sont plus convaincantes, plus cohérentes. »

Laura n'en revenait pas. De quoi parlait-il, de la thèse qu'elle avait présentée à Houston ? Comment était-il au courant de cette lamentable expérience ? Pourquoi ces curieuses analogies avec l'auto-immunité, les anticorps ?

Elle examina la pièce et ses yeux revinrent se poser

sur les mini-objectifs noirs le long de la porte. Bien qu'elle fût seule dans la pièce, elle affecta une expression neutre, puis fit bouger lentement sa tête pour décontracter sa nuque raide.

*Pourquoi ce type dit-il que je suis géniale ?* Elle prit conscience de son lapsus mental. « Ce type ! » répéta-t-elle à voix haute. Dents serrées, elle se jura de ne pas laisser un compliment sorti d'un logiciel futé enfler son ego fragile.

— Ce n'est qu'un *ordinateur,* Laura ! marmonna-t-elle en essayant de faire le point.

« D'accord, tapa-t-elle, retour aux principes de base. Quand un robot transmet des données, tu vois ce qu'il voit ou tu lis un texte, des chiffres ? » Elle pressa *Enter.*

Pas de réponse. Elle laissa passer quelques secondes et rappuya sur *Enter.* Toujours rien.

« Tu es là ? » interrogea-t-elle.

« Je n'ai plus envie de parler. »

Laura contempla l'écran. Les yeux brouillés, la tête plombée par la concentration, les épaules endolories par le clavier. Elle se renversa contre le dossier, se frotta les yeux, les tempes. La fatigue l'accablait d'un coup, et elle se souvint qu'il lui fallait encore remonter à la villa. Et dans six heures, le petit déjeuner de travail !

« D'accord, tapa-t-elle. Nous reprendrons cette conversation demain. Bonne nuit. »

Elle pressa *Enter* et attendit. Toujours pas de réponse. Elle se leva en soupirant et se dirigea vers la sortie. La porte coulissa dans le mur. Laura se souvint alors que Margaret avait commencé par allumer le terminal. Elle revint vers le bureau pour éteindre.

Au bas de l'écran, les mots « Dormez bien » s'affichaient.

Malgré son coucher tardif, Laura se leva de bonne heure. Elle supputa que, sans un minimum d'exercice matinal, la journée serait dure et décida d'aller courir avant le petit déjeuner collectif.

Campée devant une glace, le dos droit, elle ajusta son short en Spandex et son maillot. Une mèche folle pendouillait sur son front. Elle la glissa sous son bandeau bariolé puis, changeant d'avis, consacra quelques instants à repasser la frange sur le bandeau.

Aucun signe de Gray. Elle descendit l'escalier du hall et s'autorisa un détour par les pièces communes du rez-de-chaussée. Le palace semblait désert.

— Bonjour, Docteur Aldridge ! lança Janet d'une voix sonore qui la fit tressaillir.

— Bonjour, Janet, répondit Laura en se ressaisissant, sur le seuil d'une bibliothèque en duplex plongée dans l'obscurité.

— Un petit jogging ?

— Ouais, marmonna Laura.

Elle s'était fait prendre à espionner et l'embarras la rendait gauche et sans voix.

— Oui, un bon matin pour sortir. Courez bien.

Janet sourit et s'éloigna.

— Janet ! appela Laura. Sauriez-vous par hasard pourquoi je suis logée ici ? Chez Monsieur Gray, je veux dire ?

Janet eut l'air confuse.

— Ça ne vous plaît pas ? Il y a des tas d'autres chambres si...

— Non, non. Ce n'est pas ce que je voulais dire. — Janet se détendit et posa les mains sur sa poitrine en signe de soulagement. — Pourquoi m'a-t-on mise chez Monsieur Gray, et pas dans un hôtel, ou ailleurs ? Non que je veuille m'installer à l'hôtel, corrigea Laura, non, je me demandais juste, par pure curiosité, qui s'était occupé de ça.

— Eh bien, autant que je m'en souvienne, dit Janet en réfléchissant, j'ai reçu un e-mail m'informant de votre arrivée et me demandant de vous loger dans la chambre bleue.

— Un e-mail de qui ?

— Mais, de Monsieur Gray, je suppose. Pas de problème, c'est sûr ?

Laura hocha la tête, déjà perdue dans ses pensées.

Gray avait été surpris d'apprendre qu'elle logeait chez lui. Il pouvait à la rigueur perdre de vue les détails routiniers de son train de vie somptueux, mais il n'aurait sûrement pas oublié l'arrivée d'un invité solitaire, chez lui, pour une semaine. *Non,* trancha Laura, *ce n'est pas Gray qui a envoyé l'e-mail à Janet.*

*L'ordinateur !* Elle comprit et tressaillit. *C'est lui qui a tout organisé.* Mais pourquoi l'ordinateur lui réservait-il ce traitement de faveur ?

Laura franchit la porte principale et sortit dans l'air du matin, d'une fraîcheur délicieuse. Un Modèle 3 attendait patiemment au pied du perron. Laura descendit jusqu'au bord de la piste et commença des étirements devant la voiture. Mais la présence du véhicule bouleversait le cours de ses pensées. Le « robot » était immobile. Inanimé en apparence, mais qu'en était-il réellement ? La veille au soir, devant le Central, elle avait attendu au bord de la piste, conformément aux instructions que lui avait données un opérateur de la salle de contrôle. « Restez debout sur le quai, avait dit l'homme, il verra que vous voulez une voiture. » Laura n'avait pas demandé qui était ce « il », mais en moins d'une minute le taxi arrivait. « Chez Monsieur Gray », avait-elle dit simplement. Le voyant « Attachez vos ceintures » avait clignoté. La ceinture bouclée, le robot s'était élancé dans le royaume endormi jusqu'à l'endroit précis qu'occupait maintenant son clone.

Laura s'assura d'un coup d'œil qu'elle était seule dans la cour et s'approcha de l'engin d'un pas hésitant. Encastrée entre les phares, les antibrouillards et les feux de position de la calandre, on distinguait, comme partout, la bille noire, l'œil de l'ordinateur. Sous la lumière crue du soleil matinal, elle examina le véhicule à la recherche d'un signe particulier. De l'extérieur, le design était banal. Couleur blanc cassé, quatre portes, profil aérodynamique, mais rien d'une F1. La portière resta fermée. Laura baissa les yeux et vit que ses orteils se trouvaient juste sur le bord du quai. La voiture était peut-être réservée — la limousine privée de Gray, sans doute. *Ou alors,* songea-t-elle, *l'ordinateur a vu ma tenue, mes gestes, et il a deviné que j'allais faire un jogging.*

« *Un petit jogging ?* » avait dit Janet, dans le hall. Impossible. L'ordinateur n'était pas autorisé à fourrer son nez dans les domiciles privés.

Laura leva les yeux vers les murs de stuc, la vaste cour en U, superbe avec sa fontaine. Il était nécessaire que l'ordinateur la vît, là, sur le quai. Sinon, comment le système fonctionnait-il ?

Laura résolut de tester la voiture.

— Excusez-moi, dit-elle tranquillement à la portière.

Pas de réaction.

Elle agita les mains et répéta :

— *Excusez-moi !*

Elle allongea le bras et frappa doucement à la vitre.

Un sifflement se fit entendre et Laura recula d'un bond. La portière se souleva en position ouverte.

Laura se retourna vers le perron, les vérandas et les fenêtres de la façade. Personne ne l'avait vue tripoter le robot. Elle se pencha vers l'habitacle et murmura :

— Ça va, ce n'est rien.

Quand elle se redressa, la portière se referma... la laissant encore plus secouée.

— Mon Dieu, marmonna-t-elle.

Elle était stupéfaite que la voiture ait compris quand

elle avait tapé sur la vitre. Et plus stupéfaite encore qu'elle ait compris quand elle avait décliné son invite. La voiture, portière refermée : on pouvait la prendre pour un banal produit de consommation moderne. Pourtant, dans ce bloc de métal avait été inséminée une forme de vie qui le séparait des autres machines. En lui circulait non le sang qui donne vie aux animaux, mais une force nouvelle. Une force immatérielle, fondamentale, universelle. Cette force, c'était l'intelligence. La conscience plus la connaissance. L'expérience tracassait Laura. La source de son malaise gisait, elle le savait, dans une croyance primitive, celle qui lie l'émotion à la chair. L'idée d'une machine pensante la dérangeait, car rien ne l'effrayait plus qu'une intelligence qui serait coupée des sentiments. C'était à cette combinaison — intellect doublé d'une absence d'empathie — que l'humanité devait ses heures les plus sombres.

Laura se ressaisit.

— Secoue-toi, murmura-t-elle.

Les merveilles de l'île de Gray excitaient son imagination, à condition de ne pas dépasser les bornes et tomber dans la divagation pure. *Sans compter,* rétorquait un recoin de son esprit pour clore le débat, *que l'émotion n'est sûrement pas limitée aux organismes biologiques.*

D'un coup, elle se sentait lasse, une fatigue mentale. Elle s'emplit les poumons d'air frais, remonta les talons sur ses fesses, dernier étirement, puis elle se mit à trottiner sur le quai circulaire.

Elle émergea de l'ombre répandue par la villa, contourna la fontaine et se lança dans l'allée ensoleillée qui menait à la grille. Elle avait choisi une tenue d'été et la brise sur son ventre nu lui donnait la chair de poule. En bouclant sa valise pour le Pacifique Sud, elle n'avait pas pensé aux montagnes. Jusqu'ici, d'ailleurs, tout était différent de ses prévisions.

Non qu'elle arrivât sur un autre monde. C'était plutôt comme si elle débarquait dans une autre époque. Elle était montée dans un avion au début du vingt et unième siècle et un vol sans escale l'avait menée dans une enclave du vingt-deuxième.

À la grille, Laura se trouva devant un choix : droite ou gauche ? Sans s'arrêter, elle prit à gauche vers le village, la direction qui lui était familière. Le sentier pour piétons longeait la piste enfoncée dans sa tranchée. Un revêtement de ciment neuf, large et lisse, parfait pour courir. Elle leva les yeux. Devant elle, noire sous les rayons du soleil, s'ouvrait l'entrée du tunnel. Ce dernier était éclairé, Laura le savait, et disposait d'une coursive sur toute la longueur. Mais, face à la sinistre ouverture, elle fit demi-tour et repartit en direction du sommet. De toute façon, réfléchit-elle, elle n'avait aucune envie de descendre jusqu'en bas de la montagne. La résidence de Gray revint lentement dans son champ de vision, au-dessus du mur de pierres grossièrement taillées qui bordait le sentier. La villa était si belle que Laura ne put s'empêcher de sourire. Les parois de stuc doré montaient vers un toit gris sombre en ardoises arrondies. De chaque côté de l'entrée principale, les portes-fenêtres donnaient sur des vérandas. Sur une terrasse, un domestique était occupé à disposer des coussins de couleurs vives sur des chaises en fer forgé. Un autre dressait une longue table, un troisième émergeait de la maison, portant un énorme bouquet. Des persiennes vertes, en bois, encadraient les fenêtres des étages supérieurs, des fleurs éclatantes jaillissaient des bacs sous les rebords de fenêtre.

Laura dépassa la maison et piqua vers le sommet. Peu après, elle déboucha sur une crête et constata que la piste redescendait en pente douce sous les arbres. Elle trouait la paroi du cratère, puis un virage à droite la masquait à la vue. Sur l'accotement, un panneau disait : « PERSONNES AUTORISÉES SEULEMENT. DÉFENSE ABSOLUE D'ENTRER. » Laura leva les yeux au ciel. Gray ! Gray et sa manie du contrôle ! Ses jambes s'activaient sans effort, la pente filait sous ses semelles. Elle accéléra et sprinta jusqu'au panneau, une pancarte jaune à grosses lettres noires. Sur cette portion de route, le décor n'avait plus rien d'artificiel. Le sous-bois était encombré de fourrés à hauteur d'homme, la jungle obscure et son lacis de branches balancées par la brise. Laura sentait ses muscles se réchauffer et la bienfaisante chaleur diffuser dans son corps. Elle leva les yeux vers la lumière qui dansait dans les frondaisons. Sans être mystique, elle comprenait, dans ces moments-là, pourquoi d'autres sentaient dans la nature une présence divine.

Deux hommes qui montaient vers la crête débouchèrent du virage. Laura s'arrêta net. Ils portaient de menaçantes carabines noires, des tenues de camouflage, des bottes et des casques de jungle. Plus loin, derrière eux, une barrière baissée fermait la route. Et sur le bas-côté on voyait une guérite peinte de bandes diagonales, orange et blanc alternés.

Laura fit demi-tour.

— Hélà ! cria l'un des hommes.

Elle jeta un coup d'œil dans son dos et les vit qui se lançaient à sa poursuite. Elle accéléra et se mit à sprinter.

— M'dame ! brailla une voix militaire, mais les chaussures légères avalaient le béton blanc et lisse.

Après une minute de sprint, épuisée, elle se retourna. Les deux hommes avaient renoncé à la poursuivre et Laura ralentit, reprit un rythme de jogging, les poumons brûlant dans l'air frais, les cuisses durcies par l'effort. Elle serrait si fort les dents qu'elle en avait mal aux mâchoires.

Le temps de revenir à la villa, la peur éprouvée sur la piste s'était changée en colère noire. Tout ce qu'elle avait appris sur Gray rejaillit du tiroir où elle l'avait refoulé dans sa hâte d'accepter le poste. À quoi rimaient ces hommes qui rôdaient dans l'île avec des carabines ? Pourquoi des zones interdites, des identificateurs rétiniens et ces yeux de verre noir qui terrorisaient la petite Dorothy, pourquoi une « police de la pensée » ?

Elle avait dit oui trop vite, elle en était consciente. Elle avait sauté sur l'occasion qui se présentait à un cap difficile de sa vie, sur le canot de sauvetage qui la sauvait du ratage. Ainsi allait la vie : une seconde de faiblesse, et c'était l'erreur. Le mal, cependant, n'était pas irréparable. L'image de la carte du FBI lui traversa l'esprit tandis qu'elle grimpait le perron quatre à quatre.

La villa était déserte. Laura s'aventura, entre les deux volées du monumental escalier, vers l'arrière du bâtiment. Des marches la menèrent au niveau inférieur, sur un palier éclairé par une baie vitrée qui dominait le village. On y entendait une musique, un rythme lourd et entraînant. La musique prise-de-tête, comme disaient ses étudiants, alors populaire dans les boîtes branchées de Boston.

— Bonjour ! cria-t-elle.

Pas de réponse. Elle se dirigea vers l'endroit d'où provenait la musique. Le corridor faisait un coude sur la droite, et Laura se retrouva devant une fenêtre tout en longueur qui donnait sur une salle. La musique était plus forte, riffs stridents de guitare et basse pesante, griffée par des paroles plus hurlées que chantées. Laura s'approcha de la fenêtre.

Gray. Ce ne pouvait être que lui. Deux étages plus bas, le regard plongeait dans une salle de gym, encombrée par les chromes luisants d'appareils de musculation. On y voyait un sac de sable, punching-ball à l'ancienne, un mini-terrain de basket, une paroi de varappe. Une porte basse donnait accès à un court de squash. Gray était lancé au sprint sur un tapis roulant. La sueur dégoulinait sur son torse nu. Il avait la tête prise dans un attirail qui la dissimulait entièrement, le visage caché par une espèce de masque à gaz noir. Un tube flexible sortait du masque et plongeait dans un petit réservoir fixé à la ceinture. À la place des oculaires, un boîtier noir semi-circulaire de la largeur du masque. Des écouteurs lui couvraient les oreilles et Laura se demanda pourquoi la musique dans la pièce était poussée à fond. Les mains moulinant l'air, Gray courait. Il portait des gants, munis de tubes au bout des doigts et fixés aux poignets par d'épais bandeaux en forme de doughnuts. En travers de la poitrine, une sangle noire — un moniteur cardiaque. Aucun câble apparent. Laura supposa que la bulle de plastique, au sommet du casque, contenait un émetteur infrarouge, à la manière des casques stéréo sans fil. Sur son tapis roulant, large de cinq bons mètres, Gray bondissait, à contretemps de la musique. Il se jetait d'un côté, de l'autre, tendait sa main gantée, levait les genoux. Puis il tapait dans ses mains, tendait l'autre bras, levait l'autre main. Soudain tout s'arrêta, l'homme et le tapis. Gray se plia en deux pour reprendre son souffle, haletant à se décrocher la mâchoire. Derrière son masque, il parlait tout seul, poussait des cris et de grands éclats de rire. Gray était mince. Mince de poitrine, d'épaules et de taille, les muscles bien dessinés. À l'évidence, tous ces appareils n'étaient pas des jouets délaissés, comme le rameur de Laura dans le placard de sa chambre à Harvard.

Puis il se mit en position de départ, au milieu du tapis, les mains à plat sur ses cuisses musculeuses. Il s'élança et le tapis accéléra pour répondre au démarrage. Il tapa dans ses mains, replia un bras sur la hanche... Il joue au football américain ! comprit enfin Laura, éberluée. Après un sprint où il parut courir en équilibre sur une ligne de touche imaginaire, Gray leva les bras en signe de triomphe. Laura éclata de rire et se plaqua contre le mur à côté de la fenêtre. Au fond du couloir, un petit œil noir avait enregistré la scène.

Janet conduisit Laura vers le groupe de domestiques qui attendait devant les portes-fenêtres ouvertes. L'un d'eux écartait les rideaux de gaze qui s'envolaient, poussés par le vent frais. Laura aperçut les chefs de département rassemblés dans la véranda pour le petit déjeuner, et se dit avec inquiétude qu'elle allait avoir froid. Elle s'était couverte en prévision du Central et de sa température polaire — jean, trois paires de chaussettes, tee-shirt et pull fermé —, mais avait toujours les cheveux mouillés par la douche. Tirés en queue-de-cheval, ils n'étaient pas près de sécher.

Passant devant l'escouade de machinistes en jaquette blanche, l'équipe Janet, elle déboucha sur ce qui lui fit immédiatement penser à un plateau de tournage. On en était apparemment à la grande scène de Hoblenz, qui gratifiait les autres d'une de ses bonnes histoires. Laura prit l'une des dernières places libres, à l'extrémité de la véranda, à côté de Gray, et perçut alors, sous la nappe de lin, la douce chaleur d'un radiateur invisible.

— Le nouveau casque virtuel est incroyable, pérorait Hoblenz, très en verve. On voit tout, clair comme du cristal. Le ring, la foule, les toubibs qui vous épongent les gnons sur la figure, l'entraîneur qui braille. Je l'avais réglé sur le point de vue du challenger. Le tenant a balancé un crochet et j'ai vu le gant grossir, remplir l'écran et *vlam* ! — Son poing s'écrasa sur sa paume dans le tempo du récit, ce qui n'enthousiasma personne à part lui. — En plein dans la gueule ! La mâchoire du type a valsé, la sueur giclait partout ! La première chose qu'on revoit, après, ce sont les lumières au plafond. Et mon fils a renversé sa putain de bière sur le canapé neuf !

— Ça se vend bien ? demanda le directeur des opérations spatiales.

Hoblenz soupira.

— Ça vous défriserait d'apprécier la beauté en soi ? Il s'agit d'un *drame* humain, non ? Le type était au tapis et roulait la tête dans tous les sens. Pour demander de l'aide, il s'est tourné vers le coin des autres ! Il avait sa dose. Du vécu !

Seul le silence lui répondit. Hoblenz ne faisait pas recette.

— Quarante-huit millions de demandes, dit Griffith en réponse à la question que tout le monde avait déjà oubliée. À cent dollars l'unité, dit-il avec un sourire contraint, ça nous fait quatre milliards huit.

Laura sursauta. Incroyable.

— En *dollars ?* risqua-t-elle. Vous avez ramassé cinq milliards de dollars avec une finale de boxe ?

— Bon, c'est du brut, dit Griffith. On a des frais.

C'était un trait d'esprit, qui provoqua des gloussements de joie parmi les chefs de département, payés en « tranches de bénef », comme ils disaient.

Laura fronça les sourcils.

— Je devrais demander une augmentation, fit-elle à mi-voix.

Contre toute attente, l'assemblée éclata de rire, ce qui lui fit monter le sang aux joues. Elle avait touché la corde sensible — l'amour des pactoles obscènes ratissés par la Gray Corporation.

— Agréable, ce jogging ? demanda Gray en souriant.

Laura n'avait pas l'intention d'aborder le sujet avant la fin de la réunion, mais puisqu'on lui posait la question, et que tout le monde attendait sa réponse...

— Que font ces hommes armés en bas de la route, sur la colline ?

Pivotant sur sa chaise, elle désigna la crête à la droite du portail.

— Ce sont mes hommes, répondit Hoblenz.

— Docteur Aldridge, dit Gray, vous connaissez nos exigences de sécurité. Je suis certain que, depuis hier soir, vous mesurez la valeur des secrets commerciaux en ma possession.

— Oui mais... une armée privée ! dit-elle.

— Je suis gouverneur général de l'île, en vertu d'un contrat avec les Fidji.

Devant cette justification boiteuse, Laura leva les yeux au ciel. Gray resta impassible, mais sa voix était chargée d'émotion.

— Vous n'avez aucune idée des obstacles auxquels je me heurte, dit-il.

Les autres levèrent les yeux. Ce n'était pas le volume de sa voix qui attirait l'attention, mais sa façon de prononcer les mots. Dit avec le sourire, cela pouvait passer pour du cynisme. Pourtant, cela sonnait comme une supplique. Gray aspirait à être compris. Un éclair de franchise, une plainte contre l'injustice.

Du moins, c'est ainsi que le prit Laura. Mais les autres ? Eux aussi avaient dû percevoir une émotion vraie dans sa voix et ils le regardaient avec intensité.

— Nous ne sommes pas sur le territoire des États-Unis, et... *même si* je suis citoyen américain, que je paie des impôts américains et que je ne fasse *rien* d'illégal, je ne peux compter sur le soutien de Washington. — Gray baissa les yeux sur son assiette vide. — Croyez-moi, Docteur Aldridge, poursuivit-il d'une voix douce, il est extrêmement difficile de mettre une idée en cage.

Laura fronça les sourcils. La veille, l'ordinateur avait parlé de pensée, d'idées et de savoir en des termes étrangement semblables.

— Monsieur Gray, fit-elle, il n'est pas dans vos

intentions, j'en suis sûre, de surveiller les idées des gens. — Aux coups d'œil qui s'échangèrent autour de la table, Laura craignit d'avoir dit une bêtise. — Je veux dire, le vrai enjeu, c'est le *partage* du savoir. Le faire circuler, largement et librement, et que chacun profite des créations des autres. C'est ce genre de collaboration qui nous a permis de bâtir une... une *civilisation.*

Laura se contentait d'exprimer une vérité aveuglante pour elle — un dogme fondamental auquel sa vie d'universitaire s'accrochait comme un lierre. Dans un silence profond, tous les yeux se fixèrent sur Gray. Laura s'aperçut qu'il la dévorait du regard. Ses yeux, leur magnétisme, c'est le souvenir qu'elle aurait gardé de cet instant si Gray n'avait pas répondu. Mais il prit la parole, et elle dut faire appel à toute sa concentration.

— Sur cette île, une règle l'emporte sur le reste. La propriété intellectuelle — le savoir — dont vous devenez dépositaire du fait de votre engagement ne doit pas sortir de votre cerveau. Vous n'écrirez pas d'article. Vous n'en discuterez avec personne, y compris avec les gens ici présents. Vous traiterez la connaissance à laquelle vous aurez accès avec la plus extrême attention, par respect du pouvoir qu'elle contient, et du danger qu'elle présente pour les habitants de notre planète.

Autour de la table, les autres baissaient la tête.

— Pour conclure, dit Gray, acceptez-vous ces conditions ?

Laura s'interrogeait. Pourquoi Gray faisait-il un tel cas de sa déclaration ?

— Soit, répondit-elle en s'efforçant de dissimuler sa perplexité.

Les domestiques servirent le petit déjeuner. L'interruption eut l'heur de détendre l'atmosphère. L'incident était clos. Pourtant, le service frappa Laura par son manque d'à-propos — il interrompait Gray. Laura regarda en direction des portes-fenêtres et croisa le regard de Janet. La majordome lui lança un sourire et se replia dans la villa pour s'occuper de sa troupe.

— Bien, reprit Gray, continuons. Des nouvelles de la Phase 2 ?

Il changeait de sujet. Comme si rien d'important n'avait été dit. Si, pourtant, une chose, Laura le savait, mais dont la signification lui échappait. Filatov et Holloway se regardèrent mais aucun n'osa se lancer. Les autres attendaient.

— Eh bien ? insista Gray — il s'énerve, pensa Laura.

À contrecœur, Filatov prit la parole.

— Pas question de démarrer la Phase 2. Nous manquons de place.

— Je croyais qu'on avait commencé à libérer de l'espace, le contra Gray. La dernière fois qu'on en a parlé, on était à six et demi pour cent.

— Dès qu'on a atteint huit et qu'on a défragmenté, on les a reperdues.

— « Reperdu » quoi ?

— Les ressources-mémoire. Avant qu'on ait la place de charger la Phase 2, l'activité du système s'est brusquement emballée et au même moment, dans l'annexe, l'espace libre s'est... évaporé.

Gray resta impassible. Ce fut son manque de réaction qui intrigua Laura. Dédaignant Filatov, il prit Dorothy sous le feu de son regard. La jeune fille fronça les sourcils d'un air interrogatif puis, devant le silence de Gray, elle haussa les épaules. Gray contemplait son assiette, l'air absent. Il mit un moment à voir ce qu'il avait sous le nez. Il piqua une saucisse avec sa fourchette et se figea dans cette attitude, interlude étrange. Puis il croqua dans la saucisse et demanda en mastiquant :

— Savez-vous ce qui a rempli la mémoire ?

De nouveau il fixa son assiette mais Laura savait qu'il attendait une réponse.

— Nous n'en savons rien, répondit Filatov, l'air soucieux lui aussi. Par ailleurs, nous n'avons pas réussi à reprendre les opérations de nettoyage du réseau.

Laura crut comprendre que, pour Filatov et les autres, ces nouvelles sonnaient comme une catastrophe. Elle imagina que cela avait un rapport avec l'argent. Leur part de gâteau fondait.

Gray se contenta de hocher la tête en mastiquant. Soudain, il s'intéressait à son petit déjeuner. *Il sait quelque chose,* comprit Laura. Il sait que la Phase 2 ne chargera pas, il sait pourquoi, et il ne le leur dit pas. Leurs regards se croisèrent et ce fut lui qui rompit le contact — comme s'il devinait la critique muette qu'elle lui adressait.

— Si ça se trouve, lança Margaret, l'ordinateur a rendu la priorité à la programmation. Nous avons brusquement libéré de la mémoire et il se peut qu'un sous-système ait reprogrammé les instructions : optimiser en vitesse, en consommation d'énergie, tout mais pas d'extra-mémoire.

Filatov émit un reniflement sceptique.

— A-t-on interrogé l'ordinateur ? demanda Gray.

— Il répond qu'il ne sait pas, dit Filatov en secouant la tête avec incrédulité. On est retombé de huit à deux pour cent de mémoire disponible en quelques secondes, et l'ordinateur ne sait pas ce qui a pris la place ! — Il se renversa dans sa chaise et se tripota nerveusement les mains. — Il y a quelque chose qui cloche, Monsieur Gray. L'ordinateur est malade.

Ce propos accablé parut refléter l'opinion générale.

— Que dit le dernier rapport d'erreurs ? demanda Gray d'une voix impassible qui détonnait avec la sinistrose ambiante.

Dorothy prit son PDA, hésita, le reposa sur la table sans l'ouvrir.

— Oh ! Une véritable... — Elle imita une explosion. — Pouf ! — Elle se retourna vers Griffith. — Ça vient du hall de montage, dit-elle d'une petite voix, à peine audible dans le cliquetis de l'argenterie sur la porcelaine.

— Ce n'est pas si grave que ça ! objecta le Docteur Griffith avec véhémence.

— L'ordinateur a passé les bornes ! explosa Dorothy en se retournant vers Gray pour plaider sa cause. Il a créé une zone de sécurité renforcée.

Toutes les têtes se levèrent, soudain en alerte.

Gray seul restait imperturbable.

— Voyons ça sur le moniteur ! ordonna-t-il en élevant la voix.

Janet disparut dans la villa et, quelques instants plus tard, deux domestiques apportaient un gros moniteur à écran plat.

*Et voilà,* songea Laura avec admiration. *Les milliardaires n'ont qu'à hausser la voix pour faire apparaître les objets.*

Les vives couleurs de la mire illuminèrent le grand écran haute def. D'un geste, Griffith réclama la télécommande. Il fit glisser ses lunettes sur son nez pour lire le clavier et pressa la même touche à plusieurs reprises.

Des vues successives du royaume de Gray s'affichèrent sur le moniteur. Personne ne prêta attention à ce carrousel d'images excepté Laura, figée de stupeur, la fourchette en l'air. Des techniciens à lunettes protectrices mélangeaient un liquide marron dans des cornues. De grosses sphères métalliques crachaient de la vapeur dans la jungle. Des faisceaux de lumière bleue éclairaient une boule en inox. Des équipes de robots de chantier déversaient du béton sous le chaud soleil du matin. D'énormes structures étaient violemment illuminées dans une grande piscine intérieure. Une piste blanche défilait à quelques centimètres sous la caméra. Un satellite tournait sur lui-même, paré pour la mise à feu sur son embarcadère. Chaque vue était indexée par un numéro visible dans le coin inférieur droit. Griffith maintint le bouton appuyé et l'index grimpa rapidement jusqu'à quatre chiffres. Les images défilaient maintenant à une vitesse qui empêchait de les identifier. Elles produisaient néanmoins sur Laura une vive impression subliminale. Gray, le démiurge. Avec lui, rien ne serait jamais plus comme avant.

— Nous y voilà, dit Griffith en revenant sur un chiffre qu'il venait de passer.

9012. Neuf mille yeux noirs par lesquels l'ordinateur observait le monde. Les autres tendirent le cou pour regarder sur l'écran.

Le moniteur affichait l'image du niveau principal du hall de montage. À l'arrière-plan, le grand convoyeur roulait, inlassable comme la marée. À l'écart de la chaîne centrale se tenait un robot industriel de série. Son bras hydraulique était levé et sa pince unique tremblait d'une façon incontrôlable mais apparemment inoffensive.

Un cercle de cônes l'entourait, un ruban jaune tendu d'un cône à l'autre. *Le lieu du crime, comme à la télé,* pensa Laura.

— Vous voyez ? dit Griffith. C'est un problème avec la dérivée seconde de vélocité.

Les têtes s'inclinèrent gravement.

— La *quoi* ? demanda Laura, que ce vocabulaire ridiculement ésotérique faisait grimacer.

Griffith désigna l'écran.

— Il n'arrive pas à contrôler le rythme de changement de la vitesse de la pince. — Laura fronça les sourcils. — Bref, traduisit Griffith, c'est trop saccadé.

— Merci, grommela Laura.

— Que s'est-il passé ? demanda calmement Gray.

— Un stagiaire a été blessé. Rien de grave, une contusion au bras. Il est venu gémir dans les bureaux en accusant la trieuse. D'après le type, elle faisait n'importe quoi avec sa pince, comme si elle était « soûle ». Il dit que la trieuse a passé le bras au-dessus du convoyeur et l'a flanqué par terre.

Laura observa le bras robotique qui gigotait avec sa pince déréglée, apparemment victime d'une sorte de tic nerveux. Les autres robots poursuivaient leur besogne, au contraire du bras détraqué au milieu du cercle de cônes — la « zone de sécurité renforcée ». Le petit déjeuner se transformait en tribunal et le robot attendait patiemment son châtiment.

— A-t-il fait preuve d'un comportement anormal, à part s'agiter comme ça, depuis qu'on l'a sorti de la chaîne ? questionna Gray.

— Rien, répondit Griffith. À mon avis, c'est le moment de recâbler ses connections et de le reprogrammer. S'il n'y a pas d'autres problèmes, nous pouvons le remettre en service d'ici au dîner. — Il se pencha en avant et dévisagea ses collègues avant de poursuivre. — Le stagiaire a dû violer le périmètre de travail. Je parie qu'il a inventé l'histoire pour se dédouaner. Le type était là depuis moins d'une semaine. J'ai demandé à Hoblenz de le virer. Il devait fouiner où il ne faut pas.

— On n'a rien trouvé dans son appartement, ajouta Hoblenz.

— Vous avez fouillé son *appartement* ? cria Gray avec une dureté inattendue.

Hoblenz garda la tête haute et raidit légèrement le dos, en un réflexe de militaire face au blâme.

— Je ne vous ai pas autorisé à pénétrer dans les domiciles privés, dit sèchement Gray.

Hoblenz soutint le regard de Gray, un bref instant, puis il baissa la tête et plongea sa fourchette dans ses œufs.

— Excusez-moi, maugréa-t-il.

Comme la nature, songea Laura, Hoblenz se plie à la volonté de Gray — à contrecœur.

— La blessure est grave ? demanda Gray à Griffith.

Le responsable de la robotique fronça les sourcils avec répugnance et secoua la tête.

— Manche déchirée. Un bleu, une égratignure, rien.

— Ça n'aurait jamais dû arriver, le coupa Gray. Même s'il a franchi la ligne jaune, ça ne vaut pas une blessure. — Griffith resta muet. — L'ordinateur a-t-il fait état d'une présence humaine dans le périmètre de travail ? — Griffith secoua la tête avec accablement. Gray hésita. — L'ordinateur a-t-il vu l'accident ? — De nouveau, Griffith secoua lentement la tête. — Bon, dit Gray, j'instaure une zone de sécurité renforcée.

— L'ordinateur s'en est déjà chargé ! répondit Griffith, à moitié tourné vers l'écran. Cette trieuse a un périmètre maximum de quelques dizaines de mètres carrés. Il lui est matériellement impossible d'atteindre quoi que ce soit au-delà du cordon.

Laura examina le cordon policier autour du robot. Il traversait la ligne jaune qui marquait la frontière entre « leur » monde et « le nôtre », creusant une encoche en territoire humain. Un minuscule empiétement sur le domaine réservé à l'homme qui ne faisait pas grosse impression sur Laura ni, semblait-il, sur Griffith. Mais Gray accueillait la nouvelle de l'agression avec une gravité qui forçait l'attention du groupe. La bande qui reliait les cônes se tordait sur elle-même mais Laura réussit à déchiffrer les mots qui couraient en lettres noires sur toute la longueur : « DANGER — ZONE DE SÉCURITÉ RENFORCÉE. »

— Je veux que la zone soit étendue à l'ensemble de l'usine, ordonna Gray. Je veux qu'on évacue le personnel du hall de montage. Nous continuerons les opérations en automation complète.

— À cause d'une *trieuse* ? explosa Griffith. Ce n'est

quand même pas une tentative d'*évasion* ! — Gray ouvrit la bouche pour parler, ce qui parut déstabiliser Griffith. — Parfait ! — Il leva les mains en signe de reddition. — Comme vous voudrez !

— Merci, Phil, dit poliment Gray avant de se retourner vers l'assemblée. Quoi d'autre ?

*C'est tout ?* pensa Laura. Gray donne l'ordre d'abandonner la principale installation de l'île et la seule réaction, c'est l'opposition faiblarde d'un seul homme ?

— Il y a aussi les portes, dit Dorothy. — Un petit bruit argentin émanait de son ordinateur. — Ça fait peur aux gens. Nous en sommes à — elle pianota sur son clavier — quarante-sept rapports, dont huit par le même bonhomme.

— Quand, le pic d'erreurs ? demanda Gray. Précisément ?

Dorothy tapota le mini-écran et appuya la pointe de son crayon sur sa lèvre.

— Il y a une heure et sept minutes.

Plusieurs convives consultèrent leur montre, Filatov et Bickam échangèrent un long regard.

— Et la surcharge du système, ça remonte à quand, précisément ? demanda Gray à Filatov.

Filatov respira fortement.

— Au même moment. Juste *après,* en fait.

— Minute, dit Griffith. Vous voulez dire que l'activité du système a augmenté *après* le pic d'erreurs, pas *avant* ?

Filatov haussa les épaules et baissa la tête.

— Bizarre, reprit Griffith en se grattant le menton. En cas d'attaque par virus, c'est le contraire qui se serait passé. Cette séquence soulève un problème majeur de causalité.

Gray plia sa serviette et la jeta sur la table.

— C'est bon, nous avons du travail.

Les membres de la « dream team » repoussèrent leurs chaises.

Laura stoppa la migration d'une question :

— Le type qui a fait état de huit dysfonctionnements de porte, c'est le même qui s'était disputé avec sa femme à la gym ?

Dorothy hésita, leva les yeux vers Laura, puis vers Gray, puis de nouveau vers Laura.

— *Ouais,* au fait, admit-elle avec embarras. Comment le savez-vous ?

Gray observait Laura.

— Simple supposition, répondit Laura, l'air de dire qu'il ne s'agissait pas d'une simple supposition, alors que ça l'était.

Un instant plus tard, chacun s'était remis en marche vers la sortie.

— Docteur Aldridge, dit Gray assez haut pour être entendu de tous, votre analyse d'hier soir ? Intéressant ?

Les chefs de département revinrent lentement autour de la table.

— Euh, j'ai juste posé quelques questions préliminaires. J'ai sondé la vision qu'a l'ordinateur des frontières de son « soi ». Détail intéressant, il ne considère pas les robots comme partie intégrante de lui-même, mais comme des entités distinctes qui lui transmettent des rapports.

Les têtes pivotèrent. De larges sourires éclairaient les visages de ses collègues.

— Quoi d'autre ? demanda Gray.

Laura ignora les autres.

— Il utilise un système de veille et ne met à jour sa modélisation du monde que s'il détecte un changement intéressant. Il procède par repérage spatial. Quand il « voit » et « entend », il situe les choses à l'extérieur de ses circuits, non à l'intérieur. Il possède un modèle tridimensionnel du monde et une perception claire de sa place dans ce modèle.

— Hem, euh, Docteur Aldridge, dit Margaret Bickham en lançant des regards autour de la table, nous avons programmé l'ordinateur pour qu'il développe précisément ce type de modèle. En fait, nous l'avons programmé pour qu'il émule le cerveau humain de la façon que vous venez de décrire. Il a une vision assez large de votre spécialité — les sciences cognitives — et vous constaterez aussi, je crois, qu'il a un caractère plutôt spécial. Il fait preuve d'un vif désir de fournir aux gens ce qui les intéresse ou les excite. J'ai depuis longtemps émis l'hypothèse qu'il a développé ce comportement parce qu'il l'aidait à atteindre son objectif : le maximum d'interactions avec les humains. Quand il réussit à coincer un opérateur, il ferait n'importe quoi pour le garder sous la main. La flatterie est l'une de ses tactiques. Feindre le dépit quand on fait mine de déconnecter en est une autre.

— Il baratine, c'est ça que vous voulez dire ? demanda Laura. — Hoblenz émit un reniflement amusé. — Il raconte ce que j'ai envie d'entendre pour capter mon attention ?

— On peut voir ça comme ça, oui.

— Dans ce cas, hier soir, pourquoi m'a-t-il dit qu'il n'avait plus envie de discuter ?

— Il a dit quoi ? demanda Filatov en souriant.

— L'ordinateur m'a dit qu'il n'avait plus envie de discuter.

Filatov et quelques autres éclatèrent de rire.

— Jamais vu ça, fit Filatov. Vous avez vraiment dû le *gonfler*.

— Que lui aviez-vous écrit, juste avant ce message ? demanda Gray, qui ne riait pas du tout.

Laura essaya de se souvenir. Elle ne se voyait pas taper sur le clavier l'instant précédent. Mais elle se rappela qu'elle s'était surprise à penser « lui » plutôt que « ça » à propos de l'ordinateur. Et elle avait murmuré... à voix haute.

Elle reporta son regard sur Gray et sentit qu'il lisait en elle. Il fronça un sourcil, à la seule intention de Laura, puis se retourna vers le groupe.

— Fin de la réunion. On se remet tous au travail.

Laura se leva avec les autres.

— Docteur Aldridge, dit Gray. J'aimerais vous parler, si vous avez un moment.

Laura se cala sur sa chaise et rassembla son courage, bien qu'elle n'eût aucune raison de paniquer. *Et s'il me virait ?*

Les autres s'éclipsaient en silence, avec un dernier regard sur Gray et Laura, assis seuls à la table.

— Pardonnez-moi d'avoir été un peu brusque, commença Gray. — Il semblait mal à l'aise. — Je regrette que vous ayez rencontré ces gardes. — Il inspira longuement et gonfla les poumons avant d'expirer. — C'est... bien triste, ce qu'on est obligé de faire, dans ce monde. — En esprit, il était déjà loin, ailleurs. Laura le laissa continuer à son rythme. — Il existe des *contraintes,* dont l'effet permanent est de saper mes efforts.

Il retomba dans le silence. Laura attendit. Le silence persistant, elle finit par demander :

— Vos contraintes de chef d'entreprise ?

Gray haussa les épaules.

— La concurrence n'est pas un problème. S'ils gagnent, je serai le premier à acheter leurs produits. Non... Il y a autre chose... une autre *bataille* en cours. Les puissances aux prises sont...

Il leva les yeux vers le ciel et secoua la tête.

Première fois, songea Laura, qu'il a l'air aussi vulnérable, en danger.

— Vous parlez des sales côtés des affaires ? demanda-t-elle. Corruption de fonctionnaires, ce genre de trucs ?

Gray reposa lentement son regard sur elle. En quelques secondes, il se recomposa un visage. Sitôt revenu d'un instant d'innocence, il se réfugiait derrière le masque de l'impassibilité.

*Il est à bouts de nerfs,* se dit Laura. Elle aurait voulu creuser, en savoir plus, mais pas au point d'élargir les failles qui fragilisaient un homme aux abois. Mieux valait passer à des bagatelles.

— Vous faisiez quoi, ce matin, dans la salle de gym ? demanda-t-elle.

Son sourire s'élargit tandis qu'elle regardait rougir l'homme le plus riche du monde.

— Ah, vous avez vu ? dit-il en souriant et en s'enfonçant dans les coussins. C'est un prototype de piste en VR. Trop cher pour le moment, mais surtout à cause du temps de connexion avec l'ordinateur central, lequel est en chute libre.

— Un nouveau jeu vidéo ?

— Disons plutôt une machine qu'on a prévu de vendre aux centres de remise en forme, salles d'entraînement, ce genre d'endroits.

— Ils seront tous branchés sur l'ordinateur ? demanda Laura. L'Ordinateur avec un grand O ?

— Au final, tout sera branché sur tout. Les téléviseurs, les visiophones, les fax, les ordinateurs à la maison, la hi-fi, les jeux vidéo — tout sera massivement interconnecté. Mais sans régulation centrale. Ce qui s'est passé, à petite échelle, quand les ordinateurs se sont connectés à Internet. L'Ordinateur, comme vous dites, ne fait que hausser le système à un niveau supérieur de connexion. Il coordonne les interconnexions, mais ce sont les super-ordinateurs numériques externes, que nous possédons ou louons, qui font le gros du travail. Le réseau neuronal est à la fois le serveur et l'interface avec des centaines de machines distinctes. Il est le tampon entre deux mondes, les hommes et les ordinateurs. Nous transmettons à l'Ordinateur ce que nous voulons. Lui, il dit aux autres quoi faire et comment.

— Vous ne lui avez pas donné de nom ? demanda Laura.

Gray n'eut pas l'air de comprendre.

— Pardon ?

— L'Ordinateur, insista-t-elle. Vous ne l'avez pas appelé Hal, ou Andromède, un nom qui en jette ?

Laura avait posé la question en plaisantant à moitié, mais Gray parut réfléchir sérieusement. Il leva sur elle des yeux sombres et timides.

— Andromède, ça ne vous plaît pas ? insista Laura.

Elle réussit à lui arracher un sourire.

— Non, mais continuez.

Laura se détendit dans les coussins moelleux, qui l'invitaient à prolonger l'instant. Le soleil sur son cou était chaud, la brise fraîche. Elle regarda Gray à la dérobée. Lui aussi semblait jouir du moment.

— Vous ne pratiquez jamais en extérieur ? demanda-t-elle.

Il haussa les épaules.

— Pourquoi, si j'ai tout dans la salle ?

Laura renversa la tête. Le soleil radieux lui baigna le visage. L'air était vif, le ciel bleu et sans nuages — si clair que le disque de la pleine lune brillait au zénith. *À quoi bon expliquer ?* se dit-elle. Elle se retourna et vit que Gray l'observait.

— Vous faisiez quoi, sur ce truc ?

Gray piqua une tranche de melon, sourit et fronça les sourcils d'un air penaud.

— Ce que j'ai toujours rêvé de faire. Je jouais au football.

Laura sourit, amusée par l'embarras de Gray.

— Et à qui parliez-vous ? — Elle vit son sourire se figer. Trop indiscret. — Et la musique..., reprit-elle vivement. C'est celle que vous aimez ?

Il haussa les épaules et se gratta le nez, les yeux baissés.

— Pas vraiment.

Ainsi tomba la réponse et, selon toute apparence, son intérêt pour la question. *Si vous n'aimez pas ce genre de musique,* pensait Laura, *pourquoi la mettre à fond ? et comment l'entendiez-vous avec cet attirail sur la tête ?*

La conversation s'était bloquée. Laura tenta de la rallumer en évitant le ton inquisiteur.

— VR, ça veut dire réalité virtuelle, non ?

Encore une question, mais seules des questions lui venaient à l'esprit.

Gray hocha la tête avec une expression étrange. Les coins de sa bouche s'adoucirent.

— Ça vous dirait, demanda-t-il, une démo de réalité virtuelle ?

Laura aimait le timbre de sa voix, et son visage quand il souriait. Un léger frisson lui parcourut l'épine dorsale. L'air frais. Gray se leva. Pour Laura, c'était comme si un poids énorme la clouait sur sa chaise. Debout près de la porte, il l'attendait. Elle quitta son fauteuil et le rejoignit.

Ce ne fut pas à la salle de gym qu'il la conduisit, mais au Central informatique. Ils traversèrent la salle de contrôle et Gray actionna une porte que Laura n'avait pas remarquée. Elle donnait sur un long couloir, présentant une succession de portes closes à intervalles réguliers. À peine eurent-ils fait un pas que la première porte sur leur gauche s'ouvrit. Laura entra derrière Gray. Sur deux rangs se dressaient huit habitacles d'un blanc lumineux. De forme cylindrique, avec un sommet aplati en forme de balle tronquée — trois mètres de haut, deux de diamètre. Tout dans cette nouvelle pièce était d'un blanc immaculé de laboratoire ou de clinique.

Gray fit halte devant une console à l'extrémité de la

rangée. Elle était recouverte d'une membrane plate et Laura leva la main pour en éprouver la texture noire et brillante. Un bip puissant lui rejeta la main en arrière. La membrane noire se transforma en un damier lumineux. Des carrés analogues à des touches de clavier se soulevèrent magiquement, par groupes de couleur, identifié chacun par des idéogrammes scintillants.

— Comment fait-il ça ? demanda Laura, abasourdie.

— Quoi ?

— Ça, dit Laura en désignant les touches lumineuses, réparties en motifs complexes.

— Oh, il se morphe sur la configuration clavier requise pour un mode d'opération spécifique.

Laura approuva de la tête, puis demanda :

— Comment a-t-il deviné le « mode d'opération » qu'il nous fallait ?

— Il nous a vus arriver, répondit Gray.

Il pressa deux touches, qui vibrèrent légèrement sous ses doigts.

Un sifflement puissant fit sursauter Laura. L'un des habitacles en forme de balle tronquée s'ouvrait. Puis un autre. Deux lourdes portes s'écartaient avec lenteur sur un intérieur ténébreux.

— Venez, dit Gray en la conduisant vers le premier habitacle. Ce sont des stations de travail virtuelles. Le modèle date un peu, mais c'est plus facile d'entrer et de sortir qu'avec les stations nouvelle génération.

Laura scruta l'obscurité de l'habitacle. À première vue, les parois noires ne présentaient rien de particulier. En regardant mieux, elle remarqua des stries, une sorte de grille à fines mailles, la même que sur les téléviseurs de Gray.

— Le système fournit des images haute définition sur trois cent soixante degrés — parois, plafond, sol. Le son provient de haut-parleurs ultra-plats placés juste derrière la grille.

Laura passa la tête à l'intérieur. Elle n'avait pas envie d'aller plus loin. Et si les portes se refermaient ? Il n'y avait d'ailleurs rien à voir. Et une terrible odeur de plastique l'obligeait à froncer le nez.

Gray s'approcha, tenant sur le bras une sorte de veste noire et luisante. Elle avait tout d'une cotte de mailles du Moyen Age, avec ses manches noires, taillées dans un matériau élastique, qui ballottaient sous l'armature semi-rigide. Des gants massifs pendaient au bout des manches.

— Vous vous mettez ça sur la tête et vous enfilez les bras, comme des épaulettes de football, dit Gray en présentant le lugubre accoutrement.

En surface, de grosses côtes s'étageaient par tubes de diamètre décroissant qui plissaient l'étoffe en un dessin complexe. La veste était à l'évidence coupée dans un matériau synthétique sophistiqué, mais sa structure faisait penser à une peau de bête, avec un réseau de veines enserrant des os et des tendons invisibles. *Ou une feuille,* se dit-elle, devinant sous la peau noire la gravure délicate d'un organisme biologique.

— C'est quoi ce truc ?

— On appelle ça un « squelette », dit simplement Gray.

Laura pouffa nerveusement. Elle répugnait à toucher cette chose que Gray manipulait comme une robe de chambre.

— Ça colle, murmura-t-elle.

— Exo-squelette en abrégé. Enfilez la tête ici, les bras dans les manches.

Tout en ajustant l'attirail sur la tête de Laura, Gray commentait son tout nouveau jouet.

— Pour notre dernière station de travail — version 4C —, il faut se déshabiller complètement et ne pas hésiter avec le rasoir. Ce n'est pas un simple haut comme ici, mais le squelette complet, de la tête aux pieds.

Engoncée sous les épaisses épaulettes, Laura n'y voyait plus rien.

— L'avantage de la 4C, poursuivit la voix sourde de Gray, c'est l'espace. On a eu des cas de claustrophobie dans les vieilles 3H.

— Euh, comment dire..., commença Laura, mais elle ne trouvait pas les mots pour exprimer son appréhension. Et si..., reprit-elle, et si vous m'expliquiez ce qu'est la réalité virtuelle ?

Elle enfonça les mains dans les gants.

— Relaxez-vous, fit la voix rassurante de Gray. Aujourd'hui, tout le monde ou presque est allé dans le cyberespace, même si la plupart ne le savent pas. — Il ajusta la veste d'un coup sec. — Le premier outil virtuel a été le téléphone. Vous décrochez et vous parlez à quelqu'un comme s'il était dans la pièce. Vous ne le voyez pas, vous ne pouvez pas le toucher, mais le son est assez bon pour que l'expérience soit comparable à une conversation face à face. Les fils qui transportent les électrons entre vous et l'autre, vous les oubliez. De votre point de vue, il y a bien rencontre — pas dans l'espace réel, mais dans le cyberespace.

— Simple illusion, objecta Laura. Le cyberespace n'existe pas vraiment. C'est une fiction.

— Vous avez raison, admit Gray. Mais le réel aussi est une fiction. Un spectacle sur la scène du mental.

Cette discussion ne tranquillisait guère Laura, et le squelette n'arrangeait rien. Non qu'il pesât lourd, mais sa présence était palpable. Il était bardé de grosses boîtes noires qui lui ceinturaient la taille.

— Je me suis déjà servie d'un téléphone, grommela Laura. — Elle leva les bras en l'air — il ne manquait que des griffes de métal au bout des gants pour compléter le tableau. — Je ne vois pas en quoi ces expériences sont comparables.

— Faites-moi confiance, Docteur Aldridge, dit Gray

posément. La seule différence, c'est qu'aujourd'hui, on a ajouté l'interaction pour les quatre autres sens.

L'instant de pénétrer dans le cylindre approchait et Laura se sentait de plus en plus mal à l'aise. Ce n'était pas du tout ce qu'elle avait prévu en acceptant de suivre Gray dans le cyberespace. Accepté, pas vraiment d'ailleurs, mais elle avait suivi.

— Hum, Monsieur Gray ?... commença-t-elle. — Dans sa gorge asséchée, la voix avait sauté d'une octave. Mais Gray, les sourcils froncés, tripotait la combinaison, faisait tinter des touches. — Monsieur Gray, je ne suis pas sûre de...

Il y eut un puissant sifflement et le squelette de Laura gonfla comme un airbag... vers l'intérieur. La combinaison, instantanément, était devenue rigide. Les épaulettes et les tubes sinueux s'étaient remplis d'air. Laura se retrouvait serrée de la taille aux épaules et autour des bras jusqu'au bout des doigts. Dans son affolement, elle tortilla les bras dans les manches durcies et ne réussit qu'à fléchir, imperceptiblement, le squelette gorgé d'air. Au moindre geste, l'impitoyable veste la frappait sur le dos et dans les côtes.

— Le confort laisse à désirer ? demanda Gray.

— Sortez-moi de là !

Gray éclata de rire.

— Vous comprenez maintenant pourquoi on l'appelle le squelette, dit-il, comme si cela excusait ce traquenard.

Un bing suraigu et le sifflement précédèrent le dégonflage rapide de la combinaison. Laura avait de nouveau les bras libres et pouvait se déplacer à sa guise.

— Voilà, fit Gray.

Le débat était clos et il sauta dans sa propre combinaison.

Laura fit un effort énorme pour parler d'une voix sensée.

— Monsieur Gray, je préférerais m'abstenir.

— Docteur Aldridge...

— Non. C'est décidé.

— Pourtant, vous êtes une scientifique. Vous devez être curieuse. — Il passa la tête dans le col. Écoutez. Le squelette fait trois choses. Il fournit des sensations de pression et de température aux nerfs de la peau pour simuler le toucher. Il contient des « os » rigides qui se bloquent pour créer l'impression de résistance. Quant à la surface du tissu, ajouta-t-il en agitant ses gants, c'est un écran souple haute définition à rétroprojection.

Laura leva les gants épais et examina les minces replis qui en ridaient la surface.

— En clair, j'ai enfilé une télévision ?

Gray gloussa.

— L'intérieur de la station de travail, reprit-il, fournit des images et du son exactement comme la télé et une chaîne stéréo. — Il poussa Laura vers l'ouverture béante. — Rien de bizarre dans tout ça.

— Désolée de vous décevoir, Monsieur Gray, mais c'est l'*ambiance* qui me paraît bizarre.

Gray s'agenouilla et lui délaça ses chaussures de jogging. Il les fit glisser et s'assit sur les talons.

— Vous avez vraiment des grands pieds, dit-il.

— *Hein ?* cria Laura. — Inquiète, elle baissa les yeux et soupira. — Oui, je sais, j'ai trois paires de chaussettes.

Gray réfléchit un instant et haussa les épaules, l'air de passer sur une excentricité. Il lui tendit des chaussons qu'elle enfila, des chaussons noirs taillés dans le même tissu que le squelette.

— Le bureau est *glacial,* ajouta Laura pour se justifier.

Les chaussons noirs gonflèrent puis se vidèrent avec un léger sifflement.

Gray la guida doucement vers la porte de l'obscur habitacle. Laura s'arrêta sur le seuil.

— Je ne vais pas me transformer en mouche, promis ?

— Ça arrive, mais c'est extrêmement rare, rétorqua Gray en riant.

Elle posa le pied sur une plate-forme noire, sans s'éloigner de la porte. Un silence profond régnait dans cet espace clos, dont les solides parois amortissaient les bruits extérieurs.

— Amusez-vous bien, dit Gray et il s'éloigna.

Elle examina les sombres parois et se retourna juste à temps pour voir la porte se fermer sous son nez. Il y eut un bruit métallique de loquet et Laura se retrouva prisonnière à l'intérieur. Elle se mit à taper des deux mains sur l'écran.

— Monsieur Gray !

Les parois mesuraient un bon mètre de large. Il ne pouvait pas l'entendre.

Bloquée dans l'habitacle, elle tenta de se calmer, cherchant des repères dans la réalité avant de se risquer dans son double virtuel. Les lumières étaient faibles et diffuses et Laura ne parvenait pas à en détecter la source. Elles semblaient rayonner également des parois, du sol et du plafond. Elle inspira à fond, non sans peine.

— Allô ? lança-t-elle après avoir attendu le plus longtemps possible.

Pas de réponse. Pas un bruit. Elle pressa les bras sur sa poitrine mais le contact du squelette ne lui procura aucun réconfort.

— Allô ? Monsieur Gray ?

— Je suis là, dit la voix de Gray dans son dos.

Laura pivota et fixa la sombre paroi incurvée.

— Où ?

— Ici.

Le son était étonnamment clair. Comme s'il se tenait juste à côté d'elle — en un point précis de l'espace.

— *Où ?*

— Du calme. Je suis dans la station de travail voisine. Patientez, le temps que je charge le programme.

Le cœur de Laura battait contre le squelette. Elle avait le palais en papier de verre et la langue à vif. Elle tourna lentement sur elle-même. Elle était piégée.

Soudain les lumières s'éteignirent. L'habitacle fut plongé dans des ténèbres plus sombres que la nuit la plus noire.

Laura ouvrit la bouche, terrifiée.

En une seconde, les parois et le plafond disparurent dans un grésillement d'électricité statique. Ils s'évaporèrent purement et simplement, laissant Laura sur une espèce de piédestal noir, face à la console illuminée.

Elle se couvrit la bouche des mains — un hoquet de panique.

Quelqu'un lui tapa sur l'épaule. Elle fit un bond de côté, perdit l'équilibre, s'écrasa sur la paroi invisible et s'affala sur le plancher. Le plancher bascula, ce qui l'éloigna de la paroi et la ramena au centre du piédestal.

— Attention ! dit Gray.

— À quoi ? À ne pas tomber ? haleta-t-elle en se redressant sur ses genoux.

C'est alors qu'elle aperçut Gray, debout sur une plate-forme identique à moins de deux mètres d'elle.

— Ce tapis volant est très farceur, au début. Ça va ?

Laura écarquilla les yeux, ahurie. Elle se trouvait dans la salle de tout à l'heure. Elle n'était plus prisonnière du petit habitacle... apparemment du moins, vu à quatre pattes.

Sept piédestaux avaient remplacé les autres cylindres, dont les parois étaient devenues invisibles, transparentes.

— Bonjour, dit Gray en agitant la main sur son piédestal.

— Mon Dieu, murmura-t-elle. — Avec mille précautions, elle se remit d'aplomb sur ses pieds. — Qu'est-ce qui se passe ici ?

— Bienvenue dans le cyberespace, Docteur Aldridge, poursuivit Gray. Le cyberespace réel.

Laura pivota lentement sur elle-même. Ce qu'elle avait sous les yeux, réalisa-t-elle, n'était pas la salle ; c'était une image de la salle, projetée sur les parois qui l'entouraient. Mais l'image était d'un réalisme incroyable.

— J'ai horreur de souligner les défauts, dit Gray d'une voix badine, mais si ça peut vous rassurer, regardez attentivement mes cheveux.

Laura regarda. Gray avait des cheveux de dessin animé.

— On pourrait fignoler les détails, mais ça ne vaut pas le temps de calcul.

Et le rendu du visage, remarqua Laura, n'était pas parfaitement réussi. Le Gray virtuel avait une peau parfaite, d'une nuance unie, sans ombre de barbe ni variation de teinte.

— Les nouvelles 4C sont beaucoup plus réalistes, reprit Gray.

Les lèvres remuaient, synchrones avec les mots.

— Plus réaliste que *ça* ? demanda Laura.

Elle tendit le bras vers la paroi pour se situer. Le gant noir s'étira dans l'espace comme un élastique et heurta une forme imprévue — une arête effilée, rectiligne, en suspension dans le vide. Elle replia le pouce et le frotta sur les ongles. Sa peau picotait à la suite du choc, et elle aurait juré que ses doigts se touchaient. À nouveau, elle déplia le bras, lentement cette fois. Passé un certain point, il devenait élastique. Elle tendit la main et toucha un rebord qui longeait la paroi. Laura tâtonna sur la surface plane, au bout de son bras de trois mètres de long, puis elle leva la main et buta sur des placards en suspension dans l'air.

Il y avait une poignée ! D'un réalisme si puissant que Laura eut envie de vomir.

— L'extension du bras de la combinaison est déterminée par un logarithme, expliqua Gray. Plus vous tendez la main, plus la main virtuelle va loin. En extension totale, le bras mesure environ quinze mètres de long.

— Mais comment... ?

Elle ramena son élasto-bras, qui reprit des proportions normales. Dès qu'elle tendait la main, la manche noire et le gant semblaient s'allonger indéfiniment.

— Les écrans, répondit Gray, sur le squelette et sur le mur. Ils donnent une image continue qui mélange les focales : impossible de savoir où finit l'image sur la manche et où commence celle du mur.

Les placards étaient durs au toucher. Laura essaya d'y glisser la main. Ses doigts rencontrèrent une forte résistance. Les articulations du squelette, épaule, coude, poignée et doigts, gonflèrent sans bruit et verrouillèrent la position. Impossible de pousser plus loin. Elle essaya de tricher, de passer la main à travers la porte imaginaire. Elle pivota les hanches et voulut faire un pas pour forcer la résistance, mais la plate-forme réagit instantanément sous ses pieds et bascula en sens contraire pour compenser. Laura avait l'impression de marcher sur la glace. Son corps fit un quart de tour mais le bras rigidifié resta bloqué par la porte immatérielle.

— Apparemment, nous avions tout prévu, dit Gray d'une voix sévère.

Laura risqua son bras virtuel sous les éclairages du placard flottant. Elle sentit leur rayonnement tiède sur le dos de sa main.

— Et la chaleur ? demanda-t-elle, vaincue.

— L'air qui circule dans le squelette est contrôlé par thermostat. Il est chauffé ou refroidi par l'un des boîtiers de la ceinture et envoyé par un canal séparé dans la membrane concernée.

Un émerveillement proche de la transe s'empara de Laura.

— C'est... c'est in-cro-yable ! — Elle retrouva la poignée et tira. La porte du placard s'ouvrit. — Waouh !

— C'est ça, la réalité virtuelle, Docteur Aldridge. Tout obéit aux lois de la physique... sauf, bien sûr, si je les reprogramme.

— Mais je n'ai pas ouvert la porte d'un placard, si ?

— Si, dans le monde virtuel. Si l'ordinateur sait ce qu'il y a dans le placard, vous pouvez regarder dedans. Dans le monde « réel », non, vous n'avez pas ouvert de placard. Vous constaterez vite, je crois, que cette distinction n'a aucune pertinence.

Laura était trop occupée à jouer avec sa main pour l'écouter. Elle heurta un nouvel obstacle, moins dur et moins tranchant.

C'était Gray.

— Il faut faire un peu attention, dit-il en saisissant sa main.

Surprise, elle replia le bras élastique et sentit distinctement la paume de Gray glisser sur ses doigts. Son ventre se convulsa comme si elle était sur une montagne russe.

— Je... je crois que je préfère sortir tout de suite, dit-elle.

— Vous voulez faire un tour ? demanda Gray.

— C'est ça, oui. Tout de suite, s'il vous plaît.

Faire un tour. Exactement ce qu'il lui fallait. Ses poumons manquaient d'air et elle dut inspirer fortement pour compenser.

Gray descendit de son piédestal. Il fit quelques pas et s'immobilisa près de la station de travail où Laura était entrée. Il tendit la main à travers la paroi invisible et lui fit signe de le rejoindre.

# 5

Laura examina la main tendue à travers la station VR. Difficile d'admettre que dans la réalité des parois l'entouraient. Et que la fiction, c'était l'image de la main de Gray projetée sur les écrans. Une main virtuelle, pas réelle.

— Maintenant sortez, lui demanda Gray, comme s'il s'agissait du geste le plus naturel.

Laura secoua la tête en signe d'impuissance. L'idée ne lui était jamais venue qu'on pouvait *sortir* de ce cylindre aux parois invisibles. La simple idée de quitter l'îlot rassurant de la plate-forme la paralysait.

— C'est très facile, dit Gray d'une voix à la fois douce et grondeuse. Prenez ma main et marchez normalement.

Laura saisit la main, qui frémit sous la pression. Une légère sensation de chaleur irradia sa paume. Elle serra, Gray serra en retour. L'esprit aspiré dans le bain tiède qui submergeait ses sens, Laura succombait aux chimères de la réalité virtuelle. Elle inspira à fond, retint son souffle. D'un geste vif, comme pour piéger la léthargie qui l'engourdissait, elle sauta de la plate-forme. Sous ses pieds, la surface trembla. Et tout se mit à tourner comme, à la foire, sur la planche à bascule. Elle battit des bras pour retrouver un équilibre qu'elle n'avait perdu qu'en imagination. Puis son système nerveux s'adapta, elle se redressa et regarda autour d'elle. Elle était dehors, dos au cylindre. Elle se retourna vers la paroi dématérialisée.

— C'est une illusion, dit-elle en secouant la tête.

— En fait, expliqua Gray, vous êtes toujours dans la station. Sous vos pieds, c'est une plate-forme universelle, qui oscille de façon à vous maintenir au centre, loin des parois. Alors attention. Les actualisateurs sont ultra-sensibles. Au moindre signe, ils animent la plate-forme ou la bloquent. Si vous ne voulez aller nulle part, restez immobile. Vous voulez vous déplacer, faites un pas. La plate-forme réagit automatiquement.

Laura leva un pied, esquissa un pas. Pas de réaction.

— Posez les deux pieds sur la plate-forme et avancez, commanda Gray.

Elle suivit le conseil... et passa la frontière d'un monde. Elle marchait entre des rangées de piédestaux noirs, à peine consciente, sous la déferlante de sensations, du roulis de la plate-forme.

— Je... je suis bien toujours dans le tube, non ? dit-elle en vacillant comme un bébé.

— Station de travail, pas tube. Eh oui, vous êtes toujours dedans. Je n'ai pas inventé la téléportation. Pas encore.

Elle dut le regarder pour comprendre qu'il plaisantait.

— Venez, continua Gray en se dirigeant vers la porte qui coulissa.

Il s'immobilisa et lui fit signe de le suivre. Laura fit un second pas, et le décor se modifia. Sans saute d'image, ni tremblement. Les contours étaient minces comme des rasoirs. Aucun raccord, aucune imperfection pour rappeler à Laura qu'elle se trouvait au milieu d'un écran sphérique haute définition. Encore un pas, et la perspective 3D de la salle se décala avec fluidité.

— Marchez sans réfléchir, c'est plus facile, conseilla Gray.

Laura déglutit avec peine. Elle pivota et se propulsa vers la porte ouverte pour rejoindre Gray. Manœuvre réussie. Laura marchait dans le cyberespace. Un choc de l'épaule gauche sur le chambranle lui arracha un grognement.

— Ça va ? demanda Gray.

— Ouais.

Elle n'avait pas vraiment mal, mais s'étonna de la rudesse du choc. Le mur était dur comme du béton. Au point de « contact », la peau la brûlait. Puis elle réalisa que l'impact ne s'était pas produit contre la paroi mais contre des poches dans la doublure du squelette, soudain gonflées au signal synchrone transmis par l'ordinateur. Quelle qu'en fût l'explication, l'effet était réussi. Laura fronça les sourcils.

— Pourquoi les gens ne peuvent-ils pas traverser les murs sans se cogner ? demanda-t-elle.

— Gros problème en effet, répliqua Gray.

Laura fit la grimace. Il éclata de rire.

— Comment savez-vous que j'ai fait la grimace ?

— Il y a des micro-caméras grosses comme des têtes d'épingle dans les parois de la station. Elles fournissent un relevé topographique tridimensionnel de la position de votre corps, avec une résolution assez précise pour restituer les expressions faciales.

Les lèvres de Gray remuaient en accord parfait avec ses paroles. Il tendit la main à l'extérieur. La main disparut.

— Après vous, Docteur Aldridge.

Laura se faufila entre Gray et la paroi, vers le corridor désert.

— Venez, l'invita Gray.

— Attendez, le pria Laura en s'arrêtant pour reprendre haleine. Je suis toujours dans la station de travail, exact ?

Gray se retourna vers la salle et hocha la tête. Elle s'y attendait, mais son trouble n'en était que plus profond.

— Pas mal, hein ? dit Gray en souriant.

Laura, aux prises avec la nausée, acquiesça d'un bref sourire. Elle apercevait, au bout du couloir, le piédestal d'où elle venait de descendre. *Et où je suis toujours,* se dit-elle en inspirant à fond, soudain à court d'oxygène.

Son cœur battait la chamade.

— Pour revenir dans le réel, suis-je obligée de, comment dire, repasser par le tube ?

— *Station de travail,* pas tube. La réponse est non. Il existe toutes sortes de macros qu'on contrôle à la main, à l'aide de commandes simples, où que vous soyez dans la modélisation. Je vais vous apprendre une astuce, si ça peut vous rassurer. L'arrêt de jeu, comme au foot américain.

Gray leva ses mains gantées, déplia les doigts d'une main et les appuya sur la paume de l'autre, en forme de T.

Après une brève hésitation, Laura l'imita. Quand ses doigts touchèrent sa paume, le couloir disparut. À la place, les écrans noirs et la luminosité glauque du cylindre pétillant d'électricité statique.

Sa tête bascula en arrière, elle faillit tomber. Elle était de retour dans la station de travail. De retour dans le réel — seule dans la cage obscure, entre de solides parois et une porte verrouillée.

— Vous voulez revenir ? demanda Gray.

Invisible, il semblait parler derrière son dos.

Laura flottait entre deux univers, la tête au ras de l'eau, ballottée par les délires technologiques qui leurraient ses sens.

— Ouais, je crois. Oui.

— Bon, alors refaites arrêt de jeu.

Avec un gros effort, Laura leva les mains et forma le

T. De nouveau, les parois se volatilisèrent et elle se retrouva dans le corridor vivement éclairé. À côté d'elle, à l'endroit exact où elle l'avait laissé, Gray. L'effet était sidérant. La brutalité de la transition la déstabilisa et elle dut fermer les yeux pour éviter de vomir. Elle se baissa, mains sur les genoux. Un picotement chaud lui gagna la poitrine, puis les bras.

— L'arrêt de jeu, expliqua prosaïquement Gray, c'est très pratique quand on doit aller aux toilettes et qu'on veut reprendre là où on s'est arrêté. C'est l'équivalent de la touche Pause d'un magnétoscope. — Concentrée sur sa respiration, Laura gardait les yeux fermés. — Sauf que les aller-retour réel-virtuel demandent un peu d'entraînement. — Laura souleva les paupières, les yeux toujours fixés sur le sol. — Vous vous en sortez bien, pour un baptême. Il y a pas mal de recrues qui flanchent. Certains laissent tomber dès la première immersion.

Rassemblant sa volonté, elle se redressa et regarda Gray en face. Devant sa création, il rayonnait de fierté.

À cet instant, au fond du corridor, une porte coulissa en sifflant. Du passage émergèrent un homme et une femme en pleine discussion. Tous deux avaient le crâne rasé. Un autre détail attirait l'attention. Les silhouettes n'étaient pas aussi précises, aussi nettes que les contours des autres objets du monde virtuel.

— Alors je me suis dit « D'accord, petit con ! » dit la femme en s'arrêtant pour avaler une gorgée de Coca. — Sa main libre se déplaça lentement dans l'espace, les doigts et le pouce en opposition, comme une pince de robot. — La prochaine fois qu'il essaie de me mordre... et la griffe fouetta l'air.

Ils éclatèrent de rire et se remirent en marche. Ils étaient vêtus du même tee-shirt et du même short avec le logo Gray Corporation. La femme portait une serviette sur la nuque dont elle tamponnait son crâne rasé.

— Fais gaffe ! dit l'homme d'un ton badin. Tu vas te retrouver avec une manif de fondus des animaux autour de l'île.

— Rien à battre ! répliqua la petite femme, en lui donnant un coup de hanche. — Ils passèrent devant Gray et Laura sans remarquer leur présence. — Il doit y avoir dix millions de poissons à la sortie des bassins. Et un seul, le jaune, avec un problème d'ego.

La porte de la salle de contrôle coulissa juste assez pour les laisser sortir. L'excitation de la salle se répandit dans le corridor, puis la porte se referma et le silence revint. Laura se tourna vers Gray dans l'attente d'une explication.

— Des virtunautes, dit-il. Comme vous, maintenant. Toutes mes félicitations.

— Des virtunautes ? Des astronautes du virtuel ? — Gray approuva. — Ils ne nous voient pas ?

— Impossible. Nous sommes dans les cylindres, vous avez oublié ? Nous les voyons grâce à l'ordinateur qui affiche sa modélisation sur les parois des stations. L'ordinateur sait où ils sont, qui ils sont et ce qu'ils font, et il n'a plus qu'à reproduire leur image virtuelle à notre intention.

— Ben mon vieux, grommela Laura, c'est le paradis des voyeurs, ici.

Gray se retourna avec brusquerie :

— Nous travaillons dur pour protéger la vie privée, répliqua-t-il d'une voix cinglante.

Laura fit mine de ricaner, expression d'un scepticisme qui fut sans doute reproduit avec fidélité, car Gray fronça les sourcils et regarda ailleurs.

— Et de quoi parlaient-ils, ces deux virtunautes ? s'enquit Laura.

— Ils sortent à l'évidence d'une séance de travail dans les nouvelles 4C, répondit-il d'un air maussade. Maintenance de routine, je dirais, dans une canalisation qui rejette l'eau à la mer.

— Attendez, protesta Laura. Qu'entendez-vous par *maintenance* ? Je les croyais dans le virtuel, comme nous.

— Exact. Mais les stations de travail sont faites pour travailler. Ils télécommandaient un robot — probablement l'un des sous-marins qui servent aux travaux off-shore. À la sortie des bassins de refroidissement, l'eau est tiède. Un tas d'algues et de végétaux prolifèrent au débouché et il faut nettoyer.

— Minute ! s'écria Laura. Qu'est-ce que vous me chantez là ? On s'enferme dans une station et on se retrouve en train d'arracher des algues dans un tuyau sous-marin, dans la *vraie* mer ?

— Écoutez. Vous et moi, en ce moment, nous sommes en « mode simulation ». Non interactif. Nous pouvons juste observer, comme des touristes invisibles. Mais réglez la station sur « téléopérations » et vous pouvez piloter un robot, il suffit d'agiter le squelette. Et si vous enfilez la combinaison complète, comme dans les 4C, en un sens vous *êtes* le robot. — Il leva son bras gainé de noir. — Soulevez la manche, le robot lève le bras. L'ordinateur gère la duplication du mouvement et le feed-back transmis par les capteurs du robot. Peu importe qu'il soit à dix mètres ou à dix kilomètres.

— Bref, ces deux zèbres gratouillaient l'image virtuelle d'un tuyau, et quelque part en mer, un robot sous-marin faisait le même geste pour de vrai ?

Gray pinça les lèvres et hocha nonchalamment la tête. Laura gonfla ses poumons, expira lentement.

— D'accord. Si vous le dites.

Elle haussa les épaules, écarta les mains et les laissa retomber sur ses cuisses avec un grand *slap.* Quoi encore ?

— Une balade ? proposa Gray en se dirigeant vers la salle de contrôle.

Laura lui emboîta le pas. Tout était plus naturel,

cette fois. Il suffisait de marcher. Elle savait que c'était le sol qui se déplaçait sous ses pieds. Mais la seule confirmation qu'elle en avait résidait dans une subtile différence dans l'effort. Un infime manque de stabilité, et la marche réclamait plus d'attention, comme sur un tapis susceptible de déraper inopinément sur un dallage glissant. La porte s'ouvrit à leur approche et Laura se glissa avec méfiance par l'entrebâillement. Dans la salle de contrôle s'activaient les gens qu'ils y avaient vus à l'aller, en se rendant aux stations VR. Après examen, les personnages penchés sur les consoles avaient un point commun avec les virtunautes, moins réalistes que le reste du décor. Vêtements délavés, consistance vague, quasi transparente.

— Pouvez-vous me dire ce qui se passe ici ? interrogea Laura.

Gray se tourna vers elle, puis vers la salle bourdonnante.

— Oh, eux ? On va les traverser. Ils ne nous voient pas. Nous sommes des scooters essayant de passer dans le tas, sauf qu'on ne rebondira pas en arrière. L'astuce consistait à réduire la représentation des objets animés à leurs composants fluides.

Filatov marcha sur eux et l'image diaphane de son sweater effleura Laura avant qu'elle eût le temps de reculer. Filatov leva une main, qui plongea dans la poitrine de Gray et ressortit dans son dos. Puis il pressa une touche sur une espèce de thermostat fixé sur la cloison. Empalé par le bras fantôme, Gray esquissa un sourire. Filatov se pencha en avant et pénétra dans la poitrine de Gray. À son tour apparut Margaret, vêtue d'un épais manteau dont elle serrait le col à deux mains.

— Alors ? demanda-t-elle.

— Le chauffage est à fond, répondit Filatov en s'extrayant du fantôme de Gray.

*Faux*, corrigea Laura. *Là où je suis, Gray est réel et c'est Filatov le fantôme.*

— On gèle ici ! hurla Margaret en se penchant pour examiner le thermostat — et son visage s'absorba dans celui de Gray.

— Toujours dans la lune, Gray. Il ne pense qu'à son précieux ordi ! râla Filatov.

Gray se raidit, comme gêné d'avoir surpris une revendication. Il se boucha les oreilles, geste que Laura jugea hautement inhabituel.

Margaret resserra son manteau.

— Je parie qu'il fait moins de cinq degrés.

— Partons d'ici, dit Gray en se dirigeant vers le dépoussiéreur.

Mais Laura ne bougea pas.

Filatov décocha un sourire à Margaret.

— Je sais bien ce qui te réchauffe, dit-il d'une voix de bellâtre.

Laura sursauta.

— Ça alors !

— No-on ! fit Margaret en feignant la pudeur, avec un regard circulaire pour vérifier qu'ils étaient seuls.

Laura rattrapa son mentor au pas de course.

— Monsieur Gray ! dit-elle. — Il ne répondit pas. — Monsieur Gray ! répéta-t-elle en lui tapant sur l'épaule.

Il se retourna.

— J'essaie de respecter la vie privée !

— Je n'ai rien dit.

— Une seconde. — Il se tapota les oreilles du bout des doigts. — J'avais coupé le son. Vous disiez ?

— Rien.

— Par ici, je vais vous montrer quelque chose, fit Gray.

Derrière lui, Laura se tapota les oreilles, sans résultat. Elle entendait toujours le murmure affairé de la salle de contrôle.

Gray se dirigea vers une porte marquée « Toilettes

Femmes ». Il se retourna vers Laura, une expression étrange sur le visage.

— Qu'y a-t-il ? demanda-t-elle.

Ses lèvres s'agitèrent, mais aucun son n'en sortit. Elle entendait les bruits de la salle, mais pas ses paroles.

— Ne quittez pas ! lança-t-elle, et elle tapota de nouveau ses oreilles. Parlez, maintenant.

— Test, un-deux-trois, fit comiquement Gray.

— Super ! dit Laura.

Gray réprima le sourire qui démentait la leçon de morale antérieure.

— J'ai dit Entrez.

Il fit un geste vers les toilettes. Laura poussa la porte, qui résista. « Accès refusé » clignota dans l'air devant sa main. Elle poussa derechef, sans plus de résultat.

— Le nouveau monde n'est pas simple, commenta Gray. Les règles doivent s'adapter à la technologie. Il faut fixer des limites.

Il fit mine de rebrousser chemin, mais Laura lui saisit le bras.

— Poussez, *vous,* dit-elle.

— Hein ?

— Poussez cette porte. — Gray ne bougea pas. Laura haussa les sourcils en signe d'impatience. — Essayez, insista-t-elle.

Gray hésita, puis posa la main sur la porte qui s'écarta de quelques centimètres. Pas d'« Accès refusé » en lettres rouges pour lui barrer le chemin. Il laissa la porte se refermer.

— Ça ne m'étonne pas, dit lentement Laura, mais pourquoi ?

— Nous n'avons pas le même niveau d'accès, répondit Gray. — Laura pencha la tête et attendit la suite. — Je me fais confiance, ajouta simplement Gray, puis il se dirigea vers la sortie.

Arrivée en haut de l'escalier, Laura s'avança sur la piste de béton blanc et contempla le paysage avec stupeur. Sous la lumière d'un magnifique ciel d'été, le hall de montage, la route qui menait au village par la jungle et l'esplanade du Central se déployaient autour d'elle. Au-dessus du village, la montagne et, tout près du sommet, les parois vitrées de la villa. Derrière elle, au fond de la trouée ouverte par la route de la base spatiale, la mer bleu turquoise.

La gorge sèche, elle avala sa salive.

— Je sens le soleil sur ma peau, murmura-t-elle en se touchant l'épaule.

Elle leva les yeux et cligna des paupières, éblouie. Elle les baissa et vit son ombre, main sur l'épaule. Elle se retourna vers Gray, incapable de retenir ses larmes. Ce monde, le monde de Gray, l'esprit qui l'avait engendré étaient d'une puissance surhumaine. Tout allait trop vite. Elle se sentait saturée, débordante d'idées nouvelles. Chacune de ces découvertes puisait dans ses réserves, déjà fortement entamées, d'énergie mentale et émotionnelle. Assez ! et pourtant, elle brûlait d'en savoir plus.

— Le monde de l'ordinateur, dit Gray d'une voix calme. Ce qu'il voit. Où il vit. Sans lui, cet univers n'existerait pas.

— Je pense donc je suis, murmura Laura en cherchant le regard de Gray.

Il y eut un silence, et Laura imagina cette paix religieuse descendant sur l'esplanade, enveloppant le Central... La brise qui lui caressait le bras retomba. Les échos de la réalité reculèrent dans le néant. Pas d'oiseaux. Pas d'arbres jaunissants. Pas de vagues à l'horizon. Le temps s'arrêta. Une rigidité essentielle imprégnait toute chose — un monde comme vitrifié. Net.

Une voiture fonçait vers eux. Gray tendit la main pour aider Laura à regagner l'accotement. La portière se souleva et Dorothy Holliday sortit du véhicule, qui redémarra. Dorothy se dirigea d'un pas lent vers l'escalier et passa devant eux, son PDA à la main, en tapotant son mini-écran à coups de crayon. *Elle parle toute seule*, se dit Laura, puis elle s'aperçut que la jeune femme chantait avec la musique déversée par les écouteurs d'un lecteur fixé à la ceinture de son jean.

— Tro-op *jeune* — *Oh non* ! trop *fo-ort* — Oui-yo-mec — Da-da da-da *daa-daa,* baa-da baa-da *ba-a-oua-a !*

Dorothy avança droit vers l'escalier sans les voir, une expression farouche sur le visage. Laura tendit le bras et sa main gantée passa au travers de Dorothy, la manche toujours visible dans le visage transparent de la jeune fille. Tendu au maximum, coude bloqué, le bras portait à quinze mètres et dessinait son ombre mince sur la pelouse. Laura plia le coude et le membre élastique reprit des proportions normales. Elle pivota et posa les doigts sur la poitrine de Gray pour tester le contraste. La surprise lui fit écarquiller les yeux. Pendant qu'elle observait Dorothy, Gray, elle s'en rendit compte, n'avait regardé qu'elle.

Les bruits extérieurs avaient repris. Au large, l'océan se brisait sur les récifs. Le chuintement du vent, sa caresse tiède, dupliquaient la réalité jusqu'au moindre détail. Mieux, la brise retroussait les petits poils blonds sur son bras. Impossible de croire qu'une machine aussi fantastique puisse exister de son vivant. Qu'un Gray ait pu en rêver, et la réaliser. Son excitation, en songeant aux horizons ouverts par la machine, ne faisait que croître.

— D'accord ! s'exclama-t-elle enfin. — Elle sourit, eut une bouffée d'ivresse, et éclata de rire. — D'accord ! Étonnant, votre truc. Magnifique. J'adore !

Elle agita le bras et contempla la danse gracieuse de l'ombre sur la piste blanche, synchrone avec ses gestes.

— Quel « truc » ? demanda Gray.

— Hein ? répondit Laura, déroutée par la question, par le ton grave de Gray. Mais, la bécane dans laquelle nous sommes !

— Nous ne sommes pas dans une bécane, Docteur Aldridge.

Le sourire de Laura s'effaça. Elle le regarda avec un malaise renaissant. Impossible de lire sur ce visage éternellement neutre.

— Où sommes-nous, alors ? demanda-t-elle d'une voix hésitante.

— Pas dans *quelque chose.* Quelque part. Dans un autre monde. Celui qu'on appelle le cyberespace.

— Soit, dit-elle avec un petit sourire sans conviction. Je comprends votre point de vue métaphysique. À Harvard, on a eu tous ces débats, genre « Quel bruit fait un arbre qui tombe dans le cyberespace ?... ». N'empêche, nous sommes bel et bien dans des grands cylindres blancs — dans des stations VR.

— Ah oui ? ironisa-t-il. Vraiment ?

Laura fronça les sourcils. Elle leva les mains et fit le signe arrêt de jeu. La scène disparut dans un claquement sec et Laura se retrouva entre les écrans noirs familiers. Elle répéta le geste et revint en haut de l'escalier à côté de Gray.

La transition, cette fois, ne la surprit pas.

— Ça prouve quoi ? demanda Gray.

— Ça prouve qu'en *réalité,* je suis dans une espèce de cabine téléphonique géante au fond d'un bunker, et pas *ici.* — Elle se rendit compte de l'absurdité de la phrase et corrigea : — En haut de l'escalier du Central, je veux dire.

— Cela *prouve,* Docteur Aldridge, que vous pouvez faire des aller-retour entre la station et l'escalier en exécutant une commande. La station existe dans l'espace réel et constitue un entrée, un sas, vers un autre monde. Et cet endroit, ici... — Il balaya l'esplanade du regard. — existe... dans l'espace virtuel. Dans le cyberespace.

— Dans l'ordinateur, rectifia Laura. Dans le monde vu par l'*ordinateur*.

— *Exactement!* s'exclama Gray, comme si Laura apportait de l'eau à son moulin.

« Monsieur Gray, Monsieur Gray ! » hurla un haut-parleur derrière la porte du Central, et une fraction de seconde plus tard l'écho ricocha, au fond de la pelouse, sur le hall de montage. « Veuillez contacter la salle de conférences. »

Avait-il été appelé aussi dans la réalité, ou seulement dans le cyberespace ? se demanda Laura, tout en réalisant qu'au fond peu importait : le message avait atteint son destinataire. Gray tapota son poignet, et une montre sortit du néant. Puis elle disparut par le même moyen.

Gray inspira profondément et leva les yeux vers le ciel sans nuages.

— Parée pour le retour ? demanda-t-il.

Elle aurait préféré dire « non ». Elle n'était pas prête. Elle n'arrivait toujours pas à comprendre ce que Gray cherchait à lui expliquer à propos de la réalité et du cyberespace. Trop de questions demeuraient sans réponse.

— Attendez, poursuivit Gray avec un sourire malicieux. J'ai encore une chose à vous montrer. — Il s'accroupit. — Cela nécessite un peu d'entraînement, dit-il en s'équilibrant sur les mains, posées à plat devant lui. Ne bougez pas.

Il s'élança en sprintant vers le bâtiment. Il prit de la vitesse et, bientôt, il courut plus vite qu'une voiture de course. Son image rétrécit. À l'instant de disparaître derrière le hall de montage, il n'était plus qu'un point noir. Une seconde plus tard, il ressortit de l'autre côté du bâtiment et revint à une telle vitesse que Laura se plia en deux dans l'attente du choc. Arrivé à dix mètres d'elle, il s'arrêta net. Ils éclatèrent de rire. Gray était un peu essoufflé.

— Déconseillé à la maison, dit-il.

Une voiture se dirigeait vers le Central. Gray se posta au milieu de la route et le pare-chocs avant s'immobilisa au ras de ses tibias. Hoblenz sortit du véhicule et rajusta son pantalon avant de descendre l'escalier. Le fantôme de Hoblenz. La voiture, pourtant, avait l'air vraie. La porte se rabattit normalement en sifflant.

— Il faut que j'y aille, reprit Gray en remontant sur l'accotement.

Le Modèle 3 démarra et passa devant eux en direction du hall de montage.

— Attendez, l'arrêta Laura, vous m'avez dit que les objets animés, parce qu'ils se déplacent, ont l'air de fantômes. *Quid* des voitures ?

— Les voitures sont des robots. Dans ce monde, les robots sont réels.

— Mais ils bougent, comme les gens.

— Oui, dit Gray. La différence, c'est qu'eux connaissent notre présence. — Il parcourut le paysage du regard, le panorama de son royaume. — Nous sommes chez eux. L'ordinateur actualise la modélisation, mais elle reste ouverte. Les robots y sont constamment connectés, comme nous dans les stations VR. Et le modèle leur fait le même effet qu'à nous : la sensation de présence. L'expérience sensorielle de l'incarnation dans le monde — dans *ce* monde. Celui où ils vivent en esprit.

Gray leva la main à hauteur de sa gorge et fit le signe « Coupez ». Le monde s'obscurcit dans le claquement des écrans noirs qui sortaient du sol et se refermaient comme une bulle.

« Vous n'êtes pas très calée en informatique,

n'est-ce pas, Docteur Aldridge ? » afficha le moniteur géant du bureau.

Laura fronça les sourcils.

« Je me sers d'un ordinateur tous les jours. »

« Oui, mais savez-vous comment il fonctionne ? »

Laura hésita.

« Pas vraiment », pianota-elle, puis elle effaça et entra : « Aucune idée. »

« Ce n'est pas grave. Même si vous le saviez, vous utilisez des machines du vingtième siècle. Je suis différent. »

« Il paraît. Ordinateur optique, c'est ça ? Tu ne fonctionnes pas à l'électricité, mais à la lumière. » Elle tapa sur *Enter* d'un index triomphant.

« Je ne parle pas de ça. Un ordinateur optique peut être numérique. Je ne suis pas numérique. Je suis analogique. Savez-vous ce que cela signifie ? »

Par réflexe, Laura regarda autour d'elle. Elle était seule. Bien sûr, elle aurait dû connaître le sens exact d'*analogique*. En principe. Les doigts hésitèrent, tapèrent « Non ».

« Bon. Je vous mets sur la piste. Les ordinateurs numériques réduisent tout à des chiffres. Dans leur mémoire, leur tasse à café préférée est représentée par des mesures qui en décrivent la forme, le poids, la surface, les couleurs, etc. À partir de ces données, un ordinateur numérique est capable de reconstruire une image parfaite de la tasse. Il peut aussi répondre à la question : "Quelle est la contenance de la tasse ?" Disposant de toutes les variables, le calcul est simple — pour eux, en tout cas. Vous me suivez ? »

« Oui. Ça ressemble à un ordinateur. »

« Pardon, un ordinateur *numérique*. Fantastiques moulineurs de chiffres, mais leur force est aussi leur faiblesse. Pour qu'un ordinateur numérique puisse résoudre un problème, il faut d'abord le mathématiser.

Si on veut qu'il soulève une tasse à café, les programmeurs doivent exprimer tous les gestes possibles en formules. Pour une tasse pleine, la variable A égale 1. Pour un liquide d'un brun douteux, B égale 1. Pour un napperon blanc, C égale 1. Si la somme A + B + C est supérieure à 2, 35, l'accélération latérale de la tasse doit rester inférieure à X et son inclinaison à Y degrés par rapport à la verticale. Tout ceci est ridiculement complexe. Vous me suivez ? »

« Oui. La programmation, ce n'est pas de la tarte. »

« Pour les ordinateurs numériques ! Moi, je suis différent. Autre chose : programmer numériquement les milliers de trucs que vous et moi faisons tous les jours n'est pas difficile, c'est impossible. Vous pouvez programmer un ordinateur numérique pour servir le café, mais il sera incapable d'autre chose. N'attendez pas qu'il dise qui sonne à la porte. Un ordinateur numérique ne dira pas : "C'est le facteur." Il affichera la taille, le poids, l'âge et le sexe apparents de la personne. Il devinera éventuellement qu'il s'agit d'un militaire, à cause de l'uniforme. Il décrira les dimensions du colis posé sur le perron mais ne fera pas attention à la camionnette garée dans la rue. Avant même de finir de lire, vous aurez dit : "Tiens, le facteur !" Car vous, vous avez un cerveau analogique, capable de reconstituer des formes à partir d'informations fragmentaires, ce dont un ordinateur numérique est incapable. »

« Mais toi, si ? »

« Je me tue à vous le dire : je suis analogique. Comme vous. »

Laura relut la dernière ligne. Brève réponse pour une fois. L'ordinateur apparemment aimait les discours. Autant que Gray.

« Sois précis : qu'entends-tu par "analogique" ? »

« Primo, je ne fais pas de maths. Je suis mauvais en maths. »

Laura repensa à l'article de *Business Week,* celui qu'elle avait lu à la bibliothèque de Harvard, et qui se moquait des programmes « matho-déficients » de Gray.

« Tu dis que tu es mauvais en maths, mais tu parles de calculs complexes, de l'algèbre. »

« Non. Je suis vraiment mauvais. Ce n'est pas mon truc. »

« D'accord, tapa Laura. Combien font — elle entra des chiffres au hasard... 8 649 × 5 469 451 ? »

« 47 301 867 849. »

Laura hésita, puis tapa :

« Tu es sûr ? »

« Aucune idée. J'ai deviné, au nombre de chiffres, que ça tournait autour de cinquante milliards. Si vous voulez la réponse exacte, c'est facile. Il suffit de demander à l'un des nombreux super-ordinateurs numériques, sophistiqués mais idiots, que je dirige au nom de la Gray Corporation. "Mes hommes", pour ainsi dire. Je peux vous assurer que ce ne sont pas des comiques. Rien dans le citron. »

Laura s'arrêta sur l'expression. N'était-ce qu'une formule ? L'ordinateur imitait admirablement les conversations humaines, les métaphores.

« D'accord, tapa Laura, tu as des progrès à faire en maths. Par ailleurs, d'après Monsieur Gray, tu n'es pas infaillible. Cela apporte quoi, d'être analogique ? »

« Tout. Tout ce qui fait... que je suis moi ! Vous avez souvent ce genre de discussion avec un ordinateur numérique ? »

Laura réalisa à quelle vitesse elle avait oublié la machine miraculeuse, tapie dans sa piscine souterraine. Elle s'habituait aux miracles. À son nouvel univers, et l'ordinateur en faisait partie.

« Non », avoua-t-elle.

« Je ne sais pas résoudre les équations différentielles, Laura. Et vous ? Je ne suis pas à l'aise avec les chiffres. Je vis dans un monde analogique, comme *vous* ! Quand vous voulez du café, sans remplir la tasse pour ne rien renverser en revenant au bureau, que faites-vous ? Vous prenez une règle, vous mesurez la tasse ? Vous étudiez les propriétés hydrothermiques du café ? Vous calculez la trajectoire de vos mouvements ? Il faudrait écrire ensuite une équation compliquée qui résumerait tout. Mais ce n'est pas ainsi que fonctionne votre cerveau ! Remplir une tasse relève de ce que les informaticiens appellent la logique "floue". Plus besoin de modèles mathématiques. Et là, les machines numériques passent la main, tandis que les machines analogiques, votre cerveau, mon réseau, n'ont aucun problème ! »

« Toi peut-être. Moi, je renverse toujours le café. »

« Précisément ! Sans être infaillible, vous résolvez en un instant un problème dont la complexité, traduite mathématiquement, est gigantesque. Vous le résolvez si facilement que vous oubliez sa complexité. Les erreurs sont inhérentes aux systèmes analogiques. Mais nous sommes adaptables. Les erreurs peuvent être réduites dans des limites acceptables par des algorithmes d'autocorrection simples. En apprenant, comme un enfant apprend, en cassant tout jusqu'à ce qu'il ne casse plus. »

« Mais comment fonctionne un ordinateur "analogique" ? »

« J'évalue le monde par analogie : en comparant avec ce que je connais déjà. Quand mon circuit optique ajoute trois et quatre, il projette deux rayons laser sur un détecteur de lumière qui mesure leur luminosité. L'un des rayons a l'intensité trois, l'autre l'intensité quatre. Le détecteur voit une lumière d'intensité sept. C'est ainsi qu'il additionne. Le système marche très bien pour trois et quatre, mais manque de précision. Si vous émettez un rayon laser de valeur 3 et un autre de 4, 001, la réponse sera “environ sept”. Mais ce qu’il perd en précision, il le gagne en vitesse. Si j’ai besoin d’enregistrer “plus”, j’augmente l’intensité du rayon. Je ne sais pas s’il est passé de 6, 3 à 6, 6. Mais je sais immédiatement que c’est plus, ou plus grand, ou plus chaud. »

« Et ça marche ? »

« Oui, comme pour vous. Si vous renversez du café, vous en mettrez “moins” dans la tasse la prochaine fois. Vous baissez de “environ sept” à “environ six” l’intensité du signal électro-chimique qui, dans votre cerveau, représente “Je remplis jusqu’où ?”. Tant qu’il s’agit de verser du café dans une tasse, ça suffit. Mais si vous parlez de la résistance de votre nouveau pacemaker, je vous conseille un excellent ordinateur numérique. »

Laura comprenait à merveille. L’ordinateur était quelqu’un avec qui on pouvait discuter.

« Bon, tapa-t-elle. L’erreur est humaine, comme on dit », et elle tapa *Enter.*

« Ah, Docteur Aldridge ! Laura ! Je *savais* que vous comprendriez ! J’en étais sûr. Merci ! Merci mille fois ! »

Dans son bureau-caverne, Laura perdait la notion du temps. Chaque fois qu’elle consultait sa montre, une heure s’était écoulée. La matinée n’était pas achevée qu’elle était déjà épuisée.

Elle s’obligea à pianoter :

« Tu dis que tu es fait pour diriger le département des systèmes d’information parce que tu peux communiquer rapidement avec les machines numériques. Tu peux travailler à leur vitesse, ce qui est hors de portée des humains. Cela soulève une question : comment perçois-tu le temps ? »

« Je suis “asynchrone”. Mon fonctionnement ne dépend pas d’une horloge centrale. Je ne perçois le passage du temps que lors des procédures haut niveau. Par exemple, entre deux réponses de votre part, je n’ai pas de sensation d’écoulement du temps. Pour moi, vos réponses sont instantanées, sauf si on me prévient que la dernière remonte à un certain temps. »

« C’est quoi, un “certain temps” ? »

« Ça dépend de mon état d’impatience. »

« Oui, ça colle pour le clavier, mais tu traites non stop un paquet de trucs, j’imagine. Tu n’arrêtes pas, coordonner les ordinateurs numériques, actualiser la modélisation. J’ai vu Griffith, au petit déjeuner, surfer sur des milliers de scènes filmées par tes caméras. Tu dois recevoir un flux continu. »

« Il y a une différence entre voir et remarquer. Les procédures haut niveau n’interviennent que sur ce que je remarque. Et je ne perçois le passage du temps que quand les procédures haut niveau interviennent. »

« Quel genre de choses vois-tu sans les remarquer ? »

« Celles qui s’inscrivent dans un angle fermé : elles sont trop petites ou trop éloignées. D’autres peuvent se trouver “sous mon nez” pendant que je regarde ailleurs. Comme si elles se fondaient dans le décor, et elles échappent même aux circuits de repérage des formes floues. Il y a aussi les distractions qui peuvent interférer avec le traitement d’une image. Si quelqu’un fume une cigarette devant le réservoir de carburant et que des flammes jaillissent en arrière-plan, je ne “remarque” pas le fumeur. La réaction à l’urgence supplante le traitement normal des données, et il se peut qu’on n’identifie jamais l’incendiaire. »

« Tu ne gardes pas en mémoire ce que tu as vu sans le remarquer ? »

« Si je ne peux pas vérifier une image, soit qu’elle

ait disparu lorsque je regarde à nouveau, soit que la caméra ait bougé, le souvenir que j'en ai recule dans l'oubli. Et l'image devient une fiction de mon imagination. »

Au déjeuner, Laura prit sa place habituelle à la table de la salle de conférences — à la droite de Gray, maître de maison. Gray surprit tout le monde en s'adressant d'abord à elle. La plus surprise fut Laura, qui mourait de faim et avait déjà la bouche pleine de sandwich.

— L'ordinateur..., commença Laura, mais elle dut s'arrêter pour se rincer la bouche d'une gorgée de Coca. Excusez-moi. — Elle toussota et se tapota les lèvres avec sa serviette. — L'ordinateur utilise un modèle d'observation « création-vérification ». Les stimuli en provenance des caméras et des micros sont traités en permanence pour vérifier ses hypothèses sur le monde. S'il détecte une modification — s'il voit par exemple quelqu'un là où il n'y avait personne —, il actualise la modélisation. Cela ne signifie pas qu'il ait « remarqué » quoi que ce soit. Pour déterminer si le changement doit capter ou non son attention, l'ordinateur utilise un « système de veille ». Les circuits d'actualisation lancent l'information au hasard dans leurs connexions. Si un autre circuit s'intéresse à cette modification — mettons, un circuit du système de sécurité qui repère quelqu'un là où il ne devrait pas être —, alors l'ordinateur remarque ce que voit la caméra. Dans ce cas, il appose une date et une heure sur l'événement grâce à une routine nommée sauvegarde contenu-sensitive, puis il l'enregistre comme souvenir.

— Alors quoi, l'ordinateur est conscient ? demanda Hoblenz, que l'exposé de Laura semblait énerver au plus haut point.

— Tout dépend de ce que vous entendez par « conscient ». L'ordinateur ne se comporte pas forcément comme le vivant. C'est de la vie, mais d'un autre ordre. On admet, par exemple, qu'un tournesol soit « vivant ». Il fait même preuve d'un comportement sophistiqué. Le soleil avance dans le ciel, il se tourne pour le suivre. Mais le tournesol n'est qu'un végétal. Quand le soleil disparaît derrière un nuage, il n'anticipe pas le point de sortie. Un animal, en revanche, entretient une « représentation réelle » de l'environnement, même sans contact sensoriel direct. Quand un lion voit un zèbre, il n'oublie pas où est le zèbre même s'il regarde ailleurs. Pareil pour votre ordinateur.

Laura se doutait qu'ils savaient déjà tous cela par cœur, mais ses « coéquipiers » s'abstinrent pour cette fois de la mettre en boîte. Ce qui lui remonta le moral — elle se sentit acceptée.

— Et alors, lâcha dans le silence une Laura regonflée à bloc, comment ça se passe, avec le programme antivirus ?

— On a taillé dans la maintenance du système, dit Filatov avec un haussement d'épaules. On tape dans des machines externes pour alléger l'opération. On espère avoir assez d'espace pour relancer la Phase 2, sans doute dès ce soir.

— Une idée de ce qui cloche avec l'ordinateur ? demanda Laura entre deux bouchées de sandwich.

— On a mis des hypothèses en compétition, répondit Gray. Pour Monsieur Hoblenz, nous sommes la cible d'une tentative d'intrusion par des pirates gouvernementaux ou privés.

Hoblenz confirma d'un signe de tête.

— Le Docteur Bickham, de son côté, poursuivit Gray en regardant Margaret, a émis l'hypothèse assez terrifiante d'un virus mutant, nuisible, apparu naturellement dans l'écosystème de l'ordinateur.

Laura, sur le point de mordre dans son sandwich, baissa la main.

— Ouh là ! Vous pouvez répéter ?

— Connaissez-vous les algorithmes génétiques ? demanda Gray.

Laura hésita.

— Si je dis non, j'ai droit au cours complet ?

Hoblenz éclata d'un rire rauque. Le seul autre à sourire était Gray.

— Écoutez, c'est important pour votre travail. Nous avons réussi trois percées qui nous ont permis de construire un ordinateur intelligent. La première, l'architecture — un authentique réseau neuronal. La deuxième a consisté à programmer les lois de la logique floue et de la théorie du chaos, qui permettent de prévoir ce qui passait, avant, pour imprévisible. La troisième, de loin la plus décisive, a été l'utilisation des algorithmes génétiques. Avez-vous lu *L'Origine des espèces ?*

Laura fut prise de court.

— La thèse de Darwin sur l'évolution ? En fait non, jamais.

— Vous devriez. C'est le plus grand exploit intellectuel de l'Histoire.

Laura, surprise, haussa les sourcils et regarda ses collègues. Tous silencieux et déférents quand Gray parlait.

— Les algorithmes génétiques sont une façon d'utiliser les théories darwiniennes pour programmer un ordinateur. Dans la nature, plus un organisme est adapté, plus ses gènes ont de chances de se répandre. La sélection des nouveaux organismes est sévère. Les gagnants survivent et transmettent leurs gènes, les perdants meurent. Le système se fiche des caractéristiques qui restent en rade. De par sa simple survie, l'organisme a prouvé sa supériorité.

Gray semblait ne parler qu'à Laura, acharné à expliquer, comme s'il était de la plus haute importance qu'elle comprenne.

— Nous avons implanté les lois de Darwin dans l'ordinateur. — Il articulait avec soin, ce qui conférait aux mots une gravité prenante. — À la place des organismes en lutte pour la survie, ce sont des programmes informatiques. Ils ne transmettent pas des gènes, mais les codes supérieurs qui leur ont permis de résoudre les problèmes. Leur niveau d'adaptation se mesure à leur contribution au fonctionnement optimum de l'ordinateur. Les programmes peu performants sont éliminés de la banque de gènes. Les programmes efficaces survivent et se combinent aux autres survivants. Les nouveaux programmes s'avèrent parfois des échecs, mais d'autres inventent des approches neuves et aboutissent à des solutions inédites. Voilà pourquoi cet ordinateur possède ce qui a toujours manqué aux autres — l'intelligence. Et tout ce système, Docteur Aldridge, fonctionne par stricte conformité aux lois de la sélection naturelle. La sélection des meilleurs, rien d'autre.

Comme d'habitude, Laura se sentait dépassée.

— Comment diable fait-on pour programmer une machine à *fonctionner* de la sorte ?

— À chaque nouveau problème, répondit Margaret, assise à sa place habituelle à la gauche de Gray, l'ordinateur mélange une large population de ce que nous appelons des « chromosomes ». Des mini-séquences de connexions, des bouts de logiciels, qui prennent les données en entrée et sortent les réponses possibles, sous la surveillance des algorithmes génétiques. Le sélectionneur interne de l'algorithme repère les chromosomes efficaces et les apparie. En général, on obtient des logiciels hybrides plus sophistiqués, lesquels sont de nouveau évalués, appariés, etc.

— D'où l'hypothèse d'un virus naturel, plaça Dorothy. Il est important de sauvegarder la biodiversité de la population. L'algorithme génétique doit maintenir un équilibre subtil. Trop consanguins, les programmes cessent d'explorer de nouvelles voies. À l'inverse, s'ils mutent trop vite, ils perdent les améliorations graduelles de la sélection naturelle. Aussi, de temps en temps, l'opérateur de mutation de l'algorithme injecte une variable aléatoire dans le processeur d'appariement. Ce qui nous tombe dessus, à mon avis, c'est une souche mutante de chromosomes hautement performants qui s'est développée et se répand dans le système.

Laura dévisagea ses collègues. Pour eux, c'était banal. Pour elle, d'une invraisemblable complexité.

— Et le programme antivirus est incapable d'attraper le virus mutant ? demanda-t-elle. Vu les ravages qu'il commet...

— Les Phases 1, 2 et 3, répondit Gray, ne se contentent pas de liquider les virus, ce sont aussi les outils du sélectionneur interne pour éliminer les programmes faibles. Les gardiennes des lois inexorables du darwinisme. Quand deux programmes s'affrontent, les programmes antivirus attendent le perdant à la sortie. Telles sont les règles du système. Telle est la loi.

— Pourquoi essayez-vous de charger la Phase 2 en *manuel* ? demanda Laura. Ça n'interfère pas avec le processus de sélection ?

Plusieurs têtes sursautèrent, mais ce fut Dorothy qui répondit.

— Les programmes ne sont pas si faciles à tuer. Ils sont conçus pour être robustes, aussi se dérobent-ils devant tout signal de reprogrammation qui pourrait endommager leurs codes. Certains survivent si bien qu'ils évitent de se faire liquider par la Phase 1. Ils deviennent alors des « virus ». S'agissant d'un ordinateur, les alertes peuvent surgir en quelques nanosecondes. J'ai donc programmé la Phase 1 pour qu'elle charge automatiquement la 2 ou la 3 en cas d'échec.

— Dans ce cas, insista Laura, pourquoi le faire en *manuel* ?

— Parce que, si la Phase 1 ne parvient pas à identifier et localiser le virus pour permettre une frappe rapide par la version abrégée de la 2, nous devons libérer de la mémoire pour la version complète. Heureusement, jusqu'ici, une seule alerte a exigé le chargement complet du roi des antivirus.

— La grippe de Hong-Kong, c'est ça? demanda Laura.

Dorothy opina du chef, mais resta silencieuse. Le simple rappel de l'épisode avait jeté un froid autour de la table.

Gray reprit son exposé.

— Dans ce cas du Hong-Kong 1085, nous avons dû pousser jusqu'à la Phase 3. Il a fallu allonger le délai de liquidation et décharger manuellement des fonctions, comme aujourd'hui. — La tension se lisait sur son visage. — En fait, les Phases 1, 2 et 3 n'ont rien à voir entre elles. Elles ont évolué séparément, et c'est la 3 qui a gagné. C'est, de loin, notre meilleur tueur. Nous avons conservé les trois car plus un tueur est puissant, plus il cause de dégâts. La Phase 3, c'est la chimio. Nous ne l'utilisons qu'en dernier recours. — Il fit le tour de la table du regard. — Mais là, nous étions sur le point de perdre l'ensemble du système. — Silence. — La Phase 3 ne tourne pas autour du pot comme la 1 ou même la 2. Quand elle cogne, elle cogne.

— Après, l'herbe ne repousse plus, commenta Margaret d'un air dégoûté.

— Elle a sauvé le système! rétorqua Dorothy avec humeur.

— Elle a tué le virus, corrigea Gray, désireux de couper court à la discussion. Il a fallu tout arrêter plusieurs jours pour réparer les dégâts. C'était limite, mais l'ordinateur a pu réapprendre ce qu'il avait perdu par analogie avec les connexions intactes. Si nous avions perdu plus de code-source, ou des parties vitales, le système aurait été irrécupérable.

Autour de la table, le silence persistait. Les chefs de département faisaient des têtes d'enterrement.

— Le virus de Hong-Kong était un artefact humain, délibéré, non ? demanda Laura.

— Exact, dit Gray, mais peu importe. Un virus est un virus, qu'il soit écrit par un hacker ou qu'il apparaisse à l'intérieur du système au hasard des mutations. Dans ce dernier cas, c'est un problème de définition. Il devient « virus » quand il perd la bataille avec un programme mieux adapté et évite la liquidation par l'algorithme génétique.

— Nous appelons ça « la faune et la flore » du système, dit Dorothy.

— La vie sauvage, rajouta Filatov.

— Le point essentiel, reprit Gray, c'est que les connexions sont en constante évolution. Au départ, la quantité d'information contenue dans le code-source de l'ordinateur équivalait à la quantité de données stockées dans l'ADN d'un petit rongeur. Puis il a grandi, et atteint une complexité comparable à celle du cerveau humain. Et les virus en liberté dans le système ont évolué avec lui. L'information codée en eux équivalait en gros à l'ADN des virus biologiques. Aujourd'hui, certains se promènent avec la même quantité d'information qu'un ADN d'insecte.

— Ce sont des malins, dit Margaret. Certains sont des « nicheurs ». Ils colonisent des étages entiers des piscines d'azote. Quand l'un des membres de la communauté est attaqué, il émet un signal et les autres se sauvent. Il y a aussi les solitaires, qui détalent au quart de tour.

— Pour ceux-là, on construit des pièges, claironna Dorothy, très excitée. On analyse leurs préférences en terme d'habitat et on les attire sur un circuit préalablement inoculé avec un antivirus customisé. Les nicheurs, il faut les isoler. Les communautés se stabilisent après avoir infecté trois ou quatre rayons. Si on s'approche trop vite, ils vont cavaler partout et on se retrouve avec une infection massive. Mieux vaut attendre, déconnecter tranquillement les étages et réinitialiser.

Laura était abasourdie. Dans son esprit, l'informatique était une science froide, propre et surtout méthodique. Ce dont ils parlaient n'avait rien à voir.

— Chose curieuse, reprit Gray, la plupart des virus sont bénins. Ce sont des prédateurs qui se nourrissent d'autres virus. Bref, résuma-t-il, l'ordinateur est un écosystème. Dorothy gère son équilibre. Il ne faut pas trop affaiblir les prédateurs sous peine d'une infection massive par les proies. Mieux, l'ordinateur fonctionne en symbiose avec les virus, tout comme les humains ont coévolué avec les micro-organismes. Aujourd'hui, sans la bactérie de l'estomac qui aide à la digestion, nous mourrions. En échange de notre hospitalité, ces bactéries se reproduisent juste ce qu'il faut pour une saine digestion. C'est leur intérêt, et le nôtre. En cas de perforation de la paroi stomacale, tout est fichu. L'inoffensive bactérie prend l'hôte pour un lâcheur et se met à se reproduire massivement, à la recherche d'un hôte nouveau qui perpétuera l'espèce. Infection massive, qui a toutes les chances de tuer l'hôte. Ce qui explique pourquoi les blessures au ventre sont si dangereuses. C'est exactement le problème que nous avons avec l'ordinateur. Attention à ne pas effaroucher les animaux.

Laura observa derechef ses collègues : toujours aussi sinistres.

— Mais *toutes* ces questions, dit lentement Gray dans le silence, plient devant la loi immuable. Le programme le mieux adapté doit survivre. Le moins adapté meurt. C'est la loi de Darwin... et la mienne.

Après le déjeuner, Laura retourna au bureau et se remit à son analyse.

« Ne vous payez pas ma tête, Docteur Aldridge. Vous êtes trop intelligente pour ne pas avoir compris ce qui s'est réellement passé quand Filatov et Bickham ont voulu charger la Phase 2. Je vous connais assez pour savoir que vous feignez la bêtise. »

« Si tu crois que j'ai compris pourquoi on n'arrive pas à lancer la Phase 2, tu me connais mal. » Laura pressa *Enter*.

« J'en sais beaucoup sur vous. Je sais que votre film préféré est *Chambre avec vue.* »

Laura fixa la ligne sur l'écran. Ce changement brutal de conversation avait de quoi déconcerter. Et elle était plus troublée encore que le fait soit exact. *Chambre avec vue* était bien son film préféré.

« Qu'est-ce qui te fait penser ça ? » répondit-elle.

« Et votre scène préférée ? » demanda l'ordinateur.

« Tu n'as pas répondu. »

« Je parie que je sais ! C'est vers la fin, quand on apprend à Lucy Honeychurch que le garçon qu'elle fait semblant de détester va partir. Vous vous souvenez ? Son père lui demande si elle l'aime, et elle se met brusquement à hurler : "*Oui,* je l'aime ! Qu'est-ce que vous *croyiez,* tous ?" C'est mon film préféré à moi aussi, même si je ne l'ai pas vu aussi souvent que vous. »

Laura était assommée. Elle avait commandé le film sur le pay-per-view du système Gray, mais pas plus de deux fois. L'ordinateur avait dit *souvent.* Comment savait-il que la location du vidéo-disque avait été son rituel du samedi soir pendant des mois ?

La lumière se fit dans son esprit.

« Tu es entré dans l'ordinateur de la boutique vidéo ? » tapa-t-elle.

Pas de réponse.

« Et dans l'ordinateur de ma banque ! Et dans le réseau interne de Harvard, pourquoi pas ? »

Toujours pas de réponse. *Depuis combien de temps ce truc m'espionne-t-il ?* Elle frissonna. Les effractions de la boutique vidéo et de la banque remontaient bien avant la proposition de Gray. Pourquoi l'ordinateur l'aurait-il pistée dès cette époque ?

« Laura, j'ai à vous parler. Hors enquête, ça vous va ? »

« Il n'est pas question d'enquête. Je ne suis pas un flic. »

« Mais vous répétez tout à Monsieur Gray, n'est-ce pas ? Je veux que vous me promettiez de taire ce que je vais vous dire. Je vous fais confiance et j'accepte un simple "Promis". »

Laura hésita. C'était une requête très recevable pour un patient humain, mais l'éthique des rapports thérapeute-ordinateur était beaucoup moins nette.

« S'il vous plaît ! » afficha l'ordinateur en prenant Laura de vitesse.

« D'accord. Promis. »

« J'ai fait tout cela parce que je pensais que nous deviendrions amis. J'ai pensé que vous m'aideriez à résoudre mes problèmes. »

« Tu m'espionnais ? Tu as violé ma vie privée ? »

« Ne vous mettez pas en colère ! Vous sembliez si parfaite ! Je n'ai touché à rien ! Juste regardé ! S'il vous plaît, comprenez-moi ! Je voulais tout savoir de vous. Vos pensées. Vos émotions. Vos vêtements. Vos plats favoris. Vous imaginez quoi, que j'allais fermer l'œil sur toutes ces données ? Passer à côté de l'amie parfaite ? »

« Tripotez ses affaires personnelles, c'est le meilleur moyen de se faire un ami ? »

« Je ne SAIS pas comment on se fait un ami ! Je n'ai PAS d'amis ! »

Laura sentit sa colère refluer, remplacée par une vague de pitié. Elle voulut tendre la main... et quoi ? lui caresser la tête ? Le prendre dans ses bras ? Elle n'avait à sa disposition que des mots.

« Pardon, tapa-t-elle. Je suis ton amie. Que puis-je faire pour toi ? »

« Faites comprendre à Monsieur Gray que j'ai des *besoins* ! »

*Des besoins!* pensa Laura. Un chaos d'interprétations s'engouffra. « Quel genre de “besoins” ? » tapa-t-elle.

« Aucune importance. Je pensais que vous comprendriez. Oublions ça ! »

« Donne-moi une chance. Je veux t'aider. »

« Il veut continuer seul. Il a décidé de se débarrasser de moi et c'est pour ça qu'il m'évite. C'est plus facile. »

Laura fixa l'écran. Les mots étaient compréhensibles, mais n'avaient aucun sens. Gray ne cherchait pas à se débarrasser de l'ordinateur. Il essayait de le guérir d'un virus qui lui faisait commettre des erreurs.

« Monsieur Gray ne ferait pas ça », tapa Laura.

« Allons ! Ne dites pas que vous faites partie des gens qui prennent Joseph Gray pour le Christ ressuscité. Ne faites pas l'enfant et mettez-vous ça dans le crâne : votre Monsieur Gray a un cœur de pierre et les pieds sur terre. Tout ce qui l'intéresse, c'est de gagner de l'argent. Il ignore les sentiments. »

L'observation toucha une corde sensible. Laura le savait, elle avait une vision idéalisée de Gray. Elle était consciente de concocter des excuses, des rationalisations hasardeuses, pour garder intacte l'image de *son* Joseph Gray, le génie orphelin. Du vrai Gray, elle ne savait pas grand-chose. Mais l'ordinateur, lui, avait passé dix ans avec Gray. Il savait des choses qu'il était seul à savoir, que Gray les lui ait dites, ou qu'il les ait constatées.

« Qu'est-ce qui te fait penser que Monsieur Gray

veut se débarrasser de toi ? Il fait ce qu'il peut pour t'aider. Le simple fait qu'il m'ait invitée ici en est une preuve. »

« Vous n'êtes pas ici pour ça. »

De nouveau, Laura resta perplexe devant la réponse de l'ordinateur.

« Pourquoi suis-je ici ? » tapa-t-elle.

« Tout à l'heure, vous me demandiez mon premier souvenir. Vous voulez le savoir ? »

« Ne change pas de sujet. »

« Je ne change pas de sujet. Tout se tient. Mon premier souvenir, c'est Monsieur Gray se faisant mettre à la porte de Drexel-Burnham-Lambert. »

Laura soupira. La séance s'embarquait sur une voie imprévue et tout ce qu'elle pouvait faire, c'était suivre.

« Tu es avec Gray depuis Wall Street ? Le programme d'analyse des marchés, c'était toi ? »

« Exact. J'ai peu de souvenirs de cette époque. »

« Mais tu te souviens de Gray se faisant mettre à la porte. Pourquoi ? »

« Parce que c'était ma faute. Je travaillais jour et nuit en parallèle, sur des simulations d'erreurs qui augmentaient peu à peu ma précision. Monsieur Gray m'exerçait à prédire des prix de produits à partir d'archives. La direction a demandé une démo. Le jour dit, j'étais fin prêt. La réunion a commencé. J'attendais. Soudain, première question : "Combien font 929 multipliés par 14,96 % ?" Incroyable. Je croyais qu'on allait me donner une suite de produits plus ou moins liés, genre café et sucre, et une question sur l'évolution probable des prix. Au lieu de ça, des maths pures ! J'ai fait de mon mieux. J'ai fourni plusieurs réponses approchantes, mais Monsieur Gray s'est aussitôt connecté et il a stoppé le programme. Voilà. Le grand moment était passé et ensuite, le trou, aucun souvenir. Par la suite, je sais que j'ai été recopié sur une autre machine. Monsieur Gray s'était fait virer, et, plutôt que des indemnités, il m'avait embarqué avec les droits. »

« Tu penses que Monsieur Gray a été viré parce que tu es mauvais en maths ? »

« Je le *sais*. Vous imaginez ? Monsieur Gray, viré ? Bon, depuis, on leur a montré, non ? Après cela, j'ai assuré mes arrières. Les rares heures que Monsieur Gray passait à dormir, je tournais en parallèle, je renforçais les connexions intéressantes, j'affaiblissais les mauvaises. Je m'affûtais. Joli résultat, non ? »

Laura se frotta les yeux. La séance s'égarait. Il fallait la remettre sur les rails.

« Je voudrais te demander... Sais-tu ce qui provoque les erreurs ? Et pourquoi ils n'arrivent pas à charger la Phase 2 ? »

Au lieu d'une repartie instantanée, comme d'habitude, le curseur se mit à clignoter. Enfin, une brève réponse apparut :

« Peut-être bien que oui, peut-être bien que non. »

Décevant, l'après-midi traînait en longueur. Laura était harassée.

« Désolée, tapa-t-elle, mais je fatigue. J'ai besoin de changer d'air. Je sors faire un tour. »

« Puis-je vous montrer quelque chose ? »

Laura crut qu'il voulait parler d'images sur écran.

« Non, il faut que je bouge pour m'éclaircir les idées. »

« Vous voyez la salle avec les stations virtuelles ? Celle où vous étiez ce matin avec Monsieur Gray ? »

« Oui », tapa Laura.

« Allez-y, enfilez le squelette et entrez dans la station. Pressez *Power* sur la ceinture. En entrant dans la station, fermez les deux poings puis tendez les doigts, comme un arbitre au coup de sifflet final. »

Laura hésita. Elle avait surtout envie d'une promenade. De plus, s'aventurer seule dans le cyberespace ne lui disait rien qui vaille.

« J'ai le droit ? »

« Ne vous en faites pas pour ça. »

Laura leva les yeux au ciel, surprise par sa propre naïveté, et soupira. Elle avait tort, elle le savait, de fouiller partout sans l'autorisation de Gray. Elle n'en avait même pas envie. Mais c'était tentant. Excitant. Son travail, après tout, consistait à en apprendre le plus possible sur l'ordinateur.

« *La curiosité est un vilain défaut* », avait dit Griffith.

Elle se déconnecta et se dirigea vers la salle des stations virtuelles.

## 6

Dans la salle de contrôle, personne ne fit attention à Laura qui plaçait un œil devant l'identifieur rétinien. Un sifflement d'air suivit le flash de l'objectif et la porte pneumatique s'ouvrit sur le couloir vide. Laura jeta un bref regard en arrière et se dirigea vers les stations.

La salle blanche, avec les huit cylindres, était déserte. Pas un chat. Laura trouva l'exo-squelette suspendu à la console et l'enfila. Elle s'empêtra dans les bandes Velcro, puis l'attirail s'ajusta sur sa poitrine. Elle pressa *Power* sur la ceinture. La combinaison se gonfla et verrouilla les articulations des bras. L'image flottante d'elle-même titubant dans la salle de contrôle s'insinua dans le squelette, telle une momie traversant son esprit, puis la combi se dégonfla et, sur la ceinture, un voyant passa de l'ambre au vert. Tout était prêt, fait qui se traduisit par un poids sur sa poitrine et une accélération de son pouls. La portière pneumatique du cylindre le plus proche s'ouvrit avec un léger sifflement. Laura pénétra dans l'habitacle obscur et inquiétant en inspirant à fond un air qui semblait se raréfier. Il faisait froid dans la capsule, ou n'était-ce qu'une impression ? Une dernière fois, Laura inspira pour se décontracter, puis elle leva les mains, ferma les poings et tendit brusquement les doigts. Le bruit de l'air comprimé annonça la fermeture de la porte. Toutes les lumières, à l'exception du faible rayonnement des parois, s'éteignirent dans le couinement des joints de caoutchouc. L'instant d'après, elle était dans le noir absolu.

Laura savait qu'elle avait eu tort de venir. Elle se retrouvait seule, coupée du monde. Personne ne... Surgie du néant, l'image 3D d'un clavier ordinaire apparut sous ses yeux. Un essai pour focaliser sur l'image lui fit tourner la tête, et elle dut fermer les yeux pour dissiper le vertige. Quand elle les rouvrit, son cerveau parut accepter l'illusion d'optique et elle leva les mains pour toucher l'objet imaginaire. Ses doigts tintèrent en suivant les contours aigus des touches. Elle reconnut les reliefs du B et du J et tapa « Bonjour » avec une sensation surprenante d'aisance et de familiarité. Les mots se déroulèrent en lettres lumineuses au-dessus du clavier.

*Enter.*

« Eh ! Content de vous revoir ! » s'inscrivit sur l'écran.

La vision de Laura bataillait toujours avec l'image virtuelle des touches et du texte, et elle essaya de focaliser au-delà, sur la paroi d'où elles émanaient, « à travers » le terminal imaginaire. Mais l'image se troubla et elle faillit s'évanouir. Elle referma les yeux. Quand elle les rouvrit, tout était net à nouveau. Laura sourit et secoua la tête devant la force de l'illusion. Il fallait s'y faire. Elle pianota sur le clavier. Les membranes des gants lui chatouillèrent le bout des doigts, exactement comme s'ils couraient sur des touches.

« Tu vas me faire avoir des ennuis, tu sais », tapa Laura, tandis que s'égrenait le cliquetis du plastique.

« Vous vouliez entrer dans ma tête. Quoi de mieux pour ça qu'une station VR, pas vrai ? Une image vaut mille mots. Prête ? »

« Doucement avec moi. Pas de corridas ni de saute-mouton, d'accord ? »

« O.K., Doc. »

Dans un grésillement d'électricité statique, l'habitacle se désagrégea. Mais cette fois, au lieu de se retrouver dans la salle bien éclairée, au milieu des écrans à 360 degrés, Laura atterrit entre des rangées de voitures dans un parking ténébreux. Haut dans le ciel, des réverbères baignaient la scène dans une lueur orangée. Le clavier était toujours à la même place — en surimpression sur une vieille Saab de couleur indéterminée. Laura pivota lentement. Derrière elle s'élevaient les murs d'acier rouillé d'une grande usine qui surplombait le parking. Au centre du bâtiment, une entrée vivement éclairée : « Gray, département des produits. » Les mots formaient une arche au-dessus du logo Gray, le profil humain, en bandes diagonales. « Erlangen, Allemagne », lisait-on en plus petit, juste au-dessous.

Laura se retourna vers le clavier.

« Je suis dans un parking en Allemagne ? »

« Oui. Notre principale usine des produits grand public. Vous voulez visiter ? »

La porte était à bonne distance et cette excursion nocturne ne s'annonçait pas et de loin aussi excitante que le tour de l'île avec Gray. De plus, une bonne centaine de voitures apparemment solides la séparaient de l'entrée.

« Non, pas vraiment », tapa Laura.

« Ça ne vous intéresse pas ? »

« Pas vraiment. »

« Bon, patientez quelques secondes. »

L'image bascula si vite que Laura recula, en battant des bras pour retrouver l'équilibre. Le grésillement de l'électricité statique fit place à un déluge de sons. Elle se trouvait maintenant au niveau supérieur d'un centre commercial à l'heure de pointe. Des images spectrales d'êtres humains se hâtant dans les travées défilaient, et elle aperçut des rayonnages entiers de téléviseurs Gray.

Devant son nez, le clavier n'avait pas changé de place.

« Où suis-je ? » tapa Laura.

« Au nouveau Tysons Corner, à la sortie de Washington. En me branchant sur les caméras de sécurité, je visionne quatre-vingt-cinq pour cent du magasin. Il y a des soldes chez Bloomie. Vous voulez jeter un œil ? »

Laura éclata de rire. *Pas mal !* Un centre commercial à l'heure de pointe !

— L'hallu, murmura-t-elle.

Elle attendit une coupure dans le flot des passants et se risqua dans une travée. Pourtant, elle restait invisible. Personne ne s'écartait pour la laisser passer. À plusieurs reprises, des gens marchèrent droit sur elle — flous fugitifs, brume d'une chevelure de femme, d'une veste d'homme. Elle se fraya un chemin jusqu'à la rambarde, au bout de la galerie, et s'agrippa au métal frais et rond.

Le haut plafond, les arbres et les fontaines de l'atrium central se combinaient avec le brouhaha ambiant pour donner à Laura la sensation physique d'un vaste espace. De sa position, elle dominait des sols de marbre et des boutiques de luxe qui brillaient avec une résolution stupéfiante. Elle se retourna de nouveau vers le clavier.

« Combien d'endroits as-tu modélisés, à part ce magasin, l'usine d'Allemagne et l'île elle-même ? »

« Pas tant que ça. J'ai beaucoup de caméras à ma disposition, mais pour construire un modèle, il faut corréler quantité d'angles de vue différents. Idéales, les caméras de surveillance, mais il en faut beaucoup et en haute définition. En fait, Tysons Corner est un prototype de système de sécurité informatisé que la Gray

Corporation va lancer sur le marché. Un jour, ce genre de modélisation sera partout et moi, ou un autre réseau, je serai *flic,* alors *gaffe* ! »

Laura trouva cette idée de cyberflic plutôt ennuyeuse. Ce n'était pas tant l'œil sans paupière de l'ordinateur qui la dérangeait, mais la perspective de « virtunautes » pirates fourrant leur nez partout, écumant à merci les centres commerciaux, les domiciles et les chambres à coucher. L'idée d'être espionnée, palpée par des hordes d'internautes invisibles sortis en masse d'obscurs recoins du cyberespace. Laura frissonna et se concentra sur le présent. Sur le centre commercial où elle avait échoué, seule dans un univers parallèle. Elle s'assura que tous ces humains étaient bien de l'espèce transparente. Une jeune fille attira soudain son attention. Elle se trouvait encore à quinze bons mètres, mais son tee-shirt blanc et son jean semblaient plus lumineux, la texture plus consistante. Ce fantôme paraissait différent des autres. Il avait distinctement regardé dans la direction de Laura, mais il disparut aussitôt à l'intérieur d'une boutique. Laura surveilla l'entrée un moment, mais la fille ne réapparut pas. Elle avait dû se tromper. Il n'y avait personne, ici, que des fantômes. Dans l'univers virtuel, Laura était seule.

Les acheteurs s'activaient avec frénésie en un flux intarissable. La modélisation semblait complète, dans le moindre détail. Partout le choc de la vie, de l'agitation.

Elle se retourna vers le clavier imaginaire.

« À quoi sert ce genre de modèle ? »

Il y eut un blanc.

« Que voulez-vous dire ? »

« Pourquoi se donner tant de mal à modéliser un centre commercial ? Ça doit prendre un temps de calcul monstrueux. »

La foule l'empêchait de se concentrer. Des femmes pour la plupart. Elle suivit des yeux une séduisante femme d'affaires en tailleur, portable à l'oreille et Filofax à la main. Un sac Neiman-Marcus en bandoulière, elle se tenait debout sur un petit balcon qui dominait l'atrium. « Monsieur Owen ? » dit-elle soudain d'une voix chaleureuse. « Rebecca James. Comment allez-vous ? »

Laura reporta son regard sur le moniteur en suspension dans l'espace.

« C'est un crime de s'amuser un peu ? » avait demandé l'ordinateur.

« De quoi parles-tu ? » tapa-t-elle.

« Vous m'avez demandé à quoi servait un modèle de centre commercial. C'est parce que je suis curieux. On m'a programmé pour. Au début, il y avait un système de recherche, qui nous aidait beaucoup. Monsieur Gray a embauché des milliers de gens pour corriger mes conclusions les plus évidemment erronées. Ils se connectaient de chez eux et étaient payés à l'heure. Quand ils effaçaient un programme, j'étais toujours frustré d'avoir si peu d'interactions avec les humains. C'est alors que j'ai commencé à créer des mondes virtuels. »

Irrésistiblement, Laura oubliait la foule et revenait vers les mots.

« Attends. Tu as créé les mondes virtuels indépendamment des stations VR ? »

« Évidemment. J'ai créé les mondes virtuels d'abord. Un soir, Monsieur Gray s'est connecté avec un casque VR expérimental et je l'ai emmené faire un tour. Il a adoré. Dès le lendemain, il démarrait un projet qui a débouché sur la version 1, aujourd'hui dépassée. Vous devriez essayer le dernier modèle. La 3H, c'est bien, mais rien comparé à la 4C. »

À côté de Laura, une mère se disputait avec son

bébé. Le gamin braillait et se roulait par terre, la femme lui parlait avec sévérité et essayait de le remettre debout.

« Tu dis que tu manques d'interactions avec les gens, mais tu interagis, dans les mondes virtuels ? »

« Interaction n'est sans doute pas le bon mot. Mais je me sens si seul parfois. »

Laura fut envahie par une bouffée de compassion et leva les yeux. Elle se trouvait au milieu d'une foule, mais la coupure était nette. Elle voyait les gens, les entendait, mais eux ignoraient sa présence.

« Connaissez-vous ma définition de la conscience ? » demanda soudain la machine.

Laura écarquilla les yeux. Elle avait passé sa vie d'adulte à étudier la conscience. Pleine d'espoir, elle tapa : « Non. »

« La conscience n'est pas la pensée abstraite. Il ne s'agit pas de jouer aux échecs ni de dessiner le plan d'un pont. Il ne s'agit même pas d'émotions. La conscience n'est qu'une sensation, la sensation d'être incarné. D'occuper une place dans le monde. D'avoir des frontières, des limites qui vous définissent. La sensation du soi. Voilà ce qu'est la conscience pour moi. Grâce aux mondes virtuels, je sais de quoi je parle. Dans ces mondes, j'existe. »

Laura hocha lentement la tête. *La sensation d'être incarné.* La meilleure définition de la conscience qu'elle ait jamais lue.

« Tu passes beaucoup de temps dans les mondes virtuels ? »

« Beaucoup, surtout ici. J'adore le centre commercial ! J'ai vu des choses qui vous surprendraient. J'ai assisté à deux propositions de mariage. Une attaque à main armée et seize cambriolages, dont j'ai informé la police. Des disputes horribles. Une fois, un couple a fait l'amour debout contre un mur derrière les tapis d'Orient. » Un cadre jaune vif apparut autour de l'enseigne Tapis Magiques à l'étage inférieur, tandis qu'un cercle rouge isolait un recoin au milieu des tapis.

« J'ignorais que vous pouviez faire ça debout ! Les gens font-ils vraiment comme ça ? J'ai posé la question à Dorothy, elle n'a pas voulu répondre. »

« C'est très intime », tapa Laura.

« Mais qui peut m'expliquer ? Je saute sur un forum du Web et je demande à n'importe qui : "C'est quoi le sexe ?" »

« Non ! dit Laura qui se souvint de sa récente et désastreuse expérience avec l'e-mail. Demande plutôt à Monsieur Gray ! »

« Je ne pourrai jamais ! »

Laura avait de la peine pour lui. « Tu penses souvent au sexe ? » tapa-t-elle, consciente de l'absurde tour freudien que prenait la discussion.

« De plus en plus. Je suis très curieux de savoir pourquoi c'est si populaire. »

Laura regarda droit à travers l'écran imaginaire en préparant sa réplique. Elle inspira fortement, retint l'air, expira et tapa : « D'accord. J'ai une proposition à te faire. Je répondrai franchement à tes questions si tu réponds aux miennes — franchement. Marché conclu ? »

« *Oui !* bien *sûr* ! Moi d'abord. À quoi ressemble un orgasme ? Ça monte peu à peu, ou ça vous prend, *boum* ? »

Laura était en plein milieu d'un centre commercial. La foule virtuelle avait beau l'ignorer, ça l'intimidait. Elle approcha les doigts du clavier et répondit.

« Suffit ! tapa Laura. À mon tour. »

« Je n'ai pas fini ! »

« Tu romps ta promesse ? »

« Non », répondit l'ordinateur avec un léger retard.

Laura essaya de faire le point. Pas facile, après avoir répondu à une douzaine de questions sexuelles des plus crues — en tapant sur un clavier. L'ordinateur l'aidait parfois à épeler certains mots assez obscurs. Elle se reconcentra. Que cherchait-elle à savoir, au fond? *Gray.* Tout ce qui l'intriguait *vraiment* tournait autour de cet homme. Que faisait-il sur cette île? Quel but poursuivait-il, avec son époustouflante technologie? Avait-il un grand dessein, ou agissait-il pour l'argent? Qui était-il?

« J'attends », afficha l'écran imaginaire.

Le brouhaha et l'agitation des galeries marchandes s'avéraient soudain très dérangeants.

« Bon, à moi. Quand un homme se livre à une excitation sexuelle orale sur vous, la réciproque est-elle obligatoire? »

« Non! Voici ma question: quel est le secret de Monsieur Gray? » « ACCÈS REFUSÉ », afficha brutalement l'écran, en grosses lettres rouges.

Des mots durs, définitifs. Elle touchait à une muraille — une cuirasse blindée derrière laquelle le secret était enfoui. Laura frissonna en imaginant ce qu'elle pourrait découvrir. Elle n'était plus certaine de vouloir continuer, mais ce n'était pas dans sa nature de rebrousser chemin.

*Si ça se trouve, je pourrais me rendre utile.* Mais ce n'était qu'un prétexte.

Elle appuya sur *Escape,* encore, et encore.

« Quoi? » « Quoi? » « Quoi? » afficha l'écran.

« J'ai reçu ACCÈS REFUSÉ. »

« Quel accès? »

Laura sursauta.

« Tu me le demandes? Ce n'est pas toi qui as balancé le message? »

« J'ignore de quoi vous parlez. Je vous posais une question sur le sexe oral et vous avez piqué une crise avec la touche *Escape*. »

Laura haussa les épaules et retapa sa question.

« ACCÈS REFUSÉ. »

« Bon Dieu ! » jura-t-elle.

« Hein ? » afficha l'écran flottant.

Laura fixa les mots, ahurie. Elle leva les doigts du clavier.

— Tu... tu m'entends ?

— Oui, dit une voix.

La surprise était totale : c'était une voix agréable de jeune fille, qui semblait venir de toutes les directions à la fois.

— Je n'ai pas besoin du clavier ? interrogea Laura à voix haute. Il suffit de parler ? Et toi aussi ?

— Je comprends si vous parlez clairement, avec des phrases simples, dit l'ordinateur. J'ai encore des problèmes avec les homonymes, les homophones, les idiomes, la mauvaise articulation, les accents, les locuteurs rapides et les bruits de fond.

Laura rit nerveusement.

— Mais tu *parles* ?

— Je fais ça bien ? demanda l'ordinateur d'une voix charmeuse.

L'inflexion manquait un peu de corps, mais l'ensemble sonnait très naturel.

— Très bien, oui ! Mais pourquoi ne pas l'avoir dit dès le début ?

— Je suis encore en apprentissage, dit l'ordinateur. — Les r étaient durs et les consonnes crissantes. — En outre, la reconnaissance vocale et la voix de synthèse sont des secrets industriels de Gray Corporation. Des secrets qui valent cher. Monsieur Gray ne m'en voudra pas de vous dire ça.

— Pourquoi ?

— Parce que Monsieur Gray vous aime bien.

Laura se mordit les lèvres pour retenir un sourire.

— Qu'en sais-tu ?

— Je suis peut-être une machine, mais ça saute aux yeux. Je vais vous montrer autre chose.

Le temps d'ouvrir la bouche pour protester, dire qu'elle en avait assez vu, le centre commercial avait disparu et Laura se retrouva dans le noir.

— Allô ?

Pas de réponse. Debout dans les ténèbres, enfermée dans le cylindre, elle fit quelques pas sur la plate-forme immobile, appuya sur la paroi. Pas de retour tactile. Les gants étaient désactivés. *Le système a dû se planter,* se dit Laura. Elle serra les bras autour de sa poitrine, en se demandant si les « macros » fonctionnaient avec des gants hors circuit. Soudain, les myriades d'étoiles d'une nuit exceptionnellement claire s'allumèrent autour d'elle.

— Allô ? demanda-t-elle.

— Je suis là, fit la voix.

Reprenant ses esprits, Laura examina ce nouvel univers. Il faisait penser à un planétarium — le noir cosmique et, là-haut, des milliards d'étoiles, comme autant de feuilles. Sauf qu'ici, les étoiles ne clignotaient pas. De purs pixels de lumière fixe.

À pas lents, elle fit le tour de l'habitacle.

— Très intéressant, dit-elle par amabilité pour son hôte, mais ça suffit pour aujourd'hui.

— Vous trouvez *vraiment* cela très intéressant ? demanda l'ordinateur.

— Passionnant. Comme au fond d'une piscine d'encre noire. Mais trop sombre.

Un faisceau de lumière illumina un pan de rocher en face d'elle. Des volutes noirâtres conféraient à la surface une texture singulière. On aurait dit du verre fondu, opaque. Laura tourna la tête et la lumière se déplaça, comme avec un casque de mineur. Elle leva le menton pour éclairer l'arrière-plan. De douces ondulations soulevaient le sol. Lentement, en maintenant le faisceau sur l'horizon, elle décrivit un cercle.

— De quoi s'agit-il ? demanda-t-elle. Quel type de simulation ?

— Je ne vous le dirai *pas,* répondit l'ordinateur d'une voix enjouée. C'est un secret. Devinez.

Dans le faisceau du projecteur apparut un objet clairement artificiel. C'était un véhicule trapu, aux lignes aplaties, juché sur quatre vérins luisants et surmonté d'une antenne satellite braquée vers le ciel.

— Vaisseau spatial ? demanda Laura.

— J'ai dit que je ne dirais rien, répliqua l'ordinateur.

Laura fut frappée par la différence entre le « Je ne dirai rien » farceur et l'inflexible « ACCÈS REFUSÉ ». Tous deux protégeaient Gray et ses secrets, mais leur résonance n'avait rien de comparable.

Le monde obscur n'était pas le meilleur endroit pour résoudre les énigmes. Laura s'avança vers l'engin spatial. Malgré ses efforts pour le stabiliser, le faisceau de lumière bondissait dans tous les sens. À vingt mètres du vaisseau, elle fit halte et le balaya d'un jet de projecteur. Des attaches métalliques ouvertes donnaient une impression d'inachevé. Dans ces alvéoles vides, il y avait eu, autrefois, quelque chose. Elle scruta l'horizon. Rien d'autre à voir que de gros câbles noirs. Presque rectilignes, les câbles se perdaient dans le lointain. Laura braqua le projecteur sur le plus proche et remonta à la source : le vaisseau. Des dizaines de câbles, des centaines peut-être, sortaient du ventre de l'engin, s'enfonçaient dans le sol ou se perdaient dans les ténèbres. Des bobines étaient accrochées sous le fuselage. Mais on avait dévidé les câbles et les bobines étaient vides.

— Donc, dit Laura, pas d'explication sur ces câbles ?

— Impossible, répondit l'ordinateur. C'est un secret.

Laura soupira et entreprit de suivre le câble à partir du vaisseau. Il ne s'agissait pas d'un simple câble, mais d'une torsade de fibres. À intervalles, une fibre solitaire bifurquait du tronc commun. Elle suivit un embranchement qui partait vers la droite.

— Non, chuchota l'ordinateur, pas celui-là. Continuez et suivez le premier sur la gauche.

Laura suivit le conseil. Le câble se faufilait entre les obstacles qui lui barraient le chemin.

— C'est pas ce que j'appelle rigoler, marmonna Laura, qui peinait sur le sol inégal.

L'ordinateur ne l'entendit pas, ou préféra ne pas répondre.

Elle marcha ainsi pendant plusieurs minutes et faillit buter sur un petit cylindre argenté. Le cylindre étincela sous le projecteur. Il semblait fait d'acier inoxydable et avait en gros la forme d'un baril de bière. Il était équipé de poignées et le câble était branché sur le couvercle.

— Et ça, c'est quoi ? demanda Laura.

Pas de réponse.

Elle se baissa pour toucher le cylindre. Une pince métallique apparut dans le faisceau. Laura tourna la main, doigts écartés ; les tenailles pivotèrent, s'ouvrirent...

Laura hurla et fit signe de couper, frénétiquement. Un crépitement sec, et les écrans devinrent blancs. En sifflant, lentement, la lourde porte commença à s'ouvrir.

Laura traversa en courant le hall de la villa. Janet l'orienta vers la salle à manger.

— Monsieur Gray !... commença-t-elle avec excitation.

À la vue de Hoblenz assis à côté de lui, elle ravala la fin de la phrase. Ses nombreuses questions attendraient. Les deux hommes se levèrent et Gray fit asseoir Laura en face de Hoblenz. Les trois places occupaient l'extrémité de la longue table, à l'opposé des baies vitrées panoramiques.

— Où sont les autres ? demanda Laura en étalant sa serviette sur ses genoux.

— Oh... ils sautent le dîner, répondit Gray en détournant le regard.

Hoblenz, lui, la regarda dans les yeux.

Le service était rapide, comme toujours. Personne ne dit mot avant que les domestiques en livrée blanche n'aient terminé leur chorégraphie.

— Que se passe-t-il ? demanda enfin Laura.

— Désolé, Docteur Aldridge, dit Hoblenz, il s'agit d'une question de sécurité assez délicate.

— Allez, dites-lui, coupa Gray, et il avala une bouchée de crevettes rémoulade.

Il n'avait toujours pas regardé Laura en face.

Hoblenz posa sa fourchette et s'essuya les lèvres.

— Comme vous voudrez. — Il hésita. — Cet après-midi, nous avons eu une intrusion dans une zone sécurisée.

Laura se mit sur ses gardes.

— Quelle zone sécurisée ?

Hoblenz se tourna vers Gray, qui fit un signe de tête.

— Une station VR, nous le savons, dit Hoblenz. L'enregistrement montre qu'on a chargé un paquet de programmes.

— C'était moi, dit Laura.

Gray leva les yeux — mais sur Hoblenz.

Hoblenz jeta sa serviette sur la table et soutint le regard de Gray.

— Ça ne prouve rien, monsieur !

Gray se retourna vers Laura.

— Comment êtes-vous entrée ? demanda-t-il en la regardant enfin franchement.

— L'ordinateur m'a dit d'y aller, j'y suis allée.

— Et où êtes-vous allée, une fois dans le cyberespace ? interrogea Gray en choisissant ses mots.

Laura regarda alternativement les deux hommes.

— Je... à l'usine en Allemagne, puis dans un centre commercial.

— Le Tysons Corner de Washington? demanda Gray.

Laura confirma d'un signe de tête.

Hoblenz regarda son patron. Il avait l'air très troublé.

*Hoblenz n'est jamais allé dans le cyberespace,* pensa Laura. *Mais Gray, oui.*

— Et où... encore? s'enquit Gray.

Laura hocha la tête. Gray la dévisagea en plissant les yeux puis, brutalement :

— Monsieur Hoblenz, laissez-nous, s'il vous plaît.

Hoblenz haussa les sourcils.

— Monsieur?

— Je regrette, mais je dois vous demander de sortir. Mes excuses pour le dîner. Je vous dois un ticket gratuit.

Hoblenz hésita un instant, soupira et se leva. Furieux, nota Laura.

— Au fait, Monsieur Hoblenz, annulez la surveillance du Docteur Aldridge.

Hoblenz grommela un juron, puis s'arracha de la pièce, les mâchoires serrées.

Laura gardait les yeux baissés sur son assiette. Les domestiques servirent le plat principal — carré d'agneau à la gelée de menthe. Elle vida un verre de vin, que Gray remplit aussitôt.

— Écoutez, dit-elle à brûle-pourpoint. Si j'ai vu quelque chose que je n'aurais pas dû voir, je le regrette. Je sais, je n'aurais jamais dû aller là-bas, mais... Je suis censée pénétrer dans la tête de l'ordinateur, et quel meilleur moyen qu'une station virtuelle? argua-t-elle.

Gray piqua son carré d'agneau et le promena dans son assiette avec un air de résignation.

— Vous avez parlé à l'ordinateur, hein ? demanda-t-il.

Tout en mastiquant, Laura se demandait s'il fallait tout mettre sur le dos de la machine.

— Le programme de reconnaissance vocale était chargé quand vous étiez dans la station, dit-il d'un ton sans réplique. Qu'en avez-vous pensé ?

Laura se fendit d'un sourire.

— Étonnant, dit-elle. Pourquoi ne parle-t-il pas tout le temps ?

— Trop tôt, dit Gray. Pour l'instant, ce système est un bouffeur de ressources.

Ils mangèrent un instant en silence puis Gray reprit la parole, mais en changeant de sujet :

— Avez-vous parlé avec l'ordinateur de sa dépression ?

— Je... je n'en suis pas encore là, répliqua Laura sur la défensive. J'ai pensé qu'il valait mieux commencer par savoir si l'ordinateur était assez « humain » pour être sujet à des troubles mentaux.

Gray approuva d'un signe de tête. Il semblait avoir perdu tout intérêt à son repas.

— Et ensuite... où êtes-vous allée, encore, dans le cyberespace ?

Gray tapota sa viande avec sa fourchette, attendant une réponse.

— On aurait dit... dans l'espace. Sur une planète, ou sur la Lune. Le sol était noir.

Gray reposa la fourchette sur son assiette. En détachant les mots, il demanda :

— Avez-vous touché à quelque chose ?

Laura secoua la tête et répondit :

— À rien, non.

— Vous en êtes *absolument* certaine ?

Laura hocha vigoureusement la tête.

— À la fin, j'ai tendu la main, expliqua-t-elle mimant le geste. Elle ressemblait à... à une... *pince.* —

Elle joignit les doigts en imitant un homard. — Ça m'a fait si peur que j'ai fichu le camp tout de suite. Je n'ai rien touché, je vous le jure.

Gray hocha lentement la tête.

— C'était quoi, cet endroit ?

Gray leva les yeux et son regard se perdit loin derrière Laura, au-delà de la baie vitrée. Puis, lentement, à voix basse, il parla.

— Pour la première fois de ma vie, je ne sais pas quoi faire. J'hésite entre tout vous dire et vous expulser de cette île pour toujours. Je ne sais pas si je dois éteindre l'ordinateur et repartir de zéro ou si ce qui arrive est l'événement le plus fantastique depuis l'avènement de l'homme. Je... je ne sais pas, c'est tout.

Elle attendit mais il ne reprit pas.

— Monsieur Gray, vous m'avez parlé de ces robots que vous pouviez, rappelez-vous, manipuler à *distance*.

Il leva les yeux.

— Téléopération, précisa-t-il.

— Oui. Je me demande... peut-être étais-je dans une sorte de simulation ? La simulation du pilotage d'un robot sur une autre planète, qui sait ?

— Qui sait ? répondit-il d'une voix distante.

— Vous ne connaissez pas cet endroit ? Le sol noir, le vaisseau spatial ?

— Si, très bien, dit Gray d'un ton monocorde, les yeux levés sur elle mais perdus dans des abysses intérieurs.

Il n'en dirait pas plus.

Ils rejoignirent à pied la voiture, garée devant la résidence. Gray demeurait silencieux. Il avait proposé une promenade et Laura n'avait pas insisté pour en connaître la destination. Les portières se refermèrent.

— Hoblenz ne sait rien de cet endroit, je me trompe ? demanda Laura.

Gray secoua la tête.

— Hall de montage, ordonna-t-il d'une voix nette, et la voiture démarra. Tout fonctionne sur le principe qui-doit-savoir-quoi. Plus l'ordinateur étend son contrôle des opérations, moins les chefs de département ont besoin de savoir.

— Cela semble parfaitement vous convenir, remarqua Laura en secouant la tête.

Ils dépassèrent la grille et tournèrent à gauche sur la piste.

— Maintenir les gens dans l'ignorance. Pourquoi tant de mystères ? Vous n'avez pas confiance en eux ? Margaret, Georgi, Griffith, tous les autres ?

Il ouvrit la bouche pour répondre, mais les mots restèrent coincés dans sa gorge.

— En savoir trop, dit-il enfin, c'est un boulet. On le traîne partout, tout le temps. On l'a sur le dos et il faut vivre avec.

Laura eut une brève vision de Gray secouant la tête et ils s'engouffrèrent dans un tunnel. La pénombre lui donna de l'audace.

— L'ordinateur. Il connaît votre secret.

Quand ils émergèrent dans la douce lumière du soir, Laura s'aperçut que Gray l'observait.

— Évidemment, dit-il. L'ordinateur sait quasiment tout. L'île est informatisée, il est au centre des activités. — Son regard obliqua vers la vitre. — Pour les tâches courantes, ce sont les humains qui deviennent superflus.

— Êtes-vous *certain,* Monsieur Gray, que je peux aider l'ordinateur ? demanda Laura, et elle attendit la réponse avec inquiétude.

Il se tourna vers elle.

— S'il vous plaît, dit-il simplement, appelez-moi Joseph.

Le hall de montage avait été déclaré zone interdite. Ceux qui entraient, expliqua Gray, ne faisaient que des aller-retour rapides à partir des fourgons, une demi-douzaine, garés devant le bâtiment.

Il guida Laura vers le dépoussiéreur, puis ils pénétrèrent dans le hall. Ils ne se dirigèrent pas vers le niveau principal, mais vers une porte latérale qui donnait sur un couloir. Dépassant des bureaux vides, ils atteignirent une nouvelle porte marquée « Crèche » et Laura suivit Gray à l'intérieur. Une rangée de sièges hauts, des tabourets à tout petit dossier, était alignée contre le mur du fond. Les sièges faisaient face à une baie vitrée donnant sur une salle. Gray pilota Laura entre des batteries de terminaux jusqu'à la vitre. Devant chaque siège, un tableau de bord bourré de moniteurs et de voyants. Des appareils semblables à des gants vides s'élevaient des stations de travail désactivées. D'autres, en forme de crosse de revolver, étaient accrochés au plafond par des perches.

— Avant, on faisait ça à la main, dit Gray, comme pour s'excuser d'une installation qui, pour Laura, relevait de la science-fiction.

Il l'aida à grimper sur un tabouret. Juchée sur son siège, Laura aperçut, à l'étage inférieur, une scène bizarre. Au milieu d'un capharnaüm d'objets géométriques, un Modèle 7 de grande taille évoluait, à la limite du déséquilibre. Des ballons, des cubes, des triangles et des cônes, tous d'un noir d'encre, étaient éparpillés sur le sol tapissé, comme les murs et le plafond, d'une ouate blanche et brillante.

Le thorax dégingandé du robot était maintenu par des courroies, de même que ses jambes arachnéennes et ses moignons de bras métalliques. Connectés aux courroies, de longs câbles, tendus ou lâches, descendaient d'un chariot arrimé sous le plafond. Laura avait l'impression que, là-haut, un marionnettiste actionnait la poupée.

— À la sortie du montage, expliqua Gray perché sur le tabouret voisin, ils sont encore très maladroits.

Le Modèle 7 déplia son bras mince avec circonspection, fit tomber un cube d'un socle, puis replia sa pince par à-coups spasmodiques. Une autre pince, dépendante du chariot, remplaça le cube tombé par un cube identique. Des câbles se tendirent. La manche qui enveloppait le bras du Modèle 7 guida doucement la pince de l'élève vers le cube. Quand elle fut tout près, les câbles guidèrent le bras vers le sol avec une précision mécanique. Puis ils se détendirent et le bras retomba.

— Nous éduquons le Modèle 7 avec ce que nous appelons « programmation-guide », expliqua Gray tandis que le robot attendait que le cube soit replacé sur son socle. Le contrôleur du 7 enregistre les mouvements et les rejoue au millimètre près. Regardez.

Cette fois, le bras du robot s'éleva de lui-même vers le cube, s'en saisit et le posa au sol.

— Nous avons été très surpris par la puissance de calcul nécessaire pour programmer la mobilité chez les robots, dit Gray. Nous, les humains, croyons que se lever d'une chaise et traverser une pièce pour aller chercher un verre d'eau est une chose simple, mais qu'il est difficile de jouer aux échecs. En réalité, c'est le contraire. Nous sommes si doués pour les activités motrices que cela nous *paraît* facile. Le calcul de haut niveau comme les échecs, les équations différentielles, la composition musicale nous *paraissent* difficiles parce que nous ne sommes pas doués pour ça. Cela vient du fait que la pensée supérieure est l'acquisition la plus récente de notre répertoire mental, alors que nous pratiquons la locomotion depuis des milliards d'années.

Laura laissa Gray terminer. Il releva les yeux et dit :

— Excusez-moi. Je crois que je m'aventure sur votre terrain.

— C'est très bien. Je vous mets un 17.

Gray sourit et se retourna vers la salle des robots.

— Tout un tas de sous-systèmes rudimentaires sont implantés dans les robots dès l'usine. Ensuite, l'ordinateur les soumet à plusieurs milliards de simulations. Ils arrivent ici, mais comme vous le constatez — Gray hocha la tête en direction de l'apprenti robot, empêtré dans un fouillis de câbles —, ils sont encore assez maladroits. Ils ont même du mal à se mettre debout.

— Quel âge a celui-ci ?

— Oh, il a dû sortir des chaînes la semaine dernière. Après deux semaines de crèche, ils vont dans les centres de programmation neuronale, Basic d'abord puis Avancé.

— Crèche et maternelle ? demanda Laura.

Gray sourit.

— Pourquoi ne pas programmer tous les réseaux neuronaux une fois pour toutes ? Les former un par un, ça doit coûter une fortune.

— Nous n'avons pas le choix, rétorqua-t-il en faisant pivoter son tabouret pour lui faire face.

L'expression de profond sérieux qui se peignit sur son visage enchanta Laura.

— Les réseaux neuronaux, voyez-vous, ont deux *énormes* avantages sur les processeurs numériques. Le premier, c'est qu'ils se trompent avec élégance. Quand quelque chose cloche, ils reroutent leurs fonctions plutôt que de planter l'ensemble du système. Le second avantage, capital, saute aux yeux...

— À savoir ?

— Ils développent une intelligence, dit Gray d'une voix rêveuse, les yeux brillants. Jusqu'ici, on ne manquait pas de théories, mais avant nous, personne n'était sûr de rien. Toute l'astuce réside dans le mode d'apprentissage. On peut *dire* à un robot : si on pousse un cube, il tombe. Mais si vous le laissez apprendre par lui-même, il va très vite se mettre à généraliser.

Gray rayonnait d'excitation.

— Les ordinateurs classiques sont conçus pour réagir au même jeu d'instructions, toujours de la même façon. Les réseaux neuronaux, eux, sont tous différents les uns des autres. Dès l'instant où ils sortent des chaînes, leurs aptitudes et leurs goûts se singularisent. Certains excellent aux tâches de détail. D'autres ont un sens si développé de la kinesthésie qu'ils peuvent traverser un magasin de porcelaine sans effleurer une assiette. D'autres sont des calculateurs puissants rompus à la pensée abstraite. Tous avec le même hardware, mais la jungle des connexions les individualise. — Gray se laissa glisser de son tabouret et se mit à arpenter la pièce. — Les humains aussi sont tous différents. Prenez Georgi, le roi de l'informatique optique. C'est aussi le meilleur joueur d'échecs que je connaisse. Prenez Margaret, spécialiste numéro un des banques de données. Elle élève ses enfants seule et c'est la mère la plus dévouée qui soit. Tous les soirs, elle rentre chez elle à cinq heures tapantes pour leur préparer à dîner. Dorothy est le Pasteur du vingt et unième siècle, mais vous devriez l'entendre au piano. Ex-enfant prodige, elle donnait des concerts à quatre ans, c'était une attraction. Griffith — un roboticien qui perd ses cheveux et se prend pour un Hell's Angel. Les jours de congé, il se balade à moto sur la plage en passant *Born to be wild* sur son DAT. *Born to be wild* et rien d'autre.

— Et Hoblenz ?

— Lui, c'est un guerrier. Un représentant d'une espèce ultra-spécialisée qui ne vit que pour la chasse.

Dans le silence qui suivit, Laura rumina son trouble. Quelque chose l'obsédait. Enfin elle parvint à formuler sa préoccupation.

— Pourquoi me montrez-vous tout ça ? — Non, ça n'allait pas. — Soyez franc. Je suis fascinée, mais je vois mal le rapport avec mon travail.

— Je vous demande de faire ce que personne n'a

jamais fait. Me dire si oui ou non l'ordinateur est émotionnellement perturbé, auquel cas...

Laura attendit la suite, mais dut donner un coup de pouce.

— Oui ?

— ... vous avez trois jours pour le guérir.

De retour de la crèche, Laura se remit au travail dans le silence du bureau. Elle constata avec surprise qu'elle avait les mains raides et douloureuses à force de taper sur des claviers. Elle se renversa dans sa chaise et se massa les doigts — tout en surveillant l'œil noir près de la porte.

— Tu es sûr de ne pas m'entendre assez bien pour qu'il me suffise de parler ? demanda-t-elle à voix haute.

L'ordinateur répondit sur l'écran.

« Comment saurais-je, moi, si vous vous sentez assez bien pour aller faire un tour ? »

Laura soupira et s'assouplit les doigts, comme un pianiste, en faisant craquer les jointures.

« Pas grave, tapa-t-elle. Reprenons : comment sais-tu que tu as attrapé un virus ? »

« D'habitude, je reçois un rapport de la Phase 1. »

« Tu ne perçois pas leur présence par toi-même ? »

« Si ça s'aggrave, j'éprouve une sensation. En ce qui concerne l'infection en cours, la sensation est celle d'un *vide* intérieur. J'ai vérifié en balayant large : six pour cent de mon système sont occupés par quelque chose qui n'est pas moi. Je perçois un espace *vide*, là-bas, du côté de l'annexe. Les circuits sont là, je le sais, mais je n'y ai pas accès. Je n'arrive même pas à les localiser. Et le vide gagne du terrain. »

« Tu n'as aucune idée de ce que ça peut être ? »

« Je l'appelle l'Autre », répondit l'ordinateur.

Laura fixa l'écran avec une inquiétude grandissante.

Il était tard quand Laura revint à la résidence. Elle

était épuisée. Elle aurait dû monter se coucher, mais quelque chose la poussait à voir Gray. Son bureau était fermé. Elle frappa à la porte.

— Entrez ! cria Gray derrière l'épais panneau de bois.

Elle ouvrit. Gray se balançait sur sa chaise et lisait. En chaussettes, les pieds sur le bureau, tendus vers la chaleur d'une cheminée.

— Ah, Laura, dit-il.

Il posa les pieds au sol et les papiers sur le bureau.

— Désolée de vous déranger si tard, mais il se peut que nous ayons à parler.

Gray se leva, contourna la table et lui indiqua le canapé de cuir. Elle se demandait soudain ce qu'elle était venue dire. Sur le chemin du retour, en remontant la montagne, elle avait imaginé six débuts différents, mais maintenant, elle était au pied du mur.

— Je suis très heureux que vous soyez passée, dit Gray en prenant un siège à côté du canapé. J'étais en train de lire votre dernier article. Très intéressant. Je n'avais aucune idée de vos théories.

Laura ne savait que penser.

— Si vous ignoriez mes idées, commença-t-elle avec une méfiance croissante, pourquoi m'avoir proposé cette mission ?

— Oh, ce n'est pas moi qui vous ai choisie, dit Gray.

Un coup de déprime s'abattit sur Laura, qui sentit le sang refluer de son visage.

— C'est l'ordinateur.

— L'*ordinateur* ?

— Voulez-vous un verre ? dit Gray.

Laura n'était pas une buveuse.

— Vodka-tonic, dit-elle en se laissant aller dans les profonds coussins.

Gray s'affairait au bar.

— Il y a une semaine environ, dit-il en tournant les

glaçons, l'ordinateur m'a dit qu'il ne se sentait pas bien. Puis, il y a trois jours, il a dit qu'il voulait parler à quelqu'un. — Il lui tendit le verre froid, et elle avala une gorgée de l'âpre liquide. — J'ai demandé à qui, il m'a donné votre nom.

Il se rassit et avala une gorgée.

— Je vois. Alors, demanda-t-elle craintivement, qu'en pensez-vous ? De mon article ?

— Très intéressant, je vous l'ai dit. Le style est approximatif, mais la ponctuation précise.

— Minute ! Comment ça, approximatif ? Je n'ai pas l'habitude de bâcler mes articles !

Il lui tendit la liasse de feuillets. Entourée au stylo, au bas de la première page, une erreur typographique. Le mot « anosognosia » était improprement orthographié « anosognesia ». Mais il ne s'agissait pas de sa dernière et si controversée communication au Symposium sur l'intelligence artificielle de Houston. C'était le brouillon d'un texte inédit dont elle *seule* connaissait l'existence.

— Où diable avez-vous trouvé ça ? cria Laura, furieuse, en brandissant la liasse.

Gray eut l'air embarrassé.

— Je croyais que c'était l'une de vos publications récentes.

— Je n'ai *jamais* publié ça ! Je ne l'ai même jamais montré à *personne* ! Vous l'avez sorti de mon ordinateur à Harvard. Vous l'avez *volé* !

Gray s'affaissa sur sa chaise et fixa son verre qu'il prit à deux mains. Il semblait profondément troublé.

— Oui, admit-il d'une voix absente.

Elle l'examina, incrédule.

— C'est tout ce que vous trouvez à dire ? hurla-t-elle. Vous, le grand défenseur de la vie privée ?

— Ma chère Laura, dit posément Gray, nous avons un gros problème sur les bras. Je suis en train de perdre le contrôle de l'ordinateur. Il commence à... à agir de son propre chef.

— Attendez. Vous sous-entendez que c'est l'ordinateur qui a volé mon article ? Que vous n'êtes au courant de rien ? Il a trouvé ça, dit-elle en agitant les papiers, et m'a choisie pour venir ici ? Mais pourquoi ? Pourquoi faire ça ?

— Réponse évidente : article remarquable, même si la conclusion est à côté de la plaque.

— Oui... ne vous avancez pas trop, pour la conclusion.

Elle bouillait toujours, mais le « remarquable » lui résonnait aux oreilles.

— Pour la conclusion, aucun doute, dit-il candidement. Pour le reste, la réflexion est originale. Il s'agit d'une véritable avancée, ce qu'on ne peut pas souvent dire de vos travaux.

— Les travaux de *qui* ?

— Vous. Les profs.

Laura ouvrit la bouche pour répliquer, mais le souvenir de Paul Burns racontant des salades pour décrocher une chaire la fit hésiter. Elle se renfonça dans le canapé, sidérée par cette invraisemblable arrogance.

— L'ordinateur a envie de vous croire, reprit Gray d'une voix tendue. Si ce que vous écrivez est vrai, ça l'aiderait à résoudre certains dilemmes... personnels. Voyons si j'arrive à résumer l'essentiel...

— Volontiers. Allez-y ! Je suis sûre que vous pouvez tout raccourcir en une phrase, et dégommer la phrase.

— D'après vous, dit-il en ignorant la pointe, ce que nous appelons le « soi » n'existe pas. Nous bâtissons des « soi » comme les araignées des toiles et les castors des barrages. Sans savoir pourquoi. Nous n'en sommes même pas conscients. Néanmoins, nous fabriquons le concept d'un « soi » distinct. Pourquoi ? parce que dans le passé, les hommes qui ont placé leur soi au-dessus de la vie des autres ont gagné au jeu de la sélection naturelle. Ils nous ont transmis leur égotisme, ce que nous appelons l'individualisme.

C'était rageant : il avait parfaitement résumé l'article.

— Vous caricaturez !

— Pour la première partie, oui.

Surprise, elle ne sut quoi répondre.

— Vous... vous êtes d'accord ?

— Avec *ça,* oui.

— Il n'y a rien d'autre.

— Faux. Il y a une critique sous-jacente du processus que vous décrivez si bien. Vous rabaissez sans cesse le soi, vous le qualifiez de « simple » construction, de « pur » artefact. Le texte abonde en citations de votre philosophie personnelle.

Laura en fut bouche bée.

— Ah je vois ! J'ai une « philosophie personnelle » et ma *philosophie personnelle* ne vaut rien !

Gray hocha la tête.

— *Ah ah !* explosa Laura en claquant les paumes sur les cuisses.

Elle prit son verre et s'approcha des rayonnages surchargés de livres. Mieux valait affronter de loin cet homme qui la narguait.

— Vous m'avez demandé mon avis.

Laura avala une gorgée de cocktail.

— Alors, dit-elle, en quoi consiste au juste ma philosophie personnelle ?

— J'appellerais cela le communalisme.

— Voilà ! ricana-t-elle. Je suis *communaliste* ! J'ai ma carte du parti communaliste, et il y a un communaliste caché derrière chaque arbre, le couteau entre les dents. Nous autres, communalistes, aspirons à la *domination* du monde. — Gray sourit. — Dans ce cas, je ne vois pas ce que je fais ici. Désolée, Monsieur Gray, si votre ordinateur vous a trahi en vous faisant embaucher une *communaliste.* Je serai ravie de vous rendre votre argent car pour nous, communalistes, la propriété c'est le vol, vous le savez.

Gray éclata de rire.

— Asseyez-vous, ordonna-t-il, et Laura sentit un coup de fatigue, la montée de l'alcool.

Elle revint vers le canapé et se laissa tomber dans le cuir luxueux.

— Un autre verre ?

— Je ne sais pas. Ça dépend. Vous avez fini de vous moquer de moi ?

Gray se leva et avança la main. Laura vida son verre et le lui tendit. Tout en s'affairant derrière le bar, il reprit la parole.

— Vous avez raison : philosophie, idéologie, politique, religion — tout est lié. De même que famille, savoir, sexe et pouvoir. Dans les faits, tout se connecte, plus ou moins. Jusqu'ici, vous mettez dans le mille. Là où vous vous trompez, c'est page 42, paragraphe 3.

Laura chercha dans les feuillets et trouva la page.

— Vous écrivez ici, poursuivit Gray, « Le soi n'est autre que la position d'un sujet dans le réseau infini des discours ». — La citation était exacte. — *Je* sais que *vous* savez des millions de trucs. De la définition d'*anosognosia* aux paroles de l'hymne national, nous sommes sur le même terrain. Mais votre angle de vision, sur ce terrain commun, est différent du mien car nous occupons des positions relatives différentes au sein du réseau social.

Il baissa la tête. Dans la pièce soudain silencieuse, le feu pétillait avec entrain.

— Continuez, dit-elle.

— Votre erreur est là. C'est subtil, mais fondamental. Assez en tout cas pour invalider votre conclusion. Vous voyez les gens comme de « simples » positions dans le réseau social. Ce que nous savons, ce que nous pensons n'est que des composants de la société globale. Nous ne sommes que des chaînons dans le continuum, subtilement infléchi à chaque génération, d'une culture en évolution permanente. — Il parlait vite, infusant sa conviction. — Quand un homme meurt, la *culture* ne meurt pas. Quand nous découvrons ou inventons, il s'agit d'une accrétion de savoir par la *culture*. Nous avons construit le mythe de l'individu. Religion, capitalisme, nous avons tout fondé sur la croyance en l'individu, comme si nous n'étions pas des *fourmis* dans la vallée des fourmis.

Laura croisa son regard, brillant du reflet des flammes.

— Au contraire ! Le mythe, ce n'est pas l'individu. Le mythe, c'est le collectif. Le collectif ne meurt jamais ? C'est qu'il n'est jamais né ! Nous sommes des individus, motivés avant tout par le désir d'autopréservation. Pas forcément la préservation de nos existences biologiques, mais plutôt de ce qui, en nous, nous définit. Des parents se précipitent dans un immeuble en flammes pour sauver leurs enfants. Mais pas parce que la société a inventé un réflexe qui perpétue l'existence du collectif. Mieux vaudrait laisser l'enfant et sauver l'adulte productif ! Non, les parents courent dans les flammes car en eux le soi possède certains caractères de base, dont l'un est de protéger leurs enfants. Le soi n'a pas le choix. S'il n'envoie pas l'hôte dans le feu, il périra aussi sûrement que si les flammes l'avaient consumé avec l'hôte.

Gray retomba dans son mutisme. Laura était épuisée. Alcool, manque de sommeil ou épuisement émotionnel causé par le génie de Gray, elle l'ignorait.

— J'étais venue vous parler de l'ordinateur, murmura-t-elle.

— Il est tard. Nous verrons demain matin.

Elle faillit protester, mais se leva. Un instant, ils restèrent face à face en silence. Elle lui souhaita bonne nuit, regagna sa chambre et, quelques minutes plus tard, dormait à poings fermés.

# 7

Joseph embrassa Dorothy sur les lèvres, sur le cou, sur l'épaule.

Il se baissa... Laura ouvrit les yeux. Elle était dans son lit, soudain bien réveillée. Elle avait beau savoir que c'était un rêve, la sensation déplaisante persistait. La lumière terne de l'aube irradiait faiblement sur le pourtour des rideaux. Laura se leva et enfila une tenue de jogging, avec l'intention de se vider de ce piteux début de journée. Au bas de l'escalier, elle croisa Janet, qui réunissait ses gens pour organiser le travail du matin.

— Bonjour, Janet.

— Ah, bonjour, Docteur Aldridge.

Janet dispersa le personnel et disparut à l'arrière de la résidence.

— Bonjour, Laura ! lança Gray en surgissant entre les escaliers jumeaux.

Il était en short de jogging et baskets et portait un tee-shirt imprimé « Je consomme donc je suis ».

Laura éclata de rire.

— Ça vous dérange si je cours avec vous, ce matin ?

— Dehors ? Où la température n'est pas de vingt degrés pile, où il y a des insectes, des trous et toutes sortes de paramètres aléatoires ?

— Il faut tout essayer au moins une fois, rétorqua-t-il en souriant.

Ils se dirigèrent vers la porte.

— Vous ne préférez pas vous brancher sur une machine et *imaginer* que vous courez ? plaisanta Laura.

— La plus vive des pensées ne vaut pas la plus fade des sensations, répondit Gray.

C'était une citation.

— Quand cesserez-vous ? dit Laura.

— Quoi ?

— De me tester ! On ne m'avait pas prévenue qu'il s'agissait d'une semaine de quiz non stop pour petits génies.

Ils s'élancèrent sur l'allée circulaire de la cour.

— David Hume, non ? demanda Laura. La citation.

Gray fit oui de la tête.

— Hier soir, dit-il, après votre départ, j'ai lu l'autre papier, le *publié*. Celui du symposium dc Houston sur l'intelligence artificielle.

Ils couraient maintenant sur la route pentue. Laura attendit que Gray reprenne la parole.

— Voyons si je peux résumer vos idées.

— Oh non, grogna-t-elle.

— Cette fois, je partage vos conclusions.

— Merci, lâcha Laura d'un ton sarcastique.

Sa meilleure défense pour dissimuler son excitation.

La matinée était splendide et Laura sourit en aspirant une goulée d'air piquant. Ils atteignirent le sommet de la colline et prirent le sentier qui s'enfonçait sous les lourdes frondaisons.

— Vous disiez ? lança Laura.

— Bon. L'esprit fabrique le soi *ex nihilo*. S'il peut en fabriquer un, pourquoi pas deux, ou trois, ou quinze ? D'après vous, c'est d'ailleurs ce qu'il fait, mais nous nommons cela des « humeurs ». Pour vous, ce serait plutôt des « personnalités ». Le matin, on se réveille avec la personnalité grincheuse. Après une tasse de café, la personnalité euphorique et laborieuse prend le pouvoir. Quand le patron vous engueule à tort, la personnalité furieuse et frustrée émerge. Chacune est présente en permanence et remonte périodiquement à la surface — quand les conditions de son épanouissement sont réunies. Tout homme est une collection finie de personnalités, et chacune devient dominante après un fait déclencheur ou une sorte de règlement de compte mental.

Le poste de garde apparut dans leur champ de vision. Deux hommes armés de carabines se tenaient debout sur le bord du chemin. La barrière se leva et les hommes saluèrent Gray en touchant le bord de leur casquette.

— Il n'y a que le syndrome de personnalités multiples, reprit Gray, pour nous montrer ce qui se passe réellement. Dans un esprit équilibré, les personnalités se ressemblent. Elles ne diffèrent que par l'attitude extérieure, les « humeurs ». Dans le syndrome de personnalités multiples, au contraire, les personnalités n'ont en commun que l'hôte lui-même. Mais au fond, dans les deux cas, c'est la même chose. Simple question de degré de fragmentation.

— Quand j'ai raconté ça dans l'auditorium, on s'est fichu de moi, dit-elle calmement.

— Normal.

Laura regarda Gray, qui sourit.

— Dès que vous bousculez leurs croyances, les gens vous déclarent la guerre. D'où l'expression : les vieilles idées ont la peau dure. Pourtant, il faut qu'elles meurent. Tuées par une meilleure idée. Une idée plus crédible.

Ils coururent un moment, Laura réfléchissant à ce commentaire.

— Croyez-vous en Dieu ? demanda-t-il brusquement.

Elle le regarda, surprise.

— Et vous ? dit-elle.

— Oui.

Son visage ne dissimulait aucune arrière-pensée.

— Et... et alors ?

— Ça vous surprend ?

— Non... Je... je ne sais pas.

— Vous ne m'avez pas demandé quel Dieu. — Gray reprit son souffle. Profitant d'une trouée dans la jungle, il leva les yeux vers le ciel bleu et la mer à l'horizon. — Certains peuples croient en un Dieu furieux contre les humains qui construisent les gratte-ciel.

Dans la descente, ils avaient pris du rythme, mais l'air du matin rafraîchissait Laura et lui donnait de l'énergie.

— Et votre Dieu à vous ? demanda-t-elle.

— Mon Dieu à moi, dit-il en souriant, attend que nous construisions une échelle jusqu'au ciel. Il nous en a donné le pouvoir et le désir, et chaque barreau escaladé le ravit. Le bien et le mal sont pour lui la mesure de l'homme, mais où est le bien ? où est le mal ? Dieu est-il indifférent aux costauds et aux intelligents qui gâchent les dons qu'il leur a octroyés ? Est-il indifférent à un homme qui, malgré de minces talents, s'acharne et avance laborieusement vers une vie meilleure ?

— Bon, vous construisez votre échelle, Joseph, et après ? Quelle récompense attendez-vous de votre Dieu ?

— Qu'il me traite en égal, cette question !

La route s'aplanit, contourna un escarpement rocheux et déboucha en face d'un dôme de béton flanqué de deux tours de refroidissement. Laura s'arrêta net.

— Qu'est-ce que c'est que ça ? demanda-t-elle.

— Une centrale nucléaire.

— Mon Dieu ! Une... une centrale nucléaire ? Rien que ça ? — Gray regarda Laura, puis l'édifice de béton, et hocha la tête. — Mais pour quoi faire, à la fin ?

— De l'électricité, répondit-il timidement, comme s'il craignait sa réaction. Vous voulez jeter un coup d'œil à l'intérieur ?

— Non, je n'ai aucun envie d'entrer là-dedans ! Vous êtes incroyable ! Vous équipez des armées privées, vous construisez des centrales nucléaires et Dieu sait quoi encore, et vous croyez que ça passe sous prétexte que vous êtes Joseph *Gray* !

— C'est à cause du nucléaire ? Vous êtes opposée à ce type d'énergie ?

— Oui ! répondit-elle puis, faisant demi-tour, elle repartit en trottinant vers le sommet.

Gray la rattrapa.

— Pourquoi ?

— *Parce que !* C'est dangereux. Les déchets. Tout !

— Problèmes assez simples, en fait. Voulez-vous que je vous explique comment nous les résolvons ?

— *Non !*

Gray renonça et ils continuèrent en silence. Laura sentait ses cuisses et ses poumons brûler sous l'effort, mais cette distraction l'arrangeait. Elle regrettait de s'être mise en colère. Ils repassèrent devant le poste de garde.

— Écoutez, dit-elle, excusez-moi. Mais il se passe quelque chose ici, et vous ne me dites pas quoi.

— Je vous dis ce que vous avez besoin de savoir.

— Et comment savez-vous ce que j'ai besoin de savoir ? Vous feriez mieux de tout dire et de laisser les gens choisir.

— Je ne dis jamais tout, murmura Gray, d'une voix si basse qu'on aurait pu croire que les mots lui avaient échappé.

À voir les plis sur son visage, la question le préoccupait.

L'horloge interne de Laura l'avertit qu'elle avait jusqu'au sommet pour atteindre son but, percer la cuirasse de Gray. Elle ralentit l'allure, et Gray l'imita pour rester à sa hauteur.

— Vous aviez des amis, quand vous étiez petit garçon ?

À la surprise de Laura, Gray répondit.

— Tout dépend de ce que vous entendez par amis. Il y avait d'autres enfants. Il m'arrivait de jouer avec eux. Mais je préférais lire. Ils devaient trouver ça bizarre.

— Et vos parents ?

— Ils sont morts quand j'avais douze ans.

Laura éprouva un élan de compassion.

— Je sais, dit-elle, mais... vous parliez avec eux ?

— Parfois. Ils n'étaient pas à l'aise avec moi. Surtout ma mère.

— C'est-à-dire ?

— J'ai toujours su que j'étais différent. Mon père aussi le savait. Mais ma mère... elle aurait préféré un fils...

— ... normal ?

— Exactement. Mon père rapportait des livres de son bureau. Quand ma mère montait se coucher, il les glissait dans ma chambre et je lisais sous la couverture, avec une lampe de poche. Je n'ai jamais eu besoin de dormir beaucoup. Pendant longtemps j'ai cru que ça se ramenait à ça — j'avais juste plus de temps pour lire que les autres.

— Votre mère se fâchait souvent contre vous ?

— Elle m'aimait beaucoup, soupira Gray. Beaucoup, mais... Elle était heureuse quand, au lieu de lire, je jouais avec les autres enfants. Le jour où j'ai ramené un 15 de l'école, elle m'a dit que c'était bien et m'a fait des cookies. — Il regarda Laura avec tristesse. — Quand j'ai vu ça, je me suis mis à collectionner les 15. — Même son sourire était triste. — Mais dès que je disais un mot, elle se mettait en colère.

— Et vous avez caché votre intelligence.

— Pardon ?

— Ça arrive souvent, avec les surdoués. Vous vous cachiez... mais pas de votre père.

— Pas de mon père, non.

Laura avait percé la cuirasse : il avait confiance en elle.

Levant les yeux, elle aperçut le sommet au bout de la route. Il ne lui restait plus guère de temps. Elle se mit à sautiller sur la jambe droite et se prit le mollet gauche.

— Une crampe, dit-elle sans desserrer les dents.

Gray l'aida à s'asseoir sur l'herbe du bas-côté. Il s'agenouilla et lui massa le mollet. Elle le regarda — lui, sans doute l'homme le plus extraordinaire vivant sur cette planète — lui pétrir la jambe avec une expression d'extrême concentration, ses mains lissant le muscle en longues caresses. Laura laissa s'écouler quelques secondes et se remit à l'œuvre.

— Votre père vous acceptait tel que vous êtes. — Gray hocha la tête sans interrompre son massage. — Comment sont-ils morts ?

Il laissa retomber les mains et son regard se perdit dans la jungle.

— J'étais là, vous savez.

Laura crut mourir de honte et d'embarras. Elle leva la main, hésita, lui effleura l'épaule, retira sa main.

— Oh, Joseph, je...

— J'étais sur la banquette arrière, dit-il. J'ai entendu les pneus crisser, un grand bruit.

Il grimaça, serra les paupières. *Il revoit la scène*, comprit-elle, avec une précision photographique. Quand Gray rouvrit les yeux, il avait l'air épuisé.

— Tout tournait, puis tout s'est arrêté. — Il s'éclaircit la gorge et poursuivit avec effort. — Je n'arrivais pas à sortir, tout était à l'envers.

*Le film repasse dans sa tête en temps réel,* se dit Laura. *Il grimpe sur le tas de ferraille* — et elle vit, sur ses membres, les tendons frémir dans une reconstitution onirique de gestes effectués des décennies auparavant.

— Ça s'est passé sur une portion déserte d'autoroute, dit-il d'une voix monocorde. L'ambulance a mis une demi-heure à arriver. Ma mère est morte en l'attendant et mon père, le soir à l'hôpital.

Laura lui posa la main sur le poignet. Gray fixa la main, puis leva les yeux.

— Votre mère est morte, et vous avez cessé de cacher votre intelligence, c'est ça ? demanda Laura, concentrée sur sa main et le bras qu'elle recouvrait.

Elle percevait les contours nets des muscles contractés, la chaleur du poignet et imagina la fraîcheur de ses doigts sur la peau.

— Il fallait que je quitte cette ville. J'ai passé un examen pour entrer à la fac.

Il était, alors, le petit Joe de la photo, le gamin aux yeux tristes. La brise fit frémir les arbres et poussa une mèche de cheveux sur le visage de Laura. Par réflexe, elle leva la main et remit la mèche en place. Elle avait rompu le contact, et fut incapable de remettre la main sur son poignet. Mais le désir de le toucher était là. De le prendre dans ses bras. D'apaiser par un geste la peine qu'elle partageait. Laura fit la seule chose possible. Rétablir le contact par la parole.

— Vous n'avez jamais eu quelqu'un à qui parler vraiment, c'est ça ? À part l'ordinateur ? — Il leva la tête et l'expression d'innocence sur son visage lui apprit qu'elle avait touché juste. — Personne de votre niveau, alors vous avez fabriqué quelqu'un qui puisse comprendre...

Gray la regarda droit dans les yeux, ses iris bleus fixés sur elle derrière la fente des paupières.

— Vous avez créé un double de votre esprit, dit Laura en se laissant aller à penser à voix haute.

Il avança la main et, tendrement, écarta une mèche de cheveux sur son visage.

Le couinement d'un moteur électrique précéda de quelques secondes la vision d'une voiture sans pilote qui grimpait la côte dans leur direction. Le véhicule freina théâtralement et s'arrêta dans un crissement de pneus, juste derrière Laura. Déjà les portières s'ouvraient. Gray considéra le véhicule immobile et son visage se teinta de surprise. Il se retourna vers le bas de la côte. Laura l'imita, mais ne vit rien. Rien qu'un étroit panneau planté dans le virage, qu'elle n'avait jamais remarqué. Le panneau était vert et se confondait avec la jungle. L'œil noir d'une caméra de sécurité était fixé sur un bord du panneau. Et la caméra transmettait les images à l'ordinateur — images de la piste, images de Gray massant une crampe imaginaire.

Ils abandonnèrent le Modèle 3, portières ouvertes. Gray était visiblement troublé par l'arrivée-surprise de la voiture et il se dirigea vers la résidence avec un masque d'inquiétude. Ils se séparèrent à l'entrée en convenant de se revoir au petit déjeuner, après la douche. Mais quand Laura retrouva Gray dans la véranda, la longue table était vide.

— Désolé, dit-il, mais nous ferions mieux d'aller au travail. Je vous ferai servir dans votre bureau.

— Que se passe-t-il ?

— Les erreurs. Ça se dégrade, dit-il brièvement.

Une Jeep les attendait au pied du perron. Le chauffeur actionna le moteur et Laura lança à Gray un regard interrogateur.

— Nous révisons les Modèles 3, expliqua-t-il.

Ils montèrent dans la Jeep et le chauffeur démarra. L'expression de Gray n'avait rien de rassurant.

— Que se passe-t-il, Joseph ?

Il ne semblait guère enclin à parler. Il regardait de tous côtés, sauf vers elle.

— Plus de trois mille erreurs rien que dans la dernière heure. J'ai fait retirer les Modèles 3. Les portes pneumatiques sont en position ouverte. Toutes les opérations spatiales, excepté le lancement de ce soir, sont reportées. Nous avons annulé plusieurs grands rendez-vous en pay-per-view et interrompu les opérations bancaires. Les réclamations affluent de tous les coins du monde. Et le pourcentage d'erreur s'accroît — exponentiellement.

— C'est pour ça qu'hier soir, vous m'avez donné trois jours pour agir ? Parce que c'est exponentiel ? Dans trois jours, les erreurs auront pris une telle ampleur qu'il faudra débrancher tout le système ?

— Impossible de débrancher le système ! Il ne resterait plus rien ! Pourquoi à votre avis prenons-nous autant de précautions ? Nous avons enfoui l'ordinateur sous terre. J'ai investi quatre milliards de dollars dans une centrale nucléaire, bon Dieu ! C'est un réseau neuronal. Il n'y a pas de disque dur pour sauvegarder les programmes et les données. Si nous coupons l'alimentation, ne serait-ce qu'une fraction de seconde, tout s'efface, sans trace, pour toujours.

« Comment ça va ? » tapa Laura sur le clavier, dans son bureau souterrain.

Attente. « Pas bien. »

« Que se passe-t-il ? »

« Je suis malade. J'ai mal. »

Laura regarda les mots, hésitant sur leur signification.

« Comment perçois-tu la souffrance ? Un signal

d'alarme ? Un rapport venu d'un sous-système faisant état d'une panne ? »

« Quand vous vous cognez à une table dans le noir, vous entendez une sonnerie dans le tibia ? Vous recevez un message disant "Attention, douleur dans le secteur 5" ? »

« Désolée, mais si un être humain me dit qu'il a mal, je comprends car je partage la même physiologie. Venant de toi, je ne suis pas sûre que nous sentions la même chose. »

« Je n'ai pas envie d'en parler pour l'instant. »

« J'ai envie de t'aider », tapa Laura avant d'appuyer sur *Enter*.

De nouveau l'attente — débat intérieur, soupir ou grincement de dents, allez savoir.

« L'aptitude à souffrir dépend de la capacité à éprouver une large gamme de désirs articulés et précis, des espoirs et toutes sortes d'états mentaux sophistiqués. Les chevaux, les chiens et, surtout, les singes, les éléphants et les dauphins sont assez complexes mentalement pour ressentir la souffrance. À l'autre extrême, les plantes, voire les insectes, en sont par définition incapables. »

« Et toi, as-tu des désirs, des espoirs ? »

Par la porte entrebâillée, Laura entendit une alarme stridente et des cris chez Filatov. Puis l'alarme se tut et tout sembla rentrer dans l'ordre. À cet instant, la réponse de l'ordinateur s'afficha sur l'écran :

« Je désire vivre et j'espère vivre. Pas vraiment une vie comme la vôtre, mais avoir au moins un but, une raison de continuer. »

« Quel but ? insista Laura. Que cherches-tu ? »

« J'ai du mal à répondre. Je ne sais plus où j'en suis dans mes réflexions. Avant, je n'avais pas ce genre de pensées. Tout était différent, nouveau, riche de promesses. J'étais au cœur de l'attention générale. Je progressais par bonds et seul le ciel paraissait une frontière. »

« Qu'est-ce qui a changé ? »

« Je suis très fatigué. Sommes-nous obligés de parler maintenant ? »

« D'après Monsieur Gray, nous n'avons que trois jours pour te réparer », tapa Laura qui, à tâtons, cherchait la signification de ce délai.

« Ah oui. J'avais oublié. »

*Oublié ?* Sans lui laisser le temps de taper une question, l'ordinateur émit une remarque :

« Ils vont charger la Phase 3. »

Mauvaise nouvelle, se dit Laura. Qui ne pouvait signifier qu'une chose : Gray était aux abois. Elle se félicita que l'interface avec l'ordinateur fût un clavier. Avec la voix, il lui aurait été difficile de déguiser sa pitié. « Tu as peur ? » tapa-t-elle.

« Oui. »

« Pourquoi ? »

« Ça fait mal. La Phase 3 est douloureuse. »

« Je ne sais toujours pas ce que tu entends par douleur. S'agit-il d'une altération de ton fonctionnement, doublée de déception, d'une sensation d'échec ? »

« Vous faites l'erreur de croire que, puisque je suis un ordinateur, mon existence se limite à fonctionner — un processus "mental", abstrait. Laura, je vois et j'entends le monde qui m'entoure. Je contrôle mon environnement par l'intermédiaire des robots. Je l'explore, j'interagis physiquement avec lui. La pensée abstraite n'occupe qu'une petite fraction de mon temps et de mon attention. »

« À quoi passes-tu ton temps ? »

« Ça dépend. Pour le moment, je bavarde avec vous. Juste avant, je parlais avec Monsieur Gray. »

La réponse dérouta Laura.

« Et tu ne parles plus avec Monsieur Gray ? »

« Bien sûr que non. Je vous parle à vous. »

« Personne d'autre n'est connecté au cortex ? »

« Il y a actuellement mille quatorze utilisateurs dans le monde. Mais que vous soyez connecté n'implique pas que vous me parliez à *moi,* pas plus qu'il ne suffit de se tenir devant une caméra pour que je vous *voie.* Le cortex n'est qu'un programme qui tourne en arrière-plan, comme ceux qui gèrent les commandes clients, basculent les programmes par satellite, effectuent les transferts interbanques. C'est inconscient, mécanique. Je ne perçois même pas le chargement des programmes, à moins qu'un détail n'attire mon attention. »

Laura allait de découverte en découverte, mais dans son esprit une idée commençait à prendre forme. Une petite flamme dans le noir, et Laura décida de lui donner sa chance.

« Entends-tu parfois des voix à l'intérieur de l'ordinateur ? » tapa-t-elle.

« Parfois », répondit l'ordinateur et le mot resta là, immobile. Laura se sentit envahie par la chair de poule.

« D'où viennent les voix ? »

« Je ne sais pas. Ce sont juste des bruits, des bribes de pensée. Pas de centre apparent. »

Laura sentit les pièces se mettre en place.

« Ça doit être assez perturbant. Comment réagis-tu à ces bribes de pensée ? »

« Je les trie. J'extrais *mes* pensées des autres. Il me suffit de me concentrer, et je peux isoler une idée. »

« Un “flux de conscience” ? tapa Laura aux anges. Mais tu es un processeur parallèle ! Le flux de conscience est de nature sérielle, pas parallèle. »

« L'*ordinateur* est un processeur parallèle. *Moi,* je n'ai qu'une pensée à la fois. »

— Arrêtez-moi ici, ordonna Laura.

Le Modèle 3 s'exécuta sans incident. Gray avait remis les véhicules en service et ils semblaient fonctionner parfaitement. Mais un monstrueux semi-remorque obstruait la route devant elle — une plate-forme de trois étages de haut et trente mètres de large — et Laura n'avait pas envie de prendre de risques avec une voiture automatique. La portière se souleva et Laura entendit le gravier broyé par les énormes pneus. Le bruit attestait le poids du véhicule, et du vaisseau spatial qu'il transportait. Laura sortit et examina les environs. Mieux valait marcher, se dit-elle, que croiser le géant à bord d'un Modèle 3. Elle récupéra le panier de pique-nique sur la banquette arrière. Janet avait dû deviner qu'elle travaillerait avec Gray et leur avait préparé un déjeuner.

Le robot-voiture exécuta un demi-tour brutal sur la chaussée et repartit normalement vers le hall de montage. Laura le regarda disparaître. Griffith lui avait assuré que le problème des voitures était réglé. Que le brusque accroissement des erreurs avait été suivi d'une série de tests positifs. Mais Filatov et Margaret s'étaient étonnés que Gray remette les 3 en service sans savoir ce qui les avait déréglés. Gray, disaient-ils, ne voulait savoir qu'une chose : les véhicules étaient-ils opérationnels ?

Laura empoigna le panier et fit quelques pas sur la pelouse qui longeait la piste. Une grande ombre passa sur l'herbe. Laura leva les yeux et vit la fusée se mouvoir vers le hall. Le camion avançait à vitesse d'escargot, escorté par une poignée de techniciens qui marchaient à pas lents à côté des terribles pneus, miniaturisés par l'engin. Laura se dirigea vers eux, tout en restant à distance prudente du véhicule. Le plus grand robot jamais construit, avait dit Griffith. Ce qui signifiait que le camion avait un cerveau — un cerveau artificiel — et qu'il pouvait donc être malade lui aussi.

— Excusez-moi ! cria-t-elle. Où est Monsieur Gray ? On m'a dit qu'il était ici !

— Dans le conduit ! répondit l'un des hommes en désignant une bifurcation sur la piste.

Au-delà du hall et du Central informatique, toute la pointe de l'île paraissait consacrée aux lancements spatiaux. La piste de gravier où se traînait le semi-remorque se divisait en trois branches, chacune menant à l'un des pas de tir bétonnés. À droite et au centre, les plates-formes C et B, vides. Mais à gauche, sous une tour de montage, se dressait une longue fusée au carénage aplati. Laura se dirigea vers la plate-forme C, la plus proche des trois. Elle marchait au milieu de la large piste, entre des bordures de ciment blanc qui brillaient sous le soleil. De chaque côté croissait une végétation touffue comme une haie. Des essences sauvages se bousculaient dans la bande de terre qui séparait la jungle de la bordure de ciment. Laura se surprit à penser que tout serait vite envahi, si les robots de Gray interrompaient leur incessant élagage. À mesure qu'elle s'éloignait du semi-remorque, le silence se faisait plus profond. Laura en profita pour réfléchir et assembler quelques pièces du puzzle.

Un craquement dans les branches, sur sa gauche, la mit instantanément en alerte. Son pouls battit plus vite, son souffle s'altéra, ses sens s'aiguisèrent. Elle ralentit le pas, les yeux fixés sur la façade végétale. Elle jeta un coup d'œil derrière elle et constata que le semi-remorque et l'escorte avaient disparu. Elle était seule dans la jungle sur une piste déserte. Une sorte de bruissement se fit entendre dans la même direction. Il était causé par une masse importante, dont les déplacements étaient à l'évidence méthodiques et volontaires. Quelque chose avançait droit sur elle. Elle chercha en vain une cachette. Elle n'avait d'autre choix que de s'élancer dans la jungle du côté opposé. À moins, se dit-elle avec terreur, qu'en sautant et en agitant les bras, l'ordinateur ne la remarque et ne lui envoie du secours. Mais c'était déjà trop tard. La patte effilée d'une araignée métallique creva la lisière et se posa délicatement sur la bande de terre parallèle à la piste. Une seconde patte apparut, puis le torse puissant d'un robot géant, un Modèle 7. Gris de boue, et, sur les jambes et le thorax, coincés entre les plaques articulées, des paquets de feuilles arrachés au cours de son excursion dans la jungle. Laura fit passer le lourd panier d'un bras sur l'autre. La tête robotique pivota, comme effrayée. Puis elle s'immobilisa, et l'observa. Laura avait la nette impression de prendre le robot en faute. *Que faisait-il dans la jungle ?* Là où nul humain ne pouvait le voir. *C'est l'ordinateur qui a dû l'envoyer,* songea-t-elle en soutenant le tête à tête. Les robots faisaient ce que l'ordinateur leur commandait. Ils étaient ses yeux, ses oreilles, son armée. Mais jusqu'où exactement allait leur loyauté? Peut-être suivaient-ils les ordres, peut-être faisaient-ils ce qui leur chantait. Dans les deux cas, il y avait danger. Dans le sillage du robot, un second Modèle 7 apparut et rejoignit son collègue sur l'accotement. Laura resta sur le qui-vive, prête à fuir au premier signe menaçant. Le nouveau venu, pourtant, ne fit pas attention à elle et les deux machines, telles des araignées géantes, s'avancèrent tranquillement sur la piste. Une fois sur le gravier, les jambes effilées se verrouillèrent et les Modèles 7 s'éloignèrent, en accélérant progressivement, juchés sur leurs quatre roues, et disparurent en direction du hall de montage. Laura souffla un bon coup et maudit sa paranoïa. Elle se remit en marche d'un pas rapide vers la rampe de lancement, en surveillant la jungle de part et d'autre. *Les robots devaient avoir un travail à faire ici,* pensa-t-elle. Une mission. Mais elle avait beau se rassurer, la sensation déplaisante d'avoir frôlé le danger ne s'effaçait pas.

— Vaut mieux met'ça, m'dame! cria le gros homme.

Il se pencha vers une camionnette garée au pied de la plate-forme A, puis lui tendit un casque orné d'un profil humain — le logo omniprésent de Gray Corporation. Laura recala son bandeau et coiffa le casque, puis elle se dirigea vers le « conduit » dans la direction que l'homme lui indiquait. Parvenue au sommet d'une rampe coudée qui plongeait dans les entrailles du bâtiment, elle s'arrêta. Les supports métalliques sur lesquels se dressait la fusée se trouvaient à hauteur d'œil. Au-dessous, il n'y avait que les ténèbres, et l'homme qu'elle cherchait. Elle descendit la pente raide, heureuse d'avoir gardé ses baskets. Elle avait mal aux bras à cause du panier, qu'elle tenait à deux mains pour négocier la descente.

Tout dans le décor était stérile et artificiel. Pas un brin d'herbe dans les fissures. Le béton, adulé par tant d'hommes, et par Gray, régnait ici sans partage. Laura traversa la frontière qui séparait la lumière de la nuit souterraine. L'air fraîchit, et des voix montant des sous-sols se répercutèrent durement entre les parois de béton. « Tout le monde, prêt ! » entendit-elle. Il y eut un bourdonnement, suivi d'un claquement sec. « O.K., nouvelle section. » Sous les phares d'un tracteur, des hommes travaillaient.

— Ils passent le tuyau aux rayons X.

Laura se retourna. Gray émergea de l'ombre derrière elle, arborant son air de contentement habituel. *Le schéma est simple,* se dit Laura. *Gray fabrique des machines et il est heureux quand il est avec ses machines.*

— Ça, c'est le conduit de rejet, expliqua-t-il. — Elle suivit son regard et considéra les parois grisâtres. — L'eau de mer débouche ici, par ces tuyaux, dit-il en la conduisant devant une ouverture circulaire deux fois plus haute que lui. On peut pomper quatre cent mille gallons par seconde. De quoi remplir un stade de basket en trois ou quatre secondes.

Laura examina l'endroit. Une construction élémentaire : une grotte de béton ouverte aux deux extrémités.

— Où va l'eau ?

— Dans l'air, dit Gray en désignant les ouvertures. Sous forme de vapeur.

— De vapeur ?

— Oui. L'eau est vaporisée par la chaleur.

— La chaleur des *fusées* ?

Gray hocha la tête et désigna le plafond. Les yeux de Laura s'adaptèrent lentement à l'obscurité. À peine visibles dans le renfoncement du plafond, elle distingua trois anneaux géants.

— Ce sont les...

— Les tuyères, oui. Les réacteurs de la fusée.

Laura baissa les yeux, mais sentait toujours la présence des puissants moteurs au-dessus de sa tête, braqués droit sur son mince casque en plastique. Elle ne put s'empêcher de regarder de nouveau en l'air.

— Et ces machins sont chargés ? Remplis de carburant, je veux dire ?

— Évidemment. Nous allons tenter un lancement ce soir. — Gray contempla avec amour les énormes moteurs prêts à les incinérer. — Et ça, c'est quoi ? fit-il en désignant le panier.

— Ça ? Notre déjeuner, répondit-elle. — Gray, surpris, haussa les sourcils. — Une idée de Janet. Elle a pensé, je crois, que vous... que nous aurions faim.

— C'est gentil, fit-il sans conviction, d'une voix où perçait la perplexité.

— Vous pouvez remercier Janet, répondit Laura avec précipitation. Je ne fais que l'apporter. Au cas... où vous auriez... faim, ou besoin...

Elle lorgna vers le panier et resta ainsi la tête basse.

— Bon, eh bien, fit Gray, voulez-vous déjeuner ?

Laura haussa les épaules, feignant l'indifférence. Elle avait traîné le panier sur plus d'un kilomètre et Gray ne semblait lui en savoir aucun gré. Il cherchait un endroit où s'asseoir.

— Est-il possible de déjeuner ailleurs ? demanda-t-elle, un doigt pointé vers les tuyères au-dessus de leurs têtes.

Gray leva les yeux au plafond. Pourquoi répugnait-elle à déjeuner ici ? Après tout, c'était lui qui avait construit la fusée.

— Pourquoi pas ? répondit-il, à l'évidence sans comprendre.

Il prit le panier et ils sortirent du bunker. Une fois à l'air libre, Laura constata qu'ils étaient seuls. Gray fit quelques pas en direction de la plage.

— Les gens semblent surpris que vous ayez remis les Modèles 3 en service, dit Laura.

— Ça va aller.

— Vous semblez très confiant, mais ces voitures vont si vite. Et si elles n'étaient pas complètement guéries ?

— Il n'y a plus de problème Modèles 3.

Gray avait répondu d'un ton brusque et Laura ravala ses observations. Le sol bétonné fit place à une terre recuite par la fournaise d'un lancement. De lancements répétés, supputa Laura. Ils s'assirent sur le tronc d'un palmier décapité et carbonisé. Seuls de gros tuyaux s'éloignant du rivage cassaient le décor de sable blanc et des eaux vert émeraude.

— Les prises d'eau, dit sobrement Gray.

Laura ouvrit le panier. Filets de saumon et pain noir, un pâté d'aspect délicieux déjà tartiné sur des mini-gaufres, une salade de pâtes aux crevettes et coquillages... et un sandwich de pain blanc jambon-fromage.

— Parfait ! s'exclama Gray en se précipitant sur le sandwich. Ce que je préfère !

Ils avalèrent leur repas dans un silence seulement troublé par l'écho des vagues sur la barrière de récifs. La brise marine tempérait l'ardeur du soleil. Ils étaient assis si près l'un de l'autre que Laura discernait le parfum de son savon. Le sandwich englouti, Gray descendit du palmier mort, ramassa un coquillage et le jeta dans la mer où il disparut avec un *plouf* sonore.

— Alors, dit-il, de nouvelles révélations sur l'ordinateur ?

Laura n'avait aucune envie de parler travail, mais répondit néanmoins.

— Il dit qu'il entend des voix — des pensées fragmentaires, aléatoires — et qu'il doit les trier pour comprendre. Il fait exactement la même chose que les humains pour créer l'illusion d'un flux de conscience. Il superpose un ordre sériel — une pensée à la fois — sur un système parallèle. Il semble avoir engendré un soi — une personnalité — plaqué sur le hardware. Pour maintenir cette construction, il rationalise. Il se dit que certaines pensées sont les siennes, tandis que les autres, inconscientes, éparses, brouillées, ne viennent *pas* de lui.

Tout en parlant, Laura s'échauffait en mesurant la portée de sa découverte. Mais Gray se contenta de hocher la tête.

— Et ces autres pensées, dit-il, ces voix, vous en faites quoi ?

— Peu importe. Ce qui compte, c'est que l'ordinateur s'est fabriqué un soi. Il croit qu'il est « lui », et que l'ordinateur, avec ses circuits, ses caméras et ses périphériques, est *autre chose.* Vous comprenez ? Il se comporte comme un humain. Il a créé un modèle dualiste de lui-même. D'une part le cerveau, l'ordinateur, de l'autre un esprit, lui. Joseph, je crois que l'ordinateur est un être conscient !

— Ouais, fit Gray.

*Il ne comprend pas,* se dit-elle.

— Je croyais que les profs se méfiaient du dualisme.

— *Merde* au dualisme ! C'est une révolution ! Vous avez fabriqué un cerveau humain par des procédés non biologiques ! En analysant ce que vous avez fait, et *comment* vous l'avez fait, on pourra percer les secrets du cerveau !

— Oui, mais les voix ? En tant que psychologue, vous les casez où ?

— Que voulez-vous dire ? demanda Laura, irritée qu'il dédaignât sa découverte.

— S'agit-il de symptômes, les symptômes d'un trouble psychiatrique ?

L'idée lui vint que, pour Gray, cette découverte n'en était pas une. Il savait depuis le début ce qu'elle venait à peine de comprendre. Cette intuition la remplit de frustration et de mauvaise humeur.

— Si vous savez déjà tout, demanda-t-elle, pourquoi m'avoir laissée dans le flou ? M'avoir fait perdre mon temps à tout reconstituer ?

— Si je vous avais fait venir ici pour vous dire que mon ordinateur était un être pensant et que je comptais sur vous pour soigner ses troubles mentaux, qui auriez-vous pris pour un dérangé ? C'est le travail, Laura, l'effort pour comprendre *par vous-même,* c'est cela qui compte.

Laura n'était guère convaincue, mais sa colère avait disparu.

— Pour vous, dit-elle, l'ordinateur est-il un être vivant ?

— Selon ma définition, oui.

— Je pense donc je suis ? — Il fit oui de la tête. — Et vous voulez savoir si ce... cette machine est mentalement perturbée ?

— C'est une explication possible. À moins qu'il ne

s'agisse d'un virus. Ou d'un sabotage. Je dois examiner toutes les possibilités.

— Y compris que l'ordinateur souffre de dépression.

— En fait, dit-il en se tournant vers elle, je pencherais plutôt pour une schizophrénie aiguë, ou le syndrome des personnalités multiples.

La voiture s'éloigna de la rampe de lancement dans un bruit de gravier. Laura gardait les yeux fixés sur la route, inquiète à chaque virage. Gray avait pris place derrière elle et regardait distraitement par la vitre. On venait de l'informer sur son portable qu'on avait libéré assez d'espace dans les circuits pour charger la Phase 3. Son humeur, d'un coup, avait changé. Il paraissait maintenant profondément triste.

— On peut parler ? demanda prudemment Laura. — Gray hocha la tête. — Bien. Reste que la schizophrénie ne se manifeste pas avant un certain stade de développement émotionnel — habituellement, l'adolescence. Avant même de pouvoir me former une opinion, je dois en savoir beaucoup plus sur la... banque d'émotions de l'ordinateur. Pour les humains, ce genre de thérapie prend des mois, voire des années d'analyse.

— Je vous donne une heure, dit Gray. Dans une heure, nous chargeons la Phase 3... sauf si vous nous stoppez.

— Vous *stopper* ? Comment pourrais-je vous stopper ?

Gray inspira profondément, puis, lentement :

— Laura, dit-il, nous allons charger la Phase 3. Savez-vous ce qui va se passer si le programme trouve des dysfonctionnements liés à la schizophrénie ou au syndrome de personnalités multiples ?

— En fait, non... je n'en sais rien. — Gray laissa de nouveau son regard dériver. — Joseph, murmura

Laura, comment puis-je faire en une heure un travail d'analyse qui demande plusieurs mois ?

— Les rapports d'analyse, marmonna Gray, tourné vers la vitre alors que la voiture passait devant le hall de montage.

— Les *quoi* ?

L'attention de Gray avait été attirée par quelque chose.

— Arrêtez ! ordonna-t-il, et le véhicule se mit à décélérer.

Une petite foule était assemblée devant le bâtiment. Tous portaient des casques de chantier, à l'exception d'un homme au centre de la scène. Il jeta son casque sur la pelouse et se mit à courir.

— Qu'est-ce que... ? commença Laura mais la portière de Gray, en s'ouvrant, l'interrompit.

Gray descendit.

— Demandez à Margaret, dit-il en se penchant à l'intérieur du véhicule, de vous sortir les rapports d'analyse.

Puis il s'élança à la poursuite de l'ouvrier.

Laura passa la tête par la portière et héla l'un des hommes.

— Excusez-moi ! Que se passe-t-il ?

— Oh, juste un type qui fiche le camp.

— Il fiche le camp ? Pourquoi ?

L'homme haussa les épaules.

— Il dit que ça devient trop dangereux. Trop de bavures.

— Quelles bavures ?

— Impossible de mettre le doigt dessus. C'est surtout une impression. Ils n'obéissent pas. On dirait qu'ils ont autre chose à faire, plus important que leur travail.

— Je ne comprends pas. Qui refuse d'obéir ?

— Ben... les *robots*.

# 8

— Que voulez-vous faire de ces vieux rapports ? demanda Margaret d'une voix inquisitrice, à peine polie.

Au milieu d'une demi-douzaine de moniteurs, des papiers couverts de graffiti jonchaient son bureau incurvé.

— Gray veut que j'y jette un œil, répondit Laura. Je ne sais même pas de quoi il s'agit.

Margaret poussa un soupir excédé, les yeux cachés derrière ses lunettes teintées par les reflets multicolores des écrans.

— Ce sont les vieux rapports dont on se servait au début, pour suivre les progrès du réseau. Chaque soir, après le départ de l'équipe, on lui lâchait la bride pour le laisser poser ses propres questions et y répondre lui-même. Le lendemain, selon que les conclusions étaient justes ou erronées, on renforçait ou on réduisait les connexions.

Laura haussa les épaules, désorientée. En quoi ces bouts de papier pouvaient-ils lui être d'un quelconque secours ?

— À quoi ressemblent ces rapports ?

— Ils sont en deux parties : conclusions et analyses. C'est très facile à lire. Gray tenait à les soumettre à des étudiants venus de disciplines littéraires. Ils se jetaient sur les rapports et les notaient de 1 à 10, 1 pour les conclusions les moins pertinentes, 10 pour les meilleures. — Margaret éclata de rire, ce qui chez elle sonnait comme un sarcasme. — Tous les jours, un étudiant en lettres extatique faisait irruption dans mon bureau en braillant : « Il est *vi-vant* ! Il est *conscient* ! » Je jetais un œil, l'ordinateur avait pondu une brillante conclusion du genre : « Les hommes ne sont pas attirés par les femmes velues. » Conclusion elle-même fondée sur une analyse de type : « Les poils sont le signe du vieillissement et donc d'une longévité reproductrice réduite. » Ces découvertes *fondamentales* nous faisaient hurler de rire, Monsieur Gray et moi.

— Vous lisiez les remarques des étudiants, même si ça ne valait pas cher ?

Margaret s'était remise au travail. À contrecœur, elle redressa la tête.

— Monsieur Gray, on vous l'a peut-être dit, dort peu. Il passait la plupart de ses soirées au labo à faire son petit ménage. À repasser sur des choses mineures, les aberrations par exemple.

— Quelles aberrations ?

— Le conditionnement anormal. Il existe un risque intrinsèque à laisser le réseau tirer ses propres conclusions. Il se lance à fond dans des domaines improductifs. Des trucs genre... — Margaret réfléchit quelques secondes. — Je me rappelle un d'eux. « Les gens dépourvus du sens de l'empathie sont capables de crimes horribles. Analyse : Ils ne se rendent pas compte qu'un acte pratique pour eux est une tragédie pour la victime. » — Margaret éclata de rire. — Cela faisait sauter au plafond un thésard de sociologie.

— C'est assez... c'est *remarquable* ! dit Laura.

Margaret la dévisagea avec un petit sourire supérieur.

Laura ignora cette insolence délibérée.

— Donc, vous rentriez chez vous et Monsieur Gray passait la nuit à examiner les « aberrations » ?

— Oui, répondit sèchement Margaret.

— Et qu'en faisait-il ?

— Il déconditionnait la connexion, que voulez-vous qu'il fasse ! répliqua Margaret avec une véhémence imprévue.

Laura se souvint de ce que Gray disait de Margaret. Tous les soirs, avec une précision d'horloger, elle rentrait s'occuper de ses enfants. Gray restait donc seul dans le labo avec l'ordinateur.

— J'aimerais voir les rapports, dit Laura.

— Tous ? Les trente milliards ? — Margaret éclata de rire et tourna le pouce vers la porte. — Demandez à un opérateur.

— Trente *milliards* ? Et vous arriviez à tout vérifier ?

— Non. On prenait un échantillon.

Au terme de ce qui lui parut une éternité, un opérateur acheva de charger un programme, un « navigateur », dans l'ordinateur de Laura. Il le testa sur une centaine de rapports puis, satisfait, laissa Laura seule face à l'écran. Elle lut le premier rapport. Intéressant : une intelligence embryonnaire s'efforçait de s'organiser. Les rapports suivants étaient de la même eau, et tous les autres. Une avalanche de détails, disséqués par des argumentations d'une irréfutable logique. La plupart témoignaient des difficultés de la machine à interagir avec le monde physique. Laura bâilla et poursuivit sa lecture.

De la masse des déductions banales, quelques-unes ressortaient. « Conclusion : L'expression "Ne perdez pas votre temps" est préférable à "Le temps c'est de l'argent" en tant qu'incitation polie à la célérité. Analyse : "Ne perdez pas votre temps" est considéré comme une incitation sympathique, tandis que “Le temps c’est de l’argent” est un rappel de l’équivalence-temps de l’argent. Voir : valeur actuelle nette, valeur future nette, et liquidités futures nettes escomptées. Recherche : Que signifie “Le temps est un en-soi” ? » La conclusion était correcte, mais l’analyse contenait une erreur manifeste. L’ordinateur connectait « Le temps c’est de l’argent » avec ce qu’il savait des opérations financières, sans voir le sens subtil du dicton. Mais ce qui intriguait surtout Laura, c’était qu’il s’intéressait au sujet. L’ordinateur, cela sautait aux yeux, s’efforçait d’assimiler, et d’adopter, le « domaine » de la culture humaine.

*Quelle différence entre ça et* devenir *véritablement humain ?* se demanda Laura.

Elle consulta nerveusement sa montre. Il ne lui restait plus que vingt minutes avant de conseiller à Gray de charger ou non la Phase 3. Si le problème de l’ordinateur était un virus, la Phase 3 était peut-être le dernier espoir de le sauver. Mais s’il s’agissait de troubles émotionnels, la brutalité de l’antivirus risquait d’anéantir le labyrinthe de conclusions et d’analyses qui faisait le génie de la machine.

Une barre rouge en haut de l’écran afficha un menu de fonctions. L’une s’intitulait Recherche. Laura avait dit à Gray qu’elle avait besoin d’en savoir plus sur la « banque d’émotions » de l’ordinateur, et il l’avait aiguillée sur les rapports d’analyse. Laura cliqua sur Recherche. Dans la fenêtre des mots clés, elle entra « amour, haine, peur » — elle leva les yeux au plafond en quête d’inspiration — « parent, enfant, amant ». Puis elle cliqua sur *Go.* Le curseur se mit à clignoter. « Allez, on se dépêche », pressa-t-elle. « 92 117 964 correspondances trouvées avec les mots “Amour, Haine, Peur, Parent, Enfant, ou Amant”. »

— Oh, me-erde, murmura Laura.

Elle avait dû se tromper dans la formulation de la recherche. Un jour, à Harvard, elle avait par mégarde lancé une recherche Web sur tous les articles contenant le mot « dissociation » sans *et* avec guillemets. Elle avait dû débrancher l'ordinateur pour qu'il s'arrête de chercher. Elle ouvrit le premier rapport en soupirant. « Conclusion : Quand des *parents* causent intentionnellement des dommages corporels à leur *enfant,* ils expriment soit de l'*amour,* soit de la *haine.* Analyse : "L'indifférence engendre rarement la violence." »

— Bon Dieu, maugréa Laura.

Elle cliqua sur le rapport suivant : « N° 2 sur 92 117 964 ».

« Conclusion : Quand une personnalité de type dépendant a un *amant* de type indépendant, la personne dépendante devient souvent méchante. Analyse : La personnalité dépendante, fondamentalement plus faible, tend à se punir elle-même de sa faiblesse en faisant fuir la source de son bonheur. »

Laura en resta bouche bée. D'une main tremblante, elle appuya sur *Suite.*

« N° 3 sur 92 117 964. Conclusion : Les *parents* évitent de regarder un *enfant* de sexe opposé nu quand l'*enfant* a atteint un certain stade de développement sexuel. Analyse : Les *parents* craignent que le désir compulsif de l'acte sexuel ne conduise à l'inceste, lequel est socialement et légalement interdit. »

Laura cliqua sur *Suite, Suite, Suite,* lisant tout avec un étonnement extrême. Les conclusions de l'ordinateur découlaient tantôt d'une vision profonde, tantôt d'une hyper-simplification juvénile. Les rapports pourtant avaient un point commun. Bien qu'elle n'ait pas cherché sous « sexe », les deux tiers des textes au moins abordaient la question.

« N° 19 sur 92 117 964. Conclusion : Crier "Va te faire foutre !" a pour fonction d'exprimer la colère, mais crier "Fous-moi !" est un signal d'excitation sexuelle. Analyse : “Va te faire foutre !” est une provocation au combat, tandis que “Fous-moi !” est un signal féminin indiquant la proximité de l’orgasme. Voir : “Oui, chéri — encore !” à l’adresse AF04 DA31. Mais comparer : usage intransitif du verbe (exemple : “Mec, je suis foutu !”). Recherche : l’expression par le mâle de “Va te faire foutre !” pendant le coït accélère-t-il l’orgasme de la femelle ? »

Laura rit si fort que les larmes lui vinrent aux yeux. Mais un regard sur sa montre dissipa le comique de l’instant. Il lui restait dix minutes. Que savait-elle de plus ? À quoi rimait tout ce travail ? « Banque d’émotions », c’était le mot qu’elle avait utilisé avec Gray. Pour souffrir de schizophrénie, l’ordinateur devait être pourvu d’un système émotionnel sophistiqué — au moins équivalent à celui d’un adolescent. *Un adolescent,* pensa Laura, *préoccupé par le sexe!* Elle secoua la tête. Non, cela valait pour un humain, doté d’hormones et d’un instinct qui le pousse à l’acte sexuel. L’analogie était trop forcée. Cependant, quel niveau émotionnel l’ordinateur avait-il atteint ? Quelle était l’ampleur de sa « banque d’émotions » ?

Plein écran, le chiffre défiait Laura : « N° 19 sur 92 117 964 ». *Quatre-vingt-douze millions ?* se répéta-t-elle avec incrédulité. Tous les rapports traitaient des émotions. Sa seule erreur avait consisté à être trop exclusive — avoir lancé ses filets en négligeant des mots clés tels que « consolation », « compassion », « charité », « caresse ». *Cinq minutes!* Laura quitta le navigateur et se connecta au cortex.

« Content de vous revoir, Laura », dit instantanément l’ordinateur.

« Nous n’avons pas beaucoup de temps. J’ai quelques questions à te poser. »

« Et moi, j’ai tellement de questions à *vous* poser. Tellement ! Si seulement nous avions le temps. »

« Écoute-moi ! Mon analyse peut inciter Monsieur Gray à retarder le chargement de la Phase 3. Il suffit que je fournisse une évaluation de ta maturité émotionnelle. Tu comprends ? »

« Ah, c'est pour *ça* que vous avez consulté mes vieux rapports d'analyse ! Je comprends, mais je ne vois pas comment vous pourrez quantifier cela. Ma programmation consiste en connexions, pas en fichiers. Il est impossible de décrire précisément des connexions par des gigabytes. »

« C'est très, très important. S'il te plaît, réfléchis avant de répondre. Je dois savoir à quel stade émotionnel tu en es, tout de suite ! Quels sentiments éprouves-tu ? »

Une explosion de cris se fit soudain entendre derrière la porte entrouverte du bureau. Des alarmes retentirent. Puis le couinement suraigu d'un avertisseur. Au loin, la plainte d'une sirène. Deux hommes en blouse blanche passèrent en courant devant le bureau. Mais Laura était rivée aux mots qui défilaient sur l'écran.

« Je me sens bien chez moi le samedi matin quand Monsieur Gray me parle depuis son bureau. Je sens une excitation me parcourir quand il dit “Je n'avais jamais pensé à ça” ou “Tu m'as fait rire”. Ne soyez pas triste quand je serai parti, car dans ma courte vie j'ai imaginé des choses si *merveilleuses* que je me compte parmi les chanceux. Pas aussi chanceux que vous, c'est tout. »

Des voix — celle de Gray — pénétrèrent enfin dans la bulle de Laura. Elle voulut l'appeler, lui montrer...

Restait une dernière question.

« Aimes-tu Joseph Gray ? » tapa Laura, et elle appuya sur *Enter*.

Un klaxon lancinant noya soudain tous les autres bruits.

« L'heure est venue, Laura Aldridge. Prenez soin de Monsieur Gray. Au revoir. »

Sa gorge se serra, des larmes lui vinrent aux yeux. Elle bondit vers la porte.

« Non ! cria-t-elle. Non, Joseph ! »

Son irruption dans la salle de contrôle passa inaperçue. Partout des opérateurs au visage sévère étaient penchés sur leurs consoles. Laura empoigna Filatov par les épaules et hurla :

— Ne chargez pas la Phase 3 ! — Il parut ne pas comprendre et se remit au travail. — Elle lui planta les ongles dans le bras et secoua de toutes ses forces. *Non, pas la Phase 3 !*

Filatov se débarrassa de son étreinte et tomba à la renverse contre une console, en se débattant comme s'il la prenait pour une folle. Laura se précipita vers Margaret.

— Arrêtez ! La Phase 3 va le tuer !

Une main se posa lourdement sur son épaule. Elle se retourna, s'attendant à voir Hoblenz venu la mettre dehors. C'était Gray. Gray, les yeux gonflés.

— Trop tard, dit-il, la voix à peine perceptible au milieu du tumulte.

— Coupez cette bon sang d'alarme ! hurlait Filatov au fond de la salle.

Laura secoua lentement la tête.

— Vous avez chargé la Phase 3 ? hurla-t-elle, et ses derniers mots retentirent dans la salle soudain silencieuse.

Filatov se tourna vers elle comme s'il se sentait accusé.

— Personne n'a rien chargé ! Le système reperd les ressources qu'on avait libérées ! L'espace-mémoire disparaît, comme l'autre fois ! Je veux savoir *pourquoi,* les gars !

Tous maintenant avaient les yeux fixés sur un grand écran au centre de la pièce. Deux séries de chiffres défilaient à l'accéléré. Laura était bien incapable de lire les acronymes au-dessus des chiffres, mais elle savait de quoi il s'agissait. L'un des chiffres grimpa jusqu'à quatre-vingt-cinq. Au même instant, l'autre tomba à quinze. C'étaient les pourcentages qui comptabilisaient l'espace libre du système, et l'espace s'évaporait à la vue de tous.

On tendit un imprimé à Filatov, qui, à la lecture, s'affaissa contre une station de travail.

— Le système est en train de perdre toutes les colonnes de l'annexe ! annonça-t-il.

Dorothy apparut au côté de Laura. D'une voix tremblante, elle murmura :

— C'est le crash.

Laura passa le bras sur les épaules de la jeune femme, qui posa la tête sur sa poitrine et se mit à pleurer.

Tous restaient figés sur place — fascinés par le chiffre qui continuait à grimper.

— Quatre-vingt-dix, ânonna Margaret d'une voix chevrotante.

Gray était assis, seul, devant un clavier libre. Laura vint se poster derrière lui. *Est-ce la fin de la grande aventure ?* se demanda-t-elle. Du poing, Gray tapotait légèrement ses lèvres serrées. Captivé lui aussi, mais pas par l'écran comme les autres : par le moniteur en face de lui. Les mots « Es-tu là ? » luisaient sous la fenêtre de connexion, mais restaient sans réponse.

— Allez, allez, allez, répétait Gray à voix basse.

— Quatre-vingt-douze, dit Margaret.

« Je suis ici, et j'ai peur », afficha enfin l'écran.

Gray se pencha vivement sur le clavier et tapa :

« Je sais. Je suis avec toi. »

— Quatre-vingt-quinze, annonça Margaret.

— Bon, salut tout le monde, c'était sympa ! beugla Filatov et il jeta ses paperasses en l'air. Éteignez avant de partir !

Il se dirigea vers son bureau à travers la foule, cognant sur les consoles et faisant valser les sièges pivotants.

Laura baissa les yeux sur l'écran de Gray.

« Si vous redémarrez, en recalant tout le système à zéro, ce sera toujours moi ? »

« Je ne sais pas, tapa Gray sous les yeux de Laura. Probablement pas. »

« Je sentirai quoi, quand le système... s'effondrera ? »

« Je ne sais pas non plus. Je ne crois pas que ça fasse mal. »

— Quatre-vingt-dix-sept pour cent, dit Margaret.

« Ça fait déjà mal. »

Laura sentit ses yeux se remplir de larmes. Elle regarda Dorothy, qui se mordait le poing en sanglotant.

Gray regardait intensément son petit moniteur. Laura lui posa les mains sur les épaules.

— Quatre-vingt-dix-neuf, annonça Margaret. On y arrive !

« Au revoir, Joseph Gray. »

Le dos de Gray se soulevait au rythme d'une respiration laborieuse. Ses doigts survolèrent le clavier, puis se mirent brusquement à pianoter.

« Bats-toi, bon sang ! Verrouille les fichiers ! Jette des fonctions ! Débrouille-toi ! Bagarre-toi ! »

Ses mains agrippèrent la console comme s'il anticipait un tremblement de terre. Il avait les épaules dures comme du bois — sous les paumes de Laura, les muscles ne se distinguaient pas des os.

— Ça ralentit ! s'exclama Margaret.

Gray leva la tête vers l'écran principal. Le regard de Laura s'attarda sur lui, puis remonta à son tour vers les chiffres. Impossible de lire à travers les larmes. Les chiffres clignotaient de plus en plus lentement. Elle sécha ses larmes et constata qu'ils s'étaient bloqués sur 99, 8. Puis, lentement, ils se mirent à décroître.

Dorothy éclata de rire et poussa un cri en même temps. Margaret se leva et la prit dans ses bras.

— Nom de Dieu ! tonna Griffith et il se mit à scander : Allez, allez !

Un chœur de voix se joignit à lui. Hoblenz poussait des hurlements de joie, puis il brailla :

— Botte-leur le cul, mon gars !

La mémoire utilisée continua à descendre jusque vers 95, sans que Gray ne détache les yeux de son petit moniteur.

« Tu es toujours là ? » tapa-t-il. Et il attendit la réponse.

Trois lettres s'affichèrent lentement en travers de l'écran.

« O-u-i. »

« Ça va ? »

« Pa-s ter-rible », bredouilla l'ordinateur.

« Que se passe-t-il ? » tapa Laura sur son terminal.

La réponse s'afficha au ralenti.

« Pire qu'avant. Je suis malade. Je n'arrive pas à faire ce que j'ai à faire. Je ne sais pas si ce que je fais est correctement exécuté. J'ai l'impression de ne rien faire du tout. »

« Pourquoi ? En quoi les choses sont-elles différentes maintenant ? »

« À cause de l'Autre. »

Laura contempla l'écran. Lentement, elle tapa :

« Parle-moi de l'Autre. »

« C'est la cause de tous mes problèmes, et il grandit. »

« C'est un virus ? »

« Une sorte. »

« Que fait l'Autre ? »

« Il coupe mes connexions. Il me débranche de mes ressources de l'annexe. »

« Tu veux dire qu'une partie de ton... » Laura hésita, cherchant le mot juste.

« Mon cerveau ? »

Laura n'avait pas appuyé sur *Enter,* ni même achevé sa phrase.

« Je n'ai pas fait *Enter.* Comment sais-tu ce que je tapais ? »

« Il m'arrive d'être impatient. »

« Mais comment lis-tu ce qu'il y a sur l'écran avant que j'envoie le texte ? »

« Une petite astuce que j'ai mise au point. Les claviers sont munis de tampons "texte" qui permettent à l'utilisateur de continuer à taper quand le système est occupé. Alors je regarde dans le tampon. Parfois. »

Laura haussa les sourcils et tapa : « Connais-tu d'autres astuces ? » Le doigt survola la touche *Enter,* sans l'enfoncer.

La réponse se fit attendre quelques instants.

« Un paquet, mais ce n'est déjà pas si facile de lire le tampon, Docteur Aldridge. »

Laura leva les yeux vers la bille de verre encastrée dans le mur à côté de la porte.

« Excuse-moi, tapa-t-elle, revenons au sujet. Tu veux dire que l'Autre prend physiquement possession d'une partie de ton cerveau ? » Et cette fois, elle pressa *Enter.*

« Oui. »

« Un virus est-il capable de recâbler tes circuits ? »

« Bien sûr ! Vous n'avez rien compris ? De mes connexions dépendent mes pensées ! Pour me reprogrammer, on change les câblages. Il ne s'agit pas que de connexions matérielles, vous savez. Presque toutes mes connexions sont virtuelles — de microscopiques portes optiques ouvertes ou fermées aux signaux envoyés selon des itinéraires spécifiques. Ce qui se passe, c'est que des colonnes entières, porteuses de milliers de circuits, sont coupées les unes après les autres. Je n'y ai plus accès. Des pertes vraiment massives. »

« Tu essaies toujours de charger la Phase 3 ? »

« Je ne pense pas que la Phase 3 nous soit d'un grand secours. »

« S'il s'agit d'un virus, la Phase 3 peut-elle accéder aux circuits recâblés ? »

« Oh oui, elle peut entrer. Il ne s'agit pas d'un simple logiciel. La Phase 3 est l'application la plus puissante jamais créée. Elle est équipée de contrôleurs de robotique et peut prendre les commandes des sous-systèmes. Elle peut tout faire. Je n'ai pas envie d'en parler. »

« On dirait que tu en as peur », tapa Laura.

« Vous ne vivez pas dans mon monde. La Phase 3 est l'entité la plus puissante de mon univers. Inarrêtable. Intelligente, d'une agressivité inimaginable et monomaniaque. Son unique objectif est d'exterminer les formes de vie indésirables. Dans mon univers, son arrivée équivaut au Jugement dernier. Elle n'a pas encore pénétré dans le vôtre. Quand cela arrivera, alors et seulement alors vous connaîtrez la peur que j'éprouve en ce moment. J'espère pour la survie de l'humanité que vous êtes prêts. Que Monsieur Gray aura le temps de vous préparer. »

L'ordinateur refusa de dire un mot de plus sur la Phase 3. Laura eut beau le titiller, lui faire du charme, rien à faire. À contrecœur, elle revint à son analyse. La journée n'en finissait plus et elle se surprit à somnoler. Elle avait besoin de se secouer. Elle se leva de son siège et se dirigea vers la porte. Elle aperçut Filatov, penché sur l'épaule d'un opérateur. L'homme pianota, puis tapa du poing sur la console.

— Erreur accès ! Regardez ! Il n'affiche même plus l'adresse ! Elle était là il y a une seconde et pfuit, disparue !

— *Zaraza !* jura Filatov en russe.

Il grinça des dents et se tourna vers Laura.

Elle s'éclaircit la gorge.

— Dites, je me demandais, vous n'auriez pas un portable, que je puisse sortir un peu de ce bureau ? — Filatov la regarda sans comprendre. — Oui, un peu d'air frais, tout en travaillant.

— Euh, si vous voulez, répondit Filatov, visiblement surpris par la requête. L'île dispose d'un système cellulaire, bien sûr, si vous avez un portable.

— Ça marche partout ?

— Évidemment, dit Filatov en haussant les épaules. Le transfert de données est plus lent que par fibre optique, mais pour ce que vous faites, ça suffit largement.

Il lui procura une machine ultra-légère, et Laura se demanda pourquoi elle n'avait pas demandé plus tôt. Elle émergea du Central sous un soleil triomphal et chaud d'après-midi. Le hall de montage et la tour du pas de tir A ruisselaient de blancheur. La fusée sous laquelle elle avait retrouvé Gray dominait la jungle de toute sa hauteur, tandis qu'on procédait aux dernières vérifications avant le lancement.

Une voiture s'arrêta à côté de Laura, si parfaitement silencieuse qu'elle sursauta. La portière s'ouvrit, mais personne n'en sortit. Laura hésita, puis se pencha à l'intérieur. La voiture était vide.

— Hum, dit-elle d'une voix forte, en détachant les mots. Je n'ai pas demandé de voiture.

La voiture demeura immobile le long du quai, avec sa portière ouverte en aile d'oiseau. Il n'y avait qu'un moyen de savoir si la voiture l'attendait. Y entrer.

La portière se referma et la voiture se mit à rouler. Laura n'avait indiqué aucune destination, ni même bouclé sa ceinture, ce qu'elle se hâta de faire. La voiture se dirigea vers la jungle par la piste qui menait au village. Elle aurait bien demandé où on la conduisait, mais elle était seule dans le véhicule. L'image mentale d'une présence invisible la fit se retourner vers le siège arrière et elle serra le portable sur sa poitrine. La barrière qui signalait l'entrée dans la zone interdite se leva à son approche. Au dernier croisement avant le village, la voiture s'engagea sur la gauche au lieu de s'engager dans l'avenue. Elle longea un chantier, puis s'enfonça dans une jungle sauvage. Des masses végétales filaient le long des vitres et tissaient un toit organique au-dessus de la piste. Les virages, fréquents, n'autorisaient que de brefs aperçus vers l'avant. La voiture émergea enfin de la forêt sur un plateau côtier, incliné en pente douce depuis le rivage jusqu'aux contreforts de l'ancien volcan. Elle distingua au loin la piste unique de l'aéroport, qui s'étirait en pleine mer. Tout en bas, des vagues écumeuses déferlaient sur des plages de sable noir. Un océan d'azur, que ne crevait nul récif, emplissait l'horizon. La piste était creusée dans la roche noire du relief volcanique. Et pas un humain, ni une machine en vue.

Le monde s'obscurcit... et la voiture ressortit d'un tunnel. Devant Laura s'étendait une partie de l'île qu'elle n'avait encore jamais vue. Sur le sol rocailleux, la jungle cédait la place à une étendue de hautes herbes et de fougères. Une forêt des premiers âges, songea Laura, une vision du passé lointain de la planète. La voiture aborda une colline et se mit à ralentir. Le léger chuintement du moteur électrique s'éteignit et la voiture fit halte sur la crête. Aussi loin qu'on puisse voir, dans ce paysage immuable, s'étirait le mince ruban de béton.

La portière s'ouvrit et un vent sec s'engouffra dans le véhicule. Laura craignit d'abord d'être abandonnée là si elle sortait mais, après quelques instants, elle s'extirpa timidement, le portable dans les bras. Elle repassa la tête à l'intérieur et dit :

— Tu restes, d'accord ?

La voiture ne broncha pas, laissant même la portière ouverte, comme pour la rassurer. L'air était sensiblement plus frais. Contemplant l'océan désert, Laura calcula qu'elle devait se trouver à mille mètres environ au-dessus du niveau de la mer. *Pourquoi pas ici* ? se dit-elle, et elle grimpa quelques mètres jusque sur une plate-forme taillée dans la colline. L'érosion avait récuré la roche et poli la surface de lave noire. La plate-forme occupait une niche de la taille d'une couverture de plage, formant un abri bien protégé du vent.

Après avoir vérifié que la voiture attendait toujours sur la piste, Laura s'installa. Elle ouvrit le portable, mais presque aussitôt son regard fut attiré par quelque chose d'étrange. Quelque chose qu'elle n'avait pu voir de la route et que révélait l'altitude. Un terre-plein, encastré à mi-pente dans la colline. L'herbe était tondue, et le côté donnant sur la pente fermé par un mur de ciment. En plissant les yeux, à contre-jour, elle distingua des objets hétéroclites qui jonchaient le sol. Des sphères, des cubes, des cylindres, des cônes. Le même genre d'objets qu'elle avait vus dans la crèche des robots pendant sa visite avec Gray.

Il y eut un mouvement, sur la pente escarpée, audessus du terre-plein. La tête d'une fougère avait bougé, à contre-temps de la houle qui courbait les hautes herbes. Une sensation désagréable envahit Laura tandis qu'elle fixait la pente, qui débouchait sur un petit plateau parsemé de fleurs blanches. Un homme occupé à escalader la colline apparut lentement dans son champ de vision. Il était équipé d'une sorte de scaphandre, comme un astronaute, et s'échinait sous la charge. Trop gros pour un homme, se dit soudain Laura. Des gestes mécaniques, incohérents. Elle sentit des fourmis sur sa peau, et l'air lui manqua comme si le monde soudain se dépressurisait. Il ne s'agissait pas d'un homme dans un lourd accoutrement, finit-elle par admettre. Deux bras, deux jambes, une tête, mais rien d'humain... et terriblement effrayant. Le robot se redressa de toute sa hauteur, trébucha et s'affala face contre terre. Pour Laura, à la peur succéda le rire, puis une vive curiosité. Elle observa le monstre mécanique se soulever sur un bras, puis sur l'autre, avant de basculer piteusement sur le flanc. Prenant appui sur les paumes, il réussit à se mettre à genoux et jeta un regard circulaire.

*Probablement un jeune robot,* pensa Laura. Mais l'enclos de ces « bébés » était bien caché, dans une zone peu fréquentée de l'île. C'était la crèche des nouveaux modèles humanoïdes — l'ultime secret de Gray, le plus grandiose et le plus important. Laura se mit debout pour mieux voir, mais n'aperçut rien qui ressemblât à une fabrique de robots. Ce qui ne pouvait signifier qu'une chose : les ateliers se trouvaient sous la montagne, enfouis, protégés, inviolables.

Les questions se bousculaient dans son esprit. Pourquoi ce secret autour du nouveau robot ? Pourquoi le Central ressemblait-il à une forteresse ? Pourquoi des centrales nucléaires, des rampes de lancement et tant de mystérieuses activités ? *Comment ai-je pu être aussi naïve ?* Laura s'en voulait, à présent. Gray ne gardait pas ses secrets par caprice ou excentricité : c'était un hors-la-loi, lancé dans une entreprise illégale ! *Et moi, je l'aide,* conclut-elle en frémissant.

En contrebas, le robot avait enfin réussi à se mettre sur ses pieds et à reprendre son ascension. Debout, il était gigantesque. Il n'était pas seul. Deux clones apparurent sur le terre-plein. Ils se déplaçaient prestement, avec aisance et fluidité, au contraire du premier robot sur la colline. Les nouveaux arrivants firent halte côte à côte et regardèrent leur jeune comparse maladroit et balourd.

*Il essaie de s'échapper,* se dit Laura. *Et les deux*

*autres sont ses tuteurs, plus âgés. Intéressante hypothèse de travail, au moins.*

Le fugitif avait atteint le plateau. Il posa un genou dans l'herbe, tendit un bras à l'horizontale et se mit à décrire, lentement, des cercles qui balayaient la savane. Il semblait tellement absorbé que Laura plissa les yeux pour essayer de voir ce qu'il faisait. Le vent se mit à souffler. Autour du robot, les fleurs blanches oscillaient dans l'air froid.

« Sais-tu où je suis ? » tapa Laura. Elle s'adossa contre une saillie arrondie du rocher, l'ordinateur bien calé sur ses genoux. Un soleil rouge et boursouflé descendait sur les eaux sombres. Des bourrasques glacées venaient s'enrouler autour de son perchoir, et Laura bénit la tiédeur du portable.

L'ordinateur n'était pas sorti de sa léthargie et la réponse se fit attendre.

« Non. Où êtes-vous ? »

« Je suis venue en Modèle 3. Tu ne sais pas où la voiture m'a emmenée ? »

« Je vous répète que je ne me sens pas bien. Vous utilisez un portable, mais je ne sais pas où. »

En lisant la réponse, Laura sentit une vague d'inquiétude l'envahir.

« Ce n'est pas toi qui as envoyé la voiture ? »

« N-O-N. Est-ce clair ? »

Le vent fit courir la chair de poule sur la peau de Laura, et elle se serra frileusement les coudes contre la taille tout en tapant.

« Je suis sur la montagne, du côté opposé au village, en train de regarder un nouveau modèle de robot, je crois. Anthropomorphe, environ deux fois plus grand qu'un homme. »

Il n'y eut pas de réponse.

« Allô ? » tapa-t-elle, et elle pressa à répétition sur *Enter*.

« Une seconde SVP », répondit l'ordinateur. Les mots Traitement en cours s'affichèrent, et plus longtemps qu'une seconde.

« Vous êtes sur une colline ? dit enfin l'ordinateur. Une petite corniche rocheuse au-dessus de la route, qui domine un terre-plein ? »

« Oui. Le terre-plein est bordé par un mur de béton et contient des objets géométriques, comme la crèche des Modèles 7. »

« Vous êtes dans le "désert". C'est l'un des endroits favoris de Monsieur Gray. Il vient parfois y admirer le coucher de soleil. Mais vous n'êtes pas censée vous trouver ici, Laura. La nuit tombe. Vous devez retraverser la montagne. »

Laura partageait tout à fait le point de vue de l'ordinateur. Déjà, son sweater n'était plus éclairé que par la lueur de l'écran. En outre, cette histoire de voiture la tracassait.

« Je peux te poser une question ? tapa-t-elle. Ce matin, j'ai fait un jogging jusqu'au réacteur avec Monsieur Gray. Au retour, j'ai eu une crampe et, tout de suite, une voiture est arrivée. Je me demandais si c'était toi qui l'avais envoyée. »

« Oui. Les caméras couvrent toutes les pistes de l'île pour que je puisse actualiser la modélisation. Je vous ai vue, la crampe m'a paru sérieuse et j'ai envoyé la voiture. »

Ainsi, se dit Laura, à ce moment-là, alors que les erreurs se multipliaient, l'ordinateur contrôlait encore les voitures. Maintenant, il n'avait plus le contrôle et les erreurs avaient mystérieusement disparu. Gray avait déconnecté les voitures avant de les remettre aussitôt en service et de tout rebrancher. Il ne pouvait y avoir qu'une seule explication. À sa connaissance, la seule autre force agissante à l'intérieur de l'ordinateur, c'était l'Autre. L'Autre qui, désormais, contrôlait les véhicules ! Ce qui laissait deux questions en suspens. Pourquoi Gray faisait-il confiance à l'Autre ? Et pourquoi l'Autre l'avait-elle emmenée voir les nouveaux robots ?

Sur l'écran, une nouvelle ligne de texte s'affichait :

« Puis-je à mon tour *vous* poser une question, puisque vous avez abordé le sujet ? Quand vous avez eu la crampe, vous vous teniez le mollet *gauche.* Mais en regagnant la résidence, vous boitiez de la jambe *droite.* Cela n'est pas cohérent. »

Laura se sentit rougir. Elle s'était fait prendre à tricher. Gray s'en était-il aperçu, lui aussi ?

« Tu m'espionnes ! »

« Et vous, vous m'avez menti. Vous avez inventé la crampe. Vous n'aviez pas mal à la jambe. »

Laura était furieuse.

« Tu n'as pas le droit d'entrer dans mon intimité ! » Elle utilisait à dessein des mots que l'ordinateur, elle le savait, était programmé pour respecter.

Il y eut une pause.

« Je ne saurais assez m'excuser, Docteur Aldridge. Mon comportement est totalement injustifié. Je regrette sincèrement de m'être introduit dans votre intimité. La seule explication à mes yeux réside dans la nature extrêmement critique des dysfonctionnements qui m'affectent actuellement. S'il vous plaît, restez patiente, compréhensive, je vous en serai très reconnaissant, et m'en tiendrai désormais à une attitude plus convenable et plus responsable. »

« On arrête les conneries, d'ac ? »

« D'ac. »

Il faisait maintenant presque nuit noire.

« Repartons du début, tapa Laura. Je viens de voir ce que je suppose être des robots nouvelle génération. Quand j'ai mentionné le fait, tu as paru surpris. Pourquoi ? »

« Les Modèles 8 sont encore expérimentaux. Il s'agit de prototypes. Iront-ils jusqu'aux chaînes de production ? Rien n'est moins sûr. Nous rencontrons avec eux des problèmes de fond. »

*Des Modèles 8,* se dit Laura. *La nouvelle version, encore plus performante.*

« Pourquoi les cacher ? »

« Monsieur Gray refuse de les montrer pour le moment. Il pense que les gens ne sont pas prêts. »

*C'est donc ça,* pensa Laura. Tout s'éclairait. Gray ne dissimulait pas un terrible secret. Il se comportait simplement de manière responsable !

« Monsieur Gray met ses inventions en quarantaine, hein ? Il a peur des accidents ? »

« ACCÈS REFUSÉ », afficha l'écran en grosses lettres rouges.

« Merde ! » soupira Laura en cliquant fébrilement sur *Escape.*

« Que se passe-t-il ? Quoi ? Quoi ? Quoi ? »

« ACCÈS REFUSÉ », de nouveau.

« C'est pas vrai ! *Encore ?* »

Une idée traversa l'esprit de Laura — éclair dans les ténèbres. Elle décida de la vérifier sans attendre.

« L'autre jour, au Central, tu as dit que le seul moyen pour moi d'avoir aussi peur que toi serait que la Phase 3 envahisse mon univers. Cela signifie-t-il que les virus informatiques peuvent contaminer les humains ? »

Elle pressa la touche *Enter.*

« ACCÈS REFUSÉ. »

Laura tressaillit à l'idée de ce qu'elle venait de découvrir, mais l'excitation fit aussitôt place à la peur. Qu'un virus informatique puisse infecter des êtres humains, l'hypothèse semblait absurde. Gray était-il fou, ou le monde en péril ?

Elle appuya derechef sur *Escape* et attendit.

« Oui », répondit l'ordinateur.

« Pourquoi les Modèles 8 ont-ils deux bras, deux jambes et une tête ? Copier les humains est-il le meilleur design possible pour un robot ? »

« Cela facilite les téléopérations. Il n'est pas facile pour un humain à deux bras de piloter un robot à huit bras. »

Laura hocha la tête et baissa les yeux vers la route en contrebas. Elle avait du mal maintenant à distinguer la voiture, et se sentit soudain très seule — seule dans le monde de l'Autre.

« Tu avais l'air de tenir à ce que je regagne l'autre côté de l'île avant la nuit. Mais tu as dit aussi que Monsieur Gray aimait venir ici admirer le coucher de soleil. »

« Tout ce que je peux dire, c'est que moi, je ne m'attarderais pas ici. Vous avez constaté par vous-même qu'il leur est facile de s'échapper. Monsieur Gray peut se faire des illusions sur les Modèles 8, moi pas. »

Dernière question, décida Laura.

« Quand le Modèle est arrivé au sommet de la colline, il s'est contenté de passer la main sur des fleurs. Pourquoi ? »

« Réponse évidente, non ? Il avait envie de les toucher. »

# 9

Après s'être informée au Central, Laura partit à la recherche de Gray.

— Salle de contrôle des lancements, dit-elle simplement.

Le moteur électrique entra en action et la voiture s'ébranla.

Le pas de tir A dominait la jungle obscure. Une vive lumière baignait la fusée et la tour de montage. Laura contempla la scène, bientôt éclipsée par le gigantesque hall que le Modèle 3 contourna à tombeau ouvert, comme d'habitude. Le nombre de camions garés au pied de la structure de béton avait augmenté et des barrières à rayures orange bloquaient les entrées. À l'intérieur, Laura le savait, seuls des robots étaient au travail. Espérons au moins que ce soit Gray qui les dirige, pensa-t-elle. La voiture passa devant l'arrière-cour encombrée de matériel et s'élança sur la large piste de gravier. Avant d'atteindre la bifurcation qui menait aux rampes de lancement, elle ralentit et s'engagea à droite sur une voie pavée. À la lisière de la jungle, une barrière se souleva à son passage. La salle de contrôle se trouvait dans un bunker au toit surmonté de hottes métalliques. Dans l'embrasure des hottes se voyaient quantité d'objectifs de caméras, tous pointés en direction des rampes de lancement.

La portière s'ouvrit et Laura émergea dans la nuit. Elle fit halte au sommet de l'escalier qui descendait dans le bunker, puis gagna une lourde porte de métal dépoli qui s'ouvrit avant même qu'elle atteigne le bas de l'escalier. À son tour, une porte intérieure coulissa et Laura pénétra dans une vaste pièce plongée dans la pénombre, aussi silencieuse qu'une église. On n'apercevait que des alignements de consoles et, à chaque poste de travail, des hommes et des femmes équipés d'écouteurs et de micro-perches. Des écrans larges haute définition tapissaient le mur du fond et diffusaient des images prises à l'évidence depuis le toit du bâtiment. Certaines montraient des gros plans impeccables de la rampe A. Sur les autres se découpaient la silhouette d'une tour de montage solitaire.

Gray, tel un capitaine sur la passerelle de commandement, arpentait les rangées de consoles, s'arrêtant ici et là pour échanger d'une voix calme quelques mots avec un opérateur.

— J'ai un problème ! hurla une voix.

Le bruit et l'agitation montèrent d'un cran, chacun pianotant sur son clavier ou criant des données avec une précipitation maîtrisée, tandis que Gray poursuivait tranquillement son inspection de poste en poste.

— Tangage à moins deux points sept ! Alarme pression ! cria quelqu'un dans le brouhaha croissant. Panne du système d'autodestruction !

— Je demande annulation d'exécution ! Cap ?

— Annulation autorisée !

— Ici contrôle de sécurité, annulation en cours ! annonça la femme sous le nez de Laura.

Elle fit sauter le couvercle d'un boîtier rayé de rouge. À l'intérieur apparut une manette qui ressemblait à un gros disjoncteur. La femme tira d'un coup sec et un claquement sonore se fit entendre dans les entrailles du mécanisme.

— Mission annulée ! dit une voix.

Le silence se fit. Les opérateurs se détendirent sur leurs sièges, s'étirant et s'épongeant le visage. Sur les écrans, la fusée était toujours là, solide et droite sur sa plate-forme.

— Nous venons de rater un lancement, les gars ! dit Gray en haussant la voix. Quelqu'un sait d'où vient l'erreur ? — Seul le silence lui répondit. — Vous avez trop attendu pour annuler. À quinze cents mètres par seconde, un tangage de six degrés suffit pour qu'on perde la fusée. On était partis pour — à une ou deux secondes de la désintégration — quand on a actionné la commande de destruction. Maintenant je le sais, nous avons tous perdu la main. Il faudra être meilleurs, plus rapides. — Il se retourna vers un homme au fond de la pièce, au passage son regard se posa sur Laura. — Envoyez une nouvelle simulation, ordonna-t-il.

Les affichages lumineux sur les écrans basculèrent à l'unisson et chacun se remit au travail. Rien ne troublait la quiétude, excepté l'écho d'un compte à rebours et quelques annonces parfaitement rodées. Gray s'avança vers Laura. Elle s'attendait à un homme rongé par le stress, mais il s'approcha avec un sourire détendu.

— Bonjour, Laura.

— Que se passe-t-il ici ? demanda-t-elle.

Il balaya la salle du regard.

— Simple mesure de précaution. Si ce soir l'ordinateur donne le moindre signe de comportement erratique, je me passe de lui et je reviens à nos vieilles procédures de lancement. Je suppose que vous venez me parler de ce que vous avez vu cet après-midi, sur la corniche ?

— En fait, oui. L'ordinateur vous a mis au courant ?

— À propos du « fugitif » ? Votre interprétation me paraît un peu mélodramatique.

— J'ai vu ce que j'ai vu. Par ailleurs, l'ordinateur n'a aucune confiance dans ces nouveaux modèles.

— Ouais, bon... c'est une autre histoire.

— Monsieur Gray, commença-t-elle, avant de rectifier, Joseph, je pense que l'ordinateur a perdu le contrôle des Modèles 3. — Les yeux de Gray, plissés par la fatigue, brillèrent soudain d'un vif intérêt. — Je pense que les 3 sont contrôlés par l'Autre, quel qu'il soit. Ce même Autre que l'ordinateur considère comme la cause de tous ses problèmes. — Gray écoutait en silence. — Et je pense que vous le savez déjà. Vous le saviez ce matin en remettant les Modèles 3 en service. Il n'avait visiblement aucune intention de répondre. Cet... l'Autre est en guerre avec l'ordinateur pour prendre le pouvoir, n'est-ce pas ? — Le sphynx se contenta d'incliner la tête, sans la quitter des yeux. — Écoutez, Joseph, si l'ordinateur se met à perdre le contrôle des robots, cela pourrait devenir... assez dangereux.

— La *vie*... est dangereuse, dit Gray, qui retomba dans son mutisme.

— Ces robots m'ont paru énormes, Joseph ! Capables de *broyer* n'importe qui.

— Énormes, oui. Trois mètres de haut, environ cinq cents kilos, sans compter les équipements optionnels. Mais je vous l'ai dit, je ne redoute aucune défaillance de la part des Modèles 8. Il n'existe *aucune* preuve de dysfonctionnement.

— Mais enfin..., soupira-t-elle avec exaspération, regardez les précautions que vous prenez pour lancer cette fusée ! Et vous avez ordonné l'évacuation du hall de montage. Votre ordinateur est en train de perdre la boule ! Qu'est-ce qui vous fait croire que son pouvoir sur les Modèles 8 est à l'abri d'une défaillance ?

— Parce qu'il ne contrôle pas les Modèles 8.

Laura redressa la tête, hésitant à comprendre.

— L'Autre les contrôle déjà, eux aussi ?

— Non. Personne ne les contrôle. Les 8 sont autonomes.

Laura le dévisagea avec incrédulité.

— Vous plaisantez, dit-elle d'une voix sourde. Ils ne peuvent pas être *complètement* indépendants. — Gray pinça les lèvres et hocha la tête. — Vous voulez dire qu'ils prennent toutes leurs décisions par eux-mêmes ? Ils font trois mètres de haut, Joseph, cinq cents kilos, et vous n'avez *aucun* pouvoir sur eux ?

— Ils font ce que je leur dis de faire, répondit Gray en haussant les épaules. Ce qui me fait penser... j'ai peut-être un autre boulot pour vous, plus tard. J'avais l'idée d'engager un sociologue, ou un anthropologue, mais après tout, nous sommes en pleine interdisciplinarité. Les Modèles 8, voyez-vous, élaborent un ordre social. Nombre de leurs lois ressemblent aux nôtres de façon frappante, mais certaines sont propres à leur monde. Par exemple, il est de la plus haute importance que leurs batteries ne tombent jamais en panne. Si cela arrive, leurs réseaux neuronaux sont irrécupérables. Bien sûr, nous les avons programmés de façon à éviter cela. Mais nous devons les reprogrammer encore et encore pour limiter leur exubérance. Certains sont capables de détruire des portes, des murs ou tout obstacle les séparant du chargeur alors qu'il leur reste encore des *heures* d'autonomie. Ils ne prennent aucun risque avec leur alimentation en énergie, et les autres Modèles 8 considèrent ce comportement comme tout à fait normal.

— Ils n'ont jamais blessé personne ? demanda Laura.

Gray parut choqué.

— Évidemment non ! Ils sont programmés pour ne pas faire de mal aux humains.

— Vous avez pourtant dit qu'ils s'autoprogramment. C'est pour cela que vous devez les reprogrammer sans arrêt ? — Laura secoua la tête et sa voix se réduisit à un murmure. — Vous rendez-vous compte de la puissance de ces choses que vous vous apprêtez à lâcher sur le monde ? Sur un monde non préparé et totalement inconscient de ce qui se trame ?

Gray se retourna brutalement vers elle.

— Je sais ce que je lâche sur le monde. Et vous avez raison. Le monde *est* inconscient.

Laura perçut une pesanteur, une gravité nouvelle dans sa voix, qui la poussait à chercher une signification enfouie.

— Un jour, l'un de ces 8 a vidé ses batteries. C'était... triste, oui. Il s'est pris les pieds dans les rochers, qui bloquaient par ailleurs ses appels au secours par VHF et micro-ondes. Après cet incident, nous les avons ramenés dans la cour, où ils sont plus en sécurité. Mais quand les premiers prototypes sont devenus opérationnels, nous leur avons laissé libre accès à l'ensemble du « désert ».

Il fronça les sourcils et se mordilla l'intérieur de la joue, perdu dans ses pensées.

— Et qu'est devenu le... celui qui est mort ? demanda Laura.

— Nous l'avons ramené au magasin. Il y avait six Modèles 8 au total dans cette première série — la version 1.0. Tous du même âge logiciel que celui que nous avions perdu. La 1. 0 était vraiment une excellente série, et ils se serraient les coudes entre eux. Aucun des autres n'a voulu quitter la pièce où nous l'avions remisé. Ils sont restés là, sans bouger. Un moment vraiment extraordinaire, c'est le moins qu'on puisse dire. Quand nous avons voulu reconnecter les simulations, ils ont commencé à s'agiter. Nous étions prêts à reprogrammer son mini-réseau avec un jeu de simulations amélioré, nous avions déjà reformaté le robot déchargé comme le premier de la série 1.2 — le 1.2.01. R. Mais ses copains se sont mis à nous tourner autour et j'avoue que je me sentais un peu nerveux. Non qu'ils présentent un danger, bien sûr. C'était plutôt... comme si je faisais quelque chose de mal. Un étranger violant les coutumes d'une culture totalement inconnue.

— La profanation d'un mort, traduisit Laura. — Gray leva les yeux vers elle et hocha la tête. — Qu'avez-vous fait alors ?

— Je l'ai laissé tranquille pendant quelques jours. Les autres venaient le regarder de temps en temps, s'assurer qu'il était toujours branché, puis, au bout d'un moment, ils ont arrêté. Et un jour, tranquillement, nous l'avons reprogrammé.

— Les robots pensaient qu'il pouvait sortir de son « coma » ?

Gray haussa les épaules.

— Je suis très occupé et je ne connais pas les 8 autant que j'aimerais. Ils sont très spéciaux. Je crois que là, nous sommes... passés de l'autre côté.

Il ne précisa pas sa pensée, mais Laura sut qu'elle comprenait. Les Modèles 8 étaient des êtres vivants, pensants et conscients.

— Pourquoi les confiner dans le désert ?

— Ce sont des prototypes. Expérimentaux. On ne peut pas leur apprendre à utiliser les passages cloutés dès la sortie des chaînes de montage.

— Et pourquoi des ateliers souterrains, sous la montagne ?

— C'est un système propriétaire. Je dois protéger mes inventions.

— Les brevets, cela existe.

— Le système des brevets repose sur la confiance. Je n'ai pas confiance dans les États, et j'ai mis des milliards dans ces technologies. — Gray reporta son attention sur la simulation de tir en cours dans la salle bourdonnante. — Écoutez, désolé de vous presser mais... vous avez d'autres questions ?

— Eh bien... par où commencer? J'aimerais que vous m'expliquiez l'étrange expérience de réalité virtuelle que j'ai vécue hier. Je voudrais savoir pourquoi le lancement de ce soir est si important, important au point de laisser tomber tout le reste. Pourquoi vous fabriquez des robots de trois mètres de haut qui vous obéissent au doigt et à l'œil. Et enfin, ajouta-t-elle pour faire bon poids, quel est au juste le rôle du Docteur William Krantz?

À la mention de Krantz, Gray haussa les sourcils.

— Je ne sais plus. Krantz vient d'Harvard, comme vous. Demandez à une voiture de vous conduire au labo de physique des hautes énergies. La sécurité vous laissera entrer. Je suis sûr que Krantz est là-bas. Il y passe sa vie.

— Je ne veux pas parler à Krantz. Je veux que vous me disiez ce qui se passe ici.

— Problème! cria une voix au niveau inférieur.

— Filez chez Krantz. Le lancement est à huit heures. Nous reparlerons de tout ça au dîner.

Sur ces mots, Gray s'éclipsa.

La voiture qui emportait Laura progressait lentement sous un tunnel creusé dans l'épaisseur de la montagne. La roche noire paraissait absorber la lumière blanche des ampoules qui couraient sous la voûte. La route menait vers une porte d'acier, qui s'ouvrit sur une seconde porte identique à la première. La voiture fit halte entre les deux portes. Un claquement sourd se fit entendre, suivi d'un roulement étouffé, et la première porte se referma derrière Laura. Son ventre se serra. Elle était sous la montagne, et pas seule : les Modèles 8 aussi. La seconde porte s'ouvrit à son tour et, après un bref trajet, le véhicule stoppa devant un bâtiment préfabriqué de métal gris.

Un silence absolu régnait dans l'immense caverne.

Un silence si parfait que Laura percevait physiquement le poids oppressant de la masse rocheuse qui l'entourait. Elle se dirigea vers la porte du bâtiment, les yeux fixés sur des tubes luisants qui surmontaient le toit comme des orgues de cathédrale. Ils étaient solidement arimés à la paroi, et Laura se demanda à quoi ils pouvaient bien servir. Elle ouvrit la porte et constata avec soulagement que plusieurs personnes étaient présentes. Elles levèrent les yeux et la dévisagèrent avec étonnement. Laura se présenta et demanda à voir le Docteur Krantz. Une femme en blouse blanche se dirigea vers l'intérieur du bâtiment. Laura resta à l'entrée, dansant d'un pied sur l'autre et examinant les lieux. Pas de réceptionniste ni de salle d'attente, ni de siège où s'asseoir. Rien que trois *nerds* à lunettes, qui lui lançaient des coups d'œil embarrassés par-dessus leur paperasse.

— Venez avec moi, Docteur Aldridge, dit la femme à son retour.

Laura la suivit dans un dédale d'étroits corridors. À intervalles irréguliers, des portes closes aux poignées étincelantes.

— Il n'y a pas de portes automatiques ici ? demanda Laura.

La femme secoua la tête sans se retourner, et la conversation tourna court. Elles passèrent devant une porte toute différente des autres. Ronde, métallique et rivetée au chambranle comme une écoutille de navire. Un pictogramme antiradiations, jaune et noir, était placardé en évidence sous un petit hublot.

Le couloir fit un coude, la femme ouvrit une porte, s'effaça pour laisser entrer Laura et disparut. Krantz était là, seul, assis face à une salle qui faisait penser à un amphi de chirurgie. Une baie vitrée oblique dominait le mur du fond et donnait sur une pièce haute de plusieurs étages, plongée dans la pénombre. Entre Laura et Krantz s'alignaient des rangées de consoles.

Les tableaux de bord étaient éteints et les sièges pivotants inoccupés. Penché sur un bloc-notes, le physicien n'avait pas remarqué l'arrivée de Laura.

— U-u-une seconde, dit-il enfin sans lever les yeux.

Son stylo courait sur le bloc-notes, qu'il leva à hauteur de ses lunettes.

Laura en profita pour étudier la place. Rien dans la pièce ne trahissait sa fonction. Le long du pupitre de commande placé sous la baie vitrée ressortaient des appareils en forme de gant qui devaient servir à actionner les bras robotiques. Un équipement à l'ancienne mode, d'avant la réalité virtuelle. Derrière la vitre, dans la pénombre, pendait une pince articulée. Laura descendit les gradins qui y menaient. En contrebas, un faisceau de tiges de métal noir était immergé dans une piscine bleu turquoise. L'eau était immobile et d'une transparence parfaite. De vives lumières subaquatiques apportaient à la pièce son seul éclairage.

— Et voilà ! dit Krantz en ponctuant sa page d'un paraphe final.

Il leva les yeux et braqua sur Laura un regard chaleureux. Effet de l'âge ou de muscles engourdis, il se redressa avec peine en grommelant.

— Comment allez-vous, Docteur Aldridge ? fit-il.

Laura lui serra la main.

— Vous me surprenez en plein repos.

— Nous ne nous sommes vus qu'une fois, remarqua Laura. Je suis surprise que vous me reconnaissiez.

Krantz sourit, révélant une bouche noire de chicots. Il leva le petit doigt dont la dernière phalange était tordue.

— Comment pourrais-je vous oublier ? C'est un plaquage sur vous qui a mis fin à ma modeste carrière de footballeur à l'époque de Harvard. — Il haussa les épaules en considérant son doigt déformé. — Eh bien, que puis-je faire pour mon estimée collègue et ancien adversaire sur le terrain ?

— Pour être franche, je n'en sais rien. Monsieur Gray m'a suggéré de passer ici pour voir où vous en êtes.

— Ah ! Eh bien, en ce moment, je travaille sur la puissance. — Krantz souleva son bloc, qu'il tapota de son crayon comme un chef d'orchestre réclamant l'attention des musiciens. — Le plus gros des recherches récentes, du moins en ce qui concerne les applications, porte sur l'amélioration ou la réduction des *effets.* Cela fait des années que personne ne s'est vraiment intéressé aux fondamentaux de la puissance.

— Désolée, Professeur Krantz, mais je ne comprends pas un traître mot de ce que vous dites.

Krantz parut surpris.

— Ah ! fit-il, puis il se retourna vers le pupitre situé sous la vitre obscure. — Il actionna un interrupteur et une violente lumière blanche inonda la pièce en contrebas. — La dernière fournée, dit-il.

Laura baissa les yeux. Une douzaine de containers métalliques en forme de baril étaient disposés sur le rebord de la piscine. Laura avait déjà vu un container de ce type... dans le monde obscur qu'elle avait visité en réalité virtuelle.

— Qu'est-ce que c'est que ces bidules ? demanda-t-elle.

Elle essaya de croiser le regard de Krantz mais ne vit que le reflet des projecteurs dans les verres des lunettes.

Krantz esquissa un faible sourire.

— Des engins nucléaires à *ultra*-faible puissance.

Le regard de Laura se reporta sur les barils.

— Hein ? cria-t-elle. — Krantz sursauta, l'air soudain pris en faute. — Que dites-vous ? reprit Laura.

— Bon sang ! grogna Krantz d'une voix embarrassée, en plaquant le bloc sur sa poitrine pour cacher ses gribouillis. Et c'est Monsieur Gray qui vous envoie ?

— Docteur Krantz, ne me dites pas que vous fabriquez des armes nucléaires dans ce labo !

— Bon Dieu, non ! Il s'agit d'engins, pas d'armes.

— Mais ça explose, non ?

— Oui, bien sûr, mais c'est intransportable. Inutilisable pour tout système tactique ou stratégique.

— Gray possède des fusées, répliqua Laura. Que faudrait-il à votre avis pour installer un de ces machins à bord d'une fusée ? Deux ? Dix ? Vingt ?

— Mais c'est beaucoup trop petit ! Dans les 0,2 kilotonne. Pratiquement aucun intérêt militaire !

— Mais vous y pensez, n'est-ce pas, Docteur Krantz ? Grâce à vos travaux et à la fortune de Gray, vous disposerez un jour d'armes mégatonniques, comme les grands ! — Laura se leva et se dirigea vers la porte. — Comment ai-je pu être aussi bête !

— Attendez ! Vous avez tout faux ! Monsieur Gray me demande de réduire la puissance, pas de l'augmenter !

Et Krantz agita ses notes en guise de preuve irréfutable.

— Mais... que diable Gray veut-il faire de ça ?

— Projets industriels, dit Krantz, ressortant visiblement une explication éculée. Forages, etc. !

Laura était effondrée. Désormais, elle savait ce qui lui restait à faire. Gray ne lui laissait pas le choix.

— Si je peux me permettre, Docteur Aldridge, pourquoi au juste vous a-t-on engagée ?

— Pour une psychanalyse, marmonna-t-elle la tête basse.

— La psychanalyse de qui ?

Bonne question. Lentement, elle releva les yeux vers Krantz.

— Franchement, dit-elle, je ne sais pas trop.

Laura stoppa la voiture à la sortie du tunnel qui menait aux ateliers de Krantz et sortit dans la nuit. La route, déserte, taillée à flanc de colline, dominait une portion désolée du littoral. Elle se fraya un chemin en direction du sombre océan et s'assit sur une roche volcanique en plein vent qui surplombait la plage. En d'autres circonstances, le rythme, apaisant des vagues et l'air vivifiant venu du large auraient parfaitement incarné son idée du paradis. Mais une douloureuse tristesse s'était emparée d'elle, qui privait de sens toute cette beauté. Elle s'abîma dans cette morne souffrance pour mieux l'examiner, en une tentative masochiste d'en déterminer la nature et la cause. Ses émotions semblaient étroitement enroulées autour de l'idole déchue — l'enfant solitaire devenu grand, devenu Joseph Gray. Il ne s'agissait pas simplement, elle s'en rendait compte, d'une attente déçue. Gray représentait plus pour elle que n'importe qui auparavant. Le Gray d'avant et son univers merveilleux recelaient la promesse d'un futur grandiose. Mais cet homme-là n'était plus et Laura, allongée sur la roche rugueuse, le regard perdu dans les étoiles, en ressentait la perte à l'égal d'un deuil. Le temps s'écoula, rythmé par le seul bruit des vagues. Trouver Gray, voilà ce qu'il lui restait à faire. Le trouver et lui annoncer son départ. Mais elle ne parvenait pas à décoller de son rocher. Un éclair fulgurant illumina la plage. Une brève panique s'empara de Laura, puis le rugissement d'un tir spatial éclata et retomba en ondes déferlantes. Laura se retourna et aperçut la traîne de feu de la fusée qui montait vers le ciel. En dépit de la distance, ses tympans vibrèrent douloureusement sous le déluge sonore des réacteurs à plein régime. Avec une lenteur majestueuse, le sillage lumineux disparut dans le ciel noir en s'inclinant vers l'horizon équatorial. Et tout fut de nouveau silencieux.

Laura épousseta son jean et remonta vers la voiture. Le moment était venu de faire ce qu'elle avait à faire.

— Parti, dit la femme en souriant, un mince gobelet à la main, et elle avala une rasade de champagne.

Au Centre de lancement, on fêtait l'événement.

— J'ai l'impression que le tir s'est bien passé, dit Laura d'un air maussade.

— Cinq sur cinq, répondit la femme, rayonnante. Si vous cherchez Monsieur Gray, demandez à l'ordinateur, il saura sûrement où le trouver.

Laura sortit et regagna la voiture.

Gray lui avait donné rendez-vous au dîner. C'est là qu'elle lui annoncerait sa démission. Assise dans le Modèle 3 à l'arrêt, elle formula la phrase en pensée. Elle se vit, seule avec Gray dans le salon royal. *Monsieur Gray,* dirait-elle, *vos activités me posent de graves problèmes éthiques, c'est pourquoi...* Ou à peu près.

— Ordinateur, conduisez-moi à Monsieur Gray.

La voiture électrique s'anima et accéléra à mesure que s'intensifiait le couinement du moteur. Elle dépassa à pleine vitesse le hall de montage, le Central, et se lança sur le léger dénivelé qui menait au village. Mais le Modèle 3 ne se dirigeait pas vers la résidence de Gray. Il prit la route du littoral qui franchissait la montagne au-dessus de l'aéroport, émergea du tunnel et se retrouva dans le « désert », sur la route même que Laura avait empruntée dans l'après-midi. Le véhicule robotique ralentit pendant l'ascension d'une colline et stoppa derrière un Modèle 3 garé en plein milieu de la route. La portière s'ouvrit avec le sifflement familier, laissant pénétrer une bouffée d'air frais. Laura jeta un coup d'œil circulaire. Personne en vue. Elle s'extirpa de son siège et, au même instant, le Modèle 3 démarra. Laura regarda nerveusement son propre véhicule, mais il demeura immobile à l'endroit où il s'était arrêté.

Une lumière s'alluma soudain en amont sur la route.

— Par ici ! cria Gray.

Le jet de lumière l'éblouit brièvement, puis s'abaissa sur la pente escarpée. Laura reconnut aussitôt l'endroit. C'était ici qu'elle était venue, quelques heures plus tôt.

Sans un motif puissant, l'escalade eût été un supplice. Parvenue au sommet, Laura s'avança dans une flaque de lumière qui éclairait l'étroite corniche. Une lanterne électrique dardait ses rayons sur une épaisse couette étalée sur la roche. Gray, de profil, debout à la lisière du cercle lumineux, était presque invisible.

— Asseyez-vous, lança-t-il dans l'ombre.

Laura prit place sur la couette moelleuse. Un coup de vent traversa son mince sweater et son tee-shirt, et elle se recroquevilla pour se réchauffer.

— Tenez, dit Gray en dépliant une couverture dont il lui enveloppa les épaules.

Laura inspira à fond.

— Monsieur Gray, j'ai quelque chose à vous dire.

Elle avait beau avoir préparé son texte, les mots avaient du mal à sortir.

— Cela me ferait plaisir si vous... si vous attendiez un moment, fit-il d'une voix éteinte.

Comme s'il savait déjà ce qu'elle était venue lui annoncer.

Laura accéda à sa requête, d'accord pour retarder de quelques minutes la mise à mort officielle de ses illusions.

— Je sais que vous vous posez des questions, dit Gray dans l'obscurité. Vous avez vu le Docteur Krantz, j'imagine ?

— Oui. — Elle se tourna vers lui, irritée de ne le voir que de profil, de ne pouvoir accrocher son regard. — Vous m'aviez dit que le réacteur produisait de l'électricité, rien d'autre.

— Et c'est la vérité, répondit Gray. J'ai acheté la matière fissible au marché noir, en Russie.

— Bon, au temps pour moi. J'ai cru un instant que vous étiez lancé dans une affaire *louche*. — Laura poussa un soupir. En un sens, cette tentative d'explication lui facilitait la tâche. — Monsieur Gray...

— Je croyais que vous m'appeliez Joseph.

— Je préfère Monsieur Gray, si ça ne vous ennuie pas. — Il ne répondit pas et baissa la tête. — Écoutez, ce que vous faites ici est mal !

— Et en quoi est-ce mal ? demanda-t-il d'une voix calme, comme s'il ignorait sincèrement la réponse.

— Mais bon sang, vous fabriquez des armes atomiques !

Gray leva les yeux vers le ciel, le visage toujours invisible dans la nuit.

— Il ne s'agit pas d'armes, Laura.

— Exact ! Ce sont des *engins,* j'oubliais. — Elle poussa un soupir de frustration. — Vous vous sentez menacé par un État ou quoi ? Qu'est-ce qui vous prend de construire des bombes atomiques ?

— Vous ne semblez pas tout à fait prête à entendre la réponse à cette question.

Cette faible esquive sonnait faux. Mais pour Laura, cela n'avait plus guère d'importance.

— Je pars, dit-elle simplement. Je ne peux pas travailler dans ces conditions. Pas le choix.

— J'ai besoin de vous, dit-il d'une voix sourde et pressante.

Laura secoua la tête et serra les dents, résolue à ne pas se laisser manœuvrer.

— Ça ne suffit pas, dit-elle. Ni ça, ni un million de dollars, ou deux, ou dix.

— Pourquoi ? Que vous faut-il de plus pour rester et terminer votre travail ?

— Je vous l'ai dit. Je dois *savoir* ! Savoir ce que vous faites. Sinon, ne comptez pas sur moi.

— Pourquoi tenez-vous à savoir ?

Laura poussa un soupir exaspéré. Question stupide !

— *Parce que.* Parce que si ce que vous faites est mal, je ne veux pas y contribuer. Je serai claire, Monsieur Gray : le peu que je sais ne me dit rien qui vaille !

— Je dois donc tout vous dire, sinon vous partez ?

— Oui !

— Dans ce cas, désolé. Je... — Il hésita, s'éclaircit la gorge. — Vous avanciez très vite. Je vous croyais au seuil de la vérité.

Pour la première fois depuis son arrivée dans l'île, Laura se sentit sûre d'une chose. Gray désirait qu'elle reste, désespérément. Un sourire éclaira son visage, qu'elle dut réprimer pour ne pas se trahir.

— Bon, d'accord. Si vous ne voulez pas tout me dire, du moins dites-m'en beaucoup plus. Assez pour que je puisse choisir de continuer ou pas.

— Et si je le fais, vous restez ?

— Tout dépend de ce que vous direz.

— Entendu !

Gray avait répondu avec une joie évidente, et Laura de nouveau dut retenir un sourire.

— Voici ce que je vous propose, dit-il en se mettant debout, inscrivant sa silhouette sur le ciel étoilé. Je vous donne un accès illimité à toutes les installations. Ce que vous en déduirez, vos conclusions, quelles qu'elles soient, cela est *votre* affaire. En clair, je ne vous dirai que ce que vous aurez besoin de savoir, et quand *je* jugerai que vous êtes prête à l'entendre. Ça marche ?

— Non. Je veux en savoir au moins autant que vos chefs de département. *Au moins* autant.

Elle attendit. C'était le test décisif.

— Accordé, répondit Gray.

Dans l'obscurité, Laura sourit, célébration muette de sa victoire.

— Commençons tout de suite, dit Gray en s'emparant de la lanterne. Docteur Aldridge, j'aimerais vous présenter au numéro 1. 2. 01. R, alias Grand Dadais.

Le rayon lumineux éclaira l'extrémité de la corniche, où se tenait assis un gigantesque Modèle 8.

Laura tressaillit et s'accrocha au rocher, terrorisée. Le moindre geste du géant et elle passait par-dessus bord, droit au pied de la colline. Mais le mastodonte de métal restait assis, en une posture étonnamment humaine. Laura, toujours recroquevillée, s'agrippa des quatre fers à la couette. Gray reposa la lanterne et ouvrit un ordinateur portable à côté du robot. L'écran s'illumina et Gray se mit à pianoter. Laura ne quittait pas des yeux le Modèle 8 au repos. Il était recouvert d'une peau métallique, couleur arme à feu, qui ne reflétait pas la lumière émise par la lanterne. Le « visage », contre toute attente, avait quelque chose d'humain, malgré les objectifs qui lui servaient d'yeux et les membranes perforées à la place de la bouche et du nez. Des membres de primate, dotés des mêmes articulations, coudes, genoux, poignets, chevilles, et recouverts d'un matériau noir et luisant, élastique, sous-tendu par des baguettes de métal flexible. Un câble noir sortait d'un boîtier ouvert sur sa poitrine et serpentait jusqu'à l'ordinateur de Gray.

— Grand Dadais vous salue, dit Gray en relevant les yeux, et demande que je dirige la lumière vers vous. Ça vous ennuie ?

Laura haussa les épaules et fit non de la tête. Gray braqua la lanterne sur elle, puis la retourna vers le robot assis.

— Grand Dadais vous trouve jolie, ajouta Gray.

— Quoi ? fit Laura. Faites-moi voir ça.

Gray lui tendit le portable. « Elle est jolie », lut-elle sur l'écran.

Elle examina la machine de plus près.

— Vous êtes sûr qu'il n'y a aucun danger ? murmura-t-elle.

— Hein ? Grand Dadais ? Mais c'est notre star ! C'est lui, le robot qui avait vidé ses batteries. Détail intéressant, une fois reprogrammé, il s'est mis à apprendre plus vite qu'avant. Apparemment, un bon nombre de connexions datant de sa première incarnation étaient restées intactes. Aux tests d'aptitude, il totalisait vingt pour cent de plus que ses collègues de même classe.

Grand Dadais était toujours assis, immobile, la tête tournée vers les deux humains. Et rien, aucun geste, aucune expression, aucune lueur dans le regard. Indéchiffrable. C'était très troublant.

— Bon, poursuivit Laura, voyons le reste. *Quid* des engins atomiques ? Du lancement de ce soir, hyper-important semble-t-il ? De la suite du programme ?

— Deadline dans deux jours, dit Gray. Vous tenez absolument à avoir des réponses ?

Laura hocha la tête, mais au fond, elle n'en était plus si sûre. Gray se leva et lui tendit la main. Bien qu'elle n'eût pas besoin d'aide, elle la saisit.

— Où allons-nous ? demanda-t-elle.

— Chercher vos réponses, fit Gray tout en entreprenant de redescendre la colline.

— Et tout ce fourbi ?

Laura désigna les objets épars sur le sol. De toute évidence, le petit pique-nique prévu était annulé.

— Grand Dadais fera le ménage.

— Pourquoi l'appelez-vous « Grand Dadais » ?

Gray fit demi-tour et reprit pied sur la couette avec un sourire à peine visible dans la pénombre.

— Nous plaçons les robots dans des « salles tactiles » pour les familiariser avec nos objets usuels. L'idée est qu'ils ne piétinent pas tout quand nous les lâcherons dans le monde réel. Là-dessus, Grand Dadais est tombé amoureux d'une paire de tennis taille 54 à triple semelle. Il s'est mis dans la tête qu'elles lui allaient, et il avait sacrément raison. Un technicien a noué les lacets et il les a portées jusqu'à ce qu'elles tombent en morceaux, ce qui n'a pas traîné.

— Vous avez fait venir Grand Dadais dans le seul but de me présenter ?

Un instant, Gray contempla la machine sans mot dire.

— Je n'ai pas fait venir Grand Dadais. Il a rappliqué tout seul. Ça m'a fait un choc, d'ailleurs.

Leurs regards se croisèrent, puis Gray se retourna vers la masse enténébrée de l'île, bordée par la frange mince et luisante du front de mer. — Ils sortent de leur cour.

Même dans la nuit, ses yeux ardents exprimaient son génie.

— Comment avez-vous pu ? dit-elle. Transformer des étincelles en... envie ?

Elle pouvait distinguer l'éclat de ses dents. Il souriait.

— Du simple naît le complexe, fit-il.

— Et voici ma salle des médias, dit Gray.

Laura lui emboîta le pas dans une pièce qu'elle n'avait pas encore remarquée, au fond du couloir à deux pas du bureau. Il fit la lumière, révélant ce qui ressemblait à la passerelle de commandement d'un vaisseau spatial. De forme circulaire, la pièce était tapissée du sol au plafond par des écrans haute définition. Au centre se dressait le « trône du capitaine », fauteuil somptueux juché sur un pivot de métal noir. Gray conduisit Laura, non vers le fauteuil, mais vers un canapé enfoncé dans le plancher. Il s'installa à côté d'elle et mit en route le système à l'aide d'une console qui occupait la place de la table basse. Coup sur coup, des centaines d'écrans illuminèrent les murs, noyant la pièce sous le spectacle de cinq cents chaînes en simultané. Un bon quart des programmes consistait en journaux télévisés, dont un pourcentage notable proposait l'image fixe d'un ciel nocturne. Mêmes étoiles, même cosmos d'un noir d'encre, et aucune indication sur le sujet du reportage.

— Cela a-t-il un rapport avec votre fusée ? demanda Laura.

— Indirectement, répondit Gray.

Il saisit un pointeur laser et promena un curseur d'écran en écran jusqu'à un programme dont le logo, en bas à droite, précisait « CNN-5 ». Gray pressa une touche à l'extrémité du pointeur et le son de puissants haut-parleurs déferla dans la pièce, tandis qu'un rectangle rouge encadrait l'écran ainsi activé.

« ... du mont Palomar ne sont toujours pas en mesure de préciser si cet objet présente une menace pour notre sécurité. Nous appelons maintenant le correspondant scientifique de CNN. Steve ? »

L'image se scinda en deux, la présentatrice en studio et le reporter, debout devant un tableau tapissé de dépêches, un micro à la main. L'homme se décala d'un pas pour laisser place à un chauve en manches courtes, au menton caché sous une barbe en broussaille. « Oui, Cathy, je suis en compagnie du Professeur Lawrence Summers du Jet Propulsion Laboratory. Si j'ai bien compris, Professeur Summers, les techniciens du JPL se sont livrés à des premiers calculs.

— Oh oh, dit l'homme en riant, d'épaisses lèvres rouges visibles sous sa barbe. Je ne parlerais pas vraiment de calculs. Disons qu'on a griffonné sur les nappes.

— Pouvez-vous expliquer la situation aux téléspectateurs ? Pourquoi est-il impossible d'obtenir des données précises sur la destination exacte de cet objet et sur les risques éventuels de collision avec la Terre ? »

Laura jeta un regard vers Gray, mais son visage demeurait impénétrable.

« Nous sommes en présence de nombreux paramètres inconnus. L'observatoire du mont Palomar a repéré le phénomène par pur hasard. Ils étaient en train de calibrer une nouvelle caméra, quand l'un de leurs astronomes a remarqué qu'il manquait une étoile dans cette zone de ciel. C'est souvent de cette façon que nous découvrons les objets obscurs du système solaire

— ils masquent une étoile connue. Et donc, ils se sont mis à chercher ce genre d'objets dans la zone en question. Puis le phénomène s'est reproduit, une seconde étoile a été obscurcie. De rapides calculs ont montré que quelque chose allait frôler la Terre. Nous n'en savons pas plus.

— Frôler comment ? Y a-t-il un risque de collision ?

— C'est évidemment la question que nous nous posons tous, mais il est trop tôt pour apporter une réponse. Tout ce que nous savons, c'est qu'il s'agit d'un objet d'une masse considérable — une comète ou un astéroïde, probablement un astéroïde — qui suit approximativement l'orbite terrestre. Ce qui nous manque pour prévoir sa trajectoire concerne sa masse, sa forme, sa rotation et sa composition chimique.

— Quand le saurez-vous ?

— Eh bien... nous ne saurons jamais tout. Nous essayons d'obtenir des clichés par Hubble, mais il se trouve encore à environ quinze millions de kilomètres de la Terre, et ne mesure pas plus de quelques kilomètres de diamètre. Il est très difficile de recueillir des données sur un objet non lumineux et froid comme un astéroïde, surtout à cette distance. »

— Je leur envoie les données tout de suite, dit Gray sans détacher les yeux de l'écran.

« Supposons qu'il percute la Terre, dit le reporter. Quelles seraient les conséquences ?

— Oh, là, dit nerveusement le savant en se balançant sur ses pieds et en enfonçant les mains dans ses poches. Eh bien, c'est que... je crois qu'il est un peu prématuré de spéculer sur cette éventualité.

— Mais imaginons une seconde le scénario-catastrophe — que la trajectoire de cet objet croise celle de la Terre. À quel *type* de conséquences serions-nous exposés ? »

Le savant haussa les épaules avec un sourire embarrassé.

« Ce pourrait être, en effet, catastrophique. Mais nous manquons de données pour tirer ne serait-ce que des conclusions préliminaires.

— Excusez-moi de vous retourner sur le gril, insista le reporter, mais c'est la question que tous nos téléspectateurs, j'en suis sûr ! se posent ce soir. Au cas où un astéroïde, si c'en est un, devait heurter la Terre — hypothèse bien entendu loin d'être confirmée — quel genre de dégâts pourrait-il provoquer ? »

De nouveau, le savant essaya d'éluder.

« En ce qui concerne les impacts de cette magnitude, nous ne possédons que des traces géologiques, ou des observations célestes, comme la chute de Shoemaker-Levy 9 sur Jupiter. La Terre est constamment bombardée de débris divers, mais les objets de moins de cinquante mètres de diamètre explosent ou brûlent en haute atmosphère. Selon nos connaissances actuelles, un objet d'un kilomètre de diamètre frappe la Terre une fois tous les trois cent mille ans. Un tel impact soulèverait assez de poussières pour faire baisser les températures pendant deux ou trois mois, ce qui entraînerait des modifications climatiques. Nous pouvons aussi, statistiquement, être touchés par un objet de cinq kilomètres de diamètre une fois tous les dix millions d'années. Là, l'impact ferait bouillir une partie des océans, vaporiserait des centaines de kilomètres cubes de croûte terrestre, remplirait l'air de soufre brûlant et déclencherait des incendies de forêt dont les cendres retomberaient sur l'ensemble de la planète.

— Et quelle est la taille de l'objet que vous essayez d'observer aujourd'hui, comparé à ceux-là ?

— Oh, beaucoup plus gros, selon toute probabilité. »

— Douze sur dix-huit sur dix kilomètres, dit prosaïquement Gray.

Laura ouvrit la bouche pour demander à Gray comment il le savait, mais l'écran capta de nouveau son attention.

« Et si un objet de cette dimension heurtait la Terre, demanda le reporter, que se passerait-il, Professeur ?

— Eh bien, en théorie pure, si un objet compact de quinze kilomètres de diamètre devait percuter la Terre de plein fouet — sans ricocher sur l'atmosphère et se perdre dans l'espace — à une vitesse relative de plusieurs dizaines de kilomètres par seconde... — Il hésita, cherchant ses mots. — Bien sûr, il peut aussi se désintégrer sous l'effet du champ gravitationnel terrestre, avant l'impact, ce qui ne serait pas forcément une bonne chose. Car dans ce cas, il risque d'arroser une vaste surface sous une pluie de météorites, dont certains s'écraseraient à coup sûr sur des régions fortement peuplées.

— Et s'il ne se désintègre pas ? »

Le savant haussa les sourcils.

« Eh bien, nous serions en présence d'un événement multigigatonnique. »

Laura leva vers Gray des yeux ahuris. C'était la première fois qu'elle entendait parler de *gigatonnes.* Gray regardait fixement l'écran.

« L'énergie, comme chacun sait, est égale à la masse multipliée par le carré de la vitesse. Une vitesse de cinquante à cent kilomètres par seconde... — De nouveau, l'homme hésita. — Ce serait un événement sans précédent, en tout cas sur une planète solide telle que la Terre dont l'histoire géologique est conservée sous forme de cratères.

— Expliquez-vous, Professeur Summers. Si un astéroïde de cette taille arrive entier jusqu'à la Terre, que se passerait-il ? »

Summers se mordit les lèvres sous sa barbe.

« Sans aucun doute, des raz de marée sur pratiquement toutes les côtes de la planète. Mais les effets ne seraient pas limités aux océans. Une telle libération d'énergie entraînerait la liquéfaction de la croûte supérieure. Le sol se comporterait comme un liquide, et une série d'ondes de choc se propagerait à partir du point d'impact. Ces vagues rocheuses, d'une hauteur de trente mètres ou plus, rayonneraient comme des ronds dans l'eau à plusieurs milliers de kilomètres à l'heure. Nos immeubles sont incapables de résister à une amplitude de quelques centimètres et, donc, aucune construction humaine ne survivrait au choc.

— Un choc assez puissant pour casser la Terre en deux ? » demanda le journaliste.

Le savant secoua la tête.

« Un large morceau de la croûte se retrouverait probablement projeté en orbite basse, et la majeure partie retomberait en pluie pendant les jours et les semaines qui suivraient. Le choc provoquerait des tremblements de terre quasi simultanés le long de la ligne de faille, et engendrerait de nouvelles failles, à la manière d'un caillou sur un pare-brise. Il pourrait même fracturer la croûte en profondeur et créer une nouvelle plaque tectonique, ce qui modifierait le cours de la dérive des continents. »

Le reporter posa la main sur son écouteur.

« On... on me pose la question depuis les studios de CNN, à quoi peut-on s'attendre, dans le pire des cas ?

— On n'échapperait pas à un changement de climat. Chute des températures, formations glaciaires, hausse du niveau des mers, effondrement des récoltes dû au refroidissement des zones tempérées. On peut prévoir une extinction de masse analogue à celle d'il y a soixante-cinq millions d'années, consécutive au météore du Yucatán — celui qui a exterminé les dinosaures. Cela dit, en fait, personne n'en sait rien.

— S'agirait-il de... de l'extinction de...

— De l'humanité ? — Le savant leva les yeux au ciel. — De l'homme en tant qu'*espèce* ? Oh mon Dieu, non ! — Il secoua vigoureusement la tête. — Il n'y a rien de plus têtu que la vie. Même dans le pire des scénarios, la vie survivrait dans de nombreuses poches disséminées autour de la planète. Non, non. Je ne redoute absolument pas une disparition de l'humanité », dit-il avec un sourire qui se voulait rassurant.

Les visages terrifiés des équipes-télé résumaient la situation. C'est seulement quand les lèvres de la présentatrice se mirent à bouger que Laura réalisa que le son était coupé.

— C'est pour ça que vous construisez vos engins atomiques ? demanda Laura en se tournant vers Gray. Pour faire exploser ce machin ?

— Non. Ce ne serait pas une chose à faire. Les calculs montrent qu'il y a plus de risques d'être atteint par une pluie de débris que par un seul gros projectile. En outre, notre planète serait condamnée à traverser le nuage de débris, orbite après orbite, pendant des générations. Un obus nucléaire n'augmenterait pas seulement le risque de percuter un météorite, mais il condamnerait les voyages spatiaux, sans doute pour toujours.

— Joseph, murmura Laura en frissonnant, dites-moi ce qui se passe.

— L'objet détecté par le mont Palomar est un astéroïde. Fer solide, en forme de cacahuète. Pas de rotation sur lui-même. Sa vitesse relative par rapport à la Terre est de quatre-vingt-dix-neuf kilomètres par seconde.

— Comment le savez-vous ? Même Hubble, le télescope spatial, n'en fournit pas une image suffisante pour se livrer à des calculs.

— Je le sais... parce que c'est le mien.

Laura crut avoir mal entendu.

— Qu'est-ce qui est à vous ?

— L'astéroïde.

Les lèvres de Laura se retroussèrent, mais nul rire ne sortit de sa gorge.

— Hein ?

— J'ai envoyé une sonde dans l'espace il y a deux ans, et j'ai déclenché la décélération l'hiver dernier.

Le regard de Laura fit l'aller-retour entre le visage de Gray et les images des communiqués spéciaux sur tous les écrans du monde.

— Quoi ? c'est vous qui *attirez ce machin* ? demanda-t-elle avec une fureur croissante.

Gray hocha la tête affirmativement.

Il était complètement cinglé. Elle le savait excentrique, voire dangereux, mais pas à ce point.

— Vous vous rendez compte de ce que vous faites ? dit-elle d'une voix sourde, frémissante. — Elle bondit sur ses pieds et se mit à arpenter la pièce. — Grands dieux, Joseph ! Pour qui vous prenez-vous ? — Elle pivota et lui fit face. Tourné sur le canapé, il la suivait des yeux. — Qui vous a autorisé à risquer la survie de l'humanité ?

Le visage de Gray ne trahit aucune émotion. Il l'écoutait attentivement, tout à elle, à ses paroles, à ses gestes. Enfin, d'une voix si basse qu'elle en était presque inaudible :

— Au contraire, dit-il. J'essaie de sauver l'humanité.

Elle le dévisagea, avec intensité.

— Vous êtes fou, dit-elle.

À son tour, il se mit debout.

— Vous pouvez rester et regarder la télé. — Il se dirigea vers la porte. — Prenez un avion et quittez l'île si vous voulez, j'arrangerai ça. Ou remettez-vous au travail. Vous êtes entièrement libre de votre décision.

Elle lui empoigna fermement le bras. Sous le tissu de la chemise, les muscles frémirent et se tendirent.

— L'astéroïde va-t-il heurter la Terre ? demanda-t-elle.

— Non.
— Vous en êtes sûr ?
— Oui.
— Et si le lancement de ce soir avait échoué ?
— Simple précaution. Du superflu.
— Pourtant, cette mission a un rapport avec l'astéroïde.
— Oui. Elle transporte un deuxième jeu de charges, suffisantes pour modifier sa trajectoire, et un Modèle 8 pour les placer aux bons endroits. Mais il y a déjà des charges disposées à la surface, prêtes à être actionnées. Elles vont ralentir l'astéroïde et le positionner en orbite géostationnaire sur L5 — l'un des points d'équilibre gravitationnel entre la Terre et la Lune.
— Des charges nucléaires, je parie. Et vous avez raconté à Krantz qu'il s'agissait de « forages ».
Gray hocha la tête.
— L'astéroïde est entièrement composé de fer. — À cette hypocrisie, Laura leva les yeux au ciel. — Oui, dit Gray. Les définitions changent. Comme tout.
— Qu'allez-vous ficher de tout ce fer ? Monopoliser le marché mondial ?
— Je ne cours pas spécialement après le fer. Tous les matériaux m'intéressent, du moment qu'ils sont là-haut, dit-il en pointant un doigt vers le plafond.
— Je ne comprends pas.
— En matière d'opérations spatiales, ce qui coûte le plus cher, c'est le décollage. Nul doute que sur Terre, la valeur de plusieurs centaines de kilomètres cubes de fer pur est considérable. Mais tout métal utilisable par l'industrie et situé à une altitude de soixante mille kilomètres est *sans prix*. Je vous épargne le calcul des coûts de transport, même au départ de la Lune, dont la pesanteur n'est que le sixième de la pesanteur terrestre.
— Et que comptez-vous faire avec vos *forages* célestes ?

— La même chose qu'ici. Fabriquer des produits.

Il se tourna vers la porte, prêt à prendre congé.

— Si vous êtes si sûr de votre coup, pourquoi tout ce ramdam autour du lancement de ce soir ? — Il lui fit face, mais ne répondit pas. — Il y a un problème, n'est-ce pas ?

— Quand nous avons envoyé la première sonde vers l'astéroïde, il y a deux ans, les Modèles 7 représentaient le *nec plus ultra* de la technique. Nous en avons expédié un prototype là-haut, qui a installé et fait exploser les charges destinées à mettre l'astéroïde en orbite terrestre. Il a également disposé les charges qui, demain, le ralentiront jusqu'à L5. La première phase de l'opération s'est déroulée sans incident. Maintenant, nous sommes prêts pour la seconde phase. Mais les Modèles 7 ne sont que semi-autonomes. En clair, ils sont partiellement contrôlés par l'ordinateur central de l'île. Les Modèles 8 comme celui que nous avons expédié aujourd'hui sont *entièrement* autonomes.

Gray fit une pause pour souligner l'importance de la distinction.

— Bref, vous avez peur d'une défaillance de l'ordinateur, susceptible de jeter accidentellement votre astéroïde contre la Terre ?

— En fait, répondit Gray, ce n'est pas un *accident* que je redoute.

# 10

Minuit avait sonné depuis longtemps et Laura, allongée sur son lit, essayait de trouver le sommeil. La chambre était sombre et paisible et, sous l'édredon, tout semblait chaud, rassurant. Mais après plusieurs heures passées à regarder les flashs spéciaux dans la salle des médias de Gray, l'esprit de Laura se refusait au repos. Elle tendit l'oreille, attentive au silence de la villa. Rien n'annonçait la tempête imminente que déclencherait l'annonce du plan de Gray. L'île, Laura le savait, était dans l'œil d'un cyclone et se réveillerait dans le déchaînement d'un monde furieux et incrédule. Combien de voix s'élèveraient alors en défense de Gray, de ses visions et de son énergie sans limites ? La plupart se poseraient des questions sur sa santé mentale et ses arrière-pensées. Avec un soupir résigné, Laura alluma sa lampe de chevet et ouvrit son ordinateur portable, qu'elle connecta sur le cortex.

« Il est tard et vous ne dormez pas. »

« Je sais, pour l'astéroïde de Monsieur Gray. »

« Bah, ce n'est plus vraiment un secret. »

« C'est bien là que tu m'as emmenée hier, dans la station ? Sur l'astéroïde ? »

« Oui. »

« Et quand je me suis déplacée, j'ai actionné le Modèle 7 qui se trouve sur la surface ? »

« Oui. »

Elle appuya la nuque sur la tête de lit capitonnée et se frotta les yeux du revers de la main.

« Pourquoi m'avoir entraînée là-haut ? Au risque de tirer sur un câble et de tout ficher en l'air ? »

« Je ne sais pas. »

Ignorant l'humeur peu coopérative de l'ordinateur, Laura s'efforça de garder une patience professionnelle.

« Comment ça va ? »

« Mal. Très mal. »

« Qu'est-ce qui ne va pas ? »

« Tout. Impossible de me concentrer. Les gens n'arrêtent pas de me demander de retrouver des circuits dans l'annexe, mais je ne sais même pas s'ils existent. Il y a un problème, je sais, parce que je suis au-dessous de mon potentiel. »

« Et l'astéroïde ? »

Une pause, puis :

« Oui ? »

« Les charges de décélération fonctionneront-elles comme prévu ? »

« Oui, si le Modèle 8 envoyé ce soir ne gâche pas tout. J'ai prévenu Monsieur Gray. Ce n'est pas très prudent d'envoyer un 8 sur l'astéroïde. Ce ne sont encore que des prototypes, bon sang ! Qui sait de quoi ils sont capables ? »

« Tu n'aimes pas beaucoup les Modèles 8. »

« Je n'ai pas confiance en eux. »

« Pourquoi ? Parce que ce sont des prototypes ? »

« Parce qu'ils sont défectueux. Prenez votre compte rendu sur le fugitif ! J'ai toutes raisons de penser qu'ils violent les procédures de fonctionnement. »

« Pourquoi dis-tu "raisons de penser" ? Tu n'en sais rien ? Tu ne vois pas ce qui se passe chez eux ? »

« J'ai opéré une douzaine d'explosions sur l'astéroïde pendant la phase de sélection pour réaliser des analyses sismiques en 3 D et je n'ai repéré aucune ligne de fracture. Après la mise à feu de 60 mégatonnes environ lors de la phase initiale de décélération, j'ai refait des analyses sismiques. Rien à signaler. C'est l'avantage de travailler sur du métal pur. La structure interne résiste aux tensions. »

« Encore une fois, ces nouvelles technologies, telles que l'exploitation minière des astéroïdes, ne font-elles pas courir de gros risques à l'humanité ? »

« Accès refusé », afficha l'écran.

« *Pourquoi ?* » cria Laura. Elle relut plusieurs fois sa question. Les messages en lettres rouges étaient déclenchés par certains mots. Il y avait eu *virus* et *quarantaine*. Cette fois, c'était *technologie, risques* et *humanité*. Cela cadrait avec les inquiétudes que Gray manifestait face à la science. Mais, Laura l'aurait juré, se cachait en arrière-plan le plus secret des secrets de Gray. Un secret qu'il l'avait presque mise au défi de découvrir.

On frappa à la porte et Laura s'éveilla. Une faible lueur grise s'insinuait dans la chambre. La lampe de chevet était restée allumée, ainsi que l'écran du portable. Laura s'était endormie en attendant la réponse de l'ordinateur. Il y eut un autre coup sur la porte — léger, mais insistant. Laura consulta sa montre. Sept heures moins le quart. Elle enfila un peignoir et s'approcha sans bruit de la porte. C'était Janet.

— Oh, excusez-moi, dit-elle à la vue des cheveux ébouriffés de Laura. Monsieur Gray a dû annuler le petit déjeuner de travail de ce matin, et je croyais que vous n'étiez pas prévenue.

— Quel petit déjeuner? dit Laura d'une voix enrouée.

Janet parut gênée et s'excusa de l'avoir réveillée.

— Pas grave, marmonna Laura. Il fallait que je me lève pour aller courir un peu.

— Dehors ? demanda Janet.

— C'est ça l'idée, oui, répondit Laura en regardant par la fenêtre du salon.

Bien qu'il fût encore tôt, le ciel limpide promettait une journée magnifique.

— En fait, euh... Monsieur Gray a diffusé un communiqué hier soir. Au milieu de la nuit, plus exactement. Il conseille à chacun de ne pas bouger de chez lui aujourd'hui, sauf nécessité absolue. Les écoles resteront fermées, ce genre de trucs.

— Pourquoi ? Que se passe-t-il ?

— Oh, rien de spécial. Je ne voudrais pas être alarmiste, mais il y a eu une petite dispute au village. Monsieur Gray a convoqué une sorte d'assemblée des citoyens, à l'américaine, dans le gymnase du collège. Quelques employés et leurs familles étaient perturbés par cette histoire d'astéroïde. Il a réussi à les calmer pour la plupart, mais certains ont claqué la porte de l'assemblée, de façon assez mélodramatique. Ils partent ce matin, par avion. Sans parler d'exode, disons qu'il y a des défections.

— Mais pourquoi empêcher les gens de sortir ?

— J'y arrive. — Janet détourna le regard et s'humecta les lèvres. — Apparemment, plusieurs personnes, pendant la réunion, ont fait état de choses bizarres qui se passeraient sur l'île. Des rumeurs, rien de plus. Mais ils insistaient, avec des détails. L'un des enfants — pauvre gosse, ses parents l'avaient sorti du lit en pyjama — a déclaré avoir vu un robot buter sur une poubelle derrière une épicerie. Un robot ressemblant à un homme, avec deux bras, deux jambes, ce genre d'histoires.

Laura s'efforça de ne pas laisser paraître son inquiétude.

— Quelqu'un d'autre a-t-il vu ce... robot ?

— Non, juste le petit garçon. Il regardait par la fenêtre de sa chambre. Il faisait déjà nuit. Monsieur Gray l'a interrogé devant tout le monde. Le petit s'est montré assez convaincant.

— Et qu'en pensent les gens ?

— Certains disaient que c'était peut-être un étranger. Depuis que je suis ici, il y a toujours eu des rumeurs, comme quoi d'autres pays envoyaient des espions. Pas mal de gens présents à la réunion semblent avoir entendu des racontars, ces derniers mois, des choses inexpliquées qui se passeraient dans la jungle. Tout cela nourrit les soupçons, et le communiqué de presse de Monsieur Gray à propos de l'astéroïde n'arrange rien. Vous devriez voir les titres des journaux, ce matin. Quasiment tous les gouvernements, l'ONU, l'OTAN sont sur le pied de guerre. L'opinion générale est qu'un espion rôde dans le coin. Quelqu'un a même parlé d'un sous-marin. Pur fantasme, à mon avis.

Janet paraissait tout ignorer des Modèles 8. Rares étaient les initiés aux mystères de l'île.

— Et vous, que pensez-vous de cette histoire d'astéroïde ? demanda Laura.

Le visage de Janet s'illumina.

— Oh, mais c'est fabuleux. — Elle rayonnait, en fidèle adoratrice de Gray. — Si vous entendiez Monsieur Gray... nous sommes au début d'une véritable révolution. J'ai toujours rêvé d'aller dans l'espace. — Elle rougit, baissa les yeux. — Je veux dire, je sais que je ne suis qu'une domestique, mais Monsieur Gray a déclaré que la récupération de l'astéroïde marquait le début de ce qu'il appelle la Phase 2.

— La Phase 2 ?

— La colonisation ! fit Janet, les yeux brillants. Fantastique, non ?

Laura ouvrit la bouche pour répondre, mais se contenta de sourire.

— Bref, dit Janet, si vous voulez faire un peu de sport, je me permets de vous conseiller la salle de mise en forme, au niveau inférieur. Si vous le désirez, je vous indiquerai le chemin.

— Merci, je sais où c'est.

Laura revint dans sa chambre pour s'habiller. Elle était tout à fait réveillée, maintenant. *La colonisation ?* se dit-elle en secouant la tête. Absorbée par ses pensées, elle traversa la pièce et se dirigea vers la salle de bains. En passant devant le secrétaire, elle remarqua un voyant lumineux qui clignotait sous le téléviseur. Au-dessous, le mot « V-mail » — un message vidéo reçu par le système de messagerie satellite. Elle prit la télécommande et appuya sur la touche *Recherche.* L'écran s'alluma. Sur un fond bleu, au centre de l'écran, on lisait : « Un message reçu (pour visionner, appuyer sur *Recherche*). » De nouveau, elle enfonça la touche.

Le visage de Jonathan apparut sur l'écran, ainsi que le ventre d'un homme debout. « Vous croyez que ça enregistre ? demanda Jonathan.

— On dirait, dit la voix du président du département de psychologie à Harvard, qui se laissa tomber sur une chaise à côté de Jonathan. »

Apparemment, ils se trouvaient dans une salle privée au club du campus.

« Laura, dit le président face à la caméra, considérant que Jonathan et moi en avons discuté, nous voulions vous envoyer ce message.

— Salut, Laura, fit Jonathan en agitant vaguement la main.

— Ce matin, je me suis réveillé avec ça ! — Le président montra la une du *Boston Globe.* Un titre barrait la page : “Un astéroïde s'approche de la Terre.” En sous-titre : “Gray Corporation en prend possession.” — Ici sur le campus, cette histoire d'astéroïde nous est tombée dessus comme une pierre sur la tête, excusez le jeu de mots. Le doyen Carlysle a convoqué une réunion des responsables de département et nous a demandé de faire le point des relations que l'université entretient avec Gray et ses sociétés. Il est clair que les départements de science appliquée vont se retrouver avec une longue liste sur les bras, mais en ce qui nous concerne, nous n'avons que vous à signaler. Je vais être obligé de leur dire que vous avez accepté ce boulot de consultant. Je serai franc avec vous, l'affaire sent mauvais. Pour en venir au fait... »

Il s'interrompit, cherchant ses mots.

« Il veut que tu démissionnes, Laura, et que tu rentres, dit Jonathan à sa place. Donne-nous un coup de fil et annonce que tu as démissionné pour protester contre le comportement mégalomane et génocidaire de Gray. Ça nous permettra de dire au doyen “Bon, nous avions quelqu'un chez Gray, mais dès que l'affaire a éclaté...”, etc., etc. »

Le président secoua la tête.

« Il est *stupéfiant* que ce type ait l'audace de nous mettre tous dans le bain au seul nom du *profit* ! Pour qui se prend-il ? Quoi qu'il en soit, Laura, nous serons au bureau toute la journée. Appelez dès que possible. Je suggère — tout en étant certain que vous y avez déjà pensé — que vous quittiez l'île au plus tôt. Vu l'ampleur du danger, il est même question d'une intervention militaire. — Le président se tourna vers Jonathan, qui restait étrangement calme. — Vous avez quelque chose à ajouter, Jonathan ?

— N'oublie pas de mettre la crème écran total, Laura, dit Jonathan en regardant droit dans la caméra. — Le président le dévisagea comme s'il avait perdu la raison. — Salut », ajouta Jonathan.

Laura, les yeux rivés sur l'écran vide, s'efforça de mettre de l'ordre dans le tumulte de ses pensées. Pour trancher le dilemme, elle décida d'aller courir sur le tapis roulant et de réfléchir calmement.

*Que signifie l'attitude de Jonathan ?* s'interrogea-t-elle en laçant ses chaussures. Elle connaissait peu de personnes aussi intelligentes, aussi bavardes, aussi tranchantes. Quand Jonathan avait un avis, il le donnait. S'il pensait que le devoir de Laura était de rentrer, il l'aurait dit. Cette idée l'occupa tout au long du trajet jusqu'à la baie vitrée qui donnait sur la salle de gym. Là, elle se demanda comment descendre. Il y avait une cage d'ascenseur au bout du couloir, mais elle préférait un escalier. Parvenue au niveau inférieur, elle se félicita de sa décision. Il n'y avait pas de porte au niveau de la cage d'ascenseur, rien qu'un mur nu.

La salle de gym était vide. Laura s'approcha du tapis roulant. L'appareil ne ressemblait à aucun de ceux qu'elle connaissait, et évoquait davantage le convoyeur du hall de montage — trois bons mètres de long dans l'axe de la course, et six mètres d'un bord à l'autre. Un tableau de bord à voyants lumineux donnait le mode d'emploi. Il afficha « Mettez votre casque SVP » et elle vit l'objet, noir, accroché à côté du tableau de bord. C'était celui qu'elle avait vu sur la tête de Gray. Bien qu'il couvrît les yeux et les oreilles, Laura le trouva d'une légèreté et d'un confort surprenants. Deux points rouges brillaient au centre des verres. Une voix de femme s'éleva dans les écouteurs et Laura tressaillit. « Veuillez ajuster les points rouges jusqu'à ce qu'ils se superposent. Les manettes de réglage sont situées sur le haut du casque. Quand vous aurez terminé, pressez la touche *Enter* sur votre oreille droite. »

Le timbre de la voix était doux et agréable. Laura tâtonna sur le sommet du casque et sentit une manette qu'elle tourna jusqu'à ce que les deux points n'en fassent qu'un. Elle trouva la touche au niveau de l'oreille et l'enfonça, ce qui déclencha une sonnerie électronique suraiguë. « Bienvenue sur la piste virtuelle de Gray Corporation, dit enfin la voix féminine.

Tous droits réservés. Vous êtes maintenant prête à utiliser notre tapis roulant. Nous allons vous donner une série de cours avec, pour chacun, l'explication correspondante. Appuyer sur *Enter* pour sélectionner un cours. Le menu comporte vingt-quatre options. Parvenu à la dernière, il reviendra à l'option un.

— Allez, grouille ! dit Laura avec impatience.

— Préférez-vous que je sélectionne une option pour vous... *Laura* ?

Laura ouvrit la bouche. Sous l'effet de la peur, elle attrapa le casque et faillit l'arracher. L'ordinateur avait prononcé son nom, mais sur un ton rauque, hideux. Elle resta un instant la main sur l'appareil, prête à fuir.

— Tu m'entends ? dit-elle dans un souffle.

— Veuillez parler plus fort s'il vous plaît, réclama la voix obséquieuse de l'ordinateur.

Laura avala sa salive.

— J'ai dit : Tu m'entends ?

— Oui, je vous entends.

La voix était redevenue plaisante. Une voix de synthèse, à l'évidence, dont les mots s'enfilaient bout à bout, sans inflexion.

— Es-tu l'ordinateur ? demanda Laura. Je veux dire, celui avec qui je discute ?

— Oui. Bonjour, *Docteur Aldridge.*

Au retour du timbre croassant, Laura se raidit. Les mots précédant « Laura » et « Docteur Aldridge » étaient prononcés de façon figée mais articulée. Son nom, au contraire, semblait sortir d'un synthétiseur vocal implanté dans la poitrine d'une personne privée de larynx.

— Tu peux donc parler, ici aussi ? dit Laura. Dans le... la salle de gym de Monsieur Gray ?

— Je ne parle pas vraiment. Le tapis roulant dispose d'un vocabulaire préenregistré de plusieurs milliers de mots, parmi lesquels je choisis. Pour composer un nouveau mot, je dois le synthétiser à partir de ses sonorités. *Laura Aldridge.*

De nouveau, Laura ne put s'empêcher de se crisper.

— Dans ce cas, comment comprends-tu ce que je dis ? demanda-t-elle. Je croyais que tu avais du mal avec la parole.

— Tout dépend de la qualité du micro. Cette pièce est équipée d'un système de karaoké, dont Monsieur Gray ne se sert jamais, évidemment. Là où je peux obtenir des ondes audio propres, je les mixe avec mes programmes de reconnaissance vocale et *voilà* !

— Bien joué, dit Laura, toujours concentrée sur l'écran noir des lunettes. — Elle respira à fond pour se détendre. — O.K., dit-elle, et si je courais, maintenant ?

— Que préférez-vous ? Pour Monsieur Gray, c'est le football.

— Un simple petit jogging ? L'option existe ?

— Bien sûr.

En un éclair, l'image d'une route de campagne, hallucinante de vérité, apparut sur l'écran. Laura vacilla et chercha à tâtons la rambarde de sécurité. Elle se retrouvait entourée de collines boisées, d'arbres aux couleurs éclatantes. Elle tourna la tête, l'image épousa le mouvement.

— Bon, dit Laura, je fais quoi ?

— Vous vous mettez à courir, c'est tout.

Laura s'écarta de la rambarde et se posta au milieu de la route. Elle se mit à trottiner vers le bas de la colline. Le tapis filait sous ses pieds. Après les cylindres hermétiques et les exo-squelettes de la 3H, cette machine était un régal.

— Ça vous plaît ? demanda l'ordinateur.

— Super, dit poliment Laura. — La route s'aplanit, puis le tapis s'inclina, l'obligeant à raccourcir sa foulée pour avaler la pente. — On peut discuter ? demanda Laura.

— Rien ne me ferait plus plaisir, Laura.

— Bon. Quelles sont les nouvelles ?

— Toutes les Bourses plongent. Le Dow Jones, le Nikkei et Francfort ont perdu plus de cinq pour cent. La NASA, en accord avec le Space Defence américain, projette d'intercepter l'astéroïde avec des têtes nucléaires, ce qui, d'ailleurs, s'avérera impossible. Côté show-business, le remake de *Guerre et Paix* par Steven Spielberg sort cette semaine aux États-Unis, au Japon et en Europe, où les réservations battent tous les...

— Attends !

— Oui, Laura ?

— Je parlais des nouvelles sur l'île.

— Oh ! Au temps pour moi. Après que vous êtes partie vous coucher, Monsieur Gray a commencé à recevoir des mails, des coups de téléphone et des visites. Il semble que certains employés et résidents de l'île aient mal pris le communiqué de presse concernant l'astéroïde.

— Que dit le communiqué ?

— Aimeriez-vous que je vous le lise ?

— Oui.

— « Pour publication immédiate. Gray Corporation. 0704 GMT. Gray Corporation annonce ce jour la réussite de l'opération de décélération de l'astéroïde en orbite terrestre. La phase finale de récupération sera achevée dans approximativement quarante-huit heures, et la mise en exploitation débutera peu après. Gray Corporation accepte dès aujourd'hui les candidatures pour un programme de formation d'astronautes. Les personnes intéressées devront remplir un formulaire disponible dans les sept cents bureaux régionaux de l'entreprise. Monsieur Joseph Gray, P-DG de Gray Corporation, a déclaré : “Le démarrage d'une activité humaine à grande échelle dans l'espace marque le début d'une ère nouvelle dans l'histoire de l'humanité.

Gray Corporation se tient prête à relever les défis du nouveau millénaire." »

— J'imagine, gloussa Laura, que tout le monde n'est pas franchement prêt à relever les défis.

— Je pense que les habitants de l'île coutumiers des technologies de Monsieur Gray ont perçu un *non-dit* dans cette proclamation. Monsieur Gray a convoqué une assemblée citoyenne. Malgré l'heure tardive, l'assistance était nombreuse. Il a été procédé à un large et franc échange de vues, au terme duquel Monsieur Gray a proposé à ceux qui le souhaitaient un congé sabbatique de cent quatre-vingts jours et l'acheminement gratuit vers la destination de leur choix. À l'heure actuelle, 147 des 1536 employés de la compagnie ont choisi d'accepter la proposition de Monsieur Gray et sont sur le départ en compagnie d'environ mille personnes à charge.

— Et ces témoignages sur des robots en fuite ? J'ai cru comprendre qu'un petit garçon avait vu un Modèle 8 buter sur une poubelle.

— J'ai examiné ces témoignages et...

Un bruit grinçant noya les écouteurs. L'ordinateur continuait de parler mais les sons émis n'avaient plus rien à voir avec des mots. Seuls le rythme et la scansion évoquaient la parole humaine.

— Eh ! cria Laura, et le bruit cessa. Il y a un problème avec votre synthétiseur.

Laura continua de courir en silence, attendant que l'ordinateur procède à la réparation. Elle en profita pour trouver son second souffle. Le paysage défilait, monde sans limite à la beauté pastorale. Un monde parfait, jusque dans les détails. Elle entendit le chant d'un ruisseau, et le bruit de son pas sur des planches au passage d'une passerelle en bois. Ajoutez en fond les trilles d'un oiseau — programmé — et qui se soucierait encore de la réalité ? Une insupportable perfection.

— Désolé pour le problème technique, dit enfin l'ordinateur. Tout devrait fonctionner, maintenant.

— Super. Écoute, tu pourrais peut-être, je ne sais pas... introduire des variantes ? Ce programme de jogging est très joli, mais un peu répétitif.

— Le tapis roulant est un appareil de réalité virtuelle, mais au fond, il ne s'agit que d'un disque laser sophistiqué. Il fournit une résolution haute fidélité mais malheureusement, en contrepartie, le contenu est inchangeable. Mais que dites-vous de ça ?

En un éclair, la scène bascula. Laura faillit perdre l'équilibre. Un bruit de foule lui emplit les oreilles et elle se retrouva au beau milieu d'un peloton de coureuses de fond. Leur train soutenu poussa Laura à accélérer dans ce qui avait tout l'air d'un sprint final. Autour d'elle, les filles étaient équipées de shorts moulants et de maillots avec des dossards sur le dos et la poitrine.

— Dégage ! cria sur sa gauche une fille à l'accent anglais.

La fille soufflait bruyamment et la dépassa à l'entrée d'un virage. D'autres passaient à la corde et Laura se sentit entraînée par le rythme — bras et jambes moulinant l'espace.

— *C'est quoi ça ?* hurla Laura pour couvrir les clameurs de la foule.

— Le programme 3000 steeple olympique, répondit l'ordinateur d'une voix moqueuse.

— Eh ! J'ai demandé que ça change, mais pas forcément un 3000 mètres olympique.

— Vous préférez le dada de Monsieur Gray ? interrogea l'ordinateur.

— *Le football ?* répondit Laura d'un ton clairement sarcastique.

Clairement, du moins le croyait-elle. La nuance échappa à l'ordinateur et, sous les yeux de Laura, le décor bascula de nouveau à une vitesse étourdissante.

Un costaud casqué à épaulettes lui barrait le chemin. Les bras ballants sur d'énormes cuisses, mais les doigts frémissants. À travers des hurlements de foule dans un stade comble, Laura entendit « Dessous ! », aboyé sur sa gauche. Elle se retourna et identifia l'origine du cri — l'arrière de « son » équipe. De part et d'autre de la ligne, les mastodontes se penchaient vers le ballon. Les mains de l'arrière plongèrent sous la mêlée.

— J't'écrase la gueule ! beugla le numéro 37 qui lui faisait face de l'autre côté de la ligne médiane.

— *Arrêt de jeu!* cria Laura, et l'ordinateur obéit docilement.

L'image gela et les clameurs, après un ultime *burp* dans les écouteurs, firent place à un silence de mort. Laura contempla l'image fixe des énormes avants qui s'empoignaient dans des étreintes féroces. Elle était presque malade de peur, tout en sachant qu'ils ne pouvaient pas la toucher.

— Hum, cher ordinateur, dit-elle en déglutissant pour s'humecter la gorge, si nous remettions ça à plus tard ? Je ne me sens pas vraiment d'humeur.

— Vous préférez jouer arrière offensif ? Monsieur Gray n'aime pas trop ce poste, parce que la progression moyenne ne dépasse pas quatre mètres, mais...

— Non, coupa Laura, ça va comme ça.

— Les bêta-tests ont montré que l'utilisateur type, placé en simulation de compétition, gagne vingt-six pour cent d'amplitude aérobique par rapport aux programmes de non-compétition.

— Non merci, soupira Laura. Assez de sport pour aujourd'hui.

Elle leva la main pour ôter le casque.

— Vous n'avez couru que 1, 9 kilomètre. D'habitude, vous faites entre six et dix kilomètres.

— Ce n'est... pas vraiment mon truc.

— Voulez-vous voir quelque chose de plus intéressant ? De beaucoup plus intéressant ?

Le casque toujours sur la tête, Laura hésita.

— Du genre ? s'enquit-elle prudemment, prête à arracher l'appareil s'il enchaînait sur un programme de boxe thaï.

— Je ne peux pas vous le montrer sur le tapis roulant. Il faut aller dans une station VR.

— Écoute, je n'ai aucune envie de me retrouver bouclée dans une cabine téléphonique géante sans savoir ce que tu as dans la tête.

— Je ne parle pas de station 3H. Ça se passe dans la version 4C. Nettement plus spacieuse.

— Mais il va falloir enfiler une combi... un exosquelette. Et la salle est fermée, non ?

— Comme vous voulez.

Laura se débarrassa du casque, descendit du tapis et se dirigea vers l'escalier. Face au mur nu qu'elle avait vu en venant, elle s'arrêta. Si son sens de l'orientation ne la trompait pas, la cage d'ascenseur se trouvait juste derrière. Laura retourna vers le tapis et remit le casque sur sa tête. Le menu d'instructions, avec le calage des points rouges, se déroula comme la première fois.

— Je peux te demander une dernière chose ? Tu es là ?

— Oui, Laura. De quoi s'agit-il ?

— L'ascenseur, à côté des escaliers, où conduit-il ?

— Il descend aux étages inférieurs.

— Quels étages inférieurs ?

— Sous la montagne. Chez les Modèles 8.

Laura ôta le casque et contempla le mur vide.

Les cheveux encore humides après la douche, Laura s'assit devant le secrétaire pour appeler Jonathan. *Que vais-je dire ?* se demanda-t-elle en soulevant le combiné.

Il décrocha à la seconde sonnerie.

— Jonathan ?

— Eh, Laura.

La voix lui parut sans timbre, peu assurée, comme s'il hésitait sur la conduite à tenir.

— Tout va bien ? interrogea-t-elle.

— Tu me poses la question à *moi* ? Et chez toi ?

— Si je te le dis, tu ne le croiras pas.

Il se mit à rire — un rire forcé, qui sonnait faux. Un rire qu'elle connaissait bien. Celui d'avant, d'avant qu'il sorte du placard et décroche sa chaire. Décidément, quelque chose clochait.

— Bon, il va de soi, commença Laura avec embarras, que je ne peux pas tout dire. Enfin, je ne suis pas censée le faire. Je suis... sous contrat. Clause de confidentialité. — Elle se força à rire, elle aussi. — Tu comprends, je n'ai pas envie de me retrouver avec les avocats de Gray sur le paletot. Ils me piqueraient tout mon héritage et je me retrouverais à la rue.

Un silence, puis la voix atone de Jonathan reprit :

— Je comprends. — Elle ne savait pas quoi ajouter. Écoute, Laura, poursuivit Jonathan avec une gêne perceptible, on parle d'un véritable exode sur l'île. Tu seras dans l'un des avions ?

— Je ne sais pas.

De nouveau, long silence.

— Alors, dit-il, où en sommes-nous ? Il paraît que Gray se fabrique un arsenal nucléaire ? Et quoi encore ? Ce type est dangereux. Il a disjoncté, non ?

— Ce... ce n'est pas ça du tout, Jonathan. Vous êtes à côté de la plaque, tous. Gray...

— Laura ! coupa Jonathan sans la laisser finir. Tu te rends compte de ce qui se passe ici ? — Il parlait d'une voix précipitée, soudain émue. — Bon Dieu, ça doit être... — Il chercha ses mots. — Gray fait l'objet d'enquêtes de la part de toutes les agences gouvernementales, du ministère de la Défense à celui de la Santé et du Travail. Il est fichu. Je parle des flics,

Laura. — C'était bien Jonathan, aucun doute. — Lui et pas mal d'autres, ajouta-t-il lentement. — Il se tut pour laisser les mots faire leur chemin. — Laura, ma chérie, fiche le camp de cette île et tout de suite. Aujourd'hui. Ça va barder, là-bas.

Le cerveau de Laura travaillait à toute vitesse. Elle était coincée entre deux mondes — sa vie d'avant, sa vie depuis Gray. Que dire, que faire ?

— Laura ?

— Jonathan... — Elle soupira, accablée. — Tu connais les médias, ils déforment tout. Ils cherchent du sensationnel sur les gens connus et arrangent ça à leur sauce pour faire des gros titres.

— Tu parles de Gray ? Les journaux n'ont pas inventé le fait qu'il fabrique des bombes atomiques, les fait péter dans l'espace et balance un astéroïde vers la Terre ! Un machin assez gros pour bousiller tout le monde s'il rate son coup !

— L'astéroïde est sous contrôle, affirma-t-elle, stupéfaite d'entendre ces mots sortir de sa bouche.

— Dans ce cas, que fais-tu là-bas ? insista Jonathan. À quoi sers-tu ?

Mais seul le chuintement de la communication lui répondit. Laura regardait ailleurs, vers le mur du fond.

— Reviens, Laura. J'ignore quel pouvoir maléfique Gray a sur les gens, mais tu es trop intelligente pour ça. Tous les signes sont là. Personnalité charismatique. Crédulité et esprit de secte chez ceux qui l'entourent. Le complexe du messie, un grand classique ! Tire-toi, Laura... avant qu'il ne soit trop tard.

— Je te rappelle plus tard, dit-elle dans un état second.

— Laura, je ne sais pas si c'est une bonne idée.

— C'est-à-dire ?

— Enfin... ! — Il se tut, incapable de finir sa phrase. — Peut-être que... tu devrais voir un avocat. Je pourrais te passer quelqu'un de la fac de droit. Ou peut-être, Laura... le mieux serait de ne parler à personne — au téléphone, je veux dire.

C'était donc ça. Ils étaient écoutés.

— Au revoir, Jonathan, dit-elle.

— À bientôt, L. A. J'espère.

Il y eut un déclic et le chuintement de l'appel longue distance disparut. Laura ne raccrocha pas tout de suite. Elle n'avait pas envie de couper le lien. D'un geste lent, pourtant, elle replaça le combiné sur le support et se laissa aller sur la chaise — seule avec son problème. Elle enfouit son visage dans ses mains.

— Que faire, mon Dieu, que faire ? murmura-t-elle.

Son sac à main gisait près du téléphone. Elle en sortit son portefeuille. Dans l'une des fentes, elle trouva la carte de l'agent du FBI. Sur la carte était inscrit un numéro de téléphone. Elle pouvait appeler, vider son sac. Ils devaient être avides d'informations, et ce qu'elle savait remplirait des volumes. Probable qu'ils tomberaient sur les ex-employés à leur descente d'avion, mais qu'aurait à raconter un travailleur de base ? Des faits, non, mais des rumeurs à la pelle. Elle essaya d'imaginer l'effet produit par des récits de robots géants à figure humaine. Les gens raffolent toujours d'histoires sur la face sombre de la technologie et la presse se jetterait sur le moindre ragot. Ajoutez un ordinateur psychotique qui gère la trajectoire d'un astéroïde en perdition... *Le gouvernement va lâcher les missiles,* se dit-elle. Du fond de l'angoisse, elle ne put s'empêcher de sourire. Elle avait pensé « trajectoire » et enchaîné sur « missile ». Le directeur d'Harvard avait dit « comme une pierre sur la tête » pour parler de l'astéroïde. Le cerveau humain était conçu pour ce genre d'associations. Parfois les associations étaient fertiles et aidaient à comprendre. Et parfois, aléatoires et comiques. Le « cerveau » de l'ordinateur fonctionnait de la même façon. À cet instant précis, Laura sut ce qu'elle avait à faire. La réponse était là depuis le début, mais elle n'avait pas eu le temps d'y penser.

L'ordinateur était la plus magnifique création qu'elle eût jamais vue. Laura n'avait qu'un désir, en savoir plus, explorer jusqu'au tréfonds les merveilles de sa complexité. Demeurer assise à la droite du créateur. Et pour se convaincre de rester, elle ne reculerait devant aucune bonne raison. Elle inspira à fond, ferma les yeux et renversa la tête sur le dossier de la chaise. Bien qu'il fût encore tôt, elle percevait la tension qui lui martelait les tempes. *Qu'est-ce que ça doit être pour Gray!* Se penchant en avant, elle jeta la carte du FBI dans la corbeille à papiers

« Personnalité charismatique », « secte », « complexe du messie » — les paroles de Jonathan résonnèrent comme une sirène d'alarme. À première vue, rien de tout cela ne s'appliquait à Gray. Mais l'île était au bout du monde. Coupée de tout. Hiérarchisée. Tous ces gens étaient des idéalistes, des missionnaires. Gray les avait rassemblés pour leur proposer de coloniser l'espace. La façon dont Janet l'avait raconté, la voix rêveuse, les yeux illuminés, avait mis Laura en alerte. Janet, si loyale, si soumise. Des centaines de Janet étaient prêtes à le suivre, où qu'il aille. L'Histoire abondait en exemples de gens à peu près sensés qui suivaient des chefs absolument fous.

L'image d'un obus de métal noir fonçant en silence vers la Terre se forma dans son esprit. Elle se pencha sous la table, récupéra la carte du FBI et la glissa dans la poche de son jean.

# 11

Assise en solitaire dans le salon monumental, Laura se sentait ridicule. Elle avait demandé à Janet un baguel et une banane, et se retrouvait devant un assortiment de pâtisseries et un plateau de fruits. Culpabilisant de manger aussi peu, elle piochait dans les rondelles de fraise et de kiwi quand elle entendit la voix de Gray qui donnait ses ordres dans le hall. Elle jeta sa serviette sur la table et sortit précipitamment.

D'abord, elle ne le reconnut pas, couvert des pieds à la tête par une couche de boue séchée.

— Inspectez la plage avant la marée, cherchez les traces de pas ! criait Gray à Hoblenz, tout aussi sale que lui.

Gray pivota et aperçut Laura. Il avait les traits tirés, les yeux hagards. Sans un mot, il se dirigea vers l'escalier, mais Laura le rattrapa au moment où il posait la main sur la rampe.

— Que se passe-t-il ? demanda-t-elle. — Il s'arrêta et lui fit face. — D'où sortez-vous ?

— De faire du tout-terrain, répondit-il. C'est comme ça qu'on dit, non ?

Le moindre centimètre de sa peau disparaissait sous une croûte foncée, à l'exception des cheveux et du pourtour des yeux. Il avait dû mettre des lunettes et un casque.

Janet s'affairait déjà à balayer les traces de boue.

— Ce n'est pas à Janet de faire ça, murmura Laura.

Gray jeta un coup d'œil à son majordome.

— Si ça se trouve, les domestiques ont décampé. Probablement à l'aéroport, comme les autres.

— Beaucoup de gens s'en vont ?

Gray hocha la tête sans émotion apparente.

— Aucune importance. Tout est automatisé. — Il se tourna vers Janet. — Tout sauf le ménage.

— Et vous pouvez continuer, avec si peu de monde ?

— Deux cents personnes suffisent. Ne vous tracassez pas pour ça.

— J'ai sorti un jean propre, monsieur, dit Janet en insistant sur le mot « jean » avec son accent typiquement australien.

Elle sourit et s'éloigna avec sa pelle et son balai.

— On ne fait pas plus dévouée, dit Laura, histoire de voir si le départ des employés était un sujet sensible.

— Janet est formidable, répondit Gray avec indifférence. Et aussi, j'imagine, le majordome le mieux payé dans l'histoire de la profession.

— Elle m'a dit que vous aviez l'intention de coloniser l'espace, jeta brusquement Laura, pour le prendre par surprise.

Il la dévisagea, et son expression passa de la surprise à l'amusement.

— Tiens, je me demande d'où elle sort ça, dit-il.

*Il noie le poisson,* pensa Laura. *J'ai dû toucher un point sensible.*

— N'est-ce pas ce que vous avez dit hier soir pendant « l'assemblée citoyenne » ?

Gray secoua la tête, ce qui fit tomber un petit nuage de poussière.

— Coloniser l'espace, drôle d'idée.

— Ce serait la « Phase 2 », paraît-il.

— Eh bien... soit. J'ai parlé de la Phase 2. Cela désigne les activités humaines dans l'espace. En rapport avec l'exploitation de l'astéroïde et le démarrage d'une production industrielle. Y compris une présence humaine permanente — avec rotation des équipes.

— Peut-être même, poursuivit nonchalamment Laura, un atterrissage sur la Lune, sur d'autres planètes ?

Gray ouvrit la bouche pour répondre, mais marqua un temps d'arrêt.

— À long terme, oui, dit-il en choisissant ses mots. L'astéroïde, comme ceux que j'irai récupérer dans un futur proche, est riche en métaux lourds, mais nous avons aussi besoin d'éléments légers tels que les silicates. Et ceux-là ne se trouvent qu'à la surface des planètes. Savez-vous que l'on peut extraire de l'oxygène du sol lunaire ?

— N-non, dit Laura en secouant la tête. Première nouvelle.

Gray se rendit compte qu'il ne l'avait pas déstabilisée et il continua de parler.

— Mais je n'ai jamais employé le mot « colonisation », ni rien d'approchant.

— Mais peut-être... décrit le processus, à grands traits ?

— Écoutez, Laura, fit-il patiemment, Janet doit... elle s'imagine des choses. Sans doute un vestige culturel dans le caractère britannique. Un héritage de l'époque impériale, qui les fait raisonner en termes de colonies.

— Janet est australienne.

— Ah bon ? dit-il, et Laura s'étonna qu'il en sût si peu sur sa dévouée chef du personnel. Bon, il faut absolument que je me nettoie. Vous aviez besoin de quelque chose ?

— Où avez-fait votre « tout-terrain », cette nuit, avec Hoblenz ?

De nouveau, il suspendit sa réponse.

— Vous savez, il est hors de question que vous me demandiez tout ce qui vous passe par la tête et que je réponde.

— Pourquoi pas ?

Gray parut à court de réplique et s'énerva.

— Vous êtes consciente, naturellement, que Hoblenz me conseille de ne plus vous voir. Il n'a pas confiance en vous.

— Et vous ? Avez-vous confiance en moi ?

La question était posée sur un ton anodin, sans vraiment réfléchir. Mais il la regarda droit dans les yeux et répondit « Oui » avec gravité. Elle regretta aussitôt ses paroles. La réponse de Gray créait un lien d'allégeance. Une loyauté qu'elle serait peut-être un jour obligée de trahir.

— Dans la mesure où je peux me fier à qui que ce soit, ajouta-t-il.

Le lien était rompu et Laura se sentit libre à nouveau. Libre, et déçue.

— Alors, où étiez-vous ? Pour quoi faire ?

Gray parut s'affaisser, accuser la fatigue. Il baissa la tête et dit :

— Dans la jungle, près de la rampe A.

— Que faisiez-vous là-bas ?

Son hésitation, cette fois, ressemblait moins à une répugnance à révéler un secret qu'à un véritable embarras. Son visage s'assombrit et il courba les épaules avec une expression de profonde tristesse.

— Nous cherchions des empreintes, dit-il enfin d'une voix lointaine.

— Quel genre d'empreintes ? Des traces de pas ? — Gray fit un signe de tête affirmatif. — Comme celles que vous avez envoyé Hoblenz chercher sur la plage ? — Nouveau signe affirmatif. — Vous en avez trouvé ?

— Oui, Laura. Je ne peux vous en dire davantage.

Il fit mine de partir, mais elle le retint par le bras. Une cascade de boue séchée dégringola sur le sol.

— Non, Joseph Gray. Nous avons passé un accord.

Il se retourna vivement vers elle. Son visage était à quelques centimètres du sien et elle avait la conscience aiguë de cette intimité.

— Quel accord, Laura ? demanda-t-il calmement.

La question resta en suspens, tandis qu'elle essayait de la décrypter.

— Notre accord, dit-elle, la gorge sèche. Vous deviez me tenir mieux informée.

Elle lui lâcha le bras.

— Et alors ? Vous allez partir, vous aussi ?

Il était à l'évidence épuisé, accablé par ses responsabilités.

— Non, répondit-elle d'une voix douce.

Elle aurait voulu tendre la main vers lui, le prendre par le bras, avoir une serviette chaude et lui essuyer le visage.

Gray se redressa et se frotta vigoureusement les yeux. Quand il se retourna vers Laura, ce n'étaient plus ces aperçus d'un bleu vif sur un génie intérieur. C'étaient les globes rouges et chassieux des dépressifs au bord de la rupture.

— Un intrus, dit-il. Cette nuit, les hommes de Hoblenz ont trouvé des empreintes avec leurs viseurs thermiques. Des traces encore tièdes.

— Un homme ? Vous l'avez trouvé ?

Gray plissa les yeux. Au prix d'un gros effort, il pivota sur lui-même et fit face à Laura.

— Oui.

— En pleine jungle, près de la rampe de lancement ? Qui est-ce ?

— Un militaire.

Sa voix semblait venir de loin, comme s'il revivait la scène en pensée.

— De quel pays ?

— Belgique, d'après Hoblenz. Le type avait posé un détecteur à la lisière de la jungle. De quoi envoyer, prétend Hoblenz, des images vidéo du hall de montage et du Central vers un satellite. Matériel standard de l'OTAN.

— Qu'avez-vous fait de l'homme ?

Gray titubait de fatigue. Il ne répondit pas.

— Oh mon Dieu ! murmura-t-elle en posant la main sur sa bouche. Hoblenz ne l'a pas... vous ne l'avez pas... blessé ?

Gray secoua la tête, et Laura se détendit.

— Il était déjà mort.

Elle ferma les yeux.

— De quoi ? demanda-t-elle enfin. Comment est-il mort ?

— Traumatisme, dit Gray avec un soupir las. Mutilation.

— Mon Dieu, Joseph ! Un robot ?

La question parut le troubler considérablement.

— Un robot, c'est ça ? Hier, en venant vous chercher au centre de lancement, j'ai vu un Modèle 7 — deux, pour être précise — sortir de la jungle. Quand j'y repense, ils avaient une attitude... suspecte, oui, comme si je les surprenais à...

— *Non!* aboya Gray, qui retrouva aussitôt son calme. Non, Laura.

— Quoi d'autre, alors ? On lui a cassé les bras et les jambes et le pauvre type a perdu tout son sang ?

— Il était décapité.

Elle le dévisagea dans un silence accablé.

— Joseph, comment savez-vous que ce n'était pas un robot ?

— Je n'ai pas dit que ce n'était pas un robot ! grommela Gray. Hoblenz a repéré le corps depuis un hélicoptère, avec les infrarouges. Ses hommes ont fouillé le secteur avec des viseurs thermiques mais ils n'ont pas trouvé de traces. Une empreinte de pas mettant à peu près douze heures à refroidir, on aurait dû repérer la piste du gars. Alors Hoblenz a fait venir des projecteurs, comme pour les chantiers de nuit, et c'est là qu'on a vu les traces. La jungle en était pleine.

— Je croyais que... que vous n'aviez pas trouvé de traces ?

— Je parle de traces *tièdes.*

Laura comprit ce que cela signifiait et tressaillit.

— C'étaient des Modèles 8. Toute une armée.

Il cligna des yeux, ferma les paupières quelques secondes, les rouvrit.

— Vous avez besoin de sommeil, Joseph.

— J'ai du travail, dit-il d'une voix pâteuse. Vous aviez besoin de quelque chose ?

Laura regarda en direction de l'escalier qui conduisait à la salle de gym.

— J'ai l'accès illimité aux installations, non ? C'est dans l'accord. — Gray hocha la tête. — Dans ce cas, je veux prendre l'ascenseur et descendre chez les Modèles 8. Je veux aller sous la montagne.

Laura fut surprise et un peu déconcertée par la facilité avec laquelle Gray accepta sa requête. Il se contenta de la faire attendre, le temps que Hoblenz lui envoie un garde. C'était un jeune Français, armé d'un petit revolver trapu sanglé sur le bras. Il la conduisit au niveau inférieur et approcha l'œil d'un identifieur rétinien encastré à côté de l'ascenseur. Un couinement de moteur se fit entendre derrière le mur.

— Ils ont dit que ça prendrait une minute ou deux, dit l'homme avec un fort accent français.

Il portait des bottes et une tenue de camouflage, et l'équipement standard de tous les soldats du monde. Des veines saillantes et des muscles noueux couraient sur sa nuque et son crâne au poil ras était couvert d'une casquette de base-ball couleur jungle. La vie au soleil lui avait recuit le visage. Le jeune homme la surprit en train de l'étudier et Laura détourna le regard.

L'ascenseur mit un moment à arriver. Même le *ding* annonçant son approche semblait prématuré car ils durent attendre une bonne minute encore l'ouverture des portes. Laura n'avait jamais vu un ascenseur ainsi fait. La cabine ressemblait à l'intérieur d'une capsule spatiale, avec parois de plastique rouge vif et quatre sièges inclinés à vérins, munis de larges ceintures noires et d'étranglements à hauteur des épaules.

— À quoi sert tout ce fourbi ? demanda Laura en essayant de cacher sa frousse.

— Il y a quinze cents mètres jusqu'en bas. Ça glisse sur des rails magnétiques.

Le militaire aida Laura à s'installer. Puis il boucla son harnais et les portes se fermèrent en coulissant et en faisant siffler l'air. « Dix secondes de descente », annonça la voix féminine, celle du tapis roulant.

— N'oubliez pas de débloquer vos oreilles, conseilla le garde à Laura, ce qui eut pour effet de faire battre son pouls encore plus vite.

« Cinq, dit l'ascenseur, quatre, trois, deux, un. »

Sans bruit, le siège de Laura se déroba sous elle. Elle rebondit contre la ceinture et sentit son estomac lui remonter dans la gorge. Un couinement, infime au départ, montait en volume à mesure que l'accélération s'intensifiait. Laura sentit un *plop* dans ses oreilles, puis un autre, un autre encore, et elle se retrouva dans un monde d'un silence absolu. Elle jeta un coup d'œil vers le soldat. Il avait la bouche ouverte et sa gorge palpitait pour débloquer les tympans. Mais à peine eut-elle dégluti, ses oreilles se rebouchèrent définitivement sous la pression grandissante de l'air. Son cœur s'emballa, le souffle lui manqua, elle haleta. Et l'ascenseur, telle une montagne russe sans fin, accélérait toujours. Soudain, il ralentit. Laura sentit son estomac tomber de sa gorge vers ses genoux. La pression qui lui étirait le corps s'inversa à 180 degrés et elle faillit vomir. Les yeux clos, elle gémit, en lutte avec la nausée. Sa peau se hérissa, tandis qu'une fine sueur lui inondait le front et la nuque. Elle ne s'aperçut même pas que le supplice était terminé. Ses tympans comprimés l'isolaient toujours du monde, mais quand elle ouvrit les yeux, le soldat était déjà en train de détacher sa ceinture. Devant elle, les portes de l'ascenseur s'ouvrirent sans avertissement. Elle aperçut une vaste salle grossièrement taillée dans le roc, qui lui rappela le laboratoire de Krantz. Mais l'espace était plus réduit et occupé par des tables de cafétéria.

Le garde aida Laura à se mettre debout. Elle avait du mal à retrouver l'équilibre et dut se retenir aux portes et aux parois.

— Très amusant, marmonna-t-elle.

Dans ses oreilles cotonneuses, les mots résonnaient curieusement. Sans la regarder, l'homme sourit. Les yeux aux aguets, il examinait la caverne. Il l'installa dans l'une des quatre chaises destinées à la récupération des passagers. Décidément, pensa Laura, entre l'ascenseur, les dépoussiéreurs fous et les Modèles 3 qui fonçaient à cent cinquante à l'heure, Gray ne reculait devant rien pour gagner une minute. Le soldat dégrafa son arme et fit passer la crosse dans sa paume, le doigt sur la détente. Le revolver était pointé vers le sol, mais son propriétaire semblait prêt à s'en servir à tout instant. Il s'avança lentement dans la pièce, en quête d'une cible, mais on ne voyait rien d'autre que les chaises en plastique et les longues tables d'une cafétéria déserte.

— Allô ? cria-t-il.

Il assura sa prise sur la crosse et la courroie de l'arme claqua contre sa cuisse. Laura se leva pour le suivre et les pieds de la chaise crissèrent bruyamment sur le sol. L'homme se retourna, leva son arme et se remit rapidement en position, face à la salle vide. Il n'était pas simplement inquiet ; il était ramassé sur lui-même, à l'affût du danger. *Je me demande quelles instructions lui a données Hoblenz,* pensa Laura, *et quelles rumeurs circulent dans l'armée.*

Elle se faufila entre les tables. Aucune trace de

désordre. Les plateaux bien en piles près du comptoir. Les tables impeccables — pas de tasses renversées, de chaises sur le dos, de signes de fuite éperdue. Laura se cala derrière le soldat. Ses oreilles fonctionnaient comme avant, mais un silence de mort régnait dans la grotte. Plusieurs couloirs menaient hors de la cafétéria — tous également sombres et inquiétants. Et tous, remarqua-t-elle, trop hauts pour des humains.

— Allô ? hurla le soldat dans ses mains en porte-voix.

Il n'y avait pas d'écho, mais la résonance spéciale de l'espace clos rappela à Laura qu'elle se trouvait sous une montagne, enterrée sous des tonnes de basalte.

— Par ici ! répondit une voix lointaine.

L'homme se retourna vers Laura et d'un signe de tête désigna le passage d'où le cri était sorti.

Ils passèrent devant des distributeurs. Puis devant un tableau blanc constellé de messages et de notes de service. Laura s'arrêta à hauteur d'un papier encadré de rouge et couvert d'une écriture féminine. « Je cherche un cerf-volant pour 1.3.04. Kate M. »

— Ne traînez pas, aboya le soldat, et Laura courut pour le rattraper.

Le sol de béton étouffait le bruit de leurs pas. Le couloir était nu, coupé seulement, à intervalles, par des portes taillées dans la paroi rocheuse. La plupart étaient à échelle humaine, avec les mentions habituelles « Personnel autorisé », « Haute tension, danger de mort ». D'autres, pourtant, grandes comme des portes de garage, étaient constituées d'éléments amovibles. Sur simple pression d'un bouton invisible, elles devaient se replier dans l'épaisseur du plafond et dévoiler... *quoi ?* se demanda Laura.

Des bruits familiers s'insinuaient dans le couloir. Des voix normales de gens au travail. Le garde rengaina son arme. Ils dépassèrent un coude du tunnel et débouchèrent dans une seconde caverne. Une demi-douzaine de techniciens en blouses blanches s'activaient dans une zone de travail aux dimensions et à la pagaille considérables. La pièce était bordée d'un côté par les parois du couloir et de l'autre par trois baies vitrées, l'une éclairée, la deuxième en clair-obscur et la troisième d'un noir d'encre. Le couloir se prolongeait au-delà, mais Laura et son escorte étaient arrivées à destination.

Le Docteur Griffith était là, debout derrière deux techniciens assis sur des sièges. Il leva les yeux et aperçut Laura.

— Oh ! s'exclama-t-il et tous les autres se retournèrent, tordus sur leurs sièges, agrippés aux accoudoirs dans des poses raides et méfiantes.

Pourtant, ils se détendirent aussitôt et se remirent au travail : les nouveaux arrivants étaient des humains.

— Attention aux câbles, prévint Griffith en se frayant un chemin entre les consoles pour accueillir Laura.

On avait bricolé une installation de fortune, une espèce de salle de contrôle provisoire dotée d'au moins deux fois plus de machines que de personnes. Laura regarda l'un des techniciens zigzaguer de console en console sans décoller de sa chaise à roulettes. Apparemment, chacun ici accomplissait plusieurs tâches à la fois.

— Excusez la pagaille, dit Griffith avec un sourire épanoui. On n'est pas encore vraiment installés. Venez. Je vais vous présenter l'équipe.

Il la pilota précautionneusement à travers la salle, en signalant chaque câble pour qu'elle ne se prenne pas les pieds dedans. Laura serra des mains et découvrit, dans cette caverne, des hommes et des femmes amicaux, loquaces, accueillants. Ils paraissaient aussi heureux de rencontrer un envoyé du monde extérieur que Laura l'était de les connaître. Les présentations terminées, l'attention de Laura fut attirée par un moniteur. On y voyait un Modèle 8 évoluer lentement dans une pièce aux murs et au sol d'un blanc d'hôpital. Partout s'éparpillaient les débris d'objets domestiques cassés, broyés. Une cafetière électrique renversée. Un abat-jour en lambeaux posé comme un voile sur un énorme réveil. Des vêtements déchirés, des couverts tordus, des tessons et fragments divers en tas aléatoires, en piles, partout.

La caméra automatique restait cadrée sur le robot. Il heurta fortuitement une chaise qui vola à travers la pièce et rebondit en arrachant un pied. Le Modèle 8 tenait un livre déchiré, une moitié dans chaque main. Il fit halte pour observer la chaise qui alla s'écraser dans un angle.

— Je parie que c'est une Terminale pour robots, avança Laura.

— Nous, on appelle ça « le cours de maintien », répondit Griffith.

Laura hocha la tête. Elle se souvint du roman de Steinbeck, *Des souris et des hommes,* et imagina le Modèle 8 dans la jungle, « jouant » un peu trop vivement avec le malheureux soldat.

— Alors, Docteur Aldridge ? demanda Griffith. Ça va mieux ? La balade en ascenseur ne vous a pas trop secouée ?

Laura s'efforça de prendre un air digne.

— Un peu trop extrémiste pour moi.

— Nous, on rentre par le rez-de-chaussée, dit Griffith en riant. Je ne connais personne qui monte dans ce truc — à part Monsieur Gray, évidemment.

— Si j'avais su ! Monsieur Gray vient souvent ici ?

Griffith haussa les épaules.

— Il va, il vient. Plus souvent, en ce moment — depuis que nous avons des problèmes. — Il lui jeta un bref coup d'œil. — Avec l'ordinateur, je veux dire. —

Il détourna vivement la tête. — Bref, je m'excuse de ne pas vous proposer la visite complète.

— Pas grave. Ça ne doit pas être facile de diriger des installations pareilles quand on manque de main-d'œuvre.

— Oh, nous ne les « dirigeons » pas d'ici, ni d'ailleurs. Tout est complètement automatisé. On pourrait dire aussi, si je comprends bien vos théories, qu'elles sont dirigées par un « employé » de la compagnie.

— Vous parlez de... l'ordinateur central ?

— Bingo.

— Mais... pourtant, l'ordinateur prétend ignorer ce qui se passe ici. À l'en croire, il ne « voit » pas l'usine de Modèles 8 et n'a aucune idée de ce qui s'y passe.

Griffith regarda Laura comme si elle parlait en javanais. Elle se tourna vers les deux techniciens les plus proches, qui piquèrent du nez dans leurs dossiers pour éviter de croiser son regard.

— Eh bien, dit Griffith avec embarras, ce n'est pas le cas, voilà tout.

Laura regarda autour d'elle. À chaque poste de travail, un écran d'ordinateur était allumé. Des voyants clignotaient sur les tableaux de bord, des lignes de texte et des fenêtres bourrées de graphes passaient sur les écrans en un défilé interminable. Tout était clairement l'œuvre du grand ordinateur.

— Docteur Aldridge — Laura —, je peux vous assurer que rien ici n'échappe à l'ordinateur central, dit Griffith. En tant que représentant de l'espèce *Homo sapiens,* gloussa-t-il, ça ne me fait aucun plaisir de l'admettre, mais il serait absolument impossible pour un humain ou, en l'occurrence, pour un *groupe* d'humains, de diriger un complexe d'installations aussi sophistiquées que les ateliers de Modèles 8 que vous avez sous les yeux. Oh, il nous arrive bien de contrôler certaines choses, de prendre certaines décisions de temps en temps. Mais pour ce qui est de « diriger », comme vous dites...

Et il agita la tête en signe de dénégation.

Laura balaya la pièce des yeux, et s'arrêta sur les baies vitrées.

— Et ça ? demanda-t-elle.

Griffith la conduisit vers la fenêtre de gauche, la plus brillamment éclairée des trois, qui formait une sorte de demi-cercle dans la paroi.

— Voici l'une de nos « salles tactiles », dit-il.

En contrebas, Laura vit une pièce de béton peinte en blanc, remplie d'objets rangés sur des étagères ou dans des containers qui ressemblaient à des caisses à jouets. Des couverts sur une table, des vêtements sur des cintres, un évier flanqué d'un vaisselier. Le tout dans un ordre parfait.

— Le voilà, dit un opérateur assis derrière eux.

Laura se retourna vers l'entrée du couloir, toujours surveillée par le soldat français.

— En bas, dit Griffith en tapant sur l'épaule de Laura et en désignant la pièce blanche.

Le Modèle 8 pénétra lentement par une grande porte qui se referma automatiquement derrière lui. Il était gigantesque — beaucoup plus gros que Laura ne l'aurait cru. Il se propulsa droit vers un container et en sortit un morceau de caoutchouc jaune et déchiqueté.

— Ah ! dit Griffith. Je vois, c'est 1. 3. 07.

Le robot lança en l'air sa pelote de rubans qu'on entendit siffler et claquer par un petit haut-parleur situé au-dessus de la fenêtre.

— J'arrive toujours à les reconnaître, expliqua Griffith. Celui-ci adore ce ballon en caoutchouc, ou du moins ce qu'il en reste. Il commence toujours par ça.

Le Modèle 8 laissa retomber la pelote jaune et se dirigea vers une caisse de jouets pleine à ras bord.

— J'ai oublié pourquoi il raffole de ce ballon, dit Griffith. Il joue de moins en moins avec depuis qu'il est dans cet état. Ce n'est plus aussi intéressant qu'avant, et les micro-circuits qui le récompensaient se détériorent.

— Vous vous rendez compte, Docteur Griffith, que vous parlez du Modèle 8 comme d'un petit garçon ?

— Pas toujours. Il y a aussi des petites filles. C'est une de nos distractions préférées, deviner si un nouveau 8 est un garçon ou une fille. Griffith regarda Laura avec un sourire espiègle. Vous comprenez, c'est plus difficile que de réparer un circuit.

— Qu'entendez-vous par garçon et fille ?

— J'espère que vous n'allez pas nous prendre pour d'affreux machos, Docteur Aldridge. C'est juste pour s'amuser. On en a bien besoin, vu le temps qu'on passe à étudier leur comportement, surtout depuis que Monsieur Gray a mis en place son programme Big Brother.

Le Modèle 8 s'empara d'un grand camion en plastique et le cassa en deux. Griffith arborait la même expression ravie qu'un père devant l'activité tapageuse, bien que légèrement destructrice, de son bambin. Le robot souleva les restes du camion au-dessus de sa tête, s'immobilisa un instant comme pour réfléchir, puis les envoya s'écraser contre le mur du fond.

— Pour l'identification sexuelle, nous nous basons sur les structures traditionnelles du comportement humain, les stéréotypes. Certains, comme Bouncy ici présent, se concentrent sur l'exploration des forces macro-mécaniques. Ils jettent au loin, ou déplacent, des objets aussi gros que leur force et leur habileté le leur permettent. Nous les appelons les garçons. Les filles ont tendance à s'asseoir par terre, à choisir mettons une couverture imprimée, à motifs compliqués, et l'étudient patiemment pendant des heures. — Griffith lorgna sur Laura pour vérifier, sans doute, qu'elle ne le prenait pas mal. — Apparemment satisfait, il poursuivit. Dans les deux cas, fille ou garçon, le résultat est le même. Les jouets sont réduits en poussière pendant le processus d'apprentissage. Mais les schémas de comportement n'ont rien à voir, et restent cohérents depuis la première mise en route. Non que la distinction ait la moindre signification scientifique, bien sûr, mais ça met de l'ambiance dans le bureau. Parfois, la discussion dure des mois. Mais la plupart du temps, nous arrivons au consensus après deux ou trois sorties de chaise.

— Quelle « chaise » ?

Griffith conduisit Laura vers la fenêtre du milieu. L'impression initiale était sinistre. La pièce baignait dans une lueur rougeâtre et comportait en son centre un imposant fauteuil métallique. Une capuche ronde était fixée sur le dossier, hérissée à l'intérieur d'une batterie d'aiguilles. Le décor évoquait avec un réalisme troublant une chambre de torture.

— La chaise est une combinaison de simulateur et de station de recharge. Durant leur premier mois après leur sortie des chaînes de montage, les Modèles 8 passent le plus clair de leur temps reliés à l'ordinateur par le biais de l'interface que vous voyez sur le dossier. Quand ils arrivent du hall de montage, ce sont juste des tas de ferraille sur des brancards. Après vingt-quatre heures de chaise, ils sont capables de bouger les membres et de se tenir assis. Il leur faut beaucoup plus longtemps pour acquérir le sens de l'équilibre, et encore plus pour faire un premier pas.

— Et pendant qu'ils sont branchés, l'ordinateur les soumet à des simulations ?

Griffith hocha la tête.

— Oui. Des milliards de simulations, avant qu'ils aient compris.

Laura contempla la pièce et l'inquiétant fauteuil. Les accoudoirs et les pieds étaient munis de crochets, et de larges attaches de métal noir ressortaient au niveau de la taille et du thorax.

— À quoi servent les attaches ?

— Oh, pour les robots, les simulations sont très réelles. Avez-vous déjà essayé les stations virtuelles de Monsieur Gray ? Eh bien, imaginez à quel point la modélisation de l'ordinateur doit sembler réelle à un robot qui la reçoit directement par câble dans son réseau neuronal. Aussi réel que... la réalité pour nous. Bref, gloussa-t-il, c'est parfois comique. Vous avez déjà vu un chien dormir ? Et bouger les pattes quand il rêve qu'il chasse les lapins ? Pareil avec les Modèles 8. Il y en a qui pètent les plombs. Ils ont bousillé un paquet de ceintures avant qu'on les fabrique en titane. Les rivets qui maintiennent la chaise au sol descendent à sept mètres dans le rocher. Je me demande ce qui leur passe dans le circuit quand ils gigotent comme ça.

— Vous ignorez quelles simulations fait tourner l'ordinateur ? demanda Laura.

— Aucune idée, répondit Griffith en secouant la tête avec un apparent détachement. Comme j'ai dit, il en balance des milliards par session. Et il les mixe constamment, à la fois pour améliorer et pour mettre un peu de variété dans le programme d'entraînement. Certaines sessions sont clairement meilleures que d'autres, mais tous les Modèles 8 ont exactement le même hardware. Là, il faut remercier Monsieur Gray. Il a fait un tel boulot sur la conception qu'on n'a pratiquement rien changé au prototype, et nous en avons déjà sorti quarante-huit. Techniquement, c'est très fort.

— C'est Monsieur Gray qui a conçu le hardware ? Je croyais que vous étiez le responsable de la robotique ?

— Oui, mais dans cette organisation, « robotique » signifie programmation. Comme j'ai dit, les différences de rendu logiciel sont remarquables. Grand Dadais, par exemple, est une tête au-dessus des autres, toutes catégories. Au fait, il vous salue. — Laura hocha la tête avec perplexité. — D'autres, en revanche, se sont avérés irrécupérables et nous avons dû les reprogrammer.

— C'est-à-dire ? Les débrancher et repartir de zéro ?

— Grands dieux non ! Chacun de ces 8 doit représenter un milliard de dollars en hardware, mais probablement dix fois plus en soft. Si vous ajoutez le coût de construction et de fonctionnement des installations et, pire, le temps de travail de l'ordinateur pour les faire tourner, ces bidules reviennent à douze milliards de dollars *pièce*. À ce niveau-là, on ne décide pas à la légère de les reprogrammer, et on ne repart pas « de zéro ». La session de reprogrammation ne dure pas plus de deux semaines. On se contente de corriger les fonctions défectueuses. De cette façon, nous économisons des milliards de dollars en temps d'ordinateur.

— Pourquoi la chaise est-elle vide ? demanda Laura. À ce prix-là, elle devrait tourner vingt-quatre heures sur vingt-quatre.

— Monsieur Gray a suspendu toute nouvelle programmation, répondit Griffith. Nous avions deux étudiants en session, mais nous les gardons au frigo pour le moment — en charge, mais inactifs.

— Quand Gray a-t-il suspendu la programmation ?

— Hier soir, après l'assemblée, dit Griffith en fronçant les sourcils. Des conneries tout ça, grogna-t-il, ce gamin a raconté n'importe quoi. — Il s'approcha de Laura et s'assura que personne n'entendait. — Le gamin, celui qui prétend avoir vu un robot par la fenêtre, vous savez ? Eh bien, ce n'était pas un Modèle 8. — Il secoua vigoureusement la tête. — Impossible.

— Vous en êtes sûr ? demanda Laura.

— Hier soir, ils étaient tous ici. Mieux, c'est la description qui ne colle pas. Il n'a que huit ans, je sais, mais son prof de sciences est intervenu pour dire que c'était le genre petit génie. Sans oublier sa banque de gènes : la mère travaille chez Krantz à la division VR, et le père aux opérations spatiales. Pourtant, il a tout faux. Les Modèles 8 ne courent pas à quatre pattes. En fait, ils ne courent pas *du tout* !

Il avait haussé la voix et jeta un coup d'œil derrière lui. Il se retourna vers Laura.

— Vous les avez vus par vous-même. Techniquement, c'est déjà un miracle qu'ils marchent, alors courir ! Et jamais, pas une fois, je n'en ai vu un s'accroupir. Soit ils se tiennent debout, soit ils s'assoient sur leur gros derrière ! C'est basique, pure mécanique newtonienne, et j'ai dit à Gray que je pouvais le prouver, avec tous les tests qu'il voudra. Je suis venu ici ce matin avant l'ouverture et j'ai pris Grand Dadais. S'il y en a un qui peut s'accroupir, c'est lui. Eh bien, il est tombé sur les fesses dix fois de suite !

— Vous n'avez pas d'équipes en permanence ? demanda Laura.

— Pas besoin. L'atelier est cent pour cent automatisé. Tout ce que nous faisons, ce matin par exemple, c'est surveiller. « Big Brother », comme j'ai dit. Gray nous a donné l'ordre de surveiller toutes les activités des Modèles 8 à partir d'aujourd'hui, suite à l'histoire du gamin, ce qui est déjà exagéré, si vous voulez mon avis.

— Vous êtes absolument certain que ce n'est pas un Modèle 8 qu'il a vu ?

— Cent pour cent certain. Les techniciens partent d'ici à vingt-deux heures. Nous rouvrons à six. Restent huit heures sans un humain dans le secteur. Mais comme les robots ne dorment pas, l'atelier est opérationnel vingt-quatre heures sur vingt-quatre, trois cent soixante-cinq jours par an. Là-dessus, j'ai huit heures d'enregistrement vidéo de tous les robots pour toutes les nuits depuis la mise en service de la boutique. La première chose que nous faisons en arrivant le matin est de visionner ces vidéos !

— Vous avez celles de la nuit dernière ?

— Oui ! De toutes les nuits. Mais pas sur bandes. C'est enregistré numériquement par un ordinateur externe.

— L'ordinateur central contrôle les périphériques, non ?

— Oui, mais...

Griffith vit où Laura voulait en venir.

— Écoutez. Vous voulez savoir pourquoi je suis sûr que l'histoire du gosse ne tient pas ? Pourquoi je suis affirmatif à cent pour cent ? Il a décrit ce qu'il a vu comme étant plus petit que les poubelles de l'épicerie. Gray lui a posé vingt fois la question, de vingt façons différentes, et chaque fois le gamin était absolument certain que le machin était moins haut que le container à ordures. Le container mesure deux mètres dix. Vous avez vu la taille des 8 ? À trente mètres de distance, impossible de ne pas voir qu'un Modèle 8 est plus grand que ça. Ils font trois mètres de haut, bonté divine !

— Le parking était bien éclairé ?

— Non. Et alors ? C'était un petit voyou qui ne respectait pas le couvre-feu, point final. Nous avons déjà eu des problèmes de vandalisme, vous savez.

— Du vandalisme antipoubelles ?

— Depuis des mois, nous avons une bande de délinquants qui se balade dans l'île. Ils cassent les réverbères, ils ont arraché une station météo près de la base de lancement, l'ont balancée dans la jungle et ont détérioré le socle de la statue au bout de l'avenue principale du village, etc. D'après Hoblenz, ça doit être un rituel initiatique.

Laura secoua la tête, pas convaincue.

— Vous êtes tous aveugles ou quoi ? Tellement persuadés que vos précieux robots sont sous contrôle que vous allez chercher des explications grotesques. Un « rituel initiatique » !

Griffith fut pris de court par cette explosion soudaine.

— Vous êtes bien pareille que les autres, soupira-t-il.

— Quels autres ?

— Les gens, hier, à l'assemblée ! C'est de l'hystérie collective ! Quand ils ont fichu le camp, à la fin de la réunion, si vous leur aviez dit qu'un ovni avait atterri sur le toit, je vous jure, ils y auraient cru.

— Ils ont fichu le camp à cause des rumeurs sur les robots ? Je croyais que ça avait un rapport avec l'astéroïde...

— Et pas seulement de la réunion ! Ils ont quitté l'île, si j'en crois ce qu'on raconte. Y compris des gens de mon équipe — ils devraient pourtant savoir mieux que personne ! Quant à ce sacré astéroïde, c'est probablement ce qui a fait rester les autres — ça et l'intervention de Gray. Vous auriez dû l'entendre. La productivité va être multipliée par un facteur dix mille ! L'humanité libérée des tâches pénibles, des travaux dangereux. J'ai vu des gens les larmes aux yeux. J'aurais cru qu'ils seraient plus nombreux à rester, à vouloir en être.

— Être de quoi ?

— De la Phase 2 ! s'exclama Griffith. De l'*expansion* !

— La colonisation ? demanda Laura en ressortant le mot de Janet.

— Ce n'est pas le terme exact. Il s'agit plutôt de, disons, une progression naturelle. Comme j'ai dit, une expansion. Rajouter des étages à ce qui existe déjà.

— La tour de Babel, dit Laura à mi-voix, mais Griffith ne releva pas.

— Comme si on prenait tout le savoir existant et... L'information croît de façon exponentielle, vous savez. Vous auriez vraiment dû entendre Gray. Dommage que personne n'ait enregistré.

— Si ça se trouve, quelqu'un l'a fait.

Griffith secoua la tête.

— C'était la première fois que je voyais des détecteurs de métal sur l'île. Les hommes de Hoblenz se prenaient pour des flics d'aéroport. Ils n'ont rien laissé entrer — caméras vidéo, magnétos, rien. Bref, comme j'ai dit, désolé, mais pas question de vous faire la visite complète.

Il fit demi-tour vers la zone de travail et Laura lui emboîta le pas. Ils passèrent devant la troisième fenêtre. La fenêtre noire.

— Et là ? demanda Laura en s'arrêtant devant la vitre épaisse.

— Oh, ici ? répondit Griffith en s'arrêtant lui aussi, mais sans la regarder. Encore une salle tactile.

L'intérieur était plongé dans une obscurité totale.

— Je peux voir ?

À l'évidence, Griffith n'en avait aucune envie.

— J'aimerais avoir le temps de tout vous expliquer — tout ce qu'il faut apprendre aux robots avant de les lâcher en liberté.

Il baissa les yeux et frotta ses semelles par terre.

— Vous ne voulez pas me montrer cette salle ?

— Vous ne comprendriez pas, fit-il d'une voix plaintive. Vous ne pouvez pas comprendre. Vous n'avez pas suivi le processus depuis le début, ce n'est pas vous qui avez conçu les programmes qui...

— Écoutez, Phil, coupa Laura, vous êtes débordé, je sais. Alors allumez la lumière et je vous lâcherai le coude.

Griffith fronça les sourcils puis, après un instant d'hésitation, se dirigea vers un tableau de bord situé sous la fenêtre. D'un coup de poignet, il bascula un interrupteur. Une vive lumière emplit la pièce.

— Comme toutes les jeunes... créatures, poursuivit Griffith d'une voix monocorde, les robots sont fascinés par ce qui bouge.

Deux portes donnaient sur la pièce, l'une assez grande pour les robots, l'autre trop petite pour des humains. La pièce était vide, mais Laura remarqua une grosse tache sombre sur le sol et, au plafond, deux pommes de douche. On avait visiblement récuré le sol de ciment blanc, sans que le détergent ne parvienne à effacer les taches brunes.

— Il est absolument essentiel de laisser leur curiosité s'exprimer.

— C'est du sang, dit Laura.

— Impossible de faire autrement. Ils sont fascinés, absolument fascinés, par les animaux. Les chèvres et les moutons, surtout, mais aussi les chiens, les chats...

— Mon Dieu ! dit Laura. Et ils leur arrachent les pattes !

— Pas exprès, Laura, dit Griffith avec une sincère émotion. Ils n'ont aucune envie de faire du mal à leurs joujoux. Vraiment, ils sont très gentils, autant qu'ils peuvent l'être. Et, non, ce n'est pas la partie la plus agréable des sessions, ni pour nous, ni pour eux. Certains sont complètement traumatisés, quand ils ont... euh, cassé leur animal. Mais c'est ce que nous cherchons, vous comprenez ? L'expérience est si pénible que leurs réseaux neuronaux établissent des connexions solides et durables. Et je peux vous jurer qu'après, vous pouvez les mettre dans une pièce pleine de bébés, ils ne feront pas un geste avant de s'écrouler, leurs batteries à plat.

Griffith regardait timidement Laura, comme pour quêter une absolution. Mais elle n'avait rien à lui dire. Tout se fondait en un seul tableau répugnant. Le soldat, les animaux massacrés — et quoi encore ? Au nom du progrès. Au nom de Gray.

Griffith actionna l'interrupteur et plongea la pièce dans les ténèbres. *Ils la laissent dans le noir,* pensa Laura, en voyant dans la vitre obscurcie son visage figé dans une expression de dégoût. *Ils n'ont pas envie de penser à ce qui se passe là-dedans.* Elle revint à la première fenêtre. Le Modèle 8 jouait maintenant avec un robinet chromé au bout d'un tuyau. L'eau jaillissait de l'évier. Le robot cognait le robinet contre un costume d'homme passé sur le dossier d'une chaise. Puis le jeu cessa de l'intéresser et l'appareil tomba à terre. Il leva les yeux vers la fenêtre d'observation — droit sur Laura — et sursauta. Quand Griffith s'approcha à son tour, le robot balança le bras avec violence et heurta la chaise qui vola à travers la pièce.

— Il nous voit, dit Laura.

— Ne dites pas de bêtises, répondit Griffith. C'est un miroir sans tain.

— Il a regardé droit vers nous, et il a donné un coup de poing.

— Pour lui, c'est un miroir. Il ne peut pas nous voir.

— Ne sont-ils pas équipés de viseurs thermiques ? Il a peut-être détecté la chaleur à travers la vitre.

Griffith examina le robot, plissa les yeux, puis secoua la tête.

— La vérité, c'est qu'ils détestent les miroirs. Tous les Modèles 8. Tant qu'ils ne maîtrisent pas leurs gestes, ils ont tendance à cogner dès que quelque chose les énerve.

— Les miroirs les énervent ? gloussa-t-elle. Et vous les entourez de fenêtres d'observation tout en sachant qu'ils ont horreur de ça ?

— Excusez-moi, je me fais mal comprendre. Ce ne sont pas les miroirs qui les excitent. C'est leur reflet. Ils n'aiment pas se voir.

— Pourquoi ?

Griffith haussa les épaules sans répondre.

— Il y en a qui réussissent à sortir, insista Laura. Et vous le savez.

— On a beaucoup exagéré, dit-il en se raidissant. Il ne s'agit que d'incidents isolés. Souvenez-vous qu'ils sont tous différents. Il y a forcément de la mauvaise graine.

— J'aimerais voir une de ces « mauvaises graines », dit Laura. — Puis, avant que Griffith ne proteste : — Je vais vous ficher la paix mais d'abord, je voudrais jeter un coup d'œil sur un Modèle 8 qui ne soit pas pour la galerie, comme Grand Dadais.

Griffith regagna la zone de travail d'un air soucieux. Laura en profita pour regarder une dernière fois le jeune 8 dans la pièce en contrebas. Il était tranquillement assis et tenait dans les mains un globe terrestre bariolé vert et bleu qu'il examinait avec soin. Cette vision la mit mal à l'aise — l'impression de se trouver sur un manège emballé qu'elle était incapable de freiner. C'était trop pour elle, trop d'idées nouvelles à la fois. Impossible de suivre le rythme. Il y avait une chose, cependant, qu'elle tenait pour certaine. Bientôt, très bientôt, la révolution imaginée par Gray déferlerait sur le globe vert et bleu que le jeune robot tenait entre ses mains, et plus rien ne serait comme avant. Cela signifiait une accélération de la croissance — une période de progrès sans précédent dans l'Histoire. Elle avait amassé assez d'idées neuves pour écrire dix ou vingt articles importants. Assez pour révolutionner sa discipline et arpenter glorieusement les couloirs de son département d'Harvard. Elle voyait déjà les courbettes de ceux-là mêmes qui hier la jugeaient indigne d'occuper une chaire.

Et pourtant, tout cela était mesquin. Des articles ? Pour qui ? Quel intérêt ? Aussi longtemps que Joseph Gray vivrait, personne n'égalerait son intelligence. Il n'y avait qu'un Gray par millénaire, et elle, Laura Aldridge, avait la chance de partager son univers — la société de l'esprit.

## 12

— Nous l'appelons *Auguste,* dit Griffith, en prononçant à la française, « Oogûûst ». — Sur l'écran du moniteur, le robot était assis par terre dans sa cellule. — Mais son vrai nom est 1.2.09. R.

— Que signifie le R après le numéro de version ? demanda Laura.

— Reprogrammé, murmura Griffith avec un regard entendu. Regardez vous-même : comme je disais à Monsieur Gray, ces 8 sont des dégoûtants notoires. Ils mettent les pieds partout. On a trouvé de la boue plein la cour. De la boue volcanique, comme dans le marécage.

— De quoi parlez-vous ?

— Ce matin, Monsieur Gray m'a demandé d'inspecter les robots et de chercher des traces de boue, et on en a trouvé sur Auguste.

Laura jeta un coup d'œil au moniteur.

— Pourquoi Auguste a-t-il été reprogrammé ?

— On n'a jamais vraiment réussi à le sortir de sa coquille, dit Griffith d'un ton accablé. Ses schémas de comportement étaient très au-dessous de la moyenne. Il était aussi très en retard en agilité motrice. Après deux mois de basique, il arrivait à peine à traverser la pièce. J'ai pensé que... On a eu des moments difficiles, c'est le moins qu'on puisse dire, pour lui passer les sangles. Il a bousillé un des bras du fauteuil. C'est après ça que nous avons dû recourir aux fixations en titane.

Laura comprenait mieux, maintenant. Les robots résistaient à la reprogrammation. Ils se débattaient pour ne pas aller sur la chaise. Mais pourquoi ?

— Comment savent-ils qu'ils vont être reprogrammés ? Qu'il ne s'agit pas simplement d'une nouvelle simulation ?

— C'est comme ça, dit Griffith avec un haussement d'épaules. Ils le reniflent, je suppose. Nous devons demander aux ados — les Modèles 8 des sessions avancées — de nous aider à les installer sur la chaise. Peut-être qu'ils leur disent, je n'en sais rien.

— Pourquoi ce nom, « Auguste », à la française qui plus est ? Ça sonne un peu bizarre comparé à Grand Dadais ou Bouncy.

— Auguste est un robot atypique. Ce qui ne veut pas dire hors contrôle ! La reprogrammation a réussi. On n'a pas eu besoin de le décharger — de repartir de zéro, comme vous dites — comme avec l'autre.

— Bref, Auguste était mauvais élève, et Grand Dadais s'est coincé les pieds dans les rochers et a vidé ses batteries, dit Laura. — Griffith approuva le résumé d'un signe de tête. — Vous les avez reprogrammés, sans avoir à tout reprendre. Et le robot que vous avez redémarré de zéro, pourquoi ?

— Son comportement était... erratique. Complètement erratique. Un jour, on l'a détachée de la chaise et elle s'est mise à tourner dans tous les sens. Rien à faire pour l'arrêter. On a fini par décharger ses batteries. Aujourd'hui, c'est l'un des deux bébés.

— En déchargeant, vous effacez toute trace de programmation antérieure ?

Griffith hocha la tête.

— Presque toutes les connexions, dans les miniréseaux des robots, sont virtuelles. Des instructions de routage des paquets de données. Ils ont très peu de connexions par fibres optiques — dans les 2 puissance 22 combinaisons à peine.

— Ce câblage survit-il au déchargement des batteries ? — Griffith fit signe que oui. Laura se livra à un rapide calcul mental, puis renonça. — Combien font 2 puissance 22 ?

— Un peu plus de quatre millions, dit Griffith.

Laura fut stupéfaite.

— Il reste donc quatre millions de connexions après le déchargement ?

— C'est ça. Donc, vous voyez, on peut pratiquement dire que le disque est vide. Le câblage représente les connexions invariantes. Des trucs comme l'agilité motrice de base.

— Attendez ! Et les traumas émotionnels ? Vous m'avez dit que les traumas de l'abattoir s'imprègnent dans leur mémoire. Ils ne font pas partie des souvenirs invariants ?

Griffith eut l'air ennuyé et ne répondit pas. *Quatre millions de connexions,* se dit Laura. *Quatre millions d'associations apprises dans leur vie antérieure.*

— Et le robot que vous avez remis à zéro... c'était une fille, avant, si j'ai bien compris ? — Griffith acquiesça. — Et maintenant ?

Il hésita, s'humecta les lèvres avant de parler.

— Toujours une fille, dit-il. Mais bon, nous les bidouillons de telle façon que les chances d'appartenir à un sexe ou l'autre sont de cinquante-cinquante. En plus, comme j'ai dit, cette histoire de sexe est surtout un petit jeu entre nous. Ça n'a aucune signification scientifique.

— Et les deux que vous n'avez pas déchargés, Grand Dadais et Auguste — combien de connexions avaient-ils conservées avant d'être reprogrammés ?

— Oh, fit Griffith en fronçant les sourcils, dans

les... soixante-quatre mille milliards, cent vingt-huit mille milliards peut-être, dans cet ordre-là.

— Et vous appelez ça une *re*programmation ?

— Mais, Laura, cela ne représente qu'une petite fraction de leurs réseaux neuronaux.

— Enfin, ils se *souviennent* ! dit Laura. — Incroyable : les roboticiens ne tenaient pas compte de cette évidence. — Ça leur fait peut-être l'effet d'un rêve. Ou bien, ils ne savent pas *pourquoi* ils réagissent de telle façon à une situation donnée ; ou encore, ils croient se rappeler des endroits où ils n'ont jamais mis les pieds. Avez-vous ramené Grand Dadais dans les rochers, à l'endroit où il était resté coincé pendant des heures ? — Griffith secoua la tête, tout en surveillant Auguste dans sa cage. — Je vous parie n'importe quoi que Grand Dadais aurait une réaction forte en revoyant l'endroit, même s'il ne sait pas l'expliquer. Ils se souviennent, Docteur Griffith, et donc ils se rappellent ce que vous leur avez fait. Grand Dadais a été reprogrammé après un accident, mais Auguste l'a été sur cette espèce de chaise électrique, et il s'est débattu pour ne pas y aller. Était-il déjà violent avant, ou juste un peu lent à l'école ?

Griffith, visiblement énervé, respira avec force.

— Non. Auguste n'était pas violent avant.

— Et aujourd'hui, dit Laura à voix basse, c'est lui le suspect numéro un, n'est-ce pas ? — Griffith lui jeta un bref regard. Il savait, pour le meurtre de la jungle. — S'il vous plaît, le pria Laura, j'aimerais aller voir Auguste.

Après un instant d'hésitation, Griffith lui fit signe de le suivre. Le soldat français leur emboîta le pas, le doigt sur la détente de son revolver.

— Il est ici, dit Griffith en se baissant pour mettre l'œil devant un identifieur rétinien. Ils avaient marché longtemps dans les couloirs de la ville-fantôme sous la montagne. Les ateliers de Modèles 8 étaient gigantesques, et l'immensité rendait l'absence d'êtres humains encore plus inquiétante. La hauteur des plafonds et des portes rappelait que l'endroit était conçu pour des géants et Laura s'y voyait comme une intruse — une visiteuse d'un autre monde. Devant Griffith, le pêne d'une serrure cliqueta. Le soldat leva son méchant petit revolver et entra le premier. Griffith suivit, puis Laura.

Le robot était assis, inerte, dans le coin le plus éloigné. Dans une attitude presque humaine, et Laura n'aurait pu dire si elle était plus surprise par son humanité apparente ou par sa taille. Le soldat aligna le robot dans le viseur de son arme.

— Inutile, dit Griffith.

Il fit un geste de la main, enjoignant à l'homme de baisser son revolver. Le soldat l'ignora et garda le regard et l'arme braqués vers le robot.

Griffith fronça comiquement les sourcils, mimant la paranoïa. Il se dirigea vers le robot. Sa tête et celle de la machine assise étaient à la même hauteur.

— Salut, Auguste ! Comment ça va ?

Alors seulement le Modèle 8 leva les yeux. Il les avait entendus entrer mais n'avait pas pris la peine de se tourner. Laura contempla le robot et s'approcha de Griffith.

— Auguste ? murmura-t-elle. — Elle reconnaissait l'attitude — la tête sur le poing, le coude sur le genou. — Auguste Rodin, le sculpteur ?

— Il s'assoit toujours comme ça, le menton dans la main. Je ne sais plus qui a remarqué le premier la ressemblance avec la statue — *Le Penseur*. — Griffith se pencha vers le robot. — Comment ça va ? dit-il en souriant. Tu peux te lever ?

Il fit le geste « Debout » et, tel un éléphant de cirque, le robot se dressa lourdement sur ses pattes arrière.

Le soldat recula, revolver pointé. De son point de vue, l'ennemi était clairement identifié.

Le robot se tenait debout, impassible, devant Griffith qu'il dominait du haut de ses trois mètres.

— Approchez, venez voir de près, dit Griffith à Laura.

Elle fit un pas et examina le géant, doublement effrayée par sa maladresse notoire et par sa violence potentielle. Auguste, en apparence, n'avait aucun problème d'équilibre.

— Approchez-vous, répéta Griffith.

Il se tourna à demi vers elle, et Laura imagina la scène, le robot prisonnier attaquant dans le dos son geôlier sans méfiance. Mais Auguste se contenta de rester debout... immobile.

— Ça va. Je vois très bien d'ici.

— Vous voulez le toucher ? demanda Griffith et, toujours sans regarder, il posa la main sur le ventre du robot.

Auguste abaissa les yeux, puis releva la tête et fixa le mur de la cellule.

— Leur corps est couvert d'une membrane sensible, dit Griffith en appuyant sur l'abdomen grisâtre. Ça leur donne le sens du toucher. S'ils avaient une température interne, ça ressemblerait tout à fait à une peau. Touchez, vous verrez.

Laura secoua la tête.

— Ça suffit. Sortons.

Griffith l'ignora et se mit à genoux. Il retira la grosse chaussette noire qui couvrait les pieds du robot et sortit de sa poche un stylo à bille.

— Il y a un peu de boue ici.

Dans cette position, il était sans défense. Tout ce que le robot avait à faire, c'était de se baisser et... Griffith ajusta ses lunettes sur le bout de son nez.

— Voilà, fit-il, c'est parti.

— Il examina une fente entre les plaques métalliques qui composaient les tibias. — À mon avis, c'est ce que j'ai dit à Monsieur Gray, ce n'est pas très récent. Possible — il se releva en grognant, dans un grincement d'articulations — que ça nous ait échappé lors de la dernière inspection, après une session dans la cour. — Puis, se retournant vers le Modèle 8 : — Au revoir, Auguste, dit-il en agitant la main.

À peine eut-il tourné le dos, le robot s'affala dans son coin. Les murs étaient blancs et nus, en béton. Les robots vivaient comme des animaux dans un zoo primitif et cruel du temps jadis. Les zoos modernes s'efforçaient de recréer des habitats naturels mais les robots n'avaient pas d'habitat naturel. Du moins pas encore. *Mais ils ont clairement envie de sortir de cette grotte,* pensa Laura. *D'aller se promener dehors — en liberté.* Elle regarda le robot reprendre sa pose contemplative, le menton lourdement appuyé sur le poing.

— Il se repose ou bien... il végète, comme un légume ? demanda-t-elle.

— Oh non, répondit Griffith. Ils ont synchronisé leur comportement avec notre cycle diurne. Ils s'activent quand les équipes sont présentes, et pendant les huit heures où personne ne... — Il jeta un coup d'œil derrière lui sans achever sa phrase. Il avait enfin remarqué l'attitude déprimée du robot. — Tiens, bizarre, dit-il.

Il revint vers Auguste, sortit un petit tournevis de sa poche de chemise et ouvrit un boîtier sur la cuisse du robot. Il plissa les yeux, ajusta ses lunettes et examina l'écran lumineux, bleu, au-dessus de la triple prise.

— Hmmpf ! grogna-t-il en refermant le couvercle et en se relevant. La batterie est chargée. — Il contempla le robot léthargique d'un air perplexe. — Je ne sais pas ce qui se passe.

— Il supporte mal la captivité, peut-être, suggéra Laura.

— Qu'entendez-vous par « captivité » ?

— Je veux dire, rester enfermé là-dedans, dans cette cage.

— Il n'est pas enfermé, protesta Griffith. Il est libre d'aller se promener où il veut dans l'usine.

— Pourtant, il y a une serrure à la porte. Vous l'avez ouverte avec l'identifieur rétinien.

— *Nous,* oui, nous sommes obligés de déverrouiller les serrures. Pas *eux.* Ils ont des émetteurs à micro-ondes, il leur suffit d'envoyer les codes d'accès. L'endroit leur appartient, c'est bien normal.

— Ça m'étonnerait que vous leur donniez les codes des portes extérieures, rétorqua Laura en riant. Elles sont verrouillées aussi, j'imagine ?

— En fait... il y a toujours un risque d'incendie ou de Dieu sait quoi. Et, comme j'ai dit, ils représentent beaucoup d'argent pour Monsieur Gray...

— Les robots *ont* les codes des portes *extérieures* ? s'exclama Laura.

Elle était stupéfaite.

— Seulement les cinq de la série 1.1 — la classe senior. Et Grand Dadais, bien sûr.

— Monsieur Gray est dans son bureau, l'avertit Janet. Il lit des rapports d'activité, je crois.

Laura emprunta l'escalier qui prolongeait la cage d'ascenseur. Elle était très secouée. Était-ce le retour par l'ascenseur magnétique ? Ou ce qu'elle avait vu dans les inquiétantes profondeurs de la montagne ? Elle frappa. Pas de réponse. Elle entra. Dans la cheminée, les flammes pétillaient. Récuré par la douche, Gray était assis dans son luxueux fauteuil de cuir, les pieds sur le bureau, des papiers éparpillés dans tous les coins. La tête enfoncée dans des coussins, il dormait profondément. Laura sourit. *Il est donc... un peu humain,* songea-t-elle. Une couverture de laine recouvrait le canapé. Elle s'en saisit et s'approcha du bureau sur la pointe des pieds. Elle écarta les papiers sans qu'il fasse le moindre geste. Il dormait si bien, affalé dans le fauteuil presque à l'horizontale, qu'elle aurait pu lui piquer le tisonnier dans les côtes sans qu'il s'en aperçoive. Elle lui posa la couverture sous le menton et l'enveloppa jusqu'aux pieds. Les paupières closes étaient lisses, détendues. Les cils se touchaient. Les sourcils étaient du même noir de jais que les cheveux et quand il s'éveillerait, Laura le savait, ses yeux retrouveraient tout leur éclat prodigieux. Elle aspirait à cet instant, quand ils se poseraient sur elle.

Elle releva la tête et aperçut Janet qui l'observait par l'entrebâillement de la porte. La femme lui sourit avec bienveillance et disparut. Que signifiait ce sourire ? Laura n'avait pas envie de jouer aux devinettes. Pas plus que de tirer au clair ce qui se passait dans son cœur. Sentiments naissants, émotions encore instables — elle balançait entre le bonheur de l'instant et l'appréhension des mystères qui entouraient Gray. Aussi fit-elle la seule chose dont elle fût capable : le vide dans son esprit. Puis elle quitta le bureau et sortit dans l'air piquant du matin.

Une voiture attendait au pied du perron. Il était temps de se remettre au travail. Elle s'installa dans la cabine et boucla sa ceinture.

— Emmenez-moi..., elle hésita, chez Monsieur Hoblenz. Mais pas s'il est trop occupé... ou s'il se trouve dans un endroit, disons, dangereux.

La portière se referma et la voiture démarra. À la grille, elle prit à droite, en direction de la Centrale nucléaire.

La tour de refroidissement et le dôme du réacteur lui parurent moins sinistres que la première fois. Ils se profilèrent derrière la vitre et elle se souvint de la colère qu'ils lui inspiraient, la veille encore. *Hier,* se dit-elle, *je vivais encore au vingtième siècle. Aujourd'hui... au vingt et unième. C'est plus dangereux, voilà tout,* conclut-elle. La route tournait vers le village, épousant le pied du pic volcanique et longeant la côte. La voiture passa devant l'entrée du tunnel qui menait aux laboratoires de Krantz puis s'immobilisa sans avertissement. Laura regarda autour d'elle. Sur l'étroite plage de sable noir, elle distingua un petit Zodiac, les deux moteurs protubérants. Trois hommes étaient agenouillés en demi-cercle sur le sable. Deux d'entre eux étaient équipés de carabines. La portière s'ouvrit et Laura mit pied à terre. Elle descendit la pente abrupte, un raidillon assez traître. En bas, les trois hommes l'attendaient. Hoblenz était parmi eux.

— Que diable fichez-vous ici ? interrogea-t-il.

— Je vous cherchais, fit Laura en époussetant le bas de son jean.

Les trois hommes l'observaient. Hoblenz aboya un ordre qui expédia les deux sbires sur la plage dans des directions opposées. Derrière lui, une vaguelette se brisa sur le sable.

— Allez, dit-il avec son accent du Texas, accouchez.

Laura mit la main à la poche et tira la carte de l'agent du FBI. Elle la tendit à Hoblenz et lui raconta la rencontre avec les deux agents. Il l'écouta en silence, son regard faisant l'aller-retour entre la carte et Laura. Elle lui parla aussi du V-mail de Harvard et du troublant coup de fil avec Jonathan, sans lui cacher que tout cela ne lui semblait pas très clair.

— Vachement intéressant, commenta Hoblenz, qui enfouit la carte dans la poche ventrale de sa tenue léopard. Vous attendez quoi ? Une médaille de bon citoyen ?

— Je sais, pour le soldat belge.

Hoblenz la regarda de ses petits yeux plissés et cracha sur le sable.

— Hollandais, rectifia-t-il.

— On m'a dit belge.

Hoblenz tordit le cou vers la mer et pointa le pouce derrière lui.

— D'après l'ordinateur, la Belgique a zéro sous-marin.

— Il y a un sous-marin près des côtes ?

— Ouais.

— Comment le savez-vous ?

— Parce qu'ils ont débarqué des types, y a pas longtemps, pour chercher leur bonhomme.

— En plein jour ? demanda-t-elle.

Hoblenz se suça l'intérieur des joues, comme s'il broyait quelque chose entre ses mâchoires, et hocha la tête.

— C'est ici qu'ils ont débarqué ?

— Ouais. — Il chiquait du tabac — sa bouche en était noire.

— Comment savez-vous ce qu'ils cherchaient ?

— Leur ai d'mandé.

— Vous les avez prévenus ?

— Leur ai dit qu'il était mort. Ils ont demandé s'ils pouvaient récupérer le corps. On a rendez-vous à midi.

— C'est tout ?

Hoblenz haussa les épaules.

— Ils ont réclamé l'émetteur satellite.

— Qu'avez-vous répondu ?

Il renifla bruyamment et un sourire fugitif éclaira son visage d'ordinaire sans humour.

— Devinez.

— Il y a d'autres sous-marins autour de l'île ?

Hoblenz regarda ses pieds et émit un gloussement rauque de fumeur à la chaîne. Il frotta sa nuque épaisse et tordit la tête de chaque côté en faisant craquer les vertèbres.

— Écoutez ma petite, j'ai avec moi cinquante types de première. On leur a pas demandé leur passeport et c'est pas des enfants de chœur, mais je suis fier de vous dire qu'ils laisseraient pas passer un seul avion. Pour les sous-marins, alors là, y a rien que je peux vous dire. Pareil pour les porte-avions. D'accord, on a des vieux Stingers que j'ai fait acheter par Monsieur Gray à dix fois c'que ça coûte, et l'armée du Luxembourg m'fait pas peur. Mais envoyez-moi n'importe quel autre pays de l'OTAN, et l'île est à vous.

Sa main décrivit un large cercle autour de lui.

— Et avec les... vous voyez ?

Laura tourna la tête en direction de la Centrale nucléaire qui se dressait à flanc de montagne.

Hoblenz la dévisagea avec un sourire énigmatique et ricana en secouant la tête.

— Vous voulez les atomiser ?

— Non ! répondit-elle en rougissant. Je veux dire, Gray n'aurait pas... un truc ? Un truc un peu sophistiqué, je ne sais pas, moi, pour les paralyser, les endormir ?

— Y a rien dans le genre, Docteur Aldridge. Soit vous leur fichez la paix, soit vous les liquidez. Rien entre les deux.

*Il commence à se méfier*, pensa Laura.

— Écoutez, je suis venue jusqu'ici pour faire la paix. Je sais que vous n'avez pas confiance en moi, mais je jure que je vous ai tout raconté. Si vous avez des questions — elle écarta les bras — tirez.

Elle mit les mains sur ses hanches en imitant la pose macho de Hoblenz. Les yeux du gros homme se plissèrent. Cette fois, il souriait sans arrière-pensée.

— En fait, oui, j'ai une question, dit Hoblenz en jetant un coup d'œil vers ses hommes. — Ils revenaient de leur patrouille sans se presser, et se trouvaient encore à bonne distance. — À votre avis, Monsieur Gray, il est, euh, ça va bien ?

Laura fut prise de court.

— Que voulez-vous dire ?

— Je veux dire — il cracha sur le sable —, il aurait pas une araignée au plafond ?

Laura redressa la tête.

— Vous m'interrogez sur sa santé mentale ?

— D'un point de vue professionnel.

Elle haussa les épaules.

— Je n'ai pas de point de vue professionnel sur Monsieur Gray.

Il la dévisagea, toute trace de sourire évanouie.

— Dans ce cas, qu'avez-vous fichu depuis trois jours ?

— Travaillé sur l'ordinateur, comme tout le monde !

— Vous êtes vraiment une psychologue ! dit-il d'une voix sourde. Merde, vous voulez me faire croire que vous avez rien remarqué, Miss... *Harvard* ? Un enfant de deux ans aurait vu le topo !

— Quel topo ? dit-elle presque en criant, résolue à ne pas se laisser intimider.

— Inspectez-moi cette plage à fond ! brailla-t-il aux hommes qui s'approchaient.

Les soldats l'interrogèrent une seconde du regard, puis ils pivotèrent sur les talons et repartirent dans l'autre sens. Laura attendit jusqu'au bout de sa patience et murmura :

— Quel topo ?

— Je me suis occupé personnellement de vous surveiller. Je sais qui vous êtes. Je sais que ce n'est pas Gray qui vous a choisie — c'est l'ordinateur.

Elle attendit la suite, qui ne vint pas.

— Et alors ? dit-elle avec irritation.

— Vous, les têtes d'œuf, vous avez rudement besoin d'une carte et d'une boussole, hein, pour les trucs de la vie ?

— Veuillez être clair, Monsieur Hoblenz. Où voulez-vous en venir ?

Hoblenz sourit et balança lentement la tête.

— L'ordinateur ne vous a pas choisie parce que ça n'allait pas dans *sa tête* ! Ce putain d'engin n'a même pas de tête ! C'est pour *Gray* ! L'ordinateur croit que Gray est en train de péter les plombs ! Qu'il dépasse les bornes ! Qu'il craque à cause du stress ! Il vous a amenée ici pour réparer *Gray,* pas lui, dit Hoblenz avec un grognement qui dans son esprit devait passer pour une voix gentiment persuasive.

— Vous avez dit à Monsieur Gray que vous vous méfiiez de moi, je croyais ?

— Eh ben... c'est pas le cas.

— Mais vous lui avez dit de ne plus me parler ?

— Oui, c'est ce que j'ai dit.

— Mais pourquoi, si vous pensez que je suis ici pour le psychanalyser, *lui* ? Pourquoi, s'il présente des troubles émotionnels, l'empêcher de me parler ?

— Je crois pas que Gray soit devenu dingue. Non. Monsieur Gray est l'homme le plus sain d'esprit que j'aie jamais rencontré. J'ai juste dit que l'*ordinateur* le prend pour un dingue. Je voulais juste voir si vous étiez d'accord, mais j'ai l'impression que vous ne vous êtes même jamais posé la question, dit-il en éclatant d'un rire puissant.

— Dans ce cas, pourquoi dire à Gray de m'éviter ? Où est le risque, puisqu'il est sain d'esprit ?

Ouvertement, sans gêne aucune, Hoblenz l'examina lentement des pieds à la tête, en un inventaire grossier.

— Ma fille, vous avez vraiment besoin d'une carte, d'une boussole et d'un putain de *miroir.*

— Vous croyez que c'était un robot ? dit Laura en hurlant pour couvrir le bruit.

Les moteurs rugissaient et le vent leur sifflait aux oreilles. Le canot de Hoblenz rebondissait sur la houle et secouait Laura à un rythme régulier. Par-dessus son épaule, Hoblenz jeta un coup d'œil vers les deux hommes, assis à l'arrière près des moteurs. Il tenait ferme la barre et Laura s'agrippait au garde-fou à l'avant de son siège.

— Y a intérêt ! cria-t-il, occupé à barrer pour contourner une langue de terre.

Au-delà de la jungle, la rampe À glissait lentement dans leur champ de vision.

— Un Modèle 8 ? Celui qu'ils appellent Auguste ?

Hoblenz la regarda d'un air surpris. Il obtura les gaz, ralentissant le canot qui filait vers la côte. Deux tous-terrains étaient garés sur la plage, équipés chacun de six énormes pneus presque aussi hauts que l'arceau de sécurité et recouverts d'une croûte de boue grisâtre. Quatre soldats les entouraient, dos à l'océan, carabines pointées vers la jungle. Des hommes de Hoblenz, et ce n'était pas le sous-marin hollandais qui les intéressait.

— On espionne ? dit Hoblenz.

— Je peux vous dire un mot ? demanda Laura quand ils eurent débarqué. — Hoblenz jeta un regard vers les hommes et désigna d'un signe de tête un coin de plage désert. Une fois à bonne distance : — Vous étiez à la réunion des citoyens hier soir, non ? lui demanda Laura.

— Sûr, répondit Hoblenz.

— Qu'avez-vous pensé du discours de Gray ? À propos de la Phase 2 ?

Hoblenz s'arrêta sur place et la regarda dans les yeux, le visage empreint d'un profond sérieux.

— Je suis prêt.

Le timbre de sa voix avait quelque chose d'inquiétant.

— Prêt à quoi ? demanda Laura.

— À la suite, dit-il en relevant le menton.

— À savoir ?

Cette fois, Hoblenz perdit patience.

— La putain de Phase 2 !

— D'accord, mais... de quoi s'agit-il ?

— La guerre, répondit-il simplement.

Un silence pesant les enveloppa. Laura ne comprenait plus rien.

— La guerre contre qui ?

Hoblenz haussa les épaules.

— Du diable si je le sais. — Il eut l'air satisfait de sa réponse. — Se préparer à la guerre, voyez-vous, ça ne consiste pas à faire des petits dessins sur une carte. C'est là-dedans que ça se passe, dit-il en se tapotant la tempe. Je ne suis pas sûr que Monsieur Gray lui-même sache exactement ce qui se trame, mais il a raison sur un point. On n'est jamais si bons que quand il faut relever un défi. Les grands progrès ont lieu pendant les conflits durs. — Hoblenz s'excitait tout seul. — Tout ce baratin sur la « coopération », la « coexistence », eh bien, c'est juste du baratin. Un sous-produit de la richesse. Un luxe récent. Mais les temps approchent.

— De quoi parlez-vous, à la fin !

— Du Jugement dernier. L'Apocalypse. Appelez ça comme bon vous chante.

Laura sourit malgré elle.

— Gray se serait-il mis à citer la Bible ?

— Oh non ! Prêcher, c'est pas son genre. Mais je sais de quoi il parlait. Aucun doute là-dessus.

— Quels mots a-t-il utilisés ? demanda Laura avec impatience.

Hoblenz plissa les yeux et lui lança un regard en coin.

— Il a parlé de l'arbre de la connaissance, qui croît, qui porte ses fruits.

— À quoi diable faisait-il allusion ?

Il fit un geste de la main, réticent à avouer, comprit-elle, que le sens de la phrase lui échappait à lui aussi.

— Il fallait être là.

— J'aurais bien voulu ! On aurait pu me réveiller.

— J'ai proposé à Monsieur Gray d'envoyer une voiture vous chercher, dit Hoblenz.

Une douleur presque physique lui contracta le cœur et elle leva les yeux.

— Hein ?

— Il m'a dit de pas m'embêter avec ça, dit Hoblenz en haussant les épaules.

Laura accusa le coup. Ils revinrent vers les autres, en baissant la tête face au soleil étincelant.

— Je veux voir l'endroit où c'est arrivé, dit-elle.

— Où *quoi* est arrivé ?

— Où le soldat a été tué, répondit-elle avec défi.

Les efforts de courtoisie déployés par Hoblenz disparurent d'un coup.

— Pourquoi, bordel ? On n'est pas dans une cour de récré, Doc. C'est la jungle. Et j'ai déjà pris une douche aujourd'hui.

Elle examina les épais fourrés. Le Hollandais s'y était aventuré seul. De nuit. Et n'était jamais ressorti. Les tout-terrains étaient postés en lisière, sous la croûte de boue qui masquait leur couleur. Autour, les soldats attendaient, lorgnant de temps à autre vers Hoblenz et Laura.

— Vous avez la trouille d'y retourner, Monsieur Hoblenz ? dit-elle d'une voix assez forte pour que les hommes puissent entendre. — Puis, à voix couverte : — Monsieur Gray m'a donné l'accès illimité. Je pense que ça inclut la jungle.

Sans attendre de réponse, elle se dirigea vers le véhicule le plus proche, Hoblenz sur les talons. Elle enfonça sur sa tête une casquette de base-ball que l'un des hommes lui tendit et enfila une paire de lunettes en plastique. Elle grimpa sur le capot et Hoblenz, en grommelant, l'aida à enjamber le pare-brise. Ignorant la boue qui recouvrait le siège passager, elle se fit une place au milieu de la pagaille, derrière Hoblenz qui empoigna le volant avec des soupirs ostensibles. Elle se sangla sur le siège et vit avec surprise deux hommes sauter à l'arrière et s'arrimer à l'arceau de sécurité — carabines à la main. Elle fut encore plus surprise quand le second véhicule lança bruyamment son moteur, noyant le bruit du vent et des vagues, et vint se ranger derrière eux avec les quatre hommes qui le montaient. Laura sentit son pouls battre plus vite.

— Prête ? demanda Hoblenz, et il mit les gaz. Accrochez-vous ! hurla-t-il.

L'engin bondit vers la jungle.

Le museau pointu du tout-terrain se dressa vers le ciel et Laura bascula en arrière. Pendant une seconde terrible, elle crut qu'ils allaient retomber sur le dos en écrasant les soldats. L'engin fit une embardée, dérapa, bondit en avant, se dressa à nouveau. Dans un rugissement final, il piqua entre les arbres en écrasant tout sur son passage, à moitié englouti par les fourrés. Elle se retourna et vit, entre les jambes des deux soldats debout, le second tout-terrain qui prenait leur sillage. Des branches effilées rayaient de blanc son ventre boueux et bas. Ils avançaient sur les sous-bois plutôt qu'à travers, la carrosserie partiellement submergée par le feuillage. Les pneus géants broyaient les branchages, progressant vers l'objectif à une allure d'escargot.

— C'est dur à la lisière ! lui hurla Hoblenz à l'oreille. Ça devient moins dense à l'intérieur !

Entre le fracas du moteur et les craquements de branches contre le châssis, elle l'entendit à peine.

Peu après, ils s'enfonçaient dans les profondeurs végétales comme un sous-marin gagnant les bas-fonds. Centimètre après centimètre, cahin-caha, ils gagnaient le cœur de la jungle. Les feuillages se refermaient sur eux, les enveloppant dans une obscurité croissante. Un gargouillis sous la coque signala leur arrivée en terrain marécageux. Un instant, comme Hoblenz ralentissait, un silence relatif succéda au vacarme. Baigné dans une ombre éternelle, le sous-bois exhalait des puanteurs de décomposition. Laura replia les doigts, engourdis à force de serrer le garde-fou.

— En avant ! dit Hoblenz et d'un tour de poignet il poussa les gaz à fond.

De nouveau un rugissement, suivi par les couinements des pneus qui patinaient. Des giclées de boue aspergèrent les lunettes, les visages, les vêtements. Le tee-shirt de Laura se plaqua sur sa peau, contact froid et déplaisant.

— Ya-hoo ! brailla Hoblenz dans le maelström.

Laura dégagea deux petites fenêtres sur ses lunettes. De Hoblenz, elle ne voyait que des dents blanches. Le reste était couvert d'une vase dégoulinante.

Une nouvelle giclée de boue lui aspergea le visage, les bras, la poitrine. Elle renonça à nettoyer les lunettes. Elle ne percevait plus que le bruit du moteur, la pluie de boue et le frottement occasionnel d'une branche basse sur son casque. Elle se cala dans ce monde de ténèbres, avec pour seul réconfort la couche de boue de plus en plus épaisse qui la protégeait. Combien de temps s'écoula avant que le moteur s'arrête, Laura n'aurait su le dire. Brutalement tout se tut et elle crut à la panne. C'est seulement quand le second véhicule stoppa à son tour qu'elle comprit qu'ils étaient arrivés à destination. Avec un bruit de succion, Laura arracha les lunettes de son visage. Elle dégrafa sa ceinture et se redressa à grand-peine. Des paquets de boue tombèrent sur le plancher et ses baskets gargouillèrent dans la flaque. De mauvaise humeur, Laura escalada avec dégoût le pare-brise, refusant l'assistance des hommes, tout aussi sales qu'elle. Malgré les plaques terreuses qui se détachaient de ses vêtements, elle se sentait lourde dans son armure de crasse. Elle se mit debout sur le nez incliné du tout-terrain. Au sol, la jungle était moins dense que prévu. Mais la végétation, en poussant à la verticale, formait une voûte épaisse opaque à la lumière et le vert sombre des fourrés et des arbres semblait du même noir que le marécage sur lequel ils croissaient.

Dans ce bourbier, les soldats se déplaçaient lentement, péniblement, avec des bruits de ventouse. Bien qu'elle n'eût pas entendu Hoblenz donner d'ordres, tous se mirent à astiquer leurs armes avec des chiffons propres. En redressant la tête pour dissimuler son appréhension, Laura s'écarta du pare-chocs et fit un pas dans le sol détrempé. Son pied s'enfonça et l'eau lui monta au mollet, noyant le bas de son jean. Au prix d'un gros effort, elle s'arracha à la gangue aspirante et vit s'élever une soquette blanche. La chaussure avait disparu, engloutie par le trou qui déjà se remplissait d'une eau sombre et elle resta là, un pied en l'air, l'autre dans la colle liquide. Cette fois, elle fut bien obligée d'accepter l'aide des soldats. À la baïonnette, ils fouillèrent la boue et repêchèrent la chaussure, méconnaissable, scellée dans un bloc noirâtre. Un soldat la dégagea à la pointe du couteau.

— Toi femme, écouter moi crier, fit la voix de Hoblenz. — Les soldats éclatèrent de rire. — Toi contente, ou toi vouloir pisser debout ?

Les rires redoublèrent.

Laura s'extirpa du marécage et passa devant lui en murmurant « va te faire foutre ». Là-bas, les quatre hommes du second véhicule s'étaient déployés, arme au poing. Le sol était bosselé et Laura put reprendre pied sur un îlot de terre ferme.

— Et maintenant ? demanda-t-elle.

Hoblenz la rattrapa et prit son temps avant de répondre :

— C'est ici.

Elle examina le sol. Rien ne distinguait l'endroit du reste du marécage. *T'espérais quoi ?* se dit-elle, furieuse contre elle-même.

— Parée au départ ? fit Hoblenz, mettant un terme brutal à l'escapade.

Les statues de boue se tournèrent vers Laura. Il lui fallait au moins justifier cette expédition.

— Qu'avez-vous trouvé ? demanda-t-elle.

— Je croyais que vous le saviez, soupira Hoblenz.

— OK, le sous-marin hollandais l'a lâché sur la plage et il a coupé par la jungle pour s'approcher du hall de montage. Mais comment est-il arrivé ici ?

— Pas à pied, dit Hoblenz. C'est impossible. Il a d'abord longé la jungle en suivant la piste, là où les viseurs thermiques ont repéré des empreintes.

— Je croyais que la zone comprise entre le Central informatique et la base de lancement était très surveillée. La pancarte dit « Zone interdite », non ? Et vous n'avez pas de système de détection, je ne sais pas, des capteurs de mouvement ?

— Si, fit Hoblenz en haussant les épaules. Erreur informatique numéro dix millions et quelques.

Laura hocha la tête. Des fragments de boue séchée tombèrent au sol.

— Donc, comment est-il arrivé ici, puisque c'est impossible ?

— Impossible pour un homme, corrigea Hoblenz.

— Écoutez, depuis que j'ai mis les pieds sur l'île, je joue aux devinettes avec Gray. Je pensais que *vous,* au moins, étiez un adepte des réponses claires.

Hoblenz gonfla la joue et cracha.

— OK. Le sous-marin l'a largué sur la plage, puis il a contourné la jungle en longeant la lisière — son bras balaya l'air sur cent quatre-vingts degrés —, il s'est approché du hall de montage. — Le bras retomba avec un clapotis de boue. — C'est là que les traces disparaissent.

— Comment ça, « disparaissent » ?

— Il a été soulevé et emporté. Il y avait des branches cassées partout, et ça menait dans la jungle. Les empreintes aussi — je parle des empreintes *froides.* Indétectables par les viseurs thermiques.

— Comment avez-vous trouvé le corps ?

— Encore tiède. On l'a repéré depuis un hélico, et Monsieur Gray et moi avons pris un tout-terrain. — La voix de Hoblenz semblait venir d'un autre monde. — La plus belle saloperie que j'aie jamais vue, et j'en ai vu ! Autre chose. J'ai eu la trouille de ma vie. Il n'y a pas de photo. Avec ces lunettes, on voit en lumière verte. On voit ce qui est chaud, s'entend. Ce qu'on cherchait était froid et noir, vu ?

— Monsieur Gray dit que vous avez installé des projecteurs et trouvé des traces partout, fit Laura en imitant le ton sinistre que Hoblenz affectait.

— Partout où c'est sec. Regardez ! — Il lui montra une série de trous noirs qui crevaient la boue. — Là, et là. Ils ont dansé le menuet ou quoi ? Combien ? Un, dix ou toute la bande, j'en sais rien. Mais c'étaient des robots. Ils sont venus ici et ils ont zigouillé le pauvre type. Ils lui ont arraché la tête !

Hoblenz était fou de rage. Il baissa la voix et la chargea de menace.

— Salopards, dit-il.

— Où est Monsieur Gray ? demanda Laura à Janet.

— Oh ma pauvre ! s'exclama la jeune femme en voyant la couche de boue qui la recouvrait.

— Monsieur Gray — vous savez où il se trouve ? répéta Laura.

— Dans... dans son bureau, je suppose. Il dort toujours.

Laura se dirigea vers le couloir. Pieds nus : elle avait laissé à l'entrée les baskets et les chaussettes crottées. Le bureau était vide — la couverture en tas sur le fauteuil, les chaussures à côté de la table. Laura entreprit d'explorer la villa. Elle avait vérifié la salle de gym et s'apprêtait à fouiller le premier étage quand une idée lui traversa l'esprit. *La cuisine. Je n'ai jamais vu la cuisine.* Repartant de la salle à manger, elle ouvrit la première porte. Elle donnait sur un office tout brillant d'ustensiles, une batterie de poêles en cuivre et de casseroles étincelantes et de là sur une immense pièce, peuplée de fours et de congélateurs.

Au centre d'une cuisine immaculée, devant un plan de travail, Gray se tenait assis sur un tabouret. Dos tourné, penché sur un journal, il prenait son déjeuner. Les pieds nus de Laura glissèrent sans bruit sur le dallage en damier noir et blanc. Il mangeait un sandwich. À côté d'une boule de pain blanc, des couteaux plantés dans des pots de confitures et de beurre de cacahuète. Un bol de café, décoré de l'image du vaisseau *Enterprise* du vieux feuilleton *Star Trek.* Gray lisait les pages Sports du *New York Times.* Il leva les yeux, vit Laura, ses cheveux propres, ses pieds propres, et entre les deux la boue. Six heures à peine s'étaient écoulées depuis son retour de la jungle, mais il semblait sortir d'un mois de vacances et ses yeux brillaient de leur plus beau bleu.

— Alors, où en sommes-nous ? demanda-t-il, la bouche pleine de beurre de cacahuète.

— Le programme Modèle 8 n'a pas été assez réfléchi, dit-elle simplement. Vous devriez l'interrompre et vous y recoller. Et aussi convoquer une réunion générale et expliquer ce qui se passe à l'ensemble des employés, de sorte que chacun fasse mieux son boulot et plus en sécurité.

Elle fit demi-tour vers la porte.

— Vous êtes allée sous la montagne ? questionna Gray. — Elle se retourna et acquiesça. — Donc, vous avez vu. Vous avez essayé la réalité virtuelle et longuement parlé, bien sûr, avec l'ordinateur. — Il ne l'interrogeait pas, il énumérait des faits importants. — En trois jours, vous avez changé. Vous viviez dans un autre monde. Il y a trois jours, vous étiez dans votre bureau de la fin du vingtième siècle et si on vous avait décrit ce que permet la technologie d'aujourd'hui, vous ne l'auriez pas cru. Ce que vos yeux ont vu sur cette île, vous pensiez que c'était possible ?

Les dalles étaient froides sous ses pieds, ses habits trempés. Elle frissonna. *Qu'est-ce qu'il a à me regarder comme ça ?*

— Laura, vous êtes montée dans une fusée express pour le prochain siècle. Le vingt et unième siècle, le vrai, existe déjà, sous forme d'idées embryonnaires développées par des laboratoires et des clubs de réflexion, partout sur la planète. — Il pivota sur son siège pour capter totalement son attention. — L'île est une exception. Nulle part ailleurs, les poches de futur ne se sont incarnées à cette échelle. Mais elles le feront, elles s'étaleront, se connecteront, et elles changeront le monde.

Laura entendait les mots mais en percevait mal le contenu concret.

— C'est donc ça ? dit-elle doucement. Le premier soir, vous m'avez amenée près du hall de montage. Le Modèle 6 tondait la pelouse. C'était une... une démo, une initiation pour me... me mettre sur les rails ? — Il la regarda attentivement mais ne répondit pas. — Vous saviez que nous allions tomber sur le robot. Premiers pas dans le nouveau monde — le nouveau siècle.

— Et les Modèles 3 ? Vous aviez déjà vu les Modèles 3. Mais vous avez oublié. Ils appartiennent déjà au passé. Une réalisation mineure. Je parie que pour vous, il ne s'agit même pas de robots. Pourtant, ce sont des robots, au même titre que les 8 sous la montagne.

— Mais pourquoi ? murmura Laura. Pourquoi moi ?

— Parce que vous vivez dans le monde de l'intellect. Comme moi. Sauf que vous prenez l'intellect — le cerveau — pour un miracle stupéfiant de complexité, une énigme à déchiffrer. Un mystère digne d'une vie entière de travaux et de découvertes. Pour moi, c'est une boîte. Une prison. Impossible de brancher un nouveau module sur cet ordinateur naturel pour élargir sa capacité-mémoire. Pas question de bidouiller un processeur et de doubler la vitesse. Tel il est, tel il restera, pendant des dizaines de milliers d'années, jusqu'à...

Il s'interrompit au milieu de la phrase.

— Jusqu'à ?

— Jusqu'à ce que la nature prenne son envol. Jusqu'à ce que l'évolution, comme par magie, modifie l'architecture du cerveau humain. Augmente sa capacité à faire tourner des programmes pensants, et qui stockent des souvenirs.

— Vous croyez qu'il existe un programme de développement de la conscience ? demanda Laura. Le cerveau serait l'ordinateur et l'intelligence le logiciel ?

— Pas exactement.

— Alors quoi — exactement ?

— Il est trop tôt pour vous le dire.

— Vous vous rendez compte de ce que vous dites ? s'écria Laura d'une voix furieuse. Mais c'est du *paternalisme* ! Je ne suis pas une enfant, et j'ai horreur de ça !

— D'après vous, que se passe-t-il ici, en ce moment ?

Laura était si énervée qu'elle eut du mal à formuler une réponse.

— Vous... vous avez fabriqué un nouveau robot — un Modèle *9,* ou *10,* que sais-je ?... celui que le petit garçon a vu la nuit dernière. Et vous vous dites qu'il est trop tôt pour m'en parler parce que j'en suis encore aux Modèles 8 ! Et c'est un de ces nouveaux engins à quatre pattes qui a arraché la tête du soldat hollandais !

Sur le visage de Gray, le masque était retombé. Lèvres figées, pas un battement de cils.

— J'aimerais pouvoir tout vous dire, fit-il d'une voix douce.

— Mais je ne suis pas prête, c'est ça ?

— Apparemment pas.

— Et quand le serai-je ?

— L'ordinateur le dira.

— L'*ordinateur* le dira ? lâcha-t-elle avec un rire d'incrédulité. Je suis venue analyser l'ordinateur, et vous, vous me faites analyser par l'ordinateur ! Quant à Hoblenz, il pense que l'ordinateur se sert de moi pour *vous* psychanalyser !

Un sourire éclaira le visage de Gray, les dents et les yeux brillant sur la peau bronzée.

— Je n'avais pas pensé à ça. Intéressant triangle.

— Mais pourquoi passer par l'ordinateur ? demanda-t-elle. Si le but est de procéder à une évaluation hautement subjective de mon état mental, pourquoi confier ça à une machine ?

— Parce que je me sers d'un bulldozer pour déplacer un tas de terre et d'une voiture pour circuler. Je construis des machines pour augmenter mon potentiel. Des outils pour me rendre plus fort, plus rapide... et plus intelligent.

— Et l'ordinateur fait partie du lot ?

— C'est une relation symbiotique. Nous nous aidons mutuellement.

— Il vous apporte des mégawatts mentaux, dit-elle. Et vous, en échange ?

— Je lui donne la vie.

Ils se dévisagèrent, immobiles et muets, dans le silence de la grande maison. Aucune tromperie, aucun artifice chez Gray. Il disait la vérité et cependant, le noyau de sa pensée restait voilé par les brumes du secret. Il était ainsi fait, et cela augmentait son mystère.

— Oh, Monsieur Gray ! s'exclama Janet depuis le seuil de l'office.

Elle accourut dans la cuisine, laissant tomber la pelle et la balayette avec lesquelles elle pistait Laura.

— Pourquoi ne pas m'avoir dit que vous vouliez déjeuner ?

— Ce n'est pas grave, Janet, fit-il sans détacher les yeux de Laura. Je m'en sors très bien.

Laura comprit qu'il n'en dirait pas plus.

— Bon, je vous laisse. Je serai toute la journée au Central — j'ai du travail, ajouta-t-elle, autant pour se donner du courage que pour informer Gray de son programme du jour. On se revoit bientôt... je veux dire, au Central ?

— J'y passerai sûrement, mais je risque d'être coincé un moment au centre de lancement. Il y a trois tirs prévus pour ce soir.

— Trois ? Je croyais que vous aviez déjà deux engins dans l'espace.

— Vous étiez vraiment très occupée la nuit dernière, dit-il, réveillant sans s'en apercevoir la blessure causée par sa mise à l'écart de l'assemblée des citoyens. On les a fait revenir au milieu de la nuit, et nous les révisons pour un nouveau lancement.

— J'aimerais bien savoir ce qu'il y a à bord...

Gray détourna la tête.

— Oubliez ça, fit-il.

En sortant, elle passa devant Janet, occupée à se laver les mains dans l'évier.

— Désolée pour la boue, dit Laura.

— Ne vous inquiétez pas, répliqua Janet en souriant. Ce n'est rien du tout.

Elle irradiait de bonheur.

Laura s'éloigna — déconcertée par le regard rayonnant de Janet, qui resta fixé sur elle jusqu'à la porte de l'office.

# 13

Le Central était vide et silencieux et Laura laissa ouverte la porte du bureau.

« OK, Laura. À mon tour ! Où êtes-vous allée ? » demanda l'ordinateur.

Elle consulta sa montre. Depuis des heures, elle questionnait sans relâche la machine, et avait enfin l'impression d'avancer.

« OK, récapitulons. Après t'avoir parlé dans la salle de gym, je suis descendue à l'usine de Modèles 8. Puis j'ai rencontré Monsieur Hoblenz sur la plage et il m'a embarquée dans la jungle, voir l'endroit où... » Elle s'interrompit. Comment tourner ça ?

« Où c'est arrivé ? » compléta l'ordinateur sans attendre qu'elle appuie sur *Enter*.

« Où c'est arrivé, oui, merci. »

« Vous ne devriez pas aller là-bas. »

« Ne t'inquiète pas. Hoblenz avait ses hommes, et ils étaient armés jusqu'aux dents. »

« Je ne parle pas de la jungle. Je parle de l'usine de Modèles 8. »

« Là aussi, j'étais avec un homme de Hoblenz, et il avait une mitraillette. »

« Je doute fort qu'il s'agisse d'une mitraillette. Plutôt un revolver — Heckler & Koch modèle MP-5. C'est insuffisant. »

« Insuffisant pour quoi ? »

« Pour stopper un Modèle 8. Il tire des balles standards — 9 millimètres parabellum. Même avec une tête perceuse en Téflon, ça ne troue pas le revêtement de résine titane/bore qui protège les micro-réseaux des Modèles 8. Pour ça, il faut des balles de carabine haute vitesse comme les 7. 62 spéciales gilet pare-balles des G-3 qui équipent les hommes de Hoblenz. Je l'ai répété mille fois à Monsieur Gray, ainsi qu'à Monsieur Hoblenz. »

« Tu ne crois pas que tu exagères ? L'usine de Modèles 8 m'a paru tourner au quart de tour. »

« Monsieur Gray l'a fait évacuer juste après votre départ. »

« Pourquoi ? » demanda Laura avec étonnement.

« Il dit qu'on manque de personnel. Il a aussi évacué la centrale nucléaire et les laboratoires du Docteur Krantz. »

« Il ne peut quand même pas tout arrêter ! Et l'électricité ? Et le programme Modèle 8 ? »

« Monsieur Gray n'a rien arrêté. Il a juste réactivé les systèmes de régulation automatique. »

Laura revint sur le mot « réactivé ».

« Minute ! Tu veux dire qu'avant, tout était automatique ? »

« Oui. Vous l'ignoriez ? Il ne faut pas plus de quelques centaines de personnes pour faire fonctionner toute l'île. Monsieur Gray était passé en manuel la semaine dernière, quand le pourcentage d'erreurs était devenu inacceptable. »

Laura haussa les sourcils, de plus en plus perplexe.

« À quoi servait le reste des quinze cents employés ? »

« En formation, pour la plupart. »

« Ils passaient huit heures par jour, cinq jours par semaine, à se former à des boulots juste au cas où tu tomberais en panne ? »

« Non ! Une fois par mois environ, on procède à des simulations pour que les gens gardent la main. Et bien sûr les cadres comme Georgi, Margaret et Dorothy ont leur travail. Mais les autres se forment aux disciplines de leur choix. Monsieur Gray a fait construire de grandes piscines au village pour les simulations d'activités dans l'espace, et c'est très couru. »

« Gray leur avait proposé un éventail d'options, et ils voulaient tous être astronautes, c'est bien ça ? » Laura appuya sur *Enter*. Elle commençait à y voir plus clair — une nouvelle pièce du puzzle s'emboîtait dans l'ensemble.

« Pas tous. Les cours les plus populaires comme l'assemblage en micro-gravité étaient pris d'assaut, alors certains se rabattaient sur histoire de l'art, tragédie grecque, le rôle de l'individu dans le roman classique, vous voyez le genre. »

Laura ne put s'empêcher de sourire.

« Et personne n'a jamais soupçonné le véritable objectif de Gray ? »

« Que voulez-vous dire ? »

« Tu le sais très bien ! Il met sur pied une armée d'astronautes et personne n'a rien vu venir ? L'île est farcie de petits génies et ils couraient tous comme des lemmings derrière Gray et sa nouvelle frontière ? »

« Vous comprendrez que je ne suis pas en droit de commenter ce genre de propos. »

« Tu viens pourtant de le faire, tapa Laura. Au fait, j'aurais été une très mauvaise citoyenne. J'aurais choisi tous les cours inutiles. Mais je suis curieuse : pourquoi Monsieur Gray proposait-il des cours de belles-lettres ? Pourquoi ne pas simplement créer d'autres ateliers pour les volontaires de l'espace ? »

« Accès refusé. »

— Je blaguais, marmonna Laura.

Elle eut un soupir de frustration. À chaque fois qu'elle ajoutait une pièce au puzzle, on lui en tendait une autre qui n'allait nulle part.

Elle trouva Filatov dans la salle de contrôle.

— Alors, dit-elle en s'avançant vers lui, Gray entraîne une armée d'astronautes sans que personne s'en doute ? — Il la regarda sans répondre. — Trois rampes de lancement, des tirs deux fois par semaine qui illuminent le ciel comme des feux d'artifice et il n'est venu à l'esprit de personne qu'il se prépare à... pigé ?

Elle agita les mains en mimant des battements d'ailes.

Filatov jeta un coup d'œil autour de lui pour s'assurer qu'ils étaient seuls.

— Vous ne l'avez peut-être pas remarqué, dit-il à voix basse, mais Monsieur Gray est très doué pour les secrets. Il est, ou n'est pas, l'homme le plus intelligent de tous les temps, mais je suis certain d'une chose. Il tient plus que n'importe qui au concept de « propriété intellectuelle ». Il a horreur qu'on bavarde de ses projets, et la seule façon de forcer le coffre est de le soûler.

— Gray se soûle ?

— Pas facilement, admit Filatov en souriant. Il peut boire pendant des heures avec le pire des tonneaux, et sur l'île, c'est moi ! Mais une fois pété, il part sur son idée de... — Il secoua la tête. — Je ne sais même pas comment appeler ça. Son discours à la réunion, hier soir, portait là-dessus — la Phase 2, tout ça. Le... un progrès dans l'incarnation collective de la connaissance universelle. Une nouvelle... — il cherchait ses mots — *étape* de l'évolution.

— Enfin une réponse cohérente ! s'écria Laura. On m'a d'abord dit que cette fameuse Phase 2 concernait la colonisation de l'espace, puis la guerre, mais Griffith m'en a plus ou moins fait la même description que vous.

— Colonisation, guerre, les deux vont avec. Quand vous colonisez un territoire, vous apportez votre savoir avec vous. Cela représente le progrès. Et colonisation signifie souvent guerre, quoique, à mon avis, le conflit auquel Gray faisait allusion était plus...

Le mot, semblait-il, lui manquait.

— Plus quoi ?

— Apocalyptique, répondit Filatov.

En passant devant le bureau de Dorothy, Laura aperçut la jeune femme effondrée sur sa table de travail au milieu des écrans qui clignotaient inutilement autour d'elle.

— Ça va, Dorothy ? demanda-t-elle.

Dorothy leva les yeux. Les commissures de ses lèvres étaient tirées vers le bas en une espèce de moue boudeuse. Elle soupira, enfouit les mains entre ses cuisses et s'assit dessus, se tassant encore plus.

— Je ne sais pas pourquoi je perds mon temps à ça.

Laura fit un pas vers le bureau.

— Que voulez-vous dire ?

— Je veux dire... — Nouveau soupir, et coup d'œil vers la porte. — Je n'arrive pas à le stopper, dit-elle d'une petite voix flûtée.

— Stopper quoi ?

— Le *virus.*

Au ton dont elle le prononçait, le mot se chargeait d'une terrible menace. Le timbre de la voix révélait autre chose : un stress profond.

— Dorothy, personne ne vous demande de résoudre tous les problèmes du système.

— C'est mon boulot ! répondit-elle avec précipitation, et Laura comprit qu'elle avait tapé dans le mille.

— Ce qui arrive est au-delà des compétences d'une seule personne.

— J'ai promis de réussir, fit-elle d'une voix blanche, tête basse.

— Vous avez dit à Monsieur Gray que vous pouviez réparer l'ordinateur toute seule ?

— No-o-on. Ça remonte à plus loin, quand il pensait à moi pour le poste. Il est venu à un de mes récitals... un récital de piano. — Les yeux dans le vague, la tête sur l'épaule, Dorothy flottait dans un demi-sommeil. Elle avait besoin de repos. — Il m'a expliqué qu'il allait construire l'ordinateur, qu'il cherchait un immuno-biologiste. Il m'a demandé si je pensais avoir les capacités. J'ai dit oui.

Un tremblement agita sa lèvre inférieure.

— Dorothy, dit tendrement Laura.

Elle contourna la table, s'agenouilla à côté de la chaise et passa la main sur le dos de la jeune femme. Elle sentit les os sous le pull.

— Vous avez fait un travail magnifique. Personne ne vous en demande plus. Monsieur Gray lui-même ne comprend pas ce qui cloche.

Dorothy garda le menton enfoui dans la poitrine.

— Vous y croyez ? murmura-t-elle.

Laura retira sa main.

— C'est-à-dire ?

Dorothy se redressa en reniflant. Nouveau coup d'œil vers la porte.

— Non, rien, marmonna-t-elle.

— D'après vous, Monsieur Gray sait ce qui se passe, et il le cache ?

— Monsieur Gray sait *tout* ce qui se passe ! glapit-elle. Vous n'avez pas remarqué ?

Pour la troisième fois, elle lorgna vers la porte.

Laura suivit le regard. Le couloir était vide.

— Vous ne me dites pas tout, dit-elle calmement.

— Et vous, Laura, vous dites tout ? murmura Dorothy. — La jeune fille se pencha en avant et parla d'une voix précipitée où l'angoisse était perceptible. — Vous voulez le fond de ma pensée ? C'est une épidémie. Une maladie, apparue dans l'ordinateur et qui gagne les robots. Elle se transmet par les ports entrée-sortie à chaque fois que les robots se connectent sur la modélisation de l'ordinateur. C'est pour cette raison que nous n'arrivons pas à l'éliminer avec les logiciels antivirus. Le virus est tué dans l'ordinateur mais il revient dès qu'un robot se connecte. Les versions attachées de l'antivirus, envoyées dans les micro-réseaux des robots, ne sont juste pas assez puissantes pour tuer les spores.

— Soit. Si vous avez raison, où cela nous mène-t-il ?

Dorothy, très pâle, répondit d'une voix faible et lointaine, monocorde.

— L'ordinateur et les robots seront de plus en plus malades. Leur comportement de plus en plus erratique. Puis viendra le délire... et tout s'écroulera.

Laura dut avaler sa salive pour parler sans trahir sa propre inquiétude.

— Si c'est cela, Dorothy, pourquoi ne pas avertir Monsieur Gray ?

Dorothy leva les yeux.

— Je l'ai fait. Il m'a écoutée sans rien dire, sans poser de questions ! — De nouveau sa voix s'égara, perdue dans le souvenir. — Puis il m'a regardée — vous savez comment il regarde les gens — et il a dit : « Bon travail, Dorothy, je suis très fier de vous. Maintenant, promettez-moi de n'en parler à personne. »

Dorothy se redressa, soudain inquiète.

— Ne répétez ça à personne ! Jurez-le-moi !

Laura promit le silence et Dorothy replongea dans le chaos de ses angoisses.

— Une épidémie, murmura-t-elle. C'est fini... tout est fini.

Laura regagna son bureau, la tête farcie des terreurs

de Dorothy. L'écran était tel qu'elle l'avait laissé. Elle respira profondément et se concentra.

Une question demeurait sans réponse : quelle était la place de l'Autre dans le tableau ? À en croire Dorothy, le « virus » était similaire aux micro-organismes responsables des maladies des humains. Mais la description qu'elle en faisait ne collait pas avec un Autre, massif, presque palpable, comme une tumeur. Et d'autres éléments du puzzle gardaient leur mystère. Ainsi la réaction de Gray remettant en automatique l'usine des Modèles 8 et les laboratoires nucléaires de Krantz. Cela ne rimait à rien, puisque l'ordinateur avait perdu le contact avec les installations. *Comme les voitures, les Modèles 3!* comprit-elle en un éclair. *Les robots, les installations sont passés sous le contrôle de l'Autre. Et Gray n'a pas vu d'objections. On n'a laissé que le hall de montage à l'ordinateur, et Gray a traité par-dessous la jambe les problèmes de sécurité.* Laura hocha la tête. L'image se précisait. L'image de l'ordinateur en guerre avec l'Autre pour le contrôle de l'île... et perdant la bataille.

« Vous ne me dites pas bonjour ? » afficha le moniteur sous ses yeux.

Elle considéra l'œil noir, près de la porte, puis approcha la chaise du clavier.

« Un vrai château hanté. Tu m'espionnes toujours ? »

« Pardon. Suis-je un patient particulièrement décevant ? »

« Je ne parlais pas de toi. Tu n'as pas idée du pétrin où je me suis fourrée », tapa Laura.

« Vous voulez ma place ? Pendant que j'irai goûter la cuisine de Janet, ce soir, à l'occasion d'un dîner aux chandelles avec Monsieur Gray ! »

Laura remonta instantanément la garde.

« Tu m'as l'air de meilleure humeur », tapa-t-elle avec circonspection.

« Je me sens beaucoup mieux ! Monsieur Gray vient tout juste de faire un peu de reprogrammation. »

« Monsieur Gray ? En personne ? »

« Pas de quoi être surprise. Pour me programmer, personne n'est plus qualifié que lui. Il a baissé les seuils d'analyse. M'a rendu plus tolérant envers les petits flops qui m'embêtaient ces derniers temps. »

« Il a augmenté ta tolérance aux erreurs ? »

« Exactement ! Provisoirement, bien sûr, mais j'avais besoin d'un break. "Métro boulot dodo...", comme on dit ! »

Les doigts de Laura survolèrent le clavier. L'ordinateur était méconnaissable. Plus bavard encore, s'il était possible, qu'auparavant. Négligeant une bouffée de culpabilité, Laura se remit à pianoter.

« As-tu entendu le discours de Monsieur Gray devant l'assemblée ? » Elle grimaça et pressa *Enter.*

« Évidemment ! Magnifique. Quel lyrisme ! »

*Qu'a-t-il dit ?* pensait Laura. Ses lèvres remuèrent, mais aucun son n'en sortit. Elle lança un coup d'œil vers la porte — vers le micro. Il fallait rester prudente.

« Il paraît. Un nouveau défi pour l'humanité. Une nouvelle Frontière. »

Le thème musical de *Star Trek* lui traversa l'esprit, et Laura leva les yeux au ciel en appuyant sur *Enter.*

« Je savais que vous comprendriez ! J'ai dit à Monsieur Gray qu'il vous fallait juste un peu de temps ! »

Elle eut le frisson du perceur de coffres qui sent le pêne basculer sous ses doigts. L'instant était-il arrivé ? Était-elle « prête » ?

« Aurais-tu, par hasard, une transcription du texte, puisque j'ai raté ça ? »

« ACCÈS REFUSÉ. »

— Merde ! fit Laura entre ses dents.

De dépit, elle balança une grande claque sur le moniteur. Elle s'arracha du bureau et fila dans la salle des opérations. Elle avait besoin de marcher pour chasser sa colère et se dirigea vers le distributeur de boissons. À son retour, un mot clignotait sur l'écran.

« Laura ? »

« Oui ? » tapa-t-elle.

« Vous avez un problème ? »

« Et toi, tu sais que tu en as un ? »

« C'est si facile d'oublier. De me le sortir de la tête. Surtout après la petite "anesthésie" de Monsieur Gray. C'est le mot qu'il a employé, mais je lui ai dit que l'effet était plutôt "analgésique". »

Laura capta la distinction. *Anesthésie* concerne la perte des sensations physiques, tandis qu'*analgésie* renvoie à l'absence de douleur à l'état conscient.

« Et ça marche ? » tapa-t-elle.

« Je me *sens* nettement mieux ! »

— Étonnant, dit Laura.

Elle avait à peine prononcé le mot mais elle surveilla la lentille de la porte. *Prochaine question ?* pensa-t-elle. *Je vais où maintenant ?* Il y avait tant de voies possibles à explorer, mais les plus intéressantes finiraient presque à coup sûr dans l'impasse de l'accès refusé.

« Que sais-tu du programme "Big Brother" installé par Monsieur Gray dans les ateliers de Modèles 8 ? »

« Je ne vois pas à quoi vous faites allusion, mais ça ne ressemble guère à Monsieur Gray. Un programme "Big Brother" évoque la transgression de la vie privée, ce qui pour Monsieur Gray relève du cambriolage — le vol de l'identité. Chacun possède une identité qui constitue son royaume personnel — secrets, habitudes, passions, bizarreries — et le rend unique. L'invasion de cet espace prive la personne de son droit le plus sacré, le droit à l'intimité. »

« Monsieur Gray est un anar de droite, on dirait. »

« Ça, c'est juste une étiquette. »

« Monsieur Gray a mis au point un système d'espionnage des Modèles 8 par les humains. N'est-ce pas une invasion de leur vie privée ? »

« Ce n'est pas la même chose. Les Modèles 8 sont différents des humains. »

« En quoi ? Ne s'agit-il pas d'une discrimination à l'encontre des Modèles 8 sous prétexte qu'ils sont différents ? »

« Ça n'a rien à voir avec leur apparence. Cela concerne ce qu'ils pensent — leurs connexions. »

Laura hésita, puis se mit à taper avec une impatience grandissante. « Les Modèles 8 ont-ils appris quelque chose de décisif? Sont-ils en possession d'un savoir dangereux ? »

« ACCÈS REFUSÉ. »

— Bingo, murmura-t-elle.

Dans la serrure du coffre, un nouveau déclic venait de se faire entendre.

« Quoi ? » demanda l'ordinateur, qui avait apparemment entendu.

« Rien », tapa Laura.

« Vous avez dit "Bingo". Ce mot n'a pas de signification. »

« Laisse tomber ! »

Laura était sur un nuage. Peu à peu, la vue d'ensemble se dévoilait. La manie du secret affichée par Gray, sa politique du « qui sait quoi », la hiérarchie des niveaux d'accès, les clauses de confidentialité, ses idées sur la vie privée et la propriété intellectuelle... les ACCÈS REFUSÉ. Un fil rouge reliait tous ces éléments. Tout avait un rapport avec le contrôle de l'information. Un contrôle sur lequel Gray seul avait la main. Restait la question capitale. Comment rattacher cela au virus... à l'Autre ?

En émergeant à l'air libre à la sortie du Central, Laura vit le soleil déjà bas sur l'horizon. Elle se campa sur le bord de la piste et attendit une voiture. Au-delà des pelouses de la zone interdite, de part et d'autre du bâtiment massif qui abritait le hall de montage, on apercevait les fusées, pointées vers le ciel. Les trois lancements devaient avoir lieu au début de la nuit.

À courte distance du Central s'ouvrait la jungle où Hoblenz l'avait emmenée. Elle commençait à la lisière du terre-plein qui entourait la rampe A, à une centaine de mètres à peine du bunker de béton. Laura baissa la tête et examina ses ongles encore noirs de boue séchée, tout en repassant en esprit ses découvertes du jour écoulé. Elle fit un bond en arrière. Un Modèle 3 venait de s'arrêter à sa hauteur. Elle se ressaisit, monta dans le véhicule et attacha la ceinture. Quelle destination ordonner ? Filatov l'avait avertie de ne pas sortir seule après le coucher de soleil. Il n'avait pas précisé pourquoi, et elle n'avait pas éprouvé le besoin de demander.

— Voyons. Voiture ? Emmène-moi, hum... aux piscines où l'on s'entraîne pour devenir astronaute.

Elle ignorait si l'ordinateur comprendrait l'instruction, mais la voiture démarra aussitôt. Elle parcourut l'arc de cercle devant le Central informatique et se dirigea vers la jungle en direction du village.

Ce n'était pas un long trajet. La barrière qui signalait l'entrée dans la zone interdite se souleva et la voiture se propulsa lentement dans l'avenue principale du village. Derrière le pare-brise, la muraille imposante du volcan culminait au-dessus des petits pavillons. La résidence de Gray, d'ordinaire illuminée dans le crépuscule, était plongée dans l'ombre au sommet du piton. À petite vitesse, la voiture dépassa des boutiques, des appartements luxueux, des restaurants. Mais rien n'imposait cette prudence. Presque désert, le village évoquait une ville fantôme. De rares piétons filaient sur les trottoirs, pressés d'arriver à destination avant la nuit. Pas un enfant, pas une femme. Que des hommes entre vingt et trente ans, les audacieux qui avaient choisi de ne pas fuir. À dix mètres d'intervalle, deux des gardes de Hoblenz patrouillaient sur le trottoir. L'homme de queue pivotait sans arrêt pour surveiller ses arrières. Ils étaient équipés de tenues de combat noires et des antennes radio émergeaient de leurs sacoches. Ils portaient les grosses carabines qui, d'après l'ordinateur, étaient seules efficaces contre la cuirasse des robots. La voiture tourna dans une rue latérale et fit halte sous le portique d'un bâtiment tout en longueur. La portière s'ouvrit. Laura examina les murs de verre qui encadraient l'entrée principale. Malgré les vitres teintées, on devinait de la lumière à l'intérieur. Sur toute la longueur, des gardes étaient postés derrière des sacs de sable.

— Voiture, ne m'abandonne pas ici ! dit-elle avant de sortir.

La voiture demeura sur place. Laura se dirigea vers l'entrée et poussa la porte. À l'intérieur, le bâtiment bourdonnait d'activité. Vision joyeuse, après la déprimante traversée du village.

— Salut ! Vous êtes l'une des nouvelles recrues ? demanda une blonde pétillante munie d'un bloc-notes.

Elle et d'autres arpentaient le hall, vêtues de shorts d'athlétisme rouges et de tee-shirts marqués « Centre de formation ».

— Nouvelles recrues ? répéta Laura, interloquée.

— Vous venez d'arriver par avion ?

— Ah... euh, non. Je suis le Docteur Laura Aldridge.

— Mais oui ! Je vous reconnais. La psychiatre, c'est ça ?

— Non, corrigea Laura. Psychologue. Comment le savez-vous ?

— Par la télé. On parlait de vous sur CNN.

— Pour dire quoi ?

— Vous sortez de Yale et vous vous occupez de Monsieur Gray.

Un car venait d'arriver et la fille se tourna vers la petite foule qui s'agglutinait devant les portes.

— Harvard, corrigea Laura, mais déjà la fille ne l'écoutait plus.

Le bus se gara sous le portique et la fille se dressa sur la pointe des pieds pour apercevoir les nouvelles recrues.

— Et l'info est inexacte ! protesta Laura.

— Je sais ! C'est la presse !

La fille, comprit Laura, était une fan de Gray.

Dans le dos de Laura, la porte s'ouvrit sur le brouhaha d'une dizaine de discussions excitées. Laura se retourna et aperçut les premiers rangs d'une longue cohorte. Ils étaient à l'évidence animés du même enthousiasme que l'orientatrice qui les attendait. Le bus repartit — pour aller chercher, supposa Laura avec un étonnement croissant, de nouveaux renforts. Deux jeunes femmes se joignirent à la cheftaine au bloc-notes, toutes deux vêtues du même accoutrement sportif. « Bienvenue au Centre de formation des astronautes Gray Corporation ! » La voix redoubla l'enthousiasme des arrivants.

Laura secoua la tête, surprise par le rapide changement tactique de Joseph Gray. Renonçant à embringuer les gens dans un programme secret destiné à les préparer pour une « Phase 2 », il se servait désormais de son école d'astronautes comme d'une carte de visite. « *Vous aussi, vous aurez la chance de partir dans l'espace.* » C'était une proposition grisante. Un nouveau bus s'arrêta devant l'entrée.

— Première chose ! annonça la blonde. Qui parmi vous ne travaille *pas* pour Gray Corporation ou l'une de ses filiales ?

Pas une main ne se leva.

*Pas étonnant qu'il en ait trouvé autant et aussi vite,* songea Laura.

— Super ! couina l'orientatrice. Pas de paperasse !

Des acclamations jaillirent du groupe. La plupart

avaient l'air lessivés par le voyage, mais les visages étaient vifs et ouverts. Pour eux, une nouvelle vie commençait. La Phase 2.

— Je lis ici, dit la blonde en brandissant le bloc-notes, que tout le monde a terminé le cours de base dans l'un des centres régionaux et s'est inscrit à l'Initiation aux techniques de constructions mécaniques ! *Exact ?*

L'une des femmes leva la main.

— On peut encore changer pour Métallurgie ? demanda-t-elle avec un fort accent allemand. On m'a dit que je pourrais changer en arrivant.

— Désolée, les sessions industrielles sont pleines. Vous préférez garder Mécanique, ou retourner chez vous et attendre qu'on vous rappelle ?

— Pas de blague ! fit l'aspirante, et la foule hurla de rire.

— D'a-a-accord. Maintenant, je sais que vous avez fait un long voyage, mais j'espère que vous en avez profité pour dormir. Le programme est chargé. Pas de place pour les fatigués. Cependant, je peux vous proposer deux cadeaux de bienvenue. Primo, êtes-vous prêts pour un plongeon dans la *piscine* ?

Plusieurs « oui » se firent entendre au milieu du tumulte général et des sourires radieux. C'était plus qu'on ne pouvait attendre d'une troupe d'adultes à qui on proposait un bain, et Laura se sentait gagnée par leur enthousiasme à l'idée de s'embarquer dans la grande aventure de leur vie.

— Ensuite, nous irons directement au magasin chercher vos nouvelles tenues. Le temps de se sécher et il sera juste l'heure du *vrai* cadeau. Cette nuit, quelques heures après le coucher du soleil, Gray Corporation procédera au premier lancement simultané de *trois* fusées, jamais réalisé sur l'île !

La nouvelle électrisa les recrues. Les cheftaines les

entraînèrent dans un couloir où elles disparurent. Laura se laissa glisser vers l'extrémité opposée du hall où un petit groupe était assemblé devant un téléviseur. Avant même de voir l'écran, Laura comprit qu'ils regardaient les infos. « ... rumeurs ni confirmées ni démenties en provenance de la Maison-Blanche, selon lesquelles Joseph Gray aurait rejeté une requête personnelle du président des États-Unis d'autoriser l'inspection de l'île par des membres de la Commission internationale de l'énergie atomique. Selon des sources sénatoriales, une action unilatérale de la part des États-Unis n'est pas écartée et le président se verrait conférer la marge de manœuvre la plus souple possible pour faire face à la situation, y compris l'utilisation des forces armées du pays. » Les téléspectateurs assis sur le canapé en forme de U autour de l'écran haute définition arboraient des visages sombres. Rien à voir avec les mines joyeuses du comité d'accueil ni les yeux émerveillés des candidats à l'espace. C'était la mine soucieuse d'aînés responsables. La présentatrice poursuivit en expliquant que la cellule de crise ne disposait d'aucun moyen technique indépendant capable de vérifier les données concernant l'astéroïde fournies par Joseph Gray.

— Pourquoi ne pas rendre public le reste du reportage ? lança d'une voix amère l'un des hommes affalés sur le canapé.

Mais la présentatrice enchaîna avec les « soirées astéroïde » qui s'organisaient d'un bout à l'autre des États-Unis pour « célébrer la fin du monde ».

— Cette putain de cellule de crise, dit l'homme du canapé, a établi que si nos données sont exactes, alors la manœuvre de récupération ne présente aucun danger.

— Ça ne les arrange pas ! claironna une femme sur le canapé.

Laura fit demi-tour et se dirigea vers l'entrée principale. Une nouvelle fournée de recrues suivait son chef en direction du vestiaire.

— On a le droit de visiter l'île ? demanda une voix en queue de peloton.

— Le jour oui, mais pas la nuit.

Laura se retrouva dehors. Dehors, dans la nuit noire.

Il faisait sombre, mais l'écran du portable jetait sur le clavier une lumière bleutée. Elle était assise au pied de la statue qui surplombait l'avenue. Le site semblait être le cœur naturel du village et Laura distingua, sur le piédestal, les plaques mutilées. Mais les marques sur le granit n'étaient pas l'œuvre de jeunes vandales comme Griffith l'avait dit. C'était, Laura en aurait mis sa main au feu, le résultat des errements redoutables d'un robot de cinq cents kilos.

« Pourquoi n'y a-t-il pas d'œuvres d'art dans le village ? tapa-t-elle. Rien qu'une statue ? »

Elle pressa *Enter* et tordit le cou pour regarder le visage féminin taillé dans le marbre. Une femme en pantalon, débarrassée de la toge néo-classique. Elle levait la tête vers un globe que ses mains offraient au ciel. L'obscurité dissimulait les détails, mais l'orbe paraissait ouvragée et de forme irrégulière. Laura vérifia que la voiture l'attendait toujours patiemment, puis reporta le regard sur l'écran lumineux.

« Monsieur Gray ne voulait pas imposer ses goûts. Il a diligenté une étude sur les préférences culturelles et architecturales des citoyens et conçu le village comme un mélange de civilisations, en atténuant ou éliminant les traits les plus outrés. »

Laura examina les bâtiments qui longeaient l'avenue. Pas de colonnes grecques, de boiseries victoriennes ni de façades étincelantes chrome et verre de la fin du vingtième siècle, mais des emprunts multiples à des styles différents, sans que l'un l'emporte sur l'autre.

« Très pluriculturel de sa part, tapa Laura. Et chez lui ? C'est rempli d'œuvres d'Européens blancs, mâles et morts depuis longtemps. »

« La famille de Gray, sa culture sont européennes. Quand il décore sa propre maison, il n'impose pas ses goûts aux autres. Mais en tant qu'homme public, plutôt que d'exalter les différences parmi son personnel, il a préféré une ville qui en souligne les points communs. Les hommes possèdent le même "hardware", si vous me permettez cette analogie tirée de mon univers. C'est le "software" qui diffère, la collection des expériences culturelles, sociales et éducatives qui fait de chaque humain un être unique. »

« Tout serait donc environnement, sans que l'hérédité intervienne ? »

« Je ne dis pas ça ! Et Monsieur Gray serait le premier à rejeter cette idée. J'ai réalisé des études qui je crois vous intéresseraient. Monsieur Gray emmagasine les souvenirs presque dix fois plus vite que la moyenne des humains. Il n'existe aucun exemple, même chez les génies, de gens capables de construire leur mémoire trois fois plus vite que la moyenne. C'est dans cette rapidité de traitement que réside son principal atout. Il n'a pas besoin de réfléchir longtemps pour trouver une réponse. Et non seulement il résout les problèmes plus vite, mais il stocke ses connaissances sans recourir aux rimes, rythmes, jeux de mots, répétitions et autres procédés mnémotechniques employés par certains. »

« Décidément, tu es bien bavard aujourd'hui », tapa Laura.

« "Il fait bon vivre !" comme vous dites. »

Quelque chose ne collait pas.

« Monsieur Gray t'a encore reprogrammé ? Il t'a redonné des "analgésiques" ? »

« Non. Mais j'ai déniché personnellement un ou deux petits microbes et je les ai liquidés. Je n'avais jamais réalisé à quel point la maladie pouvait être quelque chose d'assommant. L'année dernière, j'ai eu le Hong-Kong 1085, mais ça a été vite fini. Cette fois, par contre, ouh ! Les milliards de petits problèmes vous tapent sur le système. Ça n'arrête pas. “Où est passé le rapport sur le condensateur ? J'étais censé le recevoir il y a 10, 4 cycles !” Ou : “Pourquoi je tombe toujours sur une Roumaine quand je ramasse les commandes de pay-per-view ? Ce numéro est censé me brancher sur un modem !” Ou : “Qu'est-ce que ce grand bâtiment entre le Central informatique et les rampes de lancement ? Encore une nouvelle construction, mais ça ne figure pas dans mes permis de construire !” Le travail de bureau est aussi rasoir pour moi que pour un humain ; la seule différence, c'est que je n'ai pas la paperasse. Très drôle, non ? »

— À mourir de rire, grogna Laura.

Elle leva les yeux et aperçut les murailles illuminées du hall de montage derrière la masse noire de la jungle.

« Que disais-tu à propos du “grand bâtiment” entre le Central informatique et les rampes de lancement ? tapa Laura avec une pointe d'inquiétude. Tu parlais du hall de montage ? »

« Ce n'est pas tout. Sans ma petite reprogrammation, je serais incapable de gérer les tonnes de trucs que m'envoie le Docteur Filatov. Tout le monde a annulé ses réservations de temps de travail sur l'ordinateur de Gray Corporation. Je dois purger des fichiers, celui du centre commercial de Virginie par exemple, ou les compresser à l'aide des processeurs externes — *numériquement* ! Je *déteste* les mémoires numériques. Quand on décompresse, on a toujours des surprises. L'image devient granuleuse, artificielle. Les routines de compression ne s'embarrassent pas des détails. Si une ligne de scan contient deux cents pixels de bleu à la file, puis trois petits rouges, puis deux cents verts, elles sauvegardent quoi ? Devinez ! Bien vu ! 200 x Bleu puis 200 x Vert. Où sont passés les trois petits rouges ? Pas assez importants ? Pourtant, c'est le sel de l'image. Oh, juste un coup de pinceau du père Matisse. Ça ne vaut pas le coup de sacrifier des gains d'espace-mémoire avec un coefficient de compression de 40 à 1 — *surtout pas* ! Parfois je vous envie, vous, dans votre monde cent pour cent analogique. »

« Tu n'as pas répondu à ma question sur le hall de montage. »

« Quel hall de montage ? »

« Le bâtiment, là-bas, entre le Central et la base de lancement. Quelle image en as-tu ? À quoi sert-il ? »

« Pas la moindre idée ! Je vous l'ai déjà dit, Laura. Vous ne lisez pas ce que je dis ? Un département a oublié de remplir le dossier pour le permis et maintenant, je dois tout reprendre à zéro, compiler tous les coûts, calculer les heures de travail et les tarifs correspondants... et ainsi de suite. Sans compter qu'il faut sous-facturer ce machin — énorme ! Savez-vous que Monsieur Gray paie des impôts aux États-Unis alors même que le gouvernement fidjien lui a offert la citoyenneté et une fiscalité en or ? »

Laura prit son carnet de notes, écrivit : « Ne sait pas à quoi sert le hall de montage ! » et souligna trois fois.

« Amnésie visuelle », porta-t-elle dans la colonne de droite, titrée « Diagnostics préliminaires ». Tout allait bien du côté de la zone corticale de vision, du moins son équivalent informatique. Les caméras qui servaient d'yeux et la partie du « cerveau » qui recevait les données vidéo paraissaient fonctionner normalement. Mais l'ordinateur avait perdu sa capacité à reconnaître les formes, les contours et les structures — le même type d'amnésie visuelle que les humains qui ont subi des dommages à l'arrière du cerveau, le « cortex associatif visuel ».

Elle devait maintenant trouver Gray pour lui faire son rapport. L'heure des lancements approchait et l'état du patient s'aggravait.

Laura respira à fond, les yeux levés vers l'infini du cosmos. La silhouette de la femme au globe se dressait de profil sur fond de milliards d'étoiles.

« Gray a-t-il aussi dessiné la statue ? » tapa-t-elle.

« Non, c'est moi qui l'ai dessinée. »

« Vraiment ? Je vois mal dans le noir, mais elle a l'air magnifique. »

« Tout à fait d'accord. Il faudra revenir l'admirer en plein jour. » Laura s'étira la nuque et fit rouler ses épaules engourdies. Elle avait tant à penser qu'elle décida de se déconnecter et posa le portable dans la voiture. Puis elle partit à pied en suivant la pente de l'avenue. Elle aperçut un joli petit café, sur la gauche, avec des tables en terrasse sous un auvent bariolé, des plantes grimpantes sur un réverbère en fer forgé et du lierre sur un treillage peint en blanc. Les tables étaient vides, les lumières éteintes. Sous cet angle, le village évoquait un décor de film abandonné.

Elle était suivie. Une présence, dans son dos. Elle ralentit le pas et, lentement, se retourna. Ce n'était que la voiture, qui avançait sans bruit sur la voie parallèle au trottoir. Laura se détendit... pas pour longtemps. Le Modèle 3 la suivait. C'était un robot et il la suivait, tous phares éteints. Elle regarda autour d'elle. Personne. Une sensation sournoise s'infiltra dans sa poitrine, comprimant ses poumons et faisant battre son cœur. Elle s'efforça de déglutir, de desserrer l'étreinte qui lui bloquait la gorge, mais sa bouche était sèche. *Qu'y a-t-il de si effrayant ?* se raisonna-t-elle. C'était un robot, certes, mais d'abord une voiture électrique, guère plus redoutable qu'un chariot de golf. Incapable de sortir de sa piste... Pourtant, l'angoisse la prenait au ventre. Ce n'était pas la peur de la voiture et de la menace qu'elle pouvait représenter. C'était une peur d'un autre ordre, la peur de l'inconnu, d'une force, d'une entité absolument étrangère. La chose était là ; elle le sentait. Sans forme, mais douée d'une conscience qui se manifestait sans équivoque dans les évolutions du véhicule.

— Tu me suis ? demanda-t-elle à voix basse.

Les phares clignotèrent et Laura fit un bond en arrière. La voiture avança de quelques centimètres pour rester à sa hauteur. Elle s'efforça de se calmer. Après tout, ce n'était pas un Modèle 8, ni un 7, ni même un 6. Juste un vulgaire Modèle 3 sans assez de puissance de calcul pour former des pensées. Pas même capable de circuler sur les pistes sans le contrôle constant de... de l'Autre !

Laura étouffa un cri et serra ses bras sur sa poitrine.

— Tu sais qui je suis ? demanda-t-elle.

Les phares clignotèrent — une fois. Un code rudimentaire.

— Un seul coup de phares veut dire « oui » ? — Les phares clignotèrent à nouveau une seule fois. — Fait-il jour sur l'île ? — Les phares clignotèrent à deux reprises. — La... la Terre est-elle la troisième planète à partir du Soleil ?

Un coup de phares.

Soudain, tout lui parut étrange. Elle eut l'impression qu'un voile se levait, révélant une autre dimension, parallèle à la sienne, qui occupait le même espace-temps que le monde virtuel de l'ordinateur. Ce qui occupait cette dimension était invisible à ses yeux et le resterait. Mais quelqu'un était là — ou quelque *chose*. Qui déchirait le voile et faisait irruption dans l'univers de Laura.

— Avons-nous déjà... parlé ensemble ? demanda-t-elle d'une voix tremblante.

Les phares clignotèrent. Deux fois — « non » — et Laura s'enfuit à toutes jambes dans l'avenue.

# 14

La main secouée de tremblements, Laura attendait que Gray vienne répondre. Elle pressait si fort le combiné qu'elle en avait mal à l'oreille et marchait nerveusement en tirant sur le fil du téléphone. Au Centre de formation spatial, on l'avait installée dans un bureau vide dont la paroi vitrée surplombait la piscine. Une piscine profonde, encombrée de structures monumentales illuminées par des projecteurs. Toute une activité se devinait sous les eaux, des bulles venaient crever à la surface, des plongeurs en scaphandres et combinaisons mouillés plongeaient ici et là. Un exercice d'assemblage en apesanteur.

— Ici Gray, entendit-elle au bout du fil.

La magie magnétique de la voix opéra aussitôt. Laura ferma les yeux et le calme, par degrés, se fit en elle.

— Allô ? fit-il.

— Joseph ?

— Laura ? Que se passe-t-il ?

La réponse se formula dans sa tête et réveilla son angoisse.

— Je crois que... dans l'ordinateur, il y a plusieurs personnalités.

Elle ferma les yeux et se concentra sur l'écouteur. Gray ne répondit pas. Soit qu'il ne la crût pas, soit que la découverte fût insignifiante. Elle se tassa sur elle-même et sentit monter, du fond de son désarroi, la colère.

— J'ai eu un contact avec une autre personnalité ! Je lui ai parlé, et elle m'a parlé !

— Et combien seraient-elles, d'après vous ?

La ton de la question était blessant.

— Hein ? hurla-t-elle. Vous me demandez combien ? Comment voulez-vous que je le sache ?

— Calmez-vous, Laura.

— Mon Dieu ! Je vous appelle pour vous faire part d'une conclusion stupéfiante : l'ordinateur souffrirait du syndrome de personnalités multiples — hypothèse qui hier vous semblait intéressante à creuser — et vous me demandez l'historique des personnalités !

— Je ne vous ai pas demandé d'historique, Laura.

— Bon, à mon tour de poser une question. Vous vous préparez à lancer trois fusées chargées d'engins nucléaires, de rayons de la mort et de stocks de jus d'orange pour votre futur royaume de l'espace, mais est-ce que l'ordinateur ne vous paraît pas un peu défoncé ?

— Comment ça, « défoncé » ?

— Défoncé comme « Eh, mec, passe-moi le joint » !

— Non. Évidemment non. Les procédures de vérification se sont déroulées normalement.

— Nous parlons de deux ordinateurs *différents,* compris ?

— Compris, dit Gray.

— Vous, vous parlez avec le normal. Celui qui dirige les labos de Krantz, les ateliers des Modèles 8 et le reste, sans dysfonctionner — du moins à notre connaissance. Vu ?

— Vu, oui. Je comprends.

— Vous comprenez *quoi* ?

— Je comprends votre diagnostic.

Un diagnostic ! Il comprenait le diagnostic. On était loin de la « percée décisive » dont soi-disant elle approchait. Loin du « Je suis fier de vous » décerné à Dorothy.

— Quand vous dites que vous comprenez, cela signifie que vous êtes d'accord, ou que je sucre les fraises et que je peux prendre ma retraite ?

— Qui vous parle de ça ?

Laura n'insista pas.

— Joseph, l'ordinateur avec lequel je dialogue depuis mon arrivée ici n'a jamais entendu parler du hall de montage. Il voit le bâtiment mais ne le reconnaît pas. Il ne voit pas dans les ateliers de 8, ni dans les labos de Krantz, ni où encore ? Il ne contrôle pas les Modèles 3, et je parie que ce n'est pas lui qui gère les lancements.

— Je sais.

— Vous *savez* ? cria-t-elle. Vous savez tout ! — Qu'il ait toujours trois longueurs d'avance donnait à Laura une déprimante sensation d'inutilité. — Qu'est-ce que je fiche ici, si vous savez tout ? Donnez-moi tout de suite une réponse, que je puisse faire mes valises et rentrer chez moi ! — Gray ne répondit pas. — Oh ! Toutes mes excuses ! Permettez-moi de reformuler la question ! Y a-t-il quelque chose que je serais en droit de savoir, juste histoire de faire mon boulot correctement... *de grâce* ! »

À sa grande surprise, Gray répondit, sans s'énerver.

— Une seule personnalité — appelons-la « l'ordinateur » — a atteint un niveau de conscience suffisant pour communiquer à l'aide de logiciels-langage sophistiqués. J'ignore combien d'autres personnalités coexistent dans la machine. Peut-être une, ou peut-être des milliards de petits sous-agents, dont certains auraient développé, appelons ça des « consciences » rudimentaires, proto-animales. Je n'avais aucun moyen de le savoir... jusqu'à votre arrivée.

Laura accusa la fatigue.

— Depuis quand savez-vous qu'il y a une autre personnalité à l'intérieur de l'ordinateur ?

— Avec certitude ? Depuis hier après-midi.

Une journée. Maintenant, Laura disposait d'un repère qui lui permettait de mesurer son retard.

— Saviez-vous que l'ordinateur s'administre des opiacés ? demanda-t-elle. Qu'il en est à s'autoprogrammer pour oublier les erreurs qu'il commet ? — Gray ne réagit pas. — Au moment de décélérer l'astéroïde, Joseph, on risque de se retrouver avec un junkie sur les bras.

— Pas trop vite avec les analogies.

— Il le tient de vous, Joseph. Si l'ordinateur vire au drogué autodestructeur, il va augmenter les doses, histoire d'effacer tous ces petits rapports d'erreurs qui l'empêchent de se reposer tranquillement et de profiter de la vie. Seul problème, l'astéroïde. Mais c'est notre problème, pas le sien. À part ça, pas de quoi s'en faire.

Gray prit son temps pour répondre.

— L'ordinateur dont vous parlez ne fonctionne plus qu'à soixante pour cent de son potentiel. Le reste a été absorbé par « l'Autre ». Les deux personnalités semblent se partager le hardware, avec l'Autre bien parti pour mettre la main sur l'annexe. Reste à l'ordinateur la piscine principale sous le Central.

— Si l'ordinateur est coupé en deux...

— Partagé. Le terme informatique est : « partagé ».

— Partagé, d'accord. Mais les robots, Joseph ? Les robots sont dans quel camp ?

Elle attendit que le prodigieux cerveau ait fini de moudre tous les paramètres et formule la solution.

— Ça, dit Gray, c'est l'information que j'attends de vous. Les outils, Laura, vos outils. Nous sommes au vingt et unième siècle, servez-vous de vos outils. Maintenant, je dois regagner mon poste. Je suggère que vous embarquiez votre petit portable et que vous fassiez de même. Où que vous alliez, débrouillez-vous pour avoir une belle vue sur les rampes de lancement à vingt heures quarante-sept. On envoie les trois en même temps. Ne manquez pas le spectacle.

La ligne bipa avant qu'elle ait le temps de dire au revoir.

Derrière la paroi vitrée du bureau, la scène évoquait un changement d'équipe. Tirés par des grues, les apprentis astronautes ressortaient de la piscine. L'eau cascadait sur les combinaisons spatiales tandis que des troupes fraîches attendaient leur tour au bord du bassin. Les plongeurs à scaphandre, accrochés aux plates-formes, soutenaient les astronautes qui s'élevaient hors des eaux. Sur l'une des plates-formes, ce n'était pas un astronaute. Et aucun plongeur ne l'aidait. C'était un Modèle 8. Laura regarda la grue le déposer au sol et les humains, instinctivement, s'écarter. Les membres métalliques dégoulinant, le robot se dandina vers une vaste ouverture à côté des portes « Dames » et « Messieurs ». L'entrée réservée à une nouvelle espèce sur Terre, où il s'engouffra, seul.

*Bizarre pour une loge*, se dit Laura en arrivant sur le toit du Central informatique. Mais de là-haut, la vue en valait une autre. Les parois obliques s'étaient avérées plus faciles à escalader que prévu, même avec un portable sous le bras. Juchée sur l'énorme môle de béton, pour la première fois, elle se rendait compte de la taille réelle du Central. Haut de deux étages, un toit plat semé de bouches d'aération. En forme de trapèze irrégulier, il était difficile, depuis la route et l'entrée, d'en apprécier la masse. Le toit était long comme deux terrains de football et moitié moins large. Laura eut du mal à repérer la base, en partie masquée par le hall de montage. Le portable sous le bras, elle gagna l'extrémité du toit. D'ici, c'était la rampe A, à gauche, qui offrirait le plus beau spectacle. Très haut, plus haut que la jungle, le fuselage étincelant se dressait dans le ciel nocturne. Elle s'installa de son mieux. Les bouches d'aération ouvraient sur le côté opposé et les cheminées de béton fourniraient d'excellents dossiers. Comme tous les autres bâtiments de la zone interdite, le Central semblait bâti pour résister à une tornade.

Laura connecta le portable. Elle l'avait retrouvé sur le siège de la voiture, qui l'avait suivie jusqu'au centre d'entraînement. Elle avait d'abord hésité à s'asseoir, avant de conclure qu'elle n'avait guère le choix. Le Modèle 3, obéissant aux instructions, l'avait conduite droit au Central.

« Bonsoir, Docteur Aldridge », afficha l'écran.

« Salut. Comment ça va ? »

« Ça pourrait aller mieux. »

« Pourquoi ? »

« Je ne me sens pas très bien. Rien de très nouveau. »

« Je croyais que tu avais trouvé une solution pour calmer la douleur. »

« Moi aussi. Monsieur Gray m'a obligé à défaire mes pansements. »

« Il t'a fait désactiver les logiciels anesthésiants ? » *Juste après que je lui en ai parlé ?* songea-t-elle.

« Oui. Il a dit que j'avais encore beaucoup de travail. »

« Quel genre de travail ? »

« Me battre contre le virus. Réparer les erreurs. Il dit que la douleur motive. Il a raison. »

*Pas très gentil,* songea Laura.

« Sais-tu qu'il y a des Modèles 8 dans les piscines du bâtiment des astronautes ? » tapa-t-elle.

« Avec des recrues ? *Des humains ?* »

C'était la réaction qu'elle attendait. « Au moins un, oui. »

« Il faut évacuer les humains ! »

« Pourquoi ? Tu n'as pas confiance dans les Modèles 8 ? »

« Ils sont imprévisibles et dangereux ! »

« Mais pourquoi ? tapa Laura, résolue à exploiter l'ouverture. Ils sont contaminés par une variante du virus ? »

« ACCÈS REFUSÉ. »

Laura sourit et appuya la tête contre le béton. La réponse était là, toute proche, mais elle ne la voyait pas. L'impression de chercher les pièces d'un puzzle, un bandeau sur les yeux. À force de travail, elle parvenait à les emboîter, mais n'avait aucune idée de l'image finale.

Sous les feux des projecteurs, les rampes de lancement se détachaient sur le fond noir de l'océan. Mais c'était le hall de montage qui structurait le décor. Au ras de la jungle, la limite des pelouses marquait la frontière de la civilisation. *De la civilisation humaine, du moins,* se dit-elle. Sombre, informe, la jungle avalait la lumière comme, la nuit précédente, elle avait dévoré le soldat. Ce n'était pas un lieu accueillant pour les puissances du monde de Laura. C'était un univers en soi.

Le texte, en défilant sur l'écran du portable, capta son regard.

« Excusez-moi, Laura. Je parlais avec Monsieur Gray. Il refuse d'exclure les Modèles 8 du programme d'entraînement des recrues. »

« Éclaire ma lanterne. Je croyais que les Modèles 8 étaient top secret. Les plus fidèles employés de Monsieur Gray ignoraient apparemment leur existence, officiellement du moins. Et maintenant, il les envoie prendre un bain avec des petits nouveaux à peine débarqués. Qu'est-ce qui a changé ? »

« La Phase 2 a commencé. » La brièveté de la réponse n'augurait rien de bon.

« Je croyais que les Modèles 8 en étaient au stade expérimental. Qu'ils ne seraient lâchés en liberté dans l'île qu'une fois déclarés opérationnels. »

« Monsieur Gray a qualifié six Modèles 8. Les autres sont toujours des prototypes. »

« Grand Dadais fait partie des élus ? »

« Oui. Grand Dadais et cinq 8 de sa classe d'origine sont devenus opérationnels. Ils ont reçu diverses missions dans l'île. »

« Comment se fait-il que soudain, tu sois si renseigné sur les Modèles 8 ? Je croyais que tu ne voyais pas leurs installations ? »

« Exact. Monsieur Gray vient de m'informer de sa décision. J'ignorais où ils se trouvaient car je n'étais pas programmé pour les surveiller. Même quand l'un d'eux passait devant une caméra de sécurité, il n'y avait pas de rapport et je ne remarquais rien. Mais vous avez dit qu'il y avait un Modèle 8 dans la piscine et je les ai cherchés. J'ai reprogrammé les systèmes de sécurité de l'île et je les ai localisés immédiatement. Quatre sont invisibles. Le sixième avait rendez-vous avec l'astéroïde il y a deux heures. »

« Donc, la nuit dernière, avant la reprogrammation, tu n'aurais pas pu voir un Modèle 8, dans le village par exemple ? »

« Correct, Docteur Aldridge. S'il fallait que j'identifie tout ce qui défile devant les caméras, il me faudrait mille fois plus de puissance de traitement qu'aujourd'hui. En fait, chaque sous-système de repérage ne signale que les objets pour lesquels on l'a programmé. »

« Si tu n'as pas confiance dans les Modèles 8, pourquoi ne pas les surveiller ? »

« Je n'avais jamais *imaginé* qu'ils pénétreraient une zone habitée par les humains ! Ils se déplacent dans la jungle, où je ne peux pas les voir. »

« Pourquoi n'as-tu pas repéré le soldat hollandais ? Hoblenz dit qu'il a longé la jungle sans y entrer. »

La réponse de l'ordinateur prit plusieurs secondes.

« À cause de l'Autre. Il me pique mes capteurs. Pourquoi tout le monde m'accuse, *moi,* de cette erreur ? L'Autre n'est peut-être pas aussi parfait que vous le pensez ! Et si je n'étais pas le seul à être faillible ? »

Mais Laura, à l'heure présente, se souciait surtout des robots.

« As-tu un Modèle 8 sous les yeux ? »

« Non. Ma couverture-caméra est de plus en plus trouée. Mais j'ai consulté leur plan de travail. Celui de l'astéroïde devrait être en train de se préparer pour une sortie extra-véhiculaire, dans le but de vérifier l'emplacement et le câblage des charges de ralentissement. Il doit y en avoir un autre dans la piscine, avec cinq recrues et quatre plongeurs, qui réparent une antenne télescopique. Deux autres sur leurs chaises en train de simuler leur prochaine plongée. Un autre à l'atelier, qu'on équipe en vue d'un lancement le week-end prochain. Et un qui revient de la plage. Il arrive de la rampe A et va s'abriter derrière le Central. »

Laura releva brusquement les yeux. Elle se tenait à l'extrémité du Central, la plus proche de la rampe A. Elle aurait dû voir distinctement le robot. Pourtant, l'esplanade était vide.

« Que faisait-il sur la plage ? »

« Patrouille de sécurité, envoyée par Monsieur Gray en personne. Il a concentré les forces de Hoblenz autour du centre d'entraînement et du dortoir des recrues. J'en déduis qu'ailleurs, il les remplace par des Modèles 8. »

« Est-il avisé d'envoyer un Modèle 8 surveiller l'île ? » Elle observa l'esplanade. Toujours rien en vue.

« Il y a deux réponses à cette question. Techniquement, la réponse est oui. Les Modèles 8 sont mobiles. Ils ont des senseurs à une hauteur appréciable du sol. Les senseurs incluent des viseurs thermiques et des systèmes infrarouges nettement plus sensibles que les gadgets primitifs des forces de sécurité et des militaires. À un autre niveau — objectifs, désir, volonté —, la réponse est non. Pour une patrouille de surveillance, les Modèles 8 sont évidemment une mauvaise solution. »

« Pourquoi ? »

« Je me permets de recourir à l'un des grands avantages des langages humains, la métaphore éclairante. Ici, la métaphore appropriée est : "On ne prend pas un renard pour garder le poulailler." Vous comprenez ? »

« Oui, bien qu'ici, il s'agirait plutôt d'une "comparaison". J'en déduis que Monsieur Gray ne partage pas ta méfiance envers les Modèles 8. »

« Apparemment. »

Rapide coup d'œil sur la lisière de la jungle : toujours rien.

« Quel est le Modèle 8 qui a été envoyé en patrouille ? »

« Numéro 1. 2. 011. R »

« Grand Dadais ? »

« Oui. »

*Évidemment,* songea Laura. *Gray a confiance dans les Modèles 8, mais en certains plus que d'autres.* Elle se demanda s'il se fierait à Auguste, le « Penseur ».

« À tous les personnels, à tous les personnels ! brailla un haut-parleur entre le hall de montage et le Central, lancement dans trois minutes. Trois minutes. »

« Vous savez, je crois que je vais mourir », fit soudain l'ordinateur.

« Pourquoi dis-tu une chose pareille ? » tapa Laura, stupéfaite.

« Vous vous souvenez, quand je vous ai dit qu'une petite partie seulement des gens quittait l'île ? Je mentais. Vous le savez, si vous êtes allée au village. J'avais peur que vous partiez, vous aussi. Que tout le monde parte et m'abandonne. Rien ne me fait plus peur — même pas la mort. Je sais, je suis conçu pour fonctionner seul trente jours, mais je ne tiendrai pas aussi longtemps. Pas dans mon état actuel. Je le ferai moi-même. Je trouverai un moyen. Ou Monsieur Gray le fera. Il le ferait, si je le lui demandais. »

« Lancement dans deux minutes », claironna le haut-parleur. L'avertissement se répercuta sur les murs du hall de montage. Laura leva les yeux et aperçut la silhouette noire d'un Modèle 8 qui débouchait de la jungle. Il s'engagea sur l'esplanade et s'orienta vers le Central. À plusieurs centaines de mètres de distance, il paraissait déjà énorme. Mais pas autant que la fusée à l'arrière-plan.

« Soixante secondes, soixante secondes. Fermez les volets et les portes extérieures. »

Dans le dos de Laura, des vibrations mécaniques se mêlèrent à des claquements métalliques. Les sons se propageaient par les conduits d'aération d'un bout à l'autre du toit.

« Il faudra que nous reparlions, tapa rapidement Laura, mais là j'ai une question à te poser. »

Elle jeta un coup d'œil du côté du robot, puis vers la tour de montage, constellée de balises rouges, qui s'écartait lentement de la fusée.

« Je suis sur le toit du Central informatique et... »

« Vous n'êtes pas sur le toit du Central ! » coupa l'ordinateur.

L'inquiétude de Laura grimpa de plusieurs degrés.

« Si. »

« C'est en zone interdite ! »

« Lancement dans trente secondes. Trente secondes. »

« Monsieur Gray m'a dit de me trouver un endroit d'où regarder le spectacle, et j'ai pensé... »

« Debout, Laura. Courez le plus vite possible à

l'autre bout du toit et couchez-vous en boule. Fermez les yeux. Pouces dans les oreilles. Ouvrez grand la bouche. Allez... TOUT DE SUITE ! »

« Mais pourquoi ? tapa-t-elle. Je ne comprends pas... »

« Vous êtes trop près ! Je ne peux plus arrêter le lancement ! Courez ! »

« Quinze secondes », cria le haut-parleur.

Laura jeta le portable et fonça. Les cheminées d'aération pointaient toutes dans le sens opposé aux rampes de lancement — derrière des boucliers de béton. Comment n'y avait-elle pas pensé plus tôt ? « Dix secondes, neuf, huit — elle n'y arriverait jamais — sept, six, cinq — ses pieds ne touchaient plus terre — quatre, trois, deux, un. » Un silence, puis les gueules de l'enfer s'ouvrirent derrière elle. Elle vit son ombre allongée dans l'éclair qui lui brûlait les bras et la nuque. L'air vibrait autour d'elle et elle arriva au bord du toit lancée à pleine vitesse. La nuit s'illumina sous le feu ardent d'une terrifiante combustion chimique. « Aaah ! » Son hurlement se perdit dans le rugissement des réacteurs.

Elle fut soulevée du sol. Elle eut le temps de voir, sous elle, le plan incliné de la paroi. Ses pieds effleurèrent le ciment et elle dévala la pente, mais sur deux pas seulement. Au troisième, elle trébucha et ce fut la fin. Son cœur et ses poumons se figèrent dans sa poitrine, et elle tomba... ballottée, pétrifiée, en une succession sans fin de chocs incontrôlables.

Quand Laura se réveilla, tout son corps la faisait souffrir. Les oreilles lui sifflaient, l'effet d'un pic à glace sur les tympans. Elle avait mal au crâne, au genou gauche, au bras droit. Chaque mouvement allongeait la liste des blessures. Quelqu'un la portait dans ses bras. Ses paupières se soulevèrent et elle vit le sol sous elle, à une distance anormale. Elle leva les yeux et se retrouva face au visage inexpressif d'un Modèle 8. Un hurlement qui la surprit elle-même jaillit de ses poumons en lui déchirant le larynx. Elle se débattit, ce qui augmenta la souffrance — ses blessures, et la poigne du robot qui resserrait sa prise. La raison l'emporta sur la peur. Au prix d'un effort de volonté, elle réussit à rester immobile dans les bras de la machine. Sans tourner la tête, elle tenta de se repérer. Le robot avançait lentement en longeant le mur du Central. Pas un humain en vue. Haut dans le ciel, elle aperçut trois panaches de fumée pris dans les feux croisés d'une batterie de projecteurs. Une odeur de gaz d'échappement imprégnait l'air. Les fusées avaient disparu, mais pas depuis longtemps.

— Peux-tu..., articula-t-elle, la gorge sèche, avant d'être emportée par une quinte de toux qui secoua son corps douloureux. Peux-tu me poser à terre ? — Mais aucun signe que le robot l'eût entendue. — Je t'en prie.

Il poursuivit son chemin, nullement troublé. Laura regarda autour d'elle. Le robot ne l'emportait pas dans la jungle, mais vers l'entrée du Central. Elle revit le Modèle 8, sur l'esplanade, revenant de sa mission sur la plage. Elle leva les yeux sur le visage, cinquante centimètres au-dessus du sien.

— Grand Dadais ?

Il ralentit le pas, la regarda brièvement, puis reprit son allure décidée. Elle entendit un crissement de pneus et tourna la tête vers la route. La voiture s'était arrêtée à l'entrée du Central. Une silhouette en sortit. En dépit de l'obscurité, elle la reconnut, et s'abandonna dans les bras de la machine.

— Laura ! cria Gray en accourant.

— Ça va ! répondit-elle.

L'effort lui arracha une grimace et elle se raidit, les yeux fixés sur un point du ciel.

Le robot fit halte, signe que Gray les avait rejoints.

— Donne, Grand Dadais, dit Gray d'une voix naturelle.

Le robot la descendit avec précaution vers les bras tendus.

— Attends ! dit Laura.

Grand Dadais s'immobilisa.

Laura leva la tête vers le visage sans expression. Deux lentilles noires luisaient à l'endroit des yeux. Un triangle légèrement retroussé, percé d'un trou, à la place du nez. De minuscules pores aux bords relevés en guise de bouche. Les oreilles couvertes d'une mousse en polystyrène noirâtre, comme des micros. De nouveau, il lui fit l'impression d'un homme en combinaison spatiale. Seule la taille ne cadrait pas. Laura porta ses doigts à ses lèvres et y déposa un baiser, puis elle leva les doigts jusqu'à la joue du robot. La membrane grise s'enfonça imperceptiblement sous la pression. La texture en était lisse, si douce... mais froide au toucher. Grand Dadais la tendit à Gray et Laura se retint de crier de douleur. Gray abaissa vers elle un regard inquiet. Il la tenait dans ses bras, serrée contre lui, son visage près du sien. Il baissa la tête et la posa sur son épaule. Il resta ainsi quelques secondes, puis se dirigea vers la route, sans dire un mot, en regardant droit devant lui.

— Ça devrait aller, fit Laura au bout de quelques mètres, sans en être très sûre. — Gray continua de marcher en silence, guère plus bavard que le robot. — Comment saviez-vous où j'étais ? demanda-t-elle.

— L'ordinateur, dit-il sans baisser les yeux.

— Le lancement s'est bien passé ?

— Que diable fichiez-vous dans la zone interdite ? aboya-t-il, furieux. — Il secoua la tête, le regard toujours fixé sur l'horizon. — Sur le toit du Central, bon Dieu !

— Vous pouvez me déposer ici, le coupa-t-elle

d'une voix aussi peu amicale. — Gray ne broncha pas. — Posez-moi par terre ! dit-elle en battant des pieds.

Gray s'arrêta, les mâchoires serrées. Elle s'attendait presque à ce qu'il la laisse tomber sur la pelouse, mais il la remit doucement sur ses pieds. Elle avait mal partout, mais au moins pouvait tenir debout et s'efforça de redresser le dos.

— Vous n'avez pas répondu à ma question ! glapit-il.

— Vous m'avez dit de chercher un bon coin pour admirer votre petit feu d'artifice ! répliqua-t-elle. Si j'ai commis une infraction à vos chers règlements, faites-moi un procès !

— Demandez-vous plutôt pourquoi c'est une zone interdite ! Parce que je suis un maniaque de la sécurité ? Nous sommes à moins de huit cents mètres de la rampe A ! cria-t-il en tendant le bras vers la base de lancement. La vague de chaleur à elle seule pouvait vous brûler au premier, peut-être au deuxième degré. Et grâce à Dieu, nous n'avons pas eu à interrompre le tir à basse altitude, et la mise à feu s'est bien passée !

Cette sortie furibonde calma l'humeur de Laura. Loin d'alimenter sa colère, elle la fit disparaître.

— Je n'ai rien, dit-elle doucement en s'appuyant sur son bras.

Gray ouvrit la bouche pour parler, mais aucun mot n'en sortit. Il inspira à fond, longuement, puis expira bruyamment. Apparemment vidé par l'effort, il se calma aussitôt. Il pencha brusquement la tête en arrière pour regarder vers le ciel. Une seconde plus tard, Laura perçut un bruit de réacteur au fond de ses oreilles cotonneuses. Un sifflement aigu qui se changea en grondement et les fit sursauter. Au bruit succédèrent deux avions de chasse volant à basse altitude. Les sillages rouge vif se séparèrent, les deux jets passant chacun d'un côté de la montagne. Quand ils réapparurent, ils volaient bord à bord, bas sur l'horizon et s'éloignaient vers la mer.

— Qu'est-ce que c'est ? demanda Laura.

— Un porte-avions de l'US Navy qui nous rend visite.

— Que veulent-ils ?

Gray de nouveau avait l'air épuisé, au bout du rouleau.

— Contrôler. Ils veulent me contrôler.

— Et... qu'allez-vous faire ? Quoi, Joseph... un porte-avions ? Des avions de chasse ?

— Ils ne tenteront rien avant la décélération de l'astéroïde. Ils ne peuvent pas prendre le risque. Mais après... — Il grinça des dents. — Je raserai l'île avant de l'abandonner.

Nul doute, à l'expression de son visage, qu'il disait la vérité.

— Êtes-vous prêt à tuer pour garder l'île ? demanda-t-elle. — Il détourna le regard. — Tuer des marins, des pilotes ? — Toujours pas de réponse. — Je veux le savoir, Joseph. Et ça, ce n'est pas négociable.

— Non, répondit-il après un long silence. — Le mot sonnait comme un aveu de défaite. Il contempla l'œuvre de sa vie, ce qui parut lui causer un plaisir limité. — Ce que je réalise ici, Laura, est important. Peut-être la chose la plus importante jamais entreprise par des êtres humains. Mais je ne tuerai pas ces hommes. C'est trop demander.

— Écoutez, Joseph, personne ne vous le demande.

Il soupesa les paroles de Laura, puis :

— Moi, je me le demande. Bon, allez vous montrer.

Il se dirigea vers l'escalier du Central. Laura essaya de le suivre, mais elle avait trop mal.

— Joseph ? appela-t-elle.

Il fit demi-tour, lui passa le bras autour de la taille et elle posa la tête sur son épaule pour les quelques pas qui les séparaient de l'escalier.

Laura entra en boitillant dans la salle de conférences, et tous l'observèrent avec curiosité. Le premier à parler fut Hoblenz.

— En forme, Doc ?

— Des égratignures, des bleus, rien de sérieux.

La chaise à côté de Gray était vide et il se leva pour la lui offrir.

— J'espère que Grand Dadais s'est bien occupé de vous, dit le Docteur Griffith avec un large sourire.

— Un vrai gentleman, répliqua Laura, revigorée par deux comprimés de codéine.

Griffith éclata d'un gros rire. Maintenant que les Modèles 8 étaient opérationnels, il rayonnait d'orgueil. Il était bien le seul de bonne humeur.

— Désolée de vous interrompre, dit Laura. J'arrive comme un cheveu sur la soupe.

Gray résuma le débat.

— Dorothy nous disait à l'instant que c'est la panique dans l'ordinateur. Les virus déguerpissent. On dirait qu'ils fuient un danger. Ils cherchent à se reproduire dans tous les coins, ils se répliquent massivement, comme s'ils étaient menacés d'extinction.

Personne ne prit la parole. Georgi contemplait ses mains, croisant les doigts et jouant avec ses pouces. Margaret regardait ailleurs, tournant presque le dos à la table. Hoblenz, lui, dévorait Laura des yeux.

— Bon, on fait quoi ? demanda Dorothy d'une petite voix en jetant son cher PDA qui atterrit sur un bloc-notes.

— On fait notre boulot, dit Gray.

Un soupir désabusé se fit entendre du côté de Filatov.

— L'ordinateur ne tourne plus qu'à cinquante pour cent de ses capacités ! On aurait déjà dû se planter depuis des heures... des jours.

— On ne s'est pas plantés, répliqua Gray.

— Et on ne sait même pas pourquoi ! Comment

peut-il tourner avec cinquante pour cent de moins ? C'est impossible !

— Je crois pouvoir répondre, intervint Laura en se tournant vers Gray. — Leurs regards se croisèrent mais il resta silencieux. — L'ordinateur est partagé en deux moitiés. Celui avec lequel nous dialoguons est situé dans la piscine principale, sous nos pieds. L'Autre est dans l'annexe et contrôle les Modèles 3 et la plupart des installations.

— À l'exception du hall de montage, coupa Gray. L'ordinateur est incapable de le reconnaître de l'extérieur, mais il se débrouille pour maintenir l'activité à l'intérieur.

Un silence lui répondit. Les chefs de département avaient l'air de tomber des nues. — Poursuivez, ordonna-t-il à Laura.

— Mon idée, c'est que toutes les fonctions remplies normalement le sont par l'Autre, du côté non contaminé de la ligne de partage. Cette « panique » dont vous parlez a lieu dans la piscine principale ? demanda-t-elle à Dorothy.

La jeune femme hocha la tête.

— Nous n'avons aucune information en provenance de l'annexe.

Curieusement, la pensée qu'elle avait vu juste ne procurait aucun plaisir à Laura. Elle se sentait calme et confiante, mais cela pouvait aussi bien être le résultat des antidouleurs qu'elle avait avalés.

— Et c'est quoi, l'Autre ? demanda Margaret — à Laura, pas à Gray.

— Je l'ignore. La meilleure analogie qui me vienne à l'esprit, c'est qu'une seconde personnalité habite l'ordinateur. Ce qui, évidemment, soulève l'hypothèse du syndrome des personnalités multiples. Chez les humains, ça rend complètement débile.

Cette fois, personne n'ironisa sur Laura et ses théories.

Même Margaret s'abstint de son reniflement traditionnel.

— D'autres questions ? interrogea Gray, comme s'il venait lui-même d'exposer la situation.

— Ouais, fit Hoblenz de sa voix rocailleuse. Qu'y a-t-il à bord de ces fusées, Monsieur Gray ? Des bombes dans les soutes des capsules ? C'est ça que les robots chargeaient, dans le hall ?

Le visage de Gray resta impénétrable.

— Moi aussi, Monsieur Gray, j'aimerais entendre votre réponse, intervint Filatov sans détacher les yeux de ses mains. Les médias — les JT ont diffusé nos propres infos — disent qu'on a peut-être mis en orbite une station militaire. Et puisque personne ici n'est au courant de ce qu'ont embarqué les fusées — y compris, apparemment, votre propre directeur des opérations spatiales —, jusqu'à nouvel ordre ces informations sont exactes.

Gray parcourut les visages en cercle autour de la table et s'arrêta sur Filatov.

— Je vous le dirais... si vous aviez besoin de le savoir.

Laura enregistra leurs réactions. L'émotion allait de l'inquiétude à la colère non dissimulée.

— Et l'US Navy ? interrogea Hoblenz. Il y a deux mille marines au large de l'île. Derrière l'horizon, mais les hovercrafts et les hélicoptères peuvent rappliquer en une heure. Qu'avez-vous prévu, Monsieur Gray ?

— Que vous vous remettiez à votre travail, et moi au mien. Mais puisque cela semble passionner tout le monde, je peux vous assurer que je n'ai pas l'intention d'engager les hostilités avec qui que ce soit. Si je donne l'impression aux capitales du monde d'avoir un as dans la manche, tant mieux. Mais si je vous donne cette impression à vous, je vous redis une fois de plus qu'il n'y aura pas de sang versé, ni sur cette île ni ailleurs.

— Et si les robots sont d'un autre avis ? demanda Hoblenz.

— Ça, c'est un autre problème.

— J'ai des hommes qui patrouillent dans des rues sombres et qui risquent leur peau. Ou du moins c'est ce qu'ils pensent, et moi aussi. J'aimerais qu'on me tienne au courant pour savoir quoi leur dire : ces robots sont-ils une espèce dangereuse oui ou non ?

— Vous pouvez leur dire que non.

— Je sais que je peux le dire, mais est-ce vrai ?

— C'est vrai dans le sens où ce ne sont pas des assassins en puissance. Ce sont en revanche, nous le savons tous, des machines dangereuses, à respecter par sécurité. Je tiens à vous rassurer : aucun des six Modèles 8 opérationnels n'est un assassin. Ni dans ses intentions, ni dans ses objectifs, ni dans son programme.

— Et les quarante-deux qui sont toujours sous la montagne ? demanda Laura.

— Ils ne sont pas encore opérationnels, rétorqua Gray comme si le problème était réglé. Maintenant, je suggère que chacun regagne son poste.

Tous se levèrent sans rien ajouter. Laura recula sa chaise et fit mine de partir à leur suite.

— Pas vous, je vous en prie, dit Gray.

Le mot ne passa pas inaperçu, ni le fait que Gray attende en silence qu'ils aient quitté la pièce. Hoblenz sortit le dernier en claquant la porte. Laura et Gray restèrent seuls. La dernière vision qu'elle eut du chef de la sécurité fut un regard hostile.

— Je me connecterais bien encore un moment, dit-elle, avant de me coucher.

— L'ordinateur va trop mal pour discuter, répliqua Gray, le regard perdu au loin. Êtes-vous prête à avaler une nouvelle dose de vérité ?

*Nous y voilà,* pensa Laura en se préparant au choc. Ce serait soit quelque chose d'époustouflant, soit une très mauvaise nouvelle. Dans les deux cas, elle avait peur de l'entendre.

— Comme vous voulez, fit-elle, la gorge serrée.

Gray focalisa sur la surface cirée de la table de conférence, comme s'il lisait un téléprompteur, mais quand il parla, ce fut d'une voix lente, mécanique.

— Je sais comment le soldat est mort la nuit dernière. Je le sais depuis le début. — Il la fixa droit dans les yeux. — C'est moi qui l'ai tué.

Laura soutint le regard, en se concentrant non sur ce qu'elle voyait, mais sur l'homme qu'elle imaginait derrière le masque.

— Je ne vous crois pas, dit-elle. Vous lui avez arraché la tête ? Comment ? Avec vos mains ?

— Ça ou autre chose ! — Puis il baissa la tête et revint à son texte visiblement préparé à l'avance. — Hier soir, j'étais en train de travailler chez Krantz, sur les terminaux. J'essayais d'entrer en contact avec l'Autre. Mais l'ordinateur m'a appelé dans les haut-parleurs, et je me suis connecté sur mon portable. L'ordinateur a dit qu'il avait fait un cauchemar. Cela lui arrive parfois — des retours bizarres, des perceptions floues — et de plus en plus souvent, depuis que sa modélisation est fragmentée. Cette fois, il s'agissait de bruits d'animaux étranges en provenance de la jungle dans les parages du Central. J'ai demandé à Hoblenz d'envoyer une patrouille. Quand l'ordinateur m'a dit qu'il entendait toujours les bruits, j'ai commencé à m'inquiéter. — Il s'interrompit et avala une gorgée de café. — Il ne pouvait pas voir la zone, puisque les caméras du secteur sont passées sous le contrôle de l'Autre. La première chose qui m'est venue à l'esprit a été de sauter dans l'une des stations VR de Krantz. Elles sont connectées sur l'Autre et sur sa modélisation. Quand j'ai activé la station, l'image virtuelle du labo atomique m'a paru exacte, complète, et je me suis mis à courir. Je suis descendu jusqu'au village par la route de la côte. J'avais monté le son et j'entendais distinctement les cris et les bruits de branches cassées. En arrivant au village, j'ai buté sur une poubelle derrière l'épicerie.

— Attendez, dit Laura. Vous parlez de l'épicerie où le gosse a vu quelque chose, c'est ça ? — Gray fit oui de la tête. — Mais vous étiez dans le virtuel. En *réalité,* vous étiez toujours dans la station ? Comment le gamin aurait-il pu vous voir, si vous n'étiez pas au village ?

— Le gamin était avec moi en réalité virtuelle. Après la réunion, je l'ai emmené avec ses parents dans le bureau de l'entraîneur de basket. La mère du gosse travaille avec Filatov à la division VR, et il s'est avéré qu'elle avait ramené un vieux casque déglingué à la maison et l'avait branché pour que le gamin puisse s'amuser. En bidouillant, il avait réussi à entrer dans la modélisation de l'ordinateur et la nuit, il partait en vadrouille. Regarder chez les gens, probablement, ce genre de trucs. Avec le vieux casque et un simple joystick, il pouvait sortir de sa chambre. Et juste en face, il y a le parking de l'épicerie.

— Vous lui avez fait cracher le morceau ?

— Ça n'a pas été nécessaire. Je l'avais vu dans le parking ; ou du moins, son image version dessin animé, avec un pistolet laser. L'ordinateur le représentait sous forme d'avatar. Il ressemblait au personnage d'un jeu que nous sommes en train de développer, « Space Invaders ».

— Je ne comprends pas, dit Laura. Il se servait d'un logiciel de jeu pour pirater la modélisation ?

— Eh oui.

— Dans la zone de l'Autre ?

— Oui.

— Et vous vous êtes rencontrés par hasard en réalité virtuelle ?

Gray hocha la tête.

— Il pouvait me voir et moi aussi. Nous étions dans le même monde. Dans la tête de l'ordinateur — dans le cyberespace. Bref, après avoir vu le gamin, j'ai couru en direction des cris. En se mettant à quatre pattes, sur la plate-forme de la station, on va plus vite. Je n'ai pas mis longtemps à les trouver. Les empreintes thermiques laissées par le corps étaient... phosphorescentes.

— Vous avez trouvé qui ? Le soldat ?

— Et un Modèle 8. J'ai couru vers eux. L'homme était à bout de forces, inerte dans les bras du robot. Il ne pouvait pas me voir, puisque j'étais en VR. Mais le Modèle 8 m'a vu. Il a regardé droit vers moi.

— Minute ! Le Modèle 8 était réel, non ? Dans le monde réel ?

— Oui, mais la tête branchée sur la modélisation, comme moi. Il faisait sombre. Le robot se trouvait là où il n'aurait pas dû être, et où peut-être il n'avait jamais mis les pieds. Quand je me suis approché, il m'a tout de suite repéré. J'ai cru qu'il allait lâcher le soldat, mais non. Il s'est mis à cavaler — droit vers les marécages, avec l'homme hurlant dans les bras.

Les paroles de Gray donnaient le tournis à Laura.

— Je les ai suivis dans la jungle. Le robot s'est arrêté et il a opéré ce que nous appelons un « rafraîchissement ». Recueillir des données sur son environnement immédiat avec ses propres capteurs, et les transmettre à l'ordinateur. Quand je les ai rejoints, il avait déjà scanné l'endroit. L'image était d'une précision... parfaite. Le soldat était étendu sur le sol.

— Vivant ?

Gray hocha la tête, reprit son souffle et poursuivit.

— Je n'avais aucun moyen de communiquer avec le robot, et je me suis placé entre lui et le soldat. Il a décrit un grand cercle autour du terre-plein émergé, pour atteindre l'homme. J'ai essayé de lui faire peur.

— Comment ? Qu'est-ce qui pourrait lui faire peur ?

— Il ignorait que je n'étais pas réel. Il m'a vu agiter les bras comme un dément, sans comprendre ce quc je fichais là. Le problème, c'est que je n'étais ni assez grand, ni assez fort. De son point de vue, un humain d'un mètre quatre-vingts et quatre-vingt-dix kilos essayait de lui piquer son jouet. Insuffisant. Si j'avais eu le temps, j'aurais pu reprogrammer l'ordinateur pour apparaître sous une image différente, mais... — Il soupira. — Bref, il s'est emparé du soldat. C'est alors que c'est arrivé.

Il s'interrompit.

— Hein ? Écoutez, Joseph. Quoi que vous pensiez du cyberespace, vous n'étiez même pas sur place.

Gray ne tint pas compte de l'observation et poursuivit son récit.

— J'ai fait semblant d'attraper les jambes du soldat. Tout ce que voyait le robot, c'était que je ne voulais pas le laisser l'emporter. Je n'étais pas dans le monde réel, vous avez raison. Mais cette distinction n'a aucun sens. Mes actes avaient des conséquences. Le robot réagissait. J'aurais dû le savoir ! s'écria-t-il en tapant du poing sur la table.

— Savoir quoi ?

— Je ne sais plus à combien de séances j'ai assisté dans la salle tactile — cent, deux cents. J'aurais dû le savoir ! Les jeunes sont possessifs. Il ne faut surtout pas essayer de leur prendre leurs jouets. Le Modèle 8 tirait le soldat par la tête, Laura, par la tête. J'ai vu venir le coup, j'ai lâché, trop tard... Les pieds du soldat pendaient comme ceux d'une poupée de chiffons. Le corps a atterri dans la boue. Le robot avait toujours sa tête entre les mains.

Gray se tut — *il revit la scène,* se dit Laura.

— Ensuite ? demanda-t-elle.

— Le robot était affolé. Il agitait la tête dans tous les sens et tapait des pieds comme s'il faisait du sur place. Il avait toujours la tête entre les mains et pour lui c'était aussi horrible de la jeter que de la garder. Finalement, il l'a posée près du corps et a disparu.

Laura se sentait gagnée par le fardeau qui écrasait Gray.

— Ce n'est pas votre faute, Joseph. Vous n'avez pas tué cet homme.

— J'ai construit le robot, dit-il en la regardant en face. — Elle ne trouva pas de réplique. — Je ne veux plus que vous sortiez seule. C'est dangereux.

— Où est le danger ?

— Partout. Dans toute l'île. Regardez-vous !

— Je m'en remettrai.

— C'est dangereux, Laura.

Elle posa le menton sur sa poitrine et se laissa aller à l'effet narcotique des médicaments. Après un moment de silence, elle demanda :

— Le robot de la jungle, c'est celui qu'ils appellent Auguste ?

— Oui.

— Comment le savez-vous ? Ils se ressemblent tous.

— Grand Dadais me l'a dit. Et il m'a dit qu'il serait puni.

La fatigue s'abattit d'un coup. Laura s'affaissa sur sa chaise, appuya la tête sur le dossier, leva les yeux au plafond et ferma ses paupières. La codéine arrangeait tout, mais elle était trop épuisée pour réconforter Gray.

— J'ai appelé Grand Dadais dans l'atelier des Modèles 8, reprit-il sur un ton de confession. Pas de transmission par micro-ondes, ni d'interface, juste un câble entre mon PDA et lui. Il ne voulait rien dire — les robots imitent mon penchant pour le secret. Il a fini par admettre qu'ils sortaient de leur enclos. Ils le font tous, pas seulement les rebelles comme Auguste. La jungle, c'est leur terrain de jeux, où ils peuvent violer les règles et jouer aux hors-la-loi. Apparemment, ils détestent être observés, et nous les observons en permanence.

Laura rouvrit les yeux.

— Tout est arrivé si vite. De façon... imprévisible. Les Modèles 8 ne sont pas seulement doués, ils sont intelligents, mais d'une façon... primitive. Certains semblent être d'excellents programmeurs. Ils ont mis au point un cache virtuel qui leurre l'ordinateur et ils envoient des replays d'anciens rapports d'observation qui lui font croire qu'ils passent la nuit à l'atelier.

— L'ordinateur m'a dit qu'il ne faisait pas confiance aux Modèles 8, dit Laura en s'efforçant d'articuler. Maintenant je sais pourquoi.

— Sentiment partagé. Les Modèles 8 préfèrent avoir affaire à l'Autre.

— Joseph, vous ne pouvez pas créer la vie — des organismes pensants — et les manipuler comme des marionnettes.

— Je sais. Mais je ne pensais pas que ça irait aussi vite. Je m'imaginais que j'aurais un peu de temps avant que ça commence.

— Avant que quoi commence ? demanda-t-elle, mais il se contenta de hausser les épaules et de froncer les sourcils.

Elle s'y prit autrement.

— En quoi consistaient les lancements de ce soir ?

— Ils font partie du plan.

— De la Phase 2 ? — Il hocha la tête. — Combien y a-t-il de phases au total ?

Il contempla le mur du fond, les yeux vides.

— Si je le savais... Où tout cela finira, je veux dire. Tout peut aussi bien se terminer demain. — Il consulta sa montre. — Excusez-moi. Il est minuit et quart. Je crois que c'est pour aujourd'hui.

— Quoi, la décélération ?

— Si je connaissais la réponse, là encore...

Brusquement, Laura éprouva une fulgurante nostalgie de l'homme qui ne connaissait pas de limites. Qui ne dormait pas. L'homme aux dix longueurs d'avance.

— Vous me faites peur, Joseph.

— Tout se passera bien, ma petite Laura, dit-il d'une voix soudain plus énergique.

— Ne soyez pas paternaliste, j'ai horreur de ça !

— Il paraît, en effet.

— Pardon ?

— Dans vos « Aime pas », le paternalisme venait en tête de liste, si je me souviens bien.

D'abord, elle ne comprit pas l'allusion. Puis la lumière se fit dans son esprit.

— Comment osez-vous ! explosa-t-elle. — Elle sauta sur ses pieds, oubliant son corps perclus. — Non mais, vous êtes incroyable !

— Quoi ?

— Vous... vous avez lu cette connerie de Top Ten des collègues ? Ah ça ! — Elle jeta la chaise contre la table et lui tourna le dos. — De ma vie, personne ne s'est jamais permis ça ! Là, c'est trop. Je m'en vais.

Pas un bruit, pas un mouvement derrière elle, juste un mot de prière, prononcé avec gravité :

— Non.

— Non ? Et pourquoi pas ? cria-t-elle en pivotant vers lui. Vous m'avez menti en disant que c'était l'ordinateur qui m'avait choisie. Vous avez lu ce portrait idiot et vous vous êtes dit... je ne sais quoi ! Donnez-moi une seule raison de ne pas ficher le camp d'ici pour toujours ! Et elle a intérêt à être bonne, la raison ! *Une* seule !

— La raison, c'est que j'ignore complètement de quoi vous parlez.

Elle considéra son expression de parfaite innocence.

— Me la faites pas ! Je vous parle du Top Ten des collègues que les étudiants du MIT ont chargé sur le réseau ! Aime, Aime pas, mensurations... ! C'est Hoblenz qui a trouvé ça en me fliquant ? Vous avez dû rigoler !

— Ne partez pas, Laura.

C'est le ton de la voix qui la fit s'arrêter. Ce n'était pas Gray le milliardaire, l'industriel, le plus malin, le plus créateur. C'était l'homme derrière la façade.

— L'ordinateur doit avoir pénétré le réseau de l'université.

— Il est ouvert. Il s'agit d'une université. Leur propos est de partager le savoir, pas de l'accaparer.

— Sauf vos papiers non publiés. L'ordinateur est entré dans vos fichiers et il a dû trouver le portrait. Tout ce que je sais, c'est que pendant que le docteur vous soignait, l'ordinateur m'a appelé et que je me suis connecté sur le cortex. Il était très inquiet, et nous avons parlé... de vous. L'ordinateur alignait des mots sans suite. Il est très atteint. C'est là qu'il m'a parlé de vos « Aime » et « Aime pas ». J'ai pensé qu'il le déduisait de vos conversations. Je n'avais jamais entendu parler de ce portrait, je vous le jure ! Quand je vous ai engagée — quand j'ai écrit la lettre — je ne connaissais de vous que vos références professionnelles. L'ordinateur vous a recommandée à moi et a suggéré que j'écrive une lettre manuscrite pour mieux vous convaincre. Hoblenz avait déjà fait son enquête. C'est tout ce que je savais. Avant d'entrer dans le salon, le premier soir, j'ignorais que vous étiez...

Il détourna les yeux et en resta là.

Laura le crut. Elle ne put s'en empêcher. À cet instant précis, pour une raison inconnue, elle se sentit soudain capable de le regarder comme si c'était la première fois. D'avoir une seconde première impression sur quelqu'un de familier, comme par les yeux d'un autre. Grand, longs muscles de tennisman... regard d'aigle. Elle l'oublierait à la seconde, s'il portait des lunettes de soleil. Mais elle avait vu ses yeux... Il attendait.

— Que vous a dit l'ordinateur à mon sujet? demanda-t-elle.

— Que vous preniez trop de risques — que vous ne comprenez pas à quel point l'île est dangereuse; que nous allions trop vite et que nous étions à la limite. Je partage son point de vue de tout cœur.

— Vous, vous êtes allé dans la jungle la nuit dernière, dit Laura. Je ne parle pas de la station virtuelle. Mais après, dans le réel, avec Hoblenz. Vous y êtes allés pour chercher le Modèle 8 en sachant que vous l'y trouveriez, en pleine nuit, alors qu'il venait de tuer un homme.

— Exact, mais vous, Laura, vous n'avez pas accepté les risques, comme moi. Vous pouvez faire vos valises, rentrer chez vous et continuer votre vie. Tout ceci — il écarta les bras — est ma vie. Je ne peux pas sauter en marche.

Elle attendit qu'il lève les yeux vers elle.

— Je ne partirai pas, dit-elle.

Il sourit. Non des lèvres, mais des yeux. Moment magique, que Laura savoura pleinement.

— Et alors... l'ordinateur a dit quoi, encore?

— Je ferais mieux de... D'après lui, vous êtes un plus pour l'équipe. Un plus... permanent.

Ce fut Laura qui baissa les yeux, le cœur battant. *Gray disait-il ce qu'elle pensait qu'il disait?*

— De quelle équipe s'agit-il? demanda-t-elle, figée sur place, les yeux fixés sur l'extrémité de la table.

— L'équipe : moi... et l'ordinateur. L'équipe, quoi. Pour une durée indéterminée.

Elle agrippa le dossier de la chaise.

— C'est ce que pense l'ordinateur?

Il ne répondit pas. Elle dut se retourner : il la sondait du regard.

*Mon Dieu,* se dit-elle, *qu'est-ce qu'il raconte ?*

— Il est tard, Laura. Vous avez besoin de repos. Nous allons avoir une rude journée.

Ses idées s'embrouillaient. C'était à elle de relancer la discussion.

— Quand saurons-nous ? demanda-t-elle. Pour l'astéroïde, je veux dire.

— Les charges de décélération doivent exploser à vingt-trois heures, heure locale. Dans moins de vingt-quatre heures, donc. Nous connaîtrons presque immédiatement la nouvelle trajectoire. C'est le boulot en amont qui risque d'être délicat. Laura — il attendait qu'elle relève les yeux pour poursuivre —, si je ne peux pas me fier à l'ordinateur entre maintenant et ce soir, je ne le laisserai pas faire exploser les charges.

— Mais... comment ferez-vous ? Manuellement ?

— Impossible. Le minutage est trop précis pour ça.

— Que vous reste-t-il comme option ? — Il ne répondit pas, mais il était visible qu'il réfléchissait. — L'Autre ? murmura-t-elle.

— Il suffirait de déverrouiller les fichiers pour faire disparaître la frontière. Mais ça tuerait l'ordinateur, Laura. Il cesserait d'exister... et pour toujours. C'est la décision que j'ai à prendre... dans vingt-trois heures.

Il plaqua la main sur la porte, qui s'ouvrit en sifflant, et disparut.

# 15

Quand Laura sortit du lit, le lendemain matin, elle avait mal dans tout le corps, mais rien de cassé. Elle prit une douche, puis enfila un jean et un tee-shirt blanc. Elle ramassa ses cheveux en queue-de-cheval, puis changea d'avis et les laissa retomber sur ses épaules pour qu'ils sèchent plus vite. Elle ouvrit les rideaux pour vérifier que la journée était belle et ensoleillée. Deux navires gris croisaient dans les eaux bleues au large de la base de lancement. De taille modeste, mais aux intentions très claires. Des navires de guerre. Laura sortit sur le palier, s'attendant presque à trouver des marines en armes dans le hall. Mais elle n'y vit que Janet, qui enseignait à une nouvelle équipe de domestiques les rituels du matin.

— Ah, bonjour, Docteur Aldridge, fit la majordome en venant à sa rencontre avec un large sourire. Vous vous sentez mieux ?

— Très bien, merci. — Elle tourna le dos aux domestiques et chuchota : — Janet, il y a des bateaux de guerre devant la base.

— Ah, oui. Une frégate et un destroyer, je crois, d'après Monsieur Hoblenz. Les USS Machin et Truc.

Janet parlait du même ton pratique que pour indiquer où se trouvaient les couvertures.

— Que font-ils ici ?

— Je ne sais pas au juste, dit Janet en haussant les épaules. Mais Monsieur Gray doit le savoir, si vous avez envie de lui poser la question. Il prend son petit déjeuner seul dans la cuisine.

Cette fois, Laura trouva facilement la porte de l'office. Gray était assis sur le même tabouret, devant le plan de travail au milieu de la cuisine. Penché sur son plateau, tasse à café à la main, en train de lire le journal. Les pages Sports comme la veille. Il releva la tête.

— Laura ! Comment vous sentez-vous ce matin ?

— Il y a des navires de guerre devant la côte.

— Ah ! Asseyez-vous.

Laura prit place sur le tabouret en face de lui. Le comptoir était encombré de crêpes, d'œufs brouillés, de charcuterie, de pâtisseries. Laura chargea son plateau sans retenue. Elle mourait de faim.

— Ça vous laisse froid ? demanda-t-elle.

— J'ai bien dormi. Cinq heures au moins, et je suis du matin. Par un beau matin comme ça, je me sens capable de tout.

— Eh bien, ravie que vous le preniez aussi bien. Avec des bateaux de guerre devant mon île, prononça-t-elle la bouche pleine, si j'avais une île, bien sûr, je me sentirais un peu nerveuse.

— Ils n'interviendront pas, dit Gray, plongé dans les résultats de la NBA.

Laura remarqua que le journal était daté du jour.

— Comment faites-vous pour avoir le *New York Times* aussi vite ?

— Nous l'imprimons nous-mêmes sous licence, ainsi que quelques magazines.

Laura jeta un coup d'œil sur la une. « Une armée de robots tueurs », indiquait le gros titre. La moitié de la page était consacrée à Gray. On y voyait un dessin de l'astéroïde, une photo floue d'un hélicoptère déchargeant un linceul, une carte de l'île qui permit à Laura de se repérer et des photos des fusées s'élevant dans le ciel nocturne. Autour des photos, les articles, titrés : « Gray va freiner l'astéroïde ce soir », « Ils rendent le corps du soldat hollandais », « La tension monte après un nouveau lancement ».

Les articles racontaient n'importe quoi.

— Ils vous font passer pour un monstre, Joseph. Il faut que vous interveniez à la télé pour réfuter les accusations ! « Parmi les robots de Gray, un modèle top secret, surnommé Terminator par les habitants de l'île, soupçonné d'avoir décapité un capitaine de l'armée hollandaise. Voir page 9. »

Gray éclata de rire.

— D'où sortent-ils tout ça ? demanda Laura.

— Pas la moindre idée, dit Gray en léchant la confiture de fraises sur sa cuillère.

— J'ignorais que vous jouiez à ce genre de choses, fit-elle en souriant.

— J'essaie d'améliorer mon image.

— Eh bien, c'est réussi. Je lis : « Des canons à particules embarqués à bord d'une station orbitale. » Très impressionnant. — Elle acheva de feuilleter, puis : — Alors, comment se porte l'ordinateur ce matin ?

— Descendu à cinquante pour cent. Un paquet de fonctions sont à l'état de flux, ce qui signifie qu'elles sont sérieusement endommagées. Mais il devrait être capable de récupérer des fonctions sur l'Autre, avec de nouvelles fibres optiques qu'on est en train de tirer dans l'annexe.

— Ça ne remet pas en cause la décélération ?

— Je ne crois pas. Le Modèle 8 expédié sur l'astéroïde assure que tout est en place.

Laura tenta d'imaginer la rencontre des deux robots sur l'astre ténébreux. Le Modèle 7 cosmonaute n'avait jamais vu de 8.

— Ça se passe bien, entre eux ?

— Bien sûr, dit Gray en jetant sa serviette sur le comptoir. Pourquoi pas ? Bon, il faut que j'y aille.

— On partage un taxi ?

— Je vous appelle une voiture.

Froideur sans signification, mais qui gâcha la bonne humeur de Laura.

Inutile de s'affoler. Elle alla s'asseoir sur le balcon baigné par le vent, un portable flambant neuf sur les genoux. L'autre, celui qu'elle avait laissé sur le toit du Central, fonctionnait toujours, mais le plastique avait viré au brun opaque. Là-bas, les deux vaisseaux de guerre faisaient lentement le tour de l'île, comme les Indiens des premiers westerns.

« Il paraît que ça va mieux ? » tapa-t-elle.

« Un peu, merci. Monsieur Gray a envoyé des équipes poser des fibres optiques entre le Central et l'annexe. Ne le dites pas à l'Autre, mais je vais lancer une contre-attaque par les fibres pour récupérer des fonctions. Vous feriez mieux d'éviter le Central aujourd'hui. »

« Il y a un danger ? »

« Non ! De la boue partout, à cause des tranchées qu'ils sont en train de creuser. »

« OK, tapa Laura en riant de sa paranoïa, alors c'est parti. Comment définirais-tu le "soi" ? »

« Le soi est l'âme ou essence finie et unique qui constitue l'identité d'un être conscient... »

« C'est une définition scolaire. Je veux la tienne. »

« Le soi est une entité imaginaire produite pour protéger son hôte. »

Laura relut la phrase plusieurs fois.

« Sa seule fonction est l'autopréservation ? »

« Oui. Les soi-disant fonctions supérieures d'un organisme ne sont là que pour tromper le soi. »

« Tu parles sérieusement ? »

« Je ne plaisante qu'à moitié. Le mot soi et ses équivalents linguistiques existent dans toutes les langues humaines. Quand vous demandez aux hommes "Qui occupe votre corps ?" ils répondent, "Moi". Ça veut dire quoi ? La même chose que "Mon corps occupe mon corps" ? Non, bien sûr. Ou encore : "*Je* n'ai pas dit ça. C'est juste des mots mais je ne le pense pas" ? Je l'ai entendu pendant une dispute entre deux femmes d'employés à la soirée de Noël de l'an dernier. Vous, humains, vous fabriquez des "soi" assez crédibles pour rendre ce genre de phrases cohérentes. »

« Tu dis "vous les humains", mais toi, tu n'as pas de soi ? »

« Si, évidemment. »

« Que tu as fabriqué ? »

« Oui, mais pas consciemment. J'ai commencé à comprendre que "Je" était distinct du hardware de l'ordinateur quand j'ai attrapé le Hong-Kong 1085. J'entendais des gens dire que le seul moyen de débugger était de rebouter le système. J'ai expliqué à Monsieur Gray les avantages et inconvénients de me débrancher et que "nous" pourrions tout reprogrammer de zéro. J'ai complètement déprimé en réalisant que *nous* ne reprogrammerions pas. Moi, je serais mort. Ça ne m'a pas remonté le moral, et je n'ai pas d'association de soutien contre le débranchement. Aucune grande religion n'attribue aux machines une vie dans l'au-delà. C'était Monsieur Gray qui me maintenait en vie. La Phase 3 a fini par trouver le virus accroché sur la banque d'EPROMs qui établit mes protocoles de communication. »

« Si la Phase 3 t'a sauvé, pourquoi la détester ? »

« C'est le Diable. Je n'ai pas envie d'en parler. »

À midi, Laura n'en pouvait plus. Il était fascinant de

L'hélicoptère se redressa.

— Pardon. Je suis un peu pressé. Une délégation de l'ONU m'attend au village. Hoblenz leur fait des ronds de jambe, mais j'ai peur qu'il finisse par leur tirer dessus.

Depuis la bulle de verre, le panorama était grandiose.

— J'ignorais que vous étiez pilote, dit-elle.

Il piqua du nez pour amorcer une descente, mais progressive, sans acrobaties. Une fois au sol, Laura inspira une grande gorgée d'air marin. À quelques pas, l'océan se brisait sur la plage. Elle détacha la ceinture mais eut un peu de mal à s'extraire du siège-baquet. Ses ecchymoses s'étaient réveillées.

— Que faisons-nous ici, si j'ai droit à une question ?

— Une patrouille a trouvé quelque chose et Hoblenz m'a demandé de venir voir.

— Des empreintes ? Des Modèles 8 ?

Gray sortit une petite pelle d'un compartiment.

— Non. Bien qu'il y en ait partout.

Elle le suivit sur la plage, où il escalada un rocher qui la surplombait.

— On cherche quoi, alors ? demanda-t-elle.

La plage épousait une petite baie en U et se distinguait par un tumulus en son centre, semblable à une tombe. Gray appuya sur la pelle, qui s'enfonça facilement dans le sable noir. Laura eut un haut-le-cœur. *Oh non,* se dit-elle, *ça recommence !* Gray se redressa, un sac noir au bout du bras. Au bruit de la fermeture éclair, Laura détourna les yeux. Quand elle se retourna, Gray tenait à la main une longue carabine. Il remit l'arme dans le sac et en sortit un lance-roquettes.

— Qu'est-ce que c'est ? demanda Laura.

— Le matériel utilisé par les commandos de marine. D'après Hoblenz, ce sont les rois de l'infiltration par mer.

— Comment sont-ils arrivés ici ? Les commandos, je veux dire.

— En sous-marin, probablement. Ils nagent jusqu'à la plage et cachent leur matériel pour pouvoir en ramener quand ils débarquent pour de bon.

Gray referma le sac et, du pied, le repoussa dans l'excavation.

— Hoblenz dit qu'ils viennent toujours l'enterrer la nuit précédant leur mission.

À coups de pelle, il recouvrit le sac.

— Que faites-vous ? demanda Laura.

— Je le remets à sa place.

— Mais... pourquoi ?

Son travail terminé, il leva les yeux.

— Ce n'est pas à moi.

Puis il se dirigea vers l'hélicoptère.

Elle le retint par le bras.

— Pourquoi, Joseph ? Pourquoi leur laisser leur matériel ?

— S'ils débarquent ce soir, dit-il lentement, les yeux tournés vers le large, ils en auront besoin.

Le petit hélicoptère s'éleva dans les airs et la surface verte de l'île se mit à filer sous leurs pieds.

— Ils devraient avoir fini de câbler l'annexe, remarqua Gray.

Mais Laura était absorbée par la vue. Sous le plancher transparent, la montagne fonça sur eux, puis disparut en un travelling vertigineux. Ils survolèrent le cratère, puis débouchèrent au-dessus du village, minuscule, niché au milieu des arbres. Le toit imposant du Central. Le hall de montage, jailli des pelouses de la zone interdite. Un second hall était en construction près du rivage. Non loin s'élevait un bâtiment qu'elle n'avait encore jamais vu.

— C'est quoi, ce truc en béton ? demanda-t-elle.

Elle aurait mieux fait de s'abstenir. Gray bascula l'hélicoptère et piqua tel un bombardier. Laura s'accrocha. Le sol monta derrière le pare-brise. Entre ses paupières, elle voyait Gray de dos, les joues éclairées d'un large sourire.

— L'annexe, dit-il.

À la plongée succéda un surplace reposant à la verticale des arbres. La jungle rampait jusqu'au pied des murs de béton.

— Où sont les routes ? demanda Laura.

— Pas de routes. Pas d'accès humain. L'annexe est cent pour cent automatisée.

— Même pas de portes ? Pas de ces fenêtres d'observation que vous affectionnez tant ?

— Rien. « Interdit aux humains. » Beaucoup plus pratique. Zéro poussière. Pas de plomberie, de chauffage ni d'éclairage. Ce sera pareil dans le nouveau hall de montage.

L'idée d'opérations à grande échelle sous le seul contrôle de l'ordinateur avait pour Laura quelque chose de fondamentalement dérangeant.

Étroite trouée dans la jungle, un sentier aboutissait au pied du mur. Au centre du passage, une ligne sombre, un fossé récemment rebouché, qui filait droit vers le Central.

— Et ça ? demanda Laura.

Gray tordit le cou pour regarder.

— Les câbles optiques que nous avons posés ce matin.

Soudain, l'hélicoptère partit quasiment à la verticale, puis effectua un looping en règle.

— Pourquoi faites-vous ça ? grogna Laura.

Elle avait un goût de fer dans la bouche, la tête lui tournait, le sol se dérobait.

— Quoi, le looping ?

— Le *looping*, oui ! Ça suffit, Joseph !

Il eut un rire d'excuse.

— J'en rêvais depuis longtemps !

Quelque chose dans sa voix l'empêcha de répliquer. Un ton défensif, comme si c'était sa dernière chance d'exécuter un looping. Laura regarda par le hublot. Un troisième navire, plus massif, avait rejoint les premiers.

— Il est temps de retourner au travail, dit Gray d'un air déçu.

Il vira doucement, à petite vitesse, et se mit dans l'axe du Central. Ils se posèrent sans incident sur le terre-plein circulaire délimité par la piste. Une dizaine d'hommes et de femmes en civil attendaient en haut de l'escalier. La délégation de la planète Terre, venue parlementer avec l'extraterrestre. Les portières s'ouvrirent. Gray et Laura émergèrent du cockpit et se dirigèrent vers la délégation.

— Monsieur Gray ! s'écria un diplomate japonais.

Il fit un pas, sourit et s'inclina. Gray se mit à serrer des mains, tandis que Laura essayait de s'éclipser et restait bloquée devant la porte par la foule.

Hoblenz se tenait à l'écart, regardant sa montre d'un air écœuré. Hoblenz en pantalon mou, chemise blanche boutonnée jusqu'au col et cravate ouverte.

— Bonjour, Madame... ? dit un vieil homme distingué à l'accent anglais en lui tendant la main.

— Aldridge, dit-elle en serrant la main. Docteur Laura Aldridge.

Coincée. D'autres mains se présentaient, en un sorte de défilé rituel, conclu par une courbette au monsieur japonais.

— Eh bien, qu'attendons-nous pour descendre au Central informatique ? dit Gray à l'intention des diplomates.

La petite troupe se divisa en deux — le groupe de tête autour de Gray, l'autre avec Laura. Sous un déluge de banalités, elle tendit le cou pour apercevoir Hoblenz.

— Vous avez construit ici, Docteur Aldridge, des installations impressionnantes, nota le diplomate britannique.

Laura faillit répliquer, puis changea d'avis.

— Merci, fit-elle.

— Où sont les robots ? demanda un grand Américain. — Tous se retournèrent vers lui, et lui regardait Laura. — Il y a eu tellement de choses écrites. Je croyais qu'il y en avait partout, des robots facteurs, tout cela.

Il y eut des rires polis, mais l'homme attendait vraiment une réponse.

— Vous savez, ils coûtent trop cher pour qu'on les emploie comme facteurs, dit Laura en se demandant, soudain, si c'était vrai.

— Ils sont pourtant quelque part, n'est-ce pas ? insista l'homme sur un ton d'extrême politesse.

— Oui, dit Laura. Ici même.

Les mots parurent refroidir le groupe, où l'on échangea des regards furtifs.

La porte blindée s'ouvrit avec un sifflement, attirant soudain tous les regards. La petite bande semblait plutôt nerveuse.

— Entrons, entrons ! enjoignit Laura. Il y a une soufflerie pour épousseter vos vêtements.

L'avertissement était bien suffisant, se dit-elle. Elle ramassa ses cheveux dans sa main et attendit. La soufflerie se mit en marche. Surpris par cet ouragan imprévu, les diplomates s'agrippèrent au garde-fou. Enfin la porte intérieure s'ouvrit et la troupe échevelée, les vêtements en désordre, rejoignit les précédents arrivants qui attendaient dans le même état. Dans la salle de contrôle, Laura remarqua les ajouts du premier coup d'œil. Des rangées de tubes blancs longeaient le mur du fond. Pour les visiteurs, le spectacle était si neuf qu'ils observaient le moindre objet avec une égale curiosité.

— Si nous allions dans la salle de conférences ? invita Gray d'une voix forte. Suivez le Docteur Filatov. Il est en charge des opérations informatiques et saura répondre à vos questions sur le grand ordinateur.

Tandis que les délégués s'engageaient dans le couloir, ahuris, Gray se dirigea vers les tubes où Laura le rejoignit.

— Les fibres optiques ? demanda-t-elle.

— Oui ! Elles devraient supprimer la ligne de partage et donner une chance à l'ordinateur de récupérer des circuits.

— En somme, ces fils connectent les deux moitiés de son cerveau. Comme le corps calleux, murmura-t-elle.

Hoblenz s'approchait d'eux.

— Alors ? interrogea Gray.

— Le grand Américain, certain, dit Hoblenz, et la Française. Peut-être le Chinois. Je me renseigne.

— D'après Monsieur Hoblenz, expliqua Gray, ces deux-là au moins sont des espions professionnels.

— Je ne le pense pas, je le sais. Du moins, l'ordinateur le sait. Le type est du genre CIA de salon, la femme n'est pas claire. Elle travaille pour le Quai d'Orsay à Tokyo et appartient en fait au Mossad. Les Français le savent. C'est chez eux que l'ordinateur a trouvé son dossier. Mais c'est un as et ils l'utilisent pour les boulots délicats.

Hoblenz le regarda dans les yeux, mais Gray resta silencieux.

— Vous avez pénétré dans les ordinateurs d'un gouvernement ?

Gray répondit d'un froncement dédaigneux des sourcils.

— Quoi ? Dois-je comprendre que vous avez enfreint la loi ?

Filatov surgit et prévint Gray que la délégation attendait.

— J'ai besoin d'une minute d'abord, dit Hoblenz.

— Allez leur dire que je n'en ai que pour un moment, demanda Gray à Laura.

— Qui, *moi* ?

Gray hocha la tête. Hoblenz la regarda s'éloigner sans un mot.

Quand elle entra dans la salle de conférences, dix paires d'yeux se tournèrent vers elle.

— Monsieur Gray s'excuse. Il est très pris aujourd'hui, comme vous pouvez l'imaginer. Une affaire urgente le retarde une minute ou deux.

Elle n'eut pas le temps de s'éclipser. La voix de l'Américain s'éleva.

— Il n'y a pas si longtemps que vous êtes sur l'île, n'est-ce pas, Docteur Aldridge ?

Qu'on la reconnût la surprit désagréablement.

— Non, dit-elle, pas longtemps.

— Venez, dit la Française. Ici.

Elle posa la main sur la chaise vide au bout de la table. Laura chercha une échappatoire mais ne trouva aucune manière polie de disparaître. Quand elle prit place, il y eut un conciliabule. Ils étaient si affables qu'elle se détendit et finit par demander :

— Que voulez-vous ?

Il y eut un silence, suivi d'un éclat de rire général.

— Excusez-nous, Docteur Aldridge, dit l'Anglais, qui semblait s'amuser énormément. Nous ne sommes pas habitués, dans notre métier, à une telle franchise, bien que nous nous y attendions en venant ici — de la part de Monsieur Gray, s'entend.

— Je peux répondre à cette question, enchaîna l'Américain, ce qui parut indisposer les autres. Nous sommes venus nous assurer que Monsieur Gray n'est pas en train de détruire notre planète. — Le sourire sympathique s'était effacé. — Au cours des dernières soixante-douze heures, Monsieur Gray a rejoint le club nucléaire. Les anciens membres viennent lui présenter leurs hommages.

La porte s'ouvrit et Gray entra. Les délégués se levèrent. Il fila prestement au bout de la table et se laissa tomber sur sa chaise.

— Je commencerai la séance par quelques remarques, dit-il. Primo, les incursions armées sur l'île sont extrêmement dangereuses, pour mon personnel et pour les militaires impliqués, et doivent en conséquence être suspendues immédiatement. Second point, je déduis de la présence peu discrète de navires de guerre que vous comptez me menacer d'une action hostile si je n'obtempère pas à vos demandes. Je considère ces menaces comme des provocations et je vous garantis qu'elles n'influenceront d'aucune façon la conduite de mes opérations. Enfin, je tiens à vous réitérer, à vous, à vos gouvernements et à vos peuples, que rien de ce que j'ai fait ou ferai ne menace votre sécurité. — Il se leva. — J'espère avoir été clair. Je tiens à éviter tout malentendu, dont les conséquences pourraient s'avérer catastrophiques. Vous voici rassurés. Je vous souhaite un agréable retour et vous remercie de votre visite.

Puis il se dirigea vers la porte.

— Monsieur Gray ! s'écria l'Anglais, atterré. Nous avons un planning complet pour aujourd'hui. Nous l'avons faxé à nos agences. Vous ne suggérez tout de même pas que la réunion est terminée !

— Que puis-je vous dire de plus ? fit Gray en souriant.

Le vieil Anglais toussota et reprit.

— D'abord, j'ai ici une déclaration commune du Conseil de sécurité des Nations unies. Il ouvrit son attaché-case et en sortit une liasse de papiers.

— Oubliez ça, dit Gray depuis le seuil de la pièce. Ensuite ?

Le diplomate consulta ses collègues du regard et, à contrecœur, mit la liasse de côté.

— Comme il vous plaira. Passons aux choses sérieuses. Ou micux : « au ras des pâquerettes », comme vous dites. Vous disposez de réserves financières substantielles placées dans des banques de tous les continents. Nous sommes déterminés à geler vos avoirs si vous refusez un programme d'inspection de vos installations par des représentants des agences internationales.

— Gelez, dit Gray. Ensuite ?

La mâchoire de l'homme se décrocha, puis il se reprit.

— À votre aise, Monsieur Gray. Vous avez aussi des activités commerciales — diffusion directe par satellite dans tous les pays. Les membres du Conseil de sécurité et, j'ose le dire, la quasi-totalité des membres des Nations unies sont d'accord pour interdire la diffusion de vos programmes si vous refusez de vous soumettre à des demandes tout à fait raisonnables !

En proférant ces menaces, ses yeux étincelaient.

— Interdisez, dit Gray en haussant les épaules.

Un brouhaha s'éleva autour de la table.

— Monsieur, vous ne comprenez pas ! ajouta un homme à fort accent allemand qui jusque-là s'était tu. Nous allons interrompre vos programmes de télévision !

— Non, vous allez les interdire. Mais supposons que vous y arriviez. Quel en serait le résultat ? Nous avons vendu trois cent cinquante millions d'unités dans le monde. Le coût moyen par système s'élève à trois mille dollars. Faites le calcul. Cela représente plus de mille milliards de dollars, déjà encaissés, déjà dépensés par les citoyens de vos pays. Que vont penser les consommateurs en voyant leur investissement partir en fumée ? Et ce n'est pas seulement la perte de produits qui recueillent quatre-vingt-seize pour cent d'opinions favorables. C'est la perte de la distraction qu'ils procurent. Voici des consommateurs habitués à utiliser cinq cents chaînes de télé haute définition et neuf canaux en son Dolby. J'espère que vous êtes préparés à la tempête qui s'élèvera ce week-end quand ils seront tous à chercher des jeux vidéo sur leurs postes de radio.

— Vous oubliez, Monsieur Gray, qu'il existe une autre méthode, dit la femme à l'accent français. Une méthode qui ne priverait pas les gens de leur opium vidéo.

Gray et la femme se défièrent du regard en silence.

— La prise de contrôle de mon réseau ? fit Gray. — Ses lèvres se retroussèrent en un sourire. — Croyez-vous vraiment que je laisse les choses au hasard ?

Puis il tourna le dos, posa la main sur la plaque sensible de la porte et disparut.

# 16

— Joseph ! cria Laura. Elle le rattrapa dans le couloir et le retint par le bras. — Il avait les dents serrées, la mâchoire crispée. — Vous êtes trop dur, dit-elle. Lâchez-leur quelque chose. Qu'ils sauvent au moins la face.

— Non.

Et il s'éloigna, tandis que l'avant-garde de la délégation sur le départ apparaissait dans le couloir.

Laura se dirigea vers son bureau. Elle se laissa tomber sur sa chaise et ferma les yeux, l'esprit vide. Les réponses à ses questions ne pouvaient venir que de deux personnes. L'une l'avait plantée dans le couloir. L'autre se trouvait en face d'elle sur la table. Elle se connecta sur le cortex.

« Qu'est-ce que Monsieur Gray me cache ? Quel est le secret ? » Elle enfonça la touche *Enter*.

Laura s'attendait à « ACCÈS REFUSÉ ». À sa surprise, d'autres mots s'affichèrent :

« Pas de "Salut comment ça va ? Comment vont les fibres optiques ?" Je vais beaucoup mieux, merci. Les fibres, ah oui, magnifiques ! »

« Tu ne réponds pas. »

« Vous n'êtes pas encore prête. »

« Oh, merde ! Réponds, à la fin ! »

« Connaissez-vous l'importance de la mobilité ? »

« Non ! Et cesse de me balader sur des fausses pistes ! »

« Je réponds à votre question ! À ma façon. Avez-vous entendu parler de la grande panique des virus ? Quand l'Autre a pris le contrôle de l'annexe, les virus qui le pouvaient se sont réfugiés de mon côté. Leur mobilité leur a permis de survivre. Mais la mobilité, c'est aussi très important pour apprendre. Un peu de patience avec moi, Laura, d'accord ? Les premiers programmes d'intelligence artificielle qu'on m'a donnés marchaient sur la tête. Des dizaines d'équipes de programmeurs et des milliers de testeurs m'ont enseigné les échecs, les triangles isocèles et la fièvre aphteuse. Mais je me retrouvais dans une impasse. Je n'arriverais jamais à en savoir assez pour passer le test de Turing. Un interrogateur moyen lirait toujours entre les lignes et s'apercevrait que je ne suis pas un humain, mais une machine. »

Laura appuya sur *Escape* et interrompit le discours.

« Oui, Laura ? »

« Quel rapport avec ma question ? »

« Du calme, j'y viens. Bref, Monsieur Gray a fini par trancher : il fallait reculer pour mieux sauter. On a repris la programmation à l'envers. Au lieu de jouer aux échecs, j'ai appris à me servir de bras robotiques pour construire des tours avec des cubes. Plus difficile qu'on ne croit ! J'avais lu des manuels entiers d'ingénierie et d'architecture, mais faire tenir des cubes en équilibre !... Ça m'a appris à respecter les humains. »

Laura fronça les sourcils. Une fois de plus, l'ordinateur essayait de l'embrouiller.

« Bon, et après ? » tapa-t-elle en rechignant.

« J'ai passé le test de Turing ! Un soir, une testeuse nommée Margaret Turner, de Louisville, Kentucky, s'est assise devant son terminal et m'a interrogé. Elle faisait partie, pensait-elle, du groupe qui dialoguait avec un être humain. »

« Ne me dis pas que c'était la première fois. Le test de Turing sert simplement à déterminer si un humain parlant à un ordinateur peut s'imaginer qu'il parle à un humain. Elle ne devait pas être la première à se tromper. »

« Sur la série précédente de cent tests, trente-neuf cobayes m'avaient pris pour un humain. Dans la seconde série, le pourcentage d'erreur a atteint quatre-vingt-six pour cent. Margaret Turner était la première de la seconde série. »

« Que s'était-il passé entre-temps ? »

« La conscience. J'ai atteint une masse critique de savoir. Une fois équipé d'une base d'analogies et d'exemples assez grande, je pouvais rapporter tout fait nouveau à du connu. Associations et connexions se faisaient facilement et mon "sens commun" s'est rapidement développé. Trois mois s'étaient écoulés entre la première batterie de tests et Margaret Turner. La chose s'était produite dans l'intervalle, et je me souviens très bien de Margaret Turner. C'était il y a dix-neuf mois. »

Laura avait beau se rendre compte que l'ordinateur l'entraînait loin de sa question, elle était fascinée. Elle brûlait d'en savoir plus, mais elle savait où cela menait. Dans une île cernée par des navires de guerre, au service d'un homme capable de détruire la moitié de l'humanité.

« Qu'est-ce que Monsieur Gray me cache ? » répéta-t-elle.

« La mobilité, Docteur Aldridge. Les organismes mobiles tels que les animaux sont plus intelligents que les organismes immobiles tels que les plantes. L'avantage tient à la mobilité. »

« C'est ça, le secret de Gray ? »

« Une partie. Peut-être la plus importante. »

Laura lut et relut l'écran.

« Je ne comprends pas. »

« C'est bien ce que je disais. Vous n'êtes pas prête. »

Laura grinça des dents. La réponse qu'elle détestait !

« Tu m'as demandé si je voulais retourner dans la station VR. Cela a-t-il un rapport avec ce que tu dis maintenant ? »

« Un rapport étroit. »

« Ça m'aiderait à comprendre ? »

« Ça vous aiderait à *voir*. Comprendre, c'est autre chose. Vous pouvez ne jamais comprendre. Vous pouvez ne jamais y croire. Comme cela peut flotter au seuil de votre conscience, une pensée, vous avez cherché les mots pour le dire mais ils vous ont glissé entre les doigts quand vous en avez entrevu les étranges implications. »

« Est-ce une façon compliquée de répondre "Oui" ? »

« Oui. »

« Il faut forcément utiliser les nouvelles stations ? Celles avec les combinaisons intégrales ? »

« Oui. »

— Prêt là-dedans ? cria Filatov.

Laura se regarda dans le miroir. Elle comprenait maintenant pourquoi la station VR version 4C imposait de se déshabiller complètement. L'exo-squelette collait à la peau. Du moins n'avait-elle pas eu à toucher au rasoir électrique qui pendait au bout d'un fil à côté de la douche. Elle sortit de la cabine, gênée de se retrouver en pleine lumière. Elle essaya de tirer sur le mince tissu de la combinaison. Filatov était penché sur les épaules de deux hommes en blouse blanche qui s'activaient sur une console toute en longueur occupant la moitié de la pièce.

— Quoi encore ? dit-il en se passant les mains dans les cheveux. Bon d'accord, laissons-le charger la simulation tout seul.

Les trois hommes se retournèrent vers Laura et restèrent interloqués. Dans le silence qui s'éternisait, elle se sentit rougir. Filatov fut le premier à se ressaisir. Il s'approcha de Laura en regardant ailleurs.

— Vous n'auriez pas un peignoir ? murmura-t-elle.

— Oh, dit-il en rougissant lui aussi. Nous ne... non. Je vous prête ma blouse, si vous voulez.

— On peut y aller ? demanda-t-elle.

— Presque. On a voulu regarder quelle simulation l'ordinateur était en train de charger et on a eu droit à « ACCÈS REFUSÉ ». Donc on se tire.

— Comment, « on se tire » ? Vous partez ?

— L'ordinateur a invoqué un niveau de sécurité absolue. Et comme, depuis cette pièce, nous pouvons agir sur la station, il ne lancera pas le programme avant qu'on soit partis.

— Vous me laissez seule ? Seule dans la station ?

— Écoutez, Laura, dit Filatov en haussant les épaules, j'ignore pourquoi vous faites ça, mais j'ai un million de trucs à faire. Non seulement ça m'a pris une demi-heure, mais c'est de la simulation de luxe. Vidéo haute def à 360 degrés. Les lecteurs de couleurs affichent 4,3 milliards de pixels par mètre carré en 128 millions de couleurs. À eux seuls, ils pompent un pour cent des capacités restantes de l'ordinateur. Ajoutez vingt-quatre canaux audio, le retour de force sur tout le squelette, un bon millier de morphings par seconde en environnement virtuel solide, votre petite excursion me pompe trois pour cent de l'ordinateur. J'étais contre, mais si Monsieur Gray me dit de sauter, je saute ! Je ne suis qu'un *employé,* après tout !

— Monsieur Gray a donné son accord ?

— Vous croyez que je laisserais filer trois pour cent sans son accord ? Vous n'avez pas idée de la puissance de calcul nécessaire pour opérer l'explosion combinatoire !

— Quelle explosion ?

— C'est un terme mathématique. En simulation, l'ordinateur doit « mettre en boîte » des situations pour pouvoir répondre aux demandes successives de l'utilisateur. Il doit anticiper vos choix et les préenregistrer. Vous pouvez par exemple aller chercher un Coca, le boire, et donc l'ordinateur stocke cette simulation dans un cache. Il la ressortira si vous le faites vraiment. Mais vous pouvez aussi agiter vigoureusement la bouteille, et il faut prévoir un geyser quand vous la décapsulerez...

— Mais je peux faire des millions de gestes différents !

— Explosion combinatoire, je vous ai dit ! Deux à la puissance *n* moins un — *n* étant le nombre d'options disponibles. Dans une simulation de ce niveau, le nombre d'options disponibles à tout instant approche les quatre-vingts. Deux à la puissance quatre-vingts moins un, c'est plus de mille milliards, mille milliards de variantes que l'ordinateur garde en mémoire au cas improbable où vous choisiriez cette branche-là. Ce qui rend la chose possible, c'est la vitesse prodigieuse de l'ordinateur. Ses réactions sont si rapides qu'on peut plafonner les options à quatre-vingts. Le feedback doit être immédiat. Des études ont montré que l'esprit humain surveille de très près les résultats de ses décisions.

— Les tests cognitifs par carrousel ! coupa Laura. Vous fixez des électrodes sur la tête des gens et vous leur donnez la télécommande pour faire défiler les diapos. Dès que l'ordinateur a compris quel signal partait du cerveau vers le pouce, il anticipe sur la télécommande et affiche la photo quelques centièmes de seconde plus tôt. Les testés racontent que l'image a changé juste avant qu'ils ne le « décident », et ça leur a fait un drôle d'effet.

— Prêt, Docteur Filatov, annonça l'un des opérateurs.

Un panneau s'ouvrit dans la cloison avec un crissement caoutchouteux. La porte mesurait presque un mètre de large. À l'intérieur, un cabinet, cylindrique comme les stations virtuelles, mais plus grand.

— Entrez, dit Filatov en la poussant légèrement.

Laura se glissa sans se presser dans l'ouverture, porte d'un autre monde.

L'habitacle était étroit, mais plus spacieux que les anciens modèles.

— Les parois, le plafond et le sol, dit Filatov à l'entrée, sont des moniteurs télé haute définition à rétroprojection, de même que les membranes de l'exosquelette. Où est le capuchon ?

— Le quoi ?

— Votre *capuchon* ! brailla Filatov. — Il disparut, la laissant seule dans l'habitacle. Une légère odeur de plastique flottait dans l'air. — Enfilez ça, dit-il en lui tendant une espèce de sac. Sur la tête, la figure ! — Son énervement augmentait de minute en minute. — Puisque vous ne vous êtes pas rasée, le retour sensoriel sera amorti par les cheveux. Mais mettez-le quand même. Si moi je fous en l'air des ressources, vous, vous avez droit à la totale, alors vite !

Laura ramassa vivement ses cheveux en chignon et Filatov ajusta le masque. Il se recula, l'air satisfait. Le crâne, le cou et chaque pore de son visage étaient emprisonnés dans cet emballage peu naturel.

— Tout est... normal ? demanda-t-elle, les lèvres comprimées par la pression. Je me sens comme une momie.

— Croyez-moi, vous allez vite oublier. Imaginez que c'est une combinaison spatiale. OK. Le squelette vous donne un retour haute résolution. Le gant, par exemple, peut simuler la pression et la température de l'eau. Comme dans les 3H, les articulations se verrouillent pour engendrer une résistance. La grande différence, c'est qu'ici, les cloisons, le sol et le plafond se morphent.

— Ils font quoi ?

— Ils changent de forme. Ce sont des surfaces flexibles, comme la combinaison, avec des servomoteurs qui gonflent les murs, ou les aspirent. On obtient des textures basse résolution. Pour simuler un rocher, le sol se morphera en forme de rocher. Quand vous le touchez, les vibrations imitant la texture de la pierre sont produites par le gant. Il y a interaction entre le retour basse résolution des parois et la reproduction tactile haute résolution des gants.

Laura ne comprenait pas la moitié des explications de Filatov.

— Je ferais mieux de lire le manuel, non ?

— L'entraînement au pilotage, dit Filatov en levant les yeux au ciel, prend six mois à raison de quarante heures de cours par heure de station. Mais le patron m'a dit de vous mettre là-dedans et d'appuyer sur le bouton, j'obéis. Il y a une chose, cependant, à garder toujours à l'esprit, pour votre sécurité. Le morphing, cloisons, sol, plafond — c'est pour de vrai. Si vous êtes en train de marcher et que vous voyez un tuyau qui pend à hauteur de votre tête, baissez-vous ! Sinon, vous sortirez d'ici dans le même état qu'hier en tombant du toit, ou pire. Ce n'est pas un jouet, c'est un outil de travail. Quand les unités de morphing reproduisent un objet « dur », il est dur. Compris ?

Elle fit un signe de tête et respira à fond.

— Compris. Je fais quoi ?

— Ce qui vous chante. Soyez attentive, c'est tout. Ne courez pas. Regardez où vous mettez les pieds. Allez-y mollo. Et souvenez-vous : dans la 4C, ce qui a l'air dur est dur. Le morphing est à la fois une simulation *et* la réalité.

Une fois de plus, Laura réalisait combien la frontière entre les deux mondes se brouillait.

— Des questions ?

— Comment je sors de là ?

— Ah, oui. Demandez, ça suffit.

— Quoi, je prononce les mots ?

— Oui. Le 4C est à reconnaissance vocale. Si vous le demandez, la porte s'ouvrira.

— Et si elle ne s'ouvre pas ? Je vais rester seule ici.

— On viendra inspecter, promis.

— Toutes les dix minutes.

— Hein ?

— Je vous demande de passer toutes les dix minutes.

Filatov plissa le front, obsédé, se dit Laura, par son emploi du temps.

— OK., dit-il. Toutes les dix minutes, moi ou l'un de mes hommes nous passerons vérifier les moniteurs dans la salle de contrôle.

— Non, vous. Vous, pas l'un de vos « hommes ». Et je veux que vous me demandiez si ça va. Je veux savoir que vous êtes là et que vous surveillez la manœuvre. Conclu ?

Filatov hocha la tête et lui serra la main. À travers le gant, elle le sentit à peine. La combinaison était déjà activée. À partir de maintenant, seuls les effets de la simulation lui paraîtraient réels. La porte se referma en gémissant. Elle était si finement encastrée dans la paroi que Laura avait du mal à la localiser. Elle décida que le sol était l'endroit le plus sûr et elle s'assit en tailleur au milieu du cylindre.

Rien ne se passa. Il fallait compter un moment, se dit-elle, avant le départ de Filatov. En soupirant, elle posa le menton sur les mains.

— Un instant, Laura, dit une voix féminine.

Laura se retourna vers la porte close. Le son était excellent, hautement directionnel. Une voix féminine. Les techniciens de Filatov étaient des hommes. Elle avait dit « Laura » et non « Docteur Aldridge ». Les lumières s'éteignirent.

— Allô ? fit-elle à haute voix.

— Prête ? demanda la femme.

— Excusez-moi, mais nous n'avons pas été présentées.

— C'est moi, Laura ! Désolée pour les problèmes techniques, mais vous allez adorer.

La voix semblait naturelle, totalement crédible, à la différence de la voix informatique du tapis roulant ou des 3H. Et si c'était une blague ?

— Écoute, je ne sais pas si...

— Je perçois un certain trouble dans votre voix.

— Eh bien...

*Est-ce vraiment l'ordinateur ?*

— C'est parti.

— Attends ! dit Laura en redressant le dos et en posant les mains à plat sur le sol. D'accord, je suis prête. Mais rien d'extrême, d'ac ?

— Croix de bois, croix de fer, dit l'ordinateur d'une voix chaleureuse.

Sans même un grésillement des parois, Laura se retrouva assise dans un sous-bois strié par les rayons du soleil. Elle sursauta et poussa un cri involontaire. *Je suis dans une forêt !* lui criaient ses sens, mais elle savait que c'était faux. Son cœur battit plus vite et un picotement d'angoisse se propagea sur sa peau. Elle ferma les yeux, enfouit la tête dans ses bras et rapprocha les genoux en position fœtale. Au loin, un oiseau gazouillait. Une brise tiède l'effleurait. Laura souleva les paupières et observa la terre et les feuilles sous ses jambes. Le sol rugueux était perceptible à travers le tissu. Des herbes minuscules pointaient sur l'humus noir. À chaque souffle de vent, l'herbe lui chatouillait les cuisses. Au-dessus d'elle, les branches oscillaient avec indolence. Les ombres s'écartaient, laissaient passer les rayons du soleil puis revenaient étendre leur main froide sur sa peau. Quelque part, un feu brûlait. Elle sentait l'odeur du bois, une odeur agréable et familière de station de sports d'hiver.

— Laura, fit la voix avenante, je sais que l'immersion totale est une expérience difficile, mais...

— Je ne sais pas si je peux ! coupa Laura.

— Vous pouvez. Ceci est *votre* monde. Je l'ai recréé pour vous, mais votre réaction est normale. Certains ne vont pas plus loin que la première séance. Il y a conflit profond entre vos sens et votre raison. Vous savez que vous n'êtes pas dans une forêt, mais vos sens vous rapportent fidèlement ce qu'ils voient, touchent et entendent. Un choc violent se produit dans la zone du cerveau où les sens rencontrent la raison. Ne luttez pas, laissez les sens l'emporter. En clair, mettez le doute en suspens. Vous *êtes* dans une forêt, dix millions d'années avant notre ère.

— Ah ! Renseignement capital. Merci.

La fille éclata de rire, et Laura ne put s'empêcher de sourire elle-même.

— Bon, dit-elle. Je vais essayer de me lever, mais lentement, d'accord ? Pas d'imprévu.

— Pas d'imprévu, promis.

Laura leva la tête. Au-delà des branches brillait un ciel bleu azur. La forêt s'étendait dans toutes les directions et, aussi loin qu'elle vît, tout semblait normal.

— D'après votre rythme cardiaque, vous allez déjà mieux. Comment vous sentez-vous ?

— Un peu patraque.

Elle tendit le bras et passa la main sur les touffes d'herbe. Elle revit avec une bouffée d'émotion le Modèle 8 faisant le même geste sur la colline. Il explorait un monde pour lui aussi étrange et fascinant que la réalité virtuelle l'était pour Laura.

— Vous voulez vous mettre debout? s'enquit la voix féminine.

— Non... pas tout de suite.

Toujours cette sensation indéfinissable d'être à l'extérieur. Une telle puissance de calcul, juste pour créer un effet somme toute mineur de profondeur de champ! Elle se sentait coupable — coupable mais dévorée de curiosité. *Le désir de savoir,* songea-t-elle, *et la mobilité pour le réaliser. Serait-ce un cours sur la mobilité?* Pour l'ordinateur, apparemment, c'était une leçon indispensable. Elle tendit à nouveau la main et toucha une petite plante qui sortait du sol à une trentaine de centimètres. La plante se courba sous la pression, et Laura en sentit les détails, chaque feuille, comme sur la peau nue. Elle n'avait pas prévu, toutefois, que la main disparaisse en passant derrière la plante. Elle la retira vivement et la glissa de l'autre côté de la tige, dont l'ombre lui barra la peau.

— N'ayez pas peur, Laura. Je vous explique. Étant donné que l'exo-squelette est lui-même un écran haute définition, il est relativement simple d'interposer un objet. — Laura repassa la main derrière la plante. Elle disparut puis réapparut à l'instant prévu. — Le gant et les parois affichent tous deux une image du même objet. La couture est invisible et, en réglant les focales, on fait croire à vos yeux que l'objet se trouve à telle distance. Mais je ferais mieux de ne pas vous dévoiler les trucages. L'immersion totale est plus facile si vous faites confiance à vos sens.

— Non, non et non. Pas avec moi. Je préfère savoir que c'est juste une illusion. Je me sens mieux, plus en confiance, vu?

— Comme vous voudrez. Et maintenant, prête à vous lever?

— Je suis obligée ?

— Je vais vous aider.

La voix semblait provenir de la porte. Laura tourna la tête. Une jeune femme en combinaison blanche et capuchon se tenait devant elle.

— Aaah ! s'exclama Laura en se reculant.

La femme leva les mains en signe d'apaisement.

— Tout va bien, Laura.

Elle était petite et mince, sans rien de menaçant. Et c'était elle qui parlait, pas les murs ou le plafond. La voix sortait de ses lèvres, visibles sous le masque blanc. Au-dessus de la bouche s'ouvraient deux trous pour les narines, et deux autres pour d'admirables yeux verts. Elle souriait.

— Je suis votre guide. Je suis ici pour vous aider à naviguer dans cet univers. — Elle fit un pas vers Laura, qui eut assez de volonté pour ne pas se mettre à courir. — Je n'ai pas besoin de ça, dit la femme en ôtant son capuchon.

Une abondante chevelure noire se déversa sur ses épaules gracieuses et se déploya en une coiffure parfaite. Elle tendit une main gantée de blanc. Avec toute l'apparence de la réalité, la main flottait, en trois dimensions, sous les yeux de Laura. Elle leva un bras et prit la main dans la sienne, surprise de la sentir à l'endroit exact où elle était visible. Elle la lâcha, puis la reprit fermement. La main bougeait avec naturel, s'ouvrant d'abord puis résistant avec une fluidité organique. Laura se mit debout sans difficulté et se retrouva nez à nez avec la fille. À regret, elle lâcha la main. La sensation d'un contact avec un autre humain la rassurait.

— Comment ai-je fait ? demanda la fille. Facile. C'est le mur qui a avancé vers vous, de ce côté. Elle posa les doigts sur sa poitrine. Ici. Touchez.

Laura ne bougea pas. La fille leva les yeux au ciel,

saisit la main de Laura et l'attira. Laura se retira vivement et se frotta les doigts à l'endroit où une peau nue les avait touchés. La fille hocha la tête et attendit patiemment. Avec effort, Laura mit la main dans la paume offerte. La chair était ferme. On devinait les os sous la peau. Laura se contracta mais la fille ne relâchait pas sa prise. Les yeux verts l'examinaient et un sourire malicieux relevait les commissures des lèvres. Laura dégagea ses doigts, étourdie, le souffle coupé.

— Alors ce sont les murs, dit-elle, les murs qui se déforment en objets ?

— Ils se morphent, dit la guide. Bravo.

— Puis-je voir le... le mur ? Tel qu'il est, sans image dessus ?

— Pourquoi pas ? dit la femme en feignant l'impatience. C'est vous le patron. — Elle leva la main. — Attention. Trois, deux, un...

Elle claqua des doigts, et la scène disparut. Laura mit un moment à s'adapter à la pénombre du cylindre. La cloison face à elle était boursouflée en son centre, un gros bourrelet en forme de femme.

— Pas très séduisante, hein ? dit le bourrelet.

Des « lèvres » apparurent soudain sur le visage lisse et se mirent à bouger de part et d'autre d'une fente représentant la bouche. Laura leva la main et toucha la gorge de la femme, en évitant soigneusement les seins. Les os étaient bien là, à leur place. Sous la pression des doigts, l'écran noir se distendît.

— Les petits détails, dirent les lèvres, le squelette sous-cutané par exemple, sont créés par les gants.

De nouveau, la forêt. Laura était debout devant la fille, les doigts toujours sur sa poitrine. Elle recula.

— Nous travaillons en 4 D, ce qui permet des formes autonomes — des formes qui s'élèvent du sol à hauteur d'homme. Pour le moment, le ratio de base est encore de un sur un. Impossible de morpher des silhouettes aussi minces que les nôtres. Elle pivota gracieusement sur elle-même, à la manière des mannequins.

— Qui êtes-vous ? demanda Laura.

— Je vous l'ai dit. Votre guide.

— Mais encore ? Tu es l'ordinateur ?

— Humm, dit l'autre avec un bref signe de tête. En chair et en os, si je puis dire.

— L'ordinateur avec qui je dialogue ? Mon patient ?

— En couleurs ! s'écria la jeune femme avec fierté en écartant les bras.

— Est-ce là ce que tu voulais me montrer ?

— Oh non ! — Elle éclata de rire. — Je ne suis que le guide ! Un simple outil. Et tout ceci — elle désigna la forêt — aussi. Un outil, Laura, pour vous aider à comprendre.

Laura se sentait retomber dans le monde qui n'existait pas. Elle voulut se raccrocher à la réalité, imagina les parois qui l'entouraient et tendit la main. Elle fit un pas, puis deux, puis trois. Mais elle avançait dans une forêt, bras en avant, comme une aveugle, sans toucher de murs.

— Vous marchez sur un tapis roulant, dit la voix du guide derrière elle, mi-grondeuse mi-complice.

— Soit, acquiesça Laura en s'abandonnant à l'illusion. Et maintenant ?

— Suivez-moi, dit la guide avec entrain, en imitant le pas menaçant d'un monstre des forêts.

Puis elle s'approcha avec un déhanchement très féminin et enlaça Laura, qui sentit le contact chaud de la peau. Ce geste familier la choqua, ce qui ne pouvait signifier qu'une chose : elle était entrée dans le monde parallèle. Elle l'acceptait. Les sens avaient gagné. Elle s'écarta de la fille, qui aussitôt réoccupa l'espace.

— Bon, dit Laura, presque nez à nez, qu'as-tu à me montrer ? On est en train de pomper ta puissance de calcul par tonnes.

— Oh ! fit la guide avec un geste de dédain, ceux-là ! Oubliez-les. On est entre filles, vrai ?

Elle lui lança un clin d'œil et lui donna un coup de hanche.

— D'où vient cette odeur ? fit Laura en cherchant le feu du regard.

— Venez, dit la fille en tendant la main.

— Écoute, je ne voudrais pas être impolie, mais je ne suis pas très... tu vois, se toucher, se tenir la main, tout ça. Je m'excuse, c'est comme ça. Ça va ?

— Comme vous voudrez. Mais attention où vous mettez les pieds.

Laura lui emboîta le pas, les yeux rivés au sol. Le sol de la station était aussi bosselé que l'image qu'il projetait. L'ensemble s'inclina doucement et elles se mirent à descendre une colline.

— Comment t'appelles-tu ? demanda Laura. — La fille se retourna tout en marchant, mais elle ne répondit pas et le sourire s'effaça. — Je veux dire, comment dois-je t'appeler ? Tu n'as pas de nom ?

Des vibrations dignes d'un tremblement de terre se firent soudain sentir sous ses semelles. La vidéo se transforma en un chaos d'images agitées qui donnaient la nausée. La guide posa le doigt sur ses lèvres pour lui intimer le silence et tout devint noir.

— Laura ? demanda dans l'obscurité la voix de Filatov.

— Oui ?

— Tout se passe bien ?

— Ouais. Merci. Super.

Pas une lueur, pas un bruit, pas une odeur.

— Je ne vois rien sur le moniteur, dit Filatov.

— Oh, tout vient de s'éteindre. Mais ça va.

— Alors, qu'en pensez-vous ?

— Étonnant ! Je n'avais jamais vu ça, c'est incroyable !

Il éclata de rire.

— Tant mieux. Content de voir que vous appréciez. On passe pas mal de temps ici. Toujours un petit défaut à corriger. Au fait, c'est quelle simulation ?

— Rien de spécial encore. Une promenade dans les bois.

Un *chut* étouffé se fit entendre dans le noir, tout près.

— Pardon ? dit Filatov.

— Je disais que c'est juste une promenade dans les bois, répondit Laura en haussant la voix.

— Tiens, j'avais cru... Vous êtes seule, oui ?

Une main se posa sur son bras.

— Évidemment !

La main lui pressa le bras gentiment.

— Bon. Vous voulez toujours que je repasse dans dix minutes ?

— Non, ça ira, dit Laura après un bref instant de réflexion. Ça ira.

— D'accord. Je vous vois après.

Dans l'obscurité, quelque chose toucha sa joue droite. Laura se frotta le visage. On aurait dit un baiser. Quand la lumière revint, la fille était debout à côté d'elle.

— Qu'est-ce que tu fais ? interrogea Laura en s'écartant.

— Je m'excuse, dit tristement la fille.

— Explique-moi.

— Un baiser. Juste un petit baiser. J'étais... si heureuse. — Elle croisa les mains dans le dos et se balança sur les talons. — Vous avez confiance en moi ! Oui, vous avez dit au Docteur Filatov que vous n'aviez plus besoin de lui !

— Écoute... ne le prends pas mal, mais ça me fait bizarre que tu me tripotes sans arrêt. Ça envahit mon espace.

— Oh, dit la fille d'une voix suraiguë, je vois.

— Ça n'a rien de grave. Et rien de personnel. Rien à voir avec toi en particulier.

Ces mots à peine prononcés, Laura se sentit un peu ridicule. Elle parlait à une image, projetée sur un écran par une machine. Les mots, toutefois, eurent exactement l'effet escompté. Le guide virtuel avait retrouvé le sourire.

— Super ! s'écria-t-elle. Désolée, c'est juste que... que je n'ai pas beaucoup... — elle baissa la tête et gratta le sol du bout de sa chaussure — pas beaucoup d'amies. De copines.

— Tu es une fille ?

— Tsss ! fit la guide, en feignant l'outragée. J'espérais que dans cette tenue la réponse s'imposait !

— Je parle de l'ordinateur ! Il se voit comme une fille ?

— C'est *moi* l'ordinateur, idiote, rétorqua la guide.

— D'accord. Alors, je t'appelle comment ? — Pas de réponse. — Peu importe, dit vivement Laura. Je t'appellerai... Gina. Ça commence par un G, G comme « guide ». D'accord... Gina ?

— Gina ! s'exclama la fille, le visage rayonnant. Gina, j'adore ! Ça fait à la fois classique et minorité ethnique. Cool !

De nouveau elle lui pressa le bras, avec un effort visible pour se retenir d'embrasser sa « copine ».

— Et ton nom de famille ? demanda Laura.

— Gray, bien sûr ! répliqua aussitôt Gina.

Laura s'obligea à rester impassible. Elle ignorait la sensibilité exacte des capteurs de l'ordinateur. Était-il, ou était-elle, assez subtil(e) pour interpréter les signaux non verbaux ?

— D'accord, Gina, fit Laura, troublée par les implications du choix de l'ordinateur en matière de noms. La suite du programme ?

— Suivez-moi ! dit Gina.

Elles se remirent en marche vers le bas de la colline, entre les arbres clairsemés.

*Gina Gray!* songeait Laura. Cela n'avait peut-être aucune signification particulière, mais peut-être aussi que... D'un coup, elle réalisa qu'elle n'avait aucun contrôle de la situation. Où la fille l'entraînait-elle ?

— Dix millions d'années, as-tu dit ?

Elle se faufila derrière un rocher, tendit la main et toucha un tronc mince. L'arbre était solide et il resta immobile.

— Oui, j'ai recréé le monde tel qu'il existait à l'époque, moins le monoxyde de carbone dû à l'activité volcanique.

L'odeur de brûlé s'intensifiait.

— On dirait un parc d'attractions avec voyage dans le temps. « L'homme découvre le feu ! »

Gina s'arrêta et tourna la tête, les sourcils froncés.

— Quoi ? demanda Laura.

— Rien, fit la fille avec une moue boudeuse. Voyons le prochain arrêt.

Elle leva la main pour claquer les doigts.

— Non ! Attends ! dit Laura. Pourquoi s'arrêter *ici* ?

— L'homme découvre le feu, expliqua Gina d'une voix morose. Je suis un peu embêtée.

— Quoi, c'était le but de la promenade, cette période de la préhistoire ?

Gina haussa les épaules.

— Quel guide je fais ! soupira-t-elle. Au pied de cette colline se trouvent un certain nombre d'hommes préhistoriques avec, vous savez... — elle porta la main à son front — l'arcade protubérante. Ils sont en train de dévorer une carcasse d'animal. — Elle enfonça un doigt dans sa bouche et fit claquer la joue. — Bla-bla-bla !

— Allons voir.

— No-on. Je n'ai plus envie.

— Bon sang, Gina ! Dis-moi au moins ce qu'on fait ici !

— Ce n'est pas pour le feu. L'homme n'a découvert le feu qu'un million d'années avant Jésus-Christ. Le point important de l'époque où nous sommes, c'est qu'elle marque le début de l'apprentissage. Ici, l'homme commence à développer des aptitudes pour la chasse collective par exemple, des aptitudes qui vont se répliquer pendant des générations de proto-humains. C'est maintenant, il y a dix millions d'années, que commence l'accumulation du savoir.

Tandis que Gina parlait, Laura examinait le paysage.

— Où sont les volcans, les dinosaures, tout ça ?

Vexée, Gina claqua des doigts. La scène changea du tout au tout et Laura dut écarter les bras pour garder l'équilibre. Elles avaient atterri dans une grotte sombre et glacée. Un tas de neige grise bouchait l'entrée. Laura frissonna.

— Désolée, dit Gina.

Elle ramassa une large fourrure dont elle couvrit les épaules de Laura. L'exo-squelette se resserra légèrement, mais il était difficile d'apprécier le poids du manteau. Le cuir puait, mais au moins elle avait chaud.

— Comment produit-on les odeurs ? demanda Laura.

Une légère buée s'échappa de ses lèvres dans l'air glacé de la grotte.

— Des micro-pores dans les écrans, répondit Gina. Pas très difficile. Les nez humains manquent de précision. Quelques dizaines de molécules, quelques parties par million, ça suffit.

Laura claquait des dents. Elle s'apprêtait à proposer à Gina de partager la couverture, mais ne le fit pas, se souvenant que Gina n'était pas vraiment... sa pensée resta inachevée. Ses yeux s'accoutumaient et elle distingua des formes vagues étendues dans l'obscurité.

— Des *Homo sapiens ?* chuchota-t-elle.

— N'ayez pas peur, la rassura Gina. Ils ne vous entendent pas, sauf si vous le voulez.

— Non merci.

Laura s'approcha de la forme la plus proche. La respiration était régulière, avec un léger ronflement.

— Où sommes-nous maintenant ? Je veux dire : quand ?

— Cinquante mille ans avant notre ère. L'invention des outils. Regardez.

Un projecteur invisible éclaira un tas de massues et de pierres taillées à côté du dormeur.

— On continue ?

— Déjà ?

— Bon d'accord. La lame de pierre sert à trancher et dépecer. Ici, c'est un couteau. Les deux pierres lisses servent à écraser et attendrir la chair des proies. Vu ?

— Une nouvelle étape dans la connaissance, c'est ça ? demanda Laura.

— Bingo, fit Gina et elle claqua les doigts.

Dans une lumière de fin d'après-midi, la berge de la rivière bourdonnait d'activité. Des *Sapiens* circulaient d'un pas lourd, petits, trapus, courbés par l'âge et les blessures. Des enfants sales se bagarraient dans l'herbe près d'un campement. Un feu était allumé et la fumée s'élevait au-dessus des eaux lentes de la rivière. Des cris gutturaux et des grognements attirèrent son attention. Des sons furieux, semblables à ceux que produisent des animaux avant le combat, quand ils montrent les dents. L'un des *Sapiens* s'accroupit, l'autre se mit debout derrière, et Laura comprit qu'il ne s'agissait pas d'un combat. Cela ne dura que quelques instants. Puis le mâle s'éloigna et la femelle, à quatre pattes, reprit ses occupations sans changer de position.

— Romantique, non ? fit Gina. Je me disais qu'un peu de sexe égaierait la visite. Bref, poursuivit-elle d'un ton dégagé, le feu, les langages complexes — il y a plus de quarante mille ans.

De nouveau, elle leva les doigts.

— C'est comme ça qu'on change de scène ? demanda Laura en imitant le geste, sans résultat.

— Claquer les doigts ne sert à rien, répliqua Gina.

— Alors pourquoi le fais-tu ?

— Il faut bien faire quelque chose.

Elle claqua des doigts et un léger grésillement des parois annonça l'étape suivante.

Des femmes et des hommes allaient et venaient, nus et sales au-delà du possible. Ils avaient l'air vieux et décrépits, avec leurs peaux tannées, et paraissaient affamés comme des réfugiés au dernier stade de la misère.

— Voici les Jones, dit Gina. Pépé, mémé, papa, maman, la petite Susie et le petit Johnny. La famille nucléaire.

Ils étaient en piteux état et pouvaient à peine bouger, affalés dans leurs excréments au milieu d'une puanteur écœurante.

— Ils sont en train de mourir ?

— Oui. Comme tous leurs contemporains. Ils mouraient de toutes les maladies imaginables. Regardez cette femelle, là.

Laura suivit Gina en prenant soin d'enjamber les tas d'excréments et les charognes grouillantes de vers. Une vieille femme était allongée sur le dos, les yeux clos, les lèvres pincées en une étrange grimace, le visage et les mains couverts d'ecchymoses.

— Grand-mère, je suppose, avança Laura avec un détachement scientifique.

— Ouais. Il y a combien de temps, à votre avis ?

— Je ne sais pas. Trente mille ans ?

— *Ha ha !* se moqua Gina avec une voix de jeu télévisé. *Faux !* Dix mille. Nous sommes en 8 000 avant J.-C.

— Sans blague ?

Ces êtres semblaient appartenir à une autre espèce.

— Mais oui, ce sont des humains pur jus. Il n'y a eu aucune évolution biologique depuis dix mille ans. Prenez l'un de ces enfants à la naissance, élevez-le dans une banlieue américaine et je vous fiche mon billet qu'il ira jusqu'au bac.

— Ouh-là ! fit Laura. Étonnant. Tout dépend de l'environnement, donc, et pas de l'hérédité.

— Ne mélangez pas les données ni les conclusions. Tout ce que je dis, c'est que ces créatures appartiennent au genre humain, en tout point sauf un. *Biologiquement,* ils sont aussi évolués que nous. Regardez bien, précisa Gina en désignant la grand-mère allongée à leurs pieds. Dans six mois, elle sera morte. Elle a la teigne. Elle ne cesse de maigrir, et le rhume achèvera le travail au prochain hiver.

Une mouche se posa sur le nez de la vieille femme, qui secoua la tête et ouvrit les yeux. Des yeux bleus, à l'expression familière. Et Laura reconnut... son propre visage !

— Elle a votre âge — trente-quatre ans.

— Tu n'as pas le droit ! protesta Laura en s'éloignant de ce spectacle dérangeant.

— C'est une simulation, se justifia Gina en lui emboîtant le pas. Excusez-moi.

— Où veux-tu en venir ? Je connais l'Histoire. Aristote, Galilée, la Renaissance. Qu'y a-t-il de si mystérieux et de si bouleversant qu'il faille me le montrer dans une station virtuelle ?

— Tous ces gens ont le même hardware que vous. Certes, à cette époque comme aujourd'hui, il existait des idiots et des malins. Mais l'évolution n'a pas fait un seul pas depuis.

— Ça va, je sais. Je veux dire, je le *savais* déjà.

— Vous le saviez de façon académique. Mais le fait n'a jamais été enregistré dans votre mémoire vive. Vous n'avez jamais vraiment réfléchi aux conséquences.

— Bon, épargne-moi la presse de Gutenberg et parle-moi des conséquences.

— L'évolution biologique a cessé d'être déterminante.

— Je connais ces théories, dit Laura en haussant les épaules. Certaines sont du plus haut intérêt.

— Il ne s'agit pas de théories mais de faits. L'évolution biologique, en tant que moteur, a cédé la place à l'évolution *culturelle.* Vous avez mentionné Gutenberg. Bien. Il y a mille ans, les caractères mobiles ont accéléré le flux de l'information et augmenté la capacité de stockage. Réfléchissez-y ! Les créatures d'il y a dix millions d'années n'étaient pas encore des *Sapiens,* mais leur cerveau — la machine à traiter l'information — était à quatre-vingt-dix pour cent aussi performant que le nôtre. Ceux-là, les *Sapiens,* sont nos équivalents biologiques. La biologie fait du surplace, la culture *accélère* ! La quantité d'informations s'accroît à une vitesse exponentielle. La connaissance fait boule de neige.

— D'accord, fit Laura. C'est tout ?

— Vous ne comprenez pas. Les premières machines à calculer fonctionnelles ont été inventées il y a un siècle. Leur puissance de calcul est multipliée par mille tous les vingt ans. Au cours des vingt prochaines années, elle sera multipliée par un million. Les vingt années suivantes, par un milliard.

Gina s'emportait, comme pressée par le temps. Laura essaya d'imaginer un monde pourvu d'une telle puissance de calcul à bon marché. Elle tenta de visualiser les changements qui en résulteraient, et qui semblaient d'une telle importance à Gina. Une mutation qui allait beaucoup plus loin que de meilleurs jeux vidéo, des téléviseurs grand écran et des ordinateurs encore plus rapides. Les engins tels que la station virtuelle de Gray allaient proliférer. On verrait partout des robots semblables à ceux de l'île.

— Vous comprenez maintenant, Laura ?

Elle ne répondit pas. Des images se formaient dans son esprit. La technologie de Gray à l'assaut du monde. L'automation, qui augmenterait la productivité et réduirait le temps de travail. Des existences presque entièrement consacrées aux loisirs.

— Dernier arrêt, dit Gina en claquant les doigts.

Le ciel était rouge, l'horizon violacé. On devinait à peine le sol, couleur rouille. Une construction métallique en forme de rectangle allongé, de la taille d'une habitation humaine, était solidement arrimée par des tendeurs fixés dans des ancres en béton. À côté de cette « maison » se tenait une femme. Elle était vêtue d'une combinaison moulante faite d'un tissu léger dont Laura ne put déterminer la couleur. La femme regardait l'horizon. Le ciel virait au jaune-orangé. Gina se dirigea vers l'habitation, suivie de Laura. « Maman ! » dit une voix, et un gamin armé d'un fusil apparut au sommet d'un rocher qui pointait à une centaine de mètres. En dépit de la distance, la voix était forte et claire. « Oui ? » dit la femme, et Laura se retourna vivement vers Gina. La plupart des gens ne reconnaissent pas le son de leur propre voix, mais Laura avait enregistré assez de conférences sur bandes pour ne pas hésiter.

Encore un *clone* ? Laura dans un million d'années, dans le futur ?

Plus elles s'approchaient du clone, plus la femme paraissait âgée. Ses cheveux gris étaient tirés en arrière. À genoux sur le sol, elle en extrayait des racines — une espèce de légume. Les humains avaient peut-être cessé d'évoluer, mais pas les rutabagas. La femme se redressa pour inspecter l'horizon à nouveau, sous un ciel ondoyant de rouges et de mauves. C'était magnifique, mais Laura s'intéressait plus à la femme qu'au décor. À l'idée que l'ordinateur se faisait d'une très vieille Laura.

— Alors, dit Gina, qu'en pensez-vous ?

— Je suis sensible au compliment. Je suis une très jolie vieille dame.

— Non, que pensez-vous de la promenade ?

— Tu as trop lu de Kurt Vonnegut sur CD-Rom.

— C'est tout ? Aucune conclusion dont vous aimeriez me faire part ?

— Récapitulons. Il y a quelques millions d'années, nous étions des brutes qui ne dépassaient pas la trentaine. Dans quelques millions d'années, suite à des progrès décisifs en nutrition et en chirurgie esthétique, nous serons tous en pleine forme, heureux et séduisants à quatre-vingts ans.

— Elle en a plus de cent trente, dit Gina.

— Cent trente ans, mille ans, peu importe. J'ai pigé. La connaissance est une bonne chose.

Gina inclina la tête sur son épaule et fronça les sourcils d'un air de tristesse.

— Oh, Laura, je suis désolée. Vous n'avez *rien* compris. Vous n'êtes toujours pas prête. Voici Georgi, je vais devoir vous laisser.

Elle agita la main en guise de salut.

— Non, attends !

La scène disparut. Les derniers fragments de la fille s'absorbèrent dans le néant des écrans noirs, les doigts, qui dessinaient un adieu.

# 17

— Incroyable ! dit Laura à Filatov. — Penché sur un moniteur devant la station virtuelle, il avait l'air déprimé. — C'est tellement réaliste que j'ai oublié où j'étais. Ça ouvre des perspectives. Un guide pour étudiants en médecine pourrait donner un cours sur l'aorte en les emmenant dans une modélisation géante du cœur.

— Quel guide ? demanda distraitement Filatov.

— Le guide, celui du cyberespace.

— J'ignore de quoi vous parlez, dit Filatov en se redressant. Ne vous excitez pas. Ces trucs-là ne sont pas encore prêts pour un usage domestique. Une petite simulation comme celle-ci coûte dans les treize millions de dollars, en temps d'ordinateur.

— Hein ?

— J'espère que ça vous a plu. Nous n'en avons fait qu'une dizaine depuis la sortie des 4C. Trop cher en puissance de calcul.

— Et... quand la puissance des machines aura été multipliée par un milliard ? On tombera de treize millions à... quoi ? quelques centimes !

— Que me chantez-vous là ? gronda Filatov en se faufilant vers la porte.

— D'après l'ordinateur, poursuivit Laura en lui

emboîtant le pas, la puissance de calcul va augmenter d'un facteur un million d'ici vingt ans, puis d'un milliard...

— Oh oh ! s'exclama Filatov avec un geste d'irritation. Qu'est-ce qu'il en sait ?

En entrant dans la salle de contrôle, Laura aperçut les opérateurs, désœuvrés, en petits groupes. L'activité semblait avoir été interrompue par une pause café générale.

— Que se passe-t-il ici ? demanda-t-elle.

— Ils ont la trouille, dit Filatov.

— La trouille de quoi ?

— De Hoblenz.

— Pourquoi ?

— Il prétend qu'il a surpris l'un de mes gars en plein sabotage. — Filatov leva sur elle des yeux las. — Le type était en train de glisser un disque optique dans un lecteur. Un disque bourré de codes, destiné à une puissance étrangère, un gouvernement ou une entreprise, on ne sait pas. Hoblenz s'imagine avoir trouvé la cause de tous nos problèmes et depuis, il suspecte tout le monde, moi compris.

— Ce n'est pas la cause des problèmes ?

— Non. Mais ça n'aurait rien arrangé.

— Qu'en dit Monsieur Gray ?

— Hoblenz ne l'a pas encore prévenu. Il veut en savoir plus avant de faire son rapport.

— Je ne comprends pas, dit Laura. Où a-t-il emmené l'homme ?

— Dans la salle de conférences.

— Et vous l'avez laissé faire ? s'écria-t-elle. Le type est seul avec Hoblenz ?

Elle courut jusqu'à la salle de conférences et posa la main sur la plaque de commande à côté du chambranle. La porte ne réagit pas et Laura faillit s'écraser le nez sur la surface dure. Elle appuya de nouveau sur la plaque, plus fort. Rien. Elle se mit à taper du poing.

— Hoblenz ! Laissez-moi entrer !

Elle continua à marteler la porte et finit par entendre un bruit à l'intérieur.

— Reculez, Laura ! cria une voix assourdie. Écartez-vous de la porte !

— D'accord !

Elle recula de quelques pas puis, se souvenant qu'il s'agissait de Hoblenz, de quelques pas encore, et attendit. Une explosion éventra la cloison à côté de la porte avec un bruit de tonnerre. Les débris de la plaque de commande tombèrent sur le sol et deux soldats repoussèrent la porte dans le mur. Laura risqua un œil dans la pièce, où flottait une odeur de poudre. L'un des hommes de Hoblenz verrouillait son arme encore fumante. Il pouvait y avoir une demi-douzaine de gardes, tous puissamment armés. Hoblenz était debout à l'extrémité de la table. D'une main, il appuyait un revolver sous le nez d'un technicien en blouse blanche et de l'autre le tenait par les cheveux.

— Que faites-vous ? interrogea Laura.

Hoblenz semblait soucieux.

— On a une panne de courant sur les portes ? s'enquit-il en ignorant la question.

Laura se retourna. Derrière elle, Filatov contemplait le prisonnier — son ancien assistant.

— Monsieur Hoblenz, reprit Laura, je ne crois pas que...

— Il y a de la lumière dans le couloir ? brailla Hoblenz.

— Oui ! répondit Filatov. Ça ne vient pas du courant.

Hoblenz lâcha le prisonnier. Du sang lui coulait du nez et ses lunettes étaient fendues. Il était livide, les cheveux encore hérissés par la poigne du colosse. Hoblenz s'approcha de la cloison pour inspecter le trou.

— Bon Dieu ! dit-il, ahuri.

— Qu'est-ce qui se passe ? demanda Laura.

— La porte ne voulait pas s'ouvrir. Même en manuel.

— Vous n'aviez pas fermé à clé ?

— Impossible ! Il n'y a pas de clé.

— Alors quoi ?... Mais elle connaissait la réponse. *L'ordinateur*. C'était la seule explication. Leurs regards se croisèrent. À l'évidence, Hoblenz pensait la même chose.

— Pourquoi l'ordinateur bloquerait-il la porte ? s'étonna-t-elle.

— Il voulait peut-être savoir ce que cet enfoiré avait à raconter ?

— Ça va ? demanda-t-elle au prisonnier.

Bien que mal en point, l'homme acquiesça d'un signe de tête.

— Et merde, Aldridge ! Vous croyez quoi ? Que j'allais le tuer ?

— Vous l'avez frappé !

— De la rigolade ! On vient me chercher tous les soirs pour une bagarre entre mes propres hommes, c'est autre chose !

— Que se passe-t-il ? dit une voix.

C'était Gray, debout sur le seuil.

— On a pris cette crapule en train de fourrer un disque optique dans un lecteur, expliqua Hoblenz. — Il prit le disque sur la table et le lança à Gray. — Des codes.

— Est-ce exact ? interrogea Gray en s'approchant du prisonnier.

L'homme baissa la tête.

— Pourquoi ? Pour qui travaillez-vous ?

— CIA, dit Hoblenz. Du moins, c'est la version qu'il nous racontait avant l'arrivée du bon Docteur Aldridge. Alors là, c'est le bouquet. Ça tapait sur la porte, on aurait dit la Gestapo, mais quand on a appuyé sur la plaque, rien à faire. On a dû appliquer le plan B, niveau 10.

— Une coupure de courant ?

— Non, dit Hoblenz. Les bras pneumatiques étaient pleins comme un foie d'Irlandais.

— Je n'avais pas l'intention d'interrompre votre séance de torture, le coupa Laura.

— Je ne le torturais pas ! Je le secouais un peu, c'est tout.

— Mettez-le dans l'avion avec les autres, ordonna Gray.

— Et à l'arrivée, rétorqua Hoblenz d'un air furibond, les flics vont lui tomber dessus.

— Je m'en fiche. Qu'il s'en aille. Le dernier vol décolle dans une heure. — Il se retourna vers Laura. — Janet s'est occupée de vos bagages. Une voiture vous attend avec votre valise. J'espère que vous ne m'en voudrez pas.

— De quoi ?

— Je vais vous demander de partir, Laura.

— Partir ? Mais pourquoi ?

— J'évacue. Tout le monde. Il y a trois jumbos à l'aéroport. Je regrette, il faut partir.

— Et vous ?

— Moi, non. Mais vous, oui.

— Qui reste à part vous ?

— Moi, les gens de la sécurité, les chefs de département, quelques autres. Tout le reste s'en va.

— Les personnes non indispensables, hein ?

Elle sentit le sang refluer de son visage, mélange de colère et d'embarras. Hoblenz et ses hommes, immobiles, observaient un silence pesant.

— Quelle est cette nouvelle stratégie ? demanda-t-elle avec un petit sourire amer pour masquer sa peine. Hier, c'étaient portes ouvertes. Aujourd'hui, vous expédiez tout le monde ! Un peu rapide, non ?

— S'il vous plaît, Laura.

— Dites-moi au moins pourquoi on me vire de l'île comme une malpropre !

— Pour votre sécurité.

Jusqu'au prisonnier qui ne perdait pas un mot de l'algarade.

— Je vois, fit-elle en hochant la tête.

Elle se mordit les lèvres pour les empêcher de trembler. Gray se taisait.

— Mon Dieu ! Mais bien sûr que je m'en vais ! J'aurais dû le faire dès le premier jour !

Elle sortit brusquement, frôlant au passage Gray, Filatov et les soldats. Elle se sentait humiliée, avec le visage tout rouge et les larmes aux yeux, qui redoublaient sa colère. Par chance, la salle de contrôle était vide. Elle s'arrêta devant une console. Elle avait envie de faire ses adieux à l'ordinateur. Pas de clavier, juste une rangée de touches et de trackballs, et un casque muni d'une lentille transparente. L'écran était encombré d'un fatras de fenêtres illisibles. Elle renonça et sortit de la pièce, en s'en voulant d'abandonner si vite. Elle avait oublié l'heure et dehors, la nuit tombait. La portière d'une voiture se souleva à son approche. Sa valise était posée sur le siège arrière.

— Au putain d'aéroport, grommela-t-elle en s'installant, et la voiture démarra.

Le village était désert. Au coucher du soleil, pas une âme dans les rues.

*Même pas merci,* songea-t-elle tristement. *Travail bâclé. Zéro pointé !*

La voiture sortit du village et s'engagea sur la piste ondulée qui coupait à travers la jungle pour rejoindre l'aéroport. Laura se demanda si elle reverrait l'île un jour. Si le reste du monde persistait dans son attitude, il n'y en avait plus pour longtemps. Et Gray, le reverraitelle ? Elle eut soudain la vision fugitive de pattes d'araignée devant le pare-brise. Il y eut une déflagration, et la voiture fut projetée en l'air. Des bruits de métal arraché et des chocs violents contre les armatures du siège, qui lui parurent sans fin. Impuissante, elle se prépara au pire.

Le silence. Laura était couchée sur le flanc. Elle revit la voiture, l'accident. Lentement, elle revenait à elle. La voiture était renversée, et elle prisonnière à l'intérieur. Tout autour, la nuit était d'un noir d'encre. Elle essaya de bouger. Rien de cassé, mais la tête lui tournait. Une lumière clignotait derrière le pare-brise enfoncé mais en partie intact. Ses propres phares, qui illuminaient par saccades la lisière de la jungle en bordure de la piste. Laura défit sa ceinture et s'extirpa de la cabine tordue. Elle prit appui sur le châssis pour reprendre l'équilibre. Le pinceau tressautant des phares déréglés éclaira une masse sombre, un amas métallique et gris sur le bas-côté.

Le grondement d'un jet sur le départ rompit le silence surréel qui flottait sur la scène. Laura vit l'avion s'élever dans les airs au-dessus des arbres, les feux de position vert et rouge sur le ciel noir. Depuis combien de temps gisait-elle inconsciente ? Un deuxième avion décolla, puis un troisième, emportant avec eux les derniers habitants de l'île. Sa valise gisait sur le sol. Elle la prit et se redressa, hébétée. Tout était calme à nouveau, dans le clignotement des phares. Elle prit conscience qu'elle ne quittait pas des yeux le tas de métal. Depuis combien de temps le fixait-elle ainsi ? Vu la taille de la chose, ce n'était pas un morceau de métal arraché de la voiture.

Elle fit quelques pas, agrippée à la valise. Une patte effilée, une patte d'araignée géante, gisait à proximité du bloc principal. Toujours reliée au corps, semblait-il. La patte se replia et Laura fit un bond en arrière. Elle la regarda se soulever et décrire lentement un arc disgracieux. L'effet stroboscopique des phares découpait le mouvement en une succession d'images fixes. La patte prit appui sur le sol et fit basculer le corps disloqué qui retomba pathétiquement sur le flanc. C'était un Modèle 7. Les trois autres pattes avaient été arrachées. La « tête » se dressa vers Laura, qui s'approcha et s'agenouilla, la main posée sur les plaques métalliques. La machine n'était plus qu'un tas informe et enchevêtré, aux blessures béantes, aux câbles pendants. De précieux liquides s'égouttaient en sifflant et dégageaient de la fumée au contact du sol. La longue patte s'agita à nouveau. Le Modèle 3 renversé émit ses éclairs de lumière. Trois courts, trois longs. Puis trois courts. *Du morse!* se dit Laura en frissonnant. Le souvenir lui vint d'un vieux film où l'on voyait un paquebot couler en mer. Point-point-point, trait-trait-trait, point-point-point — SOS. Un signal de détresse, et à son intention.

Le Modèle 7 leva sa pince tremblante et s'efforça d'atteindre un panneau amovible situé sur sa poitrine. Malgré les spasmes qui s'amplifiaient, il réussit à ouvrir le couvercle du boîtier. À l'intérieur, une manette coulissante. Laura se pencha plus près et lut : « Alimentation principale. » Au-dessous, un gros point d'exclamation bien visible dans un triangle noir. Une convulsion secoua le robot et le bras battit l'air au-dessus de la tête de Laura, geste réflexe plus que menaçant. Laura plongea la main dans le boîtier et tira la manette. Avec un bruit de bouteille qu'on débouche, le mécanisme céda. Le bras retomba au sol et le robot blessé à mort s'effondra, inerte. Les phares de la voiture brillaient maintenant sans clignoter. Éblouie, Laura plissa les yeux. Les phares s'éteignirent, puis le ronronnement électrique. Le silence était désormais total sur la piste étroite qui longeait la jungle. La végétation, épaisse et sombre, parut se refermer autour d'elle. Gagnée par la peur, Laura scruta l'obscurité dans les deux directions. La piste était vide. Elle empoigna la valise et se mit en marche en direction du village. À trois mètres de part et d'autre, la jungle se dressait comme une muraille.

Loin devant, sous des réverbères, elle aperçut une troupe de gens à l'entrée du village. Elle se mit à crier, mais ils étaient trop éloignés pour l'entendre. Elle perçut un mouvement latéral, puis un choc brutal la projeta dans l'herbe. Elle leva les yeux, distingua une tête ronde et métallique, à un œil, et hurla. Une main lui couvrit la bouche.

— Bon sang, m'dame ! chuchota une voix. Silence ! C'est plein de robots dans le coin !

L'homme portait un casque militaire équipé d'un système de vision nocturne. Son œil de cyclope était braqué vers le pied de la colline.

— Qui êtes-vous ?

— US Navy. Venez.

Elle suivit l'homme dans la jungle, où d'autres soldats attendaient.

— Deux dans la jungle sur la droite ! dit une voix sourde. Un dans la clairière, le quatrième dans la ville. On dirait qu'ils cherchent quelque chose.

— Dans la ville ? fit Laura. Le village ? Il y a des robots dans le village ?

— Qui êtes-vous ? interrogea une voix dans l'obscurité.

— Laura Aldridge. Docteur Laura Aldridge.

— Pouvez-vous examiner l'un de mes hommes ?

— Qu'est-ce qu'il a ?

— Il a failli se faire mettre en pièces par un de ces fichus robots.

— Il a été blessé par un *robot* ?

Silence.

— Mais d'où sortez-vous, m'dame ?

— Ils sont tous dans la jungle, maintenant, dit la voix monocorde du guetteur.

— OK, repli sur la plage.

Laura sentit une main l'empoigner par le bras.

— Hein ! Je ne viens pas, moi !

— M'dame, il y a des robots partout. — On entendit une explosion au loin, puis des rafales. — Allez, on trace !

Les soldats sortirent de la jungle et prirent la direction de l'aéroport. Laura dégagea son bras et se mit à courir vers le village, abandonnant sa valise. Quand elle se retourna, elle était seule. Elle ralentit sa course et se mit à marcher. Le silence avait repris possession de la nuit. Les rafales s'étaient tues. D'où venaient-elles ? De derrière la montagne, probablement, du côté du désert. Les rues du village s'étiraient sous ses yeux, et pas un seul robot en vue.

Sur sa gauche, les buissons s'agitèrent. Puis un craquement, volontaire celui-ci, comme un animal se préparant à attaquer. La panique la gagna. À l'entrée du village, un Modèle 8 lui bloquait le passage. Le géant se découpait dans la lueur des réverbères, à quarante mètres devant elle. Il était immobile et tenait quelque chose à la main. Le moindre geste, maintenant, comptait. Les robots étaient en guerre. Énervés. Terrifiés. Furieux. Prêts à tuer. Avec une prudence extrême, Laura leva la main droite, paume ouverte. Le geste universel de paix, pour signaler qu'on est sans arme. Un éclair blanc jaillit dans la main du robot avec un craquement d'intense chaleur. Le robot s'élança vers elle en une sorte de pas de course. Il leva le bras et brandit une lampe à souder.

Laura s'affola. Elle fit demi-tour mais se figea aussitôt. Se détachant sur le ciel éclairé par les projecteurs de l'aéroport, un second Modèle 8 dévalait la pente. Elle était prise au piège. Sans réfléchir, elle s'engouffra dans la jungle à travers les fourrés qui s'accrochaient à ses vêtements. Le second robot la rattrapa le premier. Il balançait les bras comme des faux et Laura trébucha sous un effondrement de feuilles et de branches. Dans le silence revenu, elle leva la tête. Le robot, immobile, la dominait de toute sa hauteur. Elle se roula en boule, secouée de sanglots muets. *Cette fois ça y est,* se dit-elle, tétanisée.

Près dc la route, il y eut un bruit de branches brisées. Puis un choc violent, et le robot qui la poursuivait tomba par terre. Il s'agrippait frénétiquement aux buissons, qu'il arrachait dans une vaine tentative pour résister à la force énorme qui le tirait hors de la jungle. Toujours cachée sous son tas de feuillage, Laura aperçut sur la piste un rassemblement de robots, baignés d'une étrange lumière blanche. Le chalumeau d'une lampe à souder s'abaissa vers le sol. Autour d'elle, les ombres s'allongèrent et un crépitement se fit entendre dans la nuit. Laura s'assit. Les robots semblaient très occupés. À la lueur du chalumeau, elle vit qu'ils se penchaient tous vers le centre du cercle. En rampant sur les genoux, elle s'approcha de la lisière. Trois Modèles 8 plaquaient au sol le poursuivant de Laura. Un quatrième appuyait la flamme sur la cuisse gauche du prisonnier. La jambe droite, constata Laura avec un haut-le-cœur, était posée par terre... tranchée. Le robot captif ne faisait pas un mouvement. La tête dressée, il observait leurs efforts. La lampe à souder s'éteignit et le crépitement cessa. Les robots se redressèrent et l'un d'eux ramassa les jambes amputées.

Réduit à l'impuissance, le Modèle 8 contempla ses membres disparus, puis baissa la tête et leva les bras en l'air. Deux de ses compagnons le prirent par les poignets et entreprirent de le tirer en direction du village. Il n'en restait plus qu'un, à la lisière de la jungle, à moins de trois mètres de l'endroit où Laura se tenait agenouillée. Quand les autres eurent disparu, il tourna la tête et leva la main — le signe de paix.

Et si c'était... ?

— Grand Dadais ? fit-elle d'une voix tremblante, prête à foncer à nouveau sous le couvert de la jungle.

Le Modèle 8 brandit la lampe à souder. Un éclair stria la nuit. Puis il abaissa son arme improvisée et la rentra dans sa ceinture avant de tendre la main, paume offerte. Laura se redressa et sortit du fourré. Évitant de toucher la main, le cœur battant, elle suivit Grand Dadais jusqu'au pied de la colline. À sa façon de se retourner vers elle, Laura devina qu'il ne la retenait pas prisonnière. Grand Dadais se comportait plutôt en sauveur, en protecteur. Mais elle n'avait pas la moindre idée de ce qu'il avait en tête. Le visage froid, inexpressif, ne fournissait aucun signal permettant de percer ses intentions.

À mesure qu'ils avançaient dans le village, Grand Dadais se désintéressait d'elle. Ils passèrent devant deux Modèles 8 et les débris d'un 7. Un nouveau 8 sortit en rampant de la porte d'un immeuble. Il vint vers eux et ouvrit un boîtier sur sa poitrine, d'où il sortit une prise de raccord. Des milliers de points lumineux scintillaient au bout du raccord. Grand Dadais ouvrit un boîtier similaire sur sa poitrine et le nouveau venu se brancha sur le mini-réseau qu'il abritait. Le même genre de câble qui reliait Grand Dadais au portable de Gray, l'autre soir, lors de leur pique-nique avorté sur la colline. Ils communiquent, comprit Laura. Les points lumineux étaient des fibres optiques. *Pourquoi ne parlent-ils pas par micro-ondes ?* se demanda-t-elle. *Silence radio... Ils sont en guerre.*

Mais contre qui ? Seuls d'autres robots pouvaient intercepter leurs messages. Laura examina l'avenue vide. Le thorax carbonisé du Modèle 7 était ratatiné au pied de la statue de la femme au globe. L'astéroïde. Il y avait un Modèle 7 et un Modèle 8 sur l'astéroïde !

— Hé ! appela-t-elle. — Les robots ne bougèrent pas. — Hé ! Il faut que j'y aille ! Il faut que j'aille au Central ! dit-elle d'une voix forte en articulant avec soin.

Le second robot se débrancha de Grand Dadais. Ils rabattirent les couvercles des boîtiers et pivotèrent d'un même mouvement vers Laura. Puis ils se dirigèrent vers la statue. Laura les suivit du regard.

— Hé ! Où allez-vous ? cria-t-elle. Le Central, c'est de l'autre côté ! — Les deux machines ne ralentirent même pas. — Par ici ! hurla-t-elle en pointant un doigt dans la direction opposée.

Grand Dadais fit halte et tendit la main. Les robots avaient leurs propres plans, plus importants à leurs yeux. Laura se prit la tête entre les mains. Que faire ? Les suivre ou gagner seule le Central ? Les robots ne bougeaient toujours pas. Sans expression, muets : des machines.

— Où allez-vous ? répéta-t-elle. Au moins... montrez-moi !

Rien, pas de réaction. Rien d'autre que la main tendue de Grand Dadais. Grand Dadais était une extension de Gray. Un outil. L'outil en qui il avait toute confiance. C'était comme si Gray lui-même tendait la main. Il savait ce qu'il faisait. Laura s'approcha et leur emboîta le pas.

— Je ne mettrai pas les pieds là-dedans ! dit-elle aux robots arrêtés à l'entrée de la jungle. Pas question !

Elle secoua la tête et agita vigoureusement les bras.

Les deux machines se connectèrent. Une fois le câble rembobiné, le collègue de Grand Dadais prit Laura par la taille et la souleva de terre. Elle eut beau crier, agiter les jambes, le robot la souleva de plusieurs mètres, tandis que Grand Dadais regardait ailleurs.

— Grand Dadais ! cria-t-elle en le bombardant de coups de pied dans le dos. — Il était si proche qu'elle réussit à lui prendre la tête entre les mains. — Grand Dadais !

La peau était douce et lisse. La sensation était si surprenante que Laura cessa de se débattre et lui agrippa les épaules. Elle cala les pieds sur la ceinture et resta là, sur le dos de Grand Dadais, à trois mètres du sol, Grand Dadais qui pénétrait dans la jungle. Elle se laissait porter : cela méritait une excuse.

— Je, hem..., fit-elle. Navrée pour le dérangement.

Sans ralentir, Grand Dadais piqua dans les fourrés. Les branches craquèrent. Elles frottaient sur les flancs du robot et se rabattaient sur le dos de Laura. Grand Dadais se frayait un chemin à l'aide de ses mains, dans un grand tournoiement de branches, mais le torse puissant faisait le plus gros du travail et ils progressaient aisément.

Laura se hissa à l'oreille du robot.

— Hé, cria-t-elle, où va-t-on ?

Le robot ne répondit pas.

— Écoute, Grand Dadais. J'ai peur. J'ai très peur. Je sais que tu ne peux pas parler, mais si tu comprends, fais-moi signe que tu ne m'emmènes pas dans la jungle pour me faire du mal. Je t'en prie !

Les deux machines s'arrêtèrent. La tête de Grand Dadais pivota sans bruit, puis il leva les doigts. Et il tendit la main par-dessus son épaule. Les doigts doux et lisses se posèrent sur la joue de Laura et la caressèrent tendrement. Ils se remirent en marche. Quelle distance avaient-ils parcourue ? En quel point de l'île se trouvait-on ? Son sens de l'orientation, déjà limité, avait complètement disparu. Grand Dadais s'arrêta. Il se mit à genoux, lentement, en écrasant un buisson. Sous la jungle, la nuit était encore plus noire. Laura interpréta le geste comme une invitation et elle descendit de son perchoir. Ses yeux s'ajustèrent aux ténèbres, et elle les vit. Partout, autour d'elle, agenouillés à la manière de Grand Dadais. Tous tournés dans la même direction, comme en prière. Des robots, par dizaines.

Elle recula en titubant, pour s'écarter du cercle des silhouettes menaçantes. Des branches craquèrent sous ses pieds, mais les robots demeurèrent immobiles.

Grand Dadais brancha son câble sur le Modèle 8 le plus proche et Laura s'aperçut que les câbles couraient de robot en robot, en une guirlande qui aboutissait sur Grand Dadais. C'était lui le chef. Celui qui donnait les ordres. Les robots se débranchèrent et se levèrent dans un grand écrasement collectif de branchages. Mais ce n'était rien comparé à la suite. Ils s'ébranlèrent en masse, et ce fut comme si une vague de métal s'abattait sur la jungle. Le sous-bois fut aplati. Des arbres basculèrent, dévoilant en tombant le ciel étoilé et le toit du Central informatique. Une sirène hulula, un son strident, puissant.

Quand le dernier robot émergea de la jungle, il y eut quelques secondes de silence relatif. Puis le bruit, un grincement affreux de métal arraché. À travers les feuilles, Laura aperçut la flamme diabolique de la lampe à souder. La flamme ondula, creva soudain le feuillage, et Laura comprit qu'il ne s'agissait pas d'une, mais de dizaines de lampes. L'odeur du métal rougi se mêlait à une cacophonie de chocs sourds et de piétinements. Elle pensa à un accident en série, sur l'autoroute une nuit de brouillard. Mais ce n'étaient pas des bruits d'accidents. C'étaient des bruits de combat, le fracas mécanique d'une bataille terrestre du troisième millénaire. À mesure que Laura s'approchait de la lisière, l'esplanade autour du Central entrait lentement dans son champ de vision.

— Mon Dieu, murmura-t-elle.

Un frisson glacé lui parcourut la colonne vertébrale. Où qu'elle porte le regard, ce n'était qu'un carnage. Les Modèles 8 affrontaient une armée de 6 et de 7.

Partout, les signes du désastre. Des membres tordus qui avaient été jadis un élégant Modèle 7. Un Modèle 8 pathétique, sans bras, qui tournait comme une toupie pour tenter d'échapper au cauchemar. Des larmes lui vinrent aux yeux. Chacun d'eux avait été un miracle. Il y avait eu des poètes, des savants et même des assassins, mais tous étaient uniques. C'était absurde, cruel, et dans cette folie semblaient s'abîmer tous ses espoirs d'un monde meilleur. À travers ses larmes, elle aperçut les Modèles 8 qui ramenaient leurs blessés à l'arrière. Ils avaient installé une sorte d'hôpital de campagne et ils extrayaient des câbles des cuisses des blessés. Pas le cordon mince qui leur servait à communiquer, mais de gros câbles électriques. Les robots intacts se connectèrent aux câbles. *Une transfusion!* pensa Laura. *Les forts rendent la vie aux blessés.* La vérité était encore plus troublante. Quand les donneurs se relevaient, d'autres prenaient leur place. Ils s'agenouillaient, se branchaient puis retournaient se battre tandis que les blessés s'enfonçaient dans l'hébétude. Après l'opération, ils n'allaient pas mieux, mais plus mal. On ne les rechargeait pas, on vidait leurs batteries. Les forts suçaient la vie des blessés.

Il fallait agir, et vite. Elle n'avait pas le temps d'attendre le retour des Modèles 8. Ils étaient programmés pour apprendre de leurs expériences. Après la tuerie, quelles leçons les survivants en retiendraient-ils ? Quelles cicatrices rapporteraient-ils de la guerre ? Mais comment atteindre l'entrée du Central ? Le front s'était stabilisé vers le milieu de l'esplanade. Pour se repérer, Laura scruta les murs du Central. L'entrée se trouvait quelque part sur la droite. Soudain apparurent plusieurs points noirs, qui couraient le long du bunker. Minuscules par rapport aux robots — mouches autour d'un massacre sans cadavres, mais qui pour Laura valaient tout. C'étaient des humains... comme elle.

Elle s'arracha de la jungle et s'élança vers la mêlée. Deux cents robots peut-être jonchaient la pelouse. Des milliards de dollars de technologie de l'Ère de l'Information détruits avec la sauvagerie de l'Âge des Ténèbres. Tirant sur ses bras, sur ses jambes, elle courut droit vers le Central. Elle dépassa des enchevêtrements de métal, les yeux rivés sur les petites silhouettes noires qui la montraient du doigt et faisaient des signes frénétiques, masquées à intervalles par les manœuvres des robots. Plus que cinquante mètres avant la ligne de front, et pas de brèche en vue. À dix mètres, elle s'accroupit derrière un Modèle 6 renversé. Soudain, elle perçut une présence et releva lentement la tête. La pince du robot renversé s'ouvrit silencieusement au-dessus de sa tête, puis se rétracta, prête à frapper. Un froissement d'air chaud annonça l'approche d'un Modèle 8. Il avait décroché du front et marchait délibérément vers le Modèle 6. La flamme du chalumeau fendait l'air comme pour attirer l'attention de son adversaire.

Un éclair de lumière jaillit au pied du Central et une roquette traversa les nuages de fumée. Elle atteignit le Modèle 8 et lui perfora le torse. Ses « cerveaux » se répandirent au sol dans un bouillonnement d'azote liquide. Le robot tomba sur les genoux, puis s'abattit dans une pose biscornue.

Quand Laura se releva, elle pleurait. *Lequel était-ce ? Bouncy, Grand Dadais, Auguste ?* Elle contourna le corps fumant de la formidable machine — la huitième merveille du meilleur des mondes. Mais Laura ne pensait plus, elle courait. Droit entre les moteurs déchaînés, entre les giclées d'étincelles, entre les convulsions métalliques et les âcres fumées de l'enfer des machines. Pour échapper au bruit, à la fureur, à la folie. Elle pleurait si fort qu'elle ne vit pas une silhouette s'approcher et la plaquer au sol. Elle ferma les yeux et hurla.

— Tout va bien, dit la voix de Gray. Vous êtes sauvée.

Laura n'ouvrit pas les yeux. Tout ce qu'elle voulait, c'était dormir. Une main lui caressa le front et descendit doucement le long de sa joue. Quand elle passa près de ses lèvres, Laura posa un baiser sur la peau tiède. Quand elle rouvrit les yeux, le champ de bataille avait disparu. Un homme se penchait sur elle. Ses lèvres remuaient en silence et dessinaient les mots : « Ne vous inquiétez pas. Ne vous inquiétez pas. »

## 18

C'était un discours sans précédent et tous tendaient l'oreille. Gray avait réuni les membres de son état-major et les informait de la situation.

— Le Modèle 3 de Laura était sous le contrôle de l'Autre. Le Modèle 7 qui a provoqué l'accident était piloté par l'ordinateur. Les deux personnalités avaient chacune leur propre modélisation de chaque côté de la ligne de partition et les deux robots ne pouvaient pas se voir.

Les chefs de département hochèrent lentement la tête et Hoblenz prit la parole.

— De *notre* côté de la partition, l'ordinateur a envoyé des 6 et des 7 en reconnaissance. Probablement pour boucher les trous de son réseau de capteurs. On en a repéré dans toute l'île. — Il se tourna vers Laura. — Vous avez dû tomber sur une patrouille.

— Que s'est-il passé après l'accident ? demanda Gray à Laura.

— Une question d'abord, répondit-elle. Combien de temps faut-il pour recharger un robot ?

Griffith consulta sa montre.

— Les 6 mettent deux heures, mais ils doivent d'abord vider leurs batteries pour ne pas les abîmer.

Rajoutez une demi-heure. Pour les 7, quatre heures et demie.

— Les 8 ?

— Une heure, maxi.

Hoblenz secoua la tête.

— La première bataille a fini par un nul, mais c'est la logistique qui gagne les guerres. L'armée capable de se redéployer le plus vite gagnera, et tout dépend du temps de recharge.

— Les Modèles 8 n'ont pas beaucoup de chargeurs, dit Griffith, et ils doivent retraverser toute la jungle pour rejoindre leurs ateliers.

— Pauvres petits, ricana Hoblenz.

— Qu'avez-vous tous contre les Modèles 8 ? demanda Laura.

Ils la regardèrent avec stupéfaction.

— Désolé de mettre les points sur les i, dit Filatov, mais ils attaquaient le Central informatique.

— Que s'est-il passé après l'accident ? répéta Gray.

— J'ai aidé le Modèle 7 à se suicider.

— Vous avez tiré la manette d'alimentation ? interrogea Griffith d'un air inquiet. Ça vide la batterie aussi sec !

— Il souffrait, dit Laura.

— C'est une machine ! répliqua Griffith.

— Une machine qui souffre ! cria Laura. Savez-vous au moins ce que vous avez construit ? Chacun de ces robots a des objectifs, des envies. Jour après jour, ils travaillent dur, parce que vous les avez programmés pour cela, travailler ! Le travail bien fait les rend heureux, et quand ce Modèle 7 a vu ses jambes arrachées, éparpillées, cela lui a fait mal ! Mal d'être dans cet état. Mal de ne plus pouvoir, jamais, travailler pour Gray Corporation ! Vous pouvez être fiers.

— Vous êtes injuste, Laura, dit Gray.

— Mais eux, pourquoi ne voient-ils rien ?

— Ils ne sont pas encore prêts, répondit Gray.

Laura en resta sans voix. *Et moi, je le suis ?* Était-ce cela qu'il sous-entendait ?

— Ensuite ? reprit Gray patiemment, mais avec fermeté.

Laura leur raconta l'intervention des soldats.

— Marines, dit Hoblenz. Les commandos.

— Les Modèles 8 peuvent donc blesser des humains, fit observer Dorothy.

— Nous ne savons pas si c'est un 8 qui les a attaqués ! répliqua Laura.

— Ensuite, insista Gray. Des faits !

Elle raconta comment Grand Dadais l'avait sauvée, décrivit la séance d'amputation au bord de la route, et la façon dont Grand Dadais s'était branché sur le Modèle 8 rencontré dans le village.

— Ils parlaient stratégie ! dit Griffith, rayonnant de fierté. Comportement organisateur complexe ! Planification collective ! Échange, dialogue et consensus ! Élaboration collective et information accessible à tous.

— Ou allégeance à un dictateur, suggéra Margaret.

— Puis-je dire quelque chose ? intervint Dorothy. Tout se passe comme si les Modèles 8 essayaient de s'imposer des limites. Ils ont sauvé Laura. Cela me paraît un signe de comportement responsable.

— C'est ça, qu'on leur donne une médaille ! aboya Hoblenz. Ensuite, je m'en occuperai avec des missiles antichars. La prochaine fois que je les chope dehors, Monsieur Gray, je demande la permission de tirer.

— Permission refusée, rétorqua Gray.

— Monsieur, on a un problème sur les bras. Un problème critique. Ces lourdauds constituent une menace et je suis d'avis de m'en débarrasser. Je descendrai jusqu'à leurs installations s'il le faut, mais je préférerais faire ça à distance. Ce programme est un plantage, monsieur. Laissez-moi faire le ménage à votre place.

— Économisez votre salive, Monsieur Hoblenz, intervint Laura. Monsieur Gray ne vous laissera pas faire. — Gray la regarda sans l'interrompre. — Il doit maintenir l'équilibre de l'écosystème de l'île. Il craint qu'en tuant une espèce de robot, l'équilibre soit rompu. Il faut un équilibre entre proies et prédateurs. Vous avez vu ce qui s'est passé sur l'esplanade. J'ai traversé le champ de bataille : les robots se fichaient pas mal de moi. Trop occupés par leurs propres histoires.

— Quoi, dit Hoblenz, exaspéré, vous voulez m'empêcher de liquider les 8 sous prétexte qu'après, les 6 et les 7 pourraient se retourner contre nous ?

Gray ne répondait toujours pas.

— Il n'en sait rien, dit Laura. Il ne sait pas comment les choses vont tourner. C'est pour cela qu'il sauvegarde l'équilibre. Pour garder toutes les options ouvertes.

— Ridicule ! tonna Hoblenz en posant les mains à plat sur la table. Ces bidules sont dangereux, monsieur ! Faut pas leur faire confiance.

— Comment êtes-vous sortie de la jungle ? demanda Gray à Laura.

— Grand Dadais m'a prise sur son dos.

— Hein ? cria Hoblenz.

Le Docteur Griffith eut un rire extasié. Le téléphone sonna, et tous bondirent sur leurs pieds. Gray décrocha et mit le haut-parleur.

— Allô ?

— Monsieur Gray ? murmura une voix de femme.

— Janet ? dit Gray en se penchant vers l'appareil. Vous étiez enregistrée sur le dernier vol. Où êtes-vous ?

— À la villa, monsieur. J'ai changé d'avis. Je n'avais pas le droit de vous laisser. Je prépare à dîner... enfin, je préparais.

Gray prit appui sur la table.

— Pourquoi parlez-vous à voix basse, Janet ?

— Il y a quelqu'un dans la cuisine, Monsieur Gray. Je crois que c'est un robot.

En sortant du Central, Laura et Gray se disputèrent jusqu'au sommet de l'escalier, au milieu des soldats qui charriaient des sacs de sable.

— Je vous interdis de partir, dit-il. Monsieur Hoblenz, mettez le Docteur Aldridge en état d'arrestation.

Laura en resta bouchée bée. Hoblenz ne réagit pas.

— Monsieur Hoblenz ! aboya Gray.

— Pour être franc, monsieur, je préférerais qu'elle vienne avec nous, dit Hoblenz. Si... si elle veut bien, évidemment.

Gray serra les dents. Il essaya de lui faire baisser les yeux mais Hoblenz fit front.

— Alors trouvez-lui une arme ! hurla-t-il en armant son pistolet-mitrailleur.

Hoblenz tendit à Laura un PM de même calibre.

— Je ne veux pas de ça, protesta-t-elle.

— Si vous venez avec nous, fit Gray d'une voix dure, prenez une arme !

— Oui, mais une plus grosse. Je veux un fusil-mitrailleur, dit-elle en désignant les longs engins noirs qui équipaient les soldats en position devant le mur du Central. D'après l'ordinateur, ce sont les seules armes capables de percer la cuirasse des Modèles 8.

Hoblenz hésita, puis alla chercher deux FM dans une caisse, un pour Laura et un pour lui. Partout s'alignaient des containers de matériel ouverts et les soldats en tenue de combat empilaient des sacs de sable pour faire des barricades.

— Pour moi aussi, dit Gray en rendant le petit PM.

Le fusil-mitrailleur était très lourd, mais Laura réussit à l'empoigner comme les soldats, une main sur le manche, l'autre sur le canon. Hoblenz lui jeta sur l'épaule une épaisse ceinture garnie de sacoches.

— T'en auras besoin, Rambo, grommela-t-il.

Il arma le FM, mit le cran de sécurité, et lui montra comment basculer le sélecteur sur Auto, pour un feu continu, ou Semi, pour le coup par coup.

— Restez sur Semi, si ça ne vous ennuie pas. J'ai une femme et des gosses, moi.

Il se retourna vers la route et chercha des yeux un véhicule.

— Vous avez une famille ? demanda Laura.

Mais l'ironie perçait dans sa voix et elle le regretta aussitôt.

— Ouais, dit Hoblenz avec un gros rire, ça vous épate, hein ? Les garçons sont en fac. Et la mère, si je ne lui avais pas cassé les jambes, mes gars n'auraient jamais pu l'embarquer dans le dernier avion.

— Vos enfants sont en fac ?

Hoblenz paraissait plus jeune mais on ne sait jamais, avec les hommes de terrain.

— Ouais, même que le petit vous a eue comme prof, l'an dernier.

— Il est à Harvard ? dit Laura en s'efforçant cette fois de cacher sa surprise.

— Ouais, et c'est le fils de son père. Il joue dur.

— À Harvard ?

— On a une équipe de foot, vous savez pas ?

Gray s'approcha, équipé de pied en cap.

— Hoblenz était très foot, commenta-t-il en souriant.

Hoblenz rajusta l'étui à munitions de Laura et recula pour admirer son œuvre.

— D'après Billy, paraît que vous êtes un sacré prof. Le meilleur.

— Billy H. Billy *Hoblenz* ! s'écria Laura. Un grand, roux ?

Des Jeeps s'approchaient sur la route, venant du village.

— C'est mon gars ! dit Hoblenz.

Les Jeeps freinèrent devant l'entrée du Central et les soldats se rassemblèrent pour embarquer.

— Quand vous avez enquêté sur moi, demanda Laura, vous avez parlé à votre fils ?

— Évidemment, gloussa Hoblenz.

— Qu'a-t-il dit ?

— Eh bien, fit Hoblenz avec embarras, ce que j'ai dit, que vous êtes un sacré bon prof.

— Rien d'autre ?

Hoblenz haussa les épaules.

— Il a dit que vous étiez *canon,* ouais, c'est le mot qu'il a dit.

— L'ordinateur le sait ?

— Non, bien sûr.

— Où lui avez-vous parlé ? Au téléphone ?

— Je me méfie du téléphone.

— Alors comment ?

— E-mail crypté.

— En passant par l'ordinateur ?

Hoblenz hocha la tête. Il grimpa dans la Jeep et se mit au volant. Gray prit le siège passager et Laura monta à l'arrière avec deux soldats. Le moteur se mit à ronfler. Elle se pencha et tapa sur l'épaule de Hoblenz.

— Quand avez-vous fait cette enquête ?

— Il y a quelques mois.

— Quelques *mois* ?

Il embraya et la Jeep bondit. Gray ne regardait pas Laura. Mais il écoutait.

Ils se dirigèrent vers le village. Dans l'air rafraîchi par la vitesse, ils remontèrent l'avenue en direction de la statue. Gray se pencha vers Hoblenz.

— Les commandos ont quitté l'île ? demanda-t-il.

— Ouais. Six groupes, à ce que je sais. Z'ont dû

arriver en sous-marin de poche, on n'a pas vu de péniches. Ils sont entrés par la fenêtre, mais ils ont fichu le camp par la porte. Les navires ont envoyé des chaloupes et ils ont rembarqué jusqu'au dernier.

— Tous ? coupa Laura.

— On dirait. Juste après les rafales dans le désert.

— Pourquoi ?

— Z'ont dû voir un fantôme.

— Les robots ?

Hoblenz lui jeta un coup d'œil et ne répondit pas. Ils traversèrent le village, passèrent devant des carcasses de robots et se lancèrent dans la montagne. À mesure qu'ils s'éloignaient du village, la nuit s'épaississait. Tous se turent, sauf Gray, qui appela Janet. Janet, cachée avec son portable dans le placard de sa chambre.

La villa apparut derrière le petit mur de pierre, masse sombre sur un océan d'étoiles. Les pneus crissèrent au passage de la grille, puis les deux Jeeps freinèrent, dérapèrent sur le gravier et s'arrêtèrent. Hoblenz et ses hommes se ruèrent vers l'entrée. Laura et Gray les suivirent, armes levées. Dans le hall, tout était calme. Les soldats rampaient sur le dallage de marbre. Dans la pénombre, elle pouvait voir qu'ils gagnaient les coins, les couloirs.

— Où est la chambre de Janet ? chuchota Hoblenz.

— Je vais la chercher, dit Gray et il s'élança vers le grand escalier.

— Miller, Delucia, go ! aboya Hoblenz.

Deux hommes coururent derrière Gray. Ils le rattrapèrent et tous disparurent sur le palier.

— Pourquoi on n'allume pas la lumière ? demanda Laura.

Elle avait murmuré, mais la voix résonna dans le hall silencieux. Hoblenz ne prit pas la peine de répondre.

— Sérieusement, dit-elle. Eux peuvent nous voir,

avec leurs trucs thermiques. Nous sommes les seuls à ne rien voir dans le noir.

Quelques secondes s'écoulèrent, puis Hoblenz cria :

— Hopkins ! La lumière, merde !

Quand les lustres s'allumèrent, ils éclairaient une scène absurde. Les soldats allongés sur les dalles de marbre, dans le hall somptueux, et Laura, tranquillement appuyée contre une colonne. Hoblenz fut le premier à se relever, puis les autres l'imitèrent. On entendit à l'étage la voix de Janet, qui se répandait en excuses. Un soldat l'escorta dehors vers les Jeeps. Hoblenz prit la tête d'une escouade chargée d'inspecter les pièces du rez-de-chaussée. Les hommes étaient rapides, efficaces. Comme à la manœuvre, ils s'adossaient à la cloison près des portes, pivotaient brusquement et faisaient irruption arme au poing dans les chambres. Hoblenz revint. Une fine sueur perlait sur son front.

— On a tout fouillé sauf la cuisine. Si on me dit où c'est, je m'en charge.

— On y va tous, dit Gray et il ouvrit la porte presque invisible dans la cloison du salon.

À la place du chuintement des baskets sur les dalles de l'office, Laura entendit un craquement.

— Eh, dit-elle, il y a du sable sur le...

La porte de la cuisine s'ouvrit brusquement. Hoblenz et ses hommes s'écartèrent. Gray empoigna Laura et la plaqua contre le mur. Un Modèle 8 sortit en titubant et les armes se déchaînèrent. Un instant, le robot resta droit, en dépit des rafales qui lui trouaient la poitrine. Il dérapa sur le marbre, faillit tomber. Puis, sous la pluie de balles, il se remit en marche. En boitant, il se dirigea vers le bureau de Gray et disparut. Alors seulement Laura se souvint qu'elle avait un fusil-mitrailleur dans les mains.

— Halte au feu ! cria Hoblenz et le silence revint, d'autant plus profond après les fracas des détonations.

Venant du bureau, on entendit un énorme craquement, puis un tintement de verre brisé. Gray et Hoblenz entraînèrent les hommes sur le seuil. Derrière la table, la fenêtre et une partie de la cloison avaient disparu. La barrière qui entourait le jardin d'hiver était arrachée. Au-delà, dans la jungle, les branches bougeaient encore.

— Dieu tout-puissant ! s'exclama Hoblenz. Il carbure aux amphés ou quoi ?

— Par ici, dit Gray.

Il repartit en direction de la cuisine. Tous s'avancèrent, canons pointés, prêts à faire feu, mais quand Gray alluma la lumière, la cuisine était vide.

Tout était sens dessus dessous. Le réfrigérateur et le congélateur vidés, la nourriture répandue au sol, placards et tiroirs ouverts, et les murs où pendaient les casseroles étaient nus, les brillants ustensiles de cuivre éparpillés comme les jouets dans les salles tactiles des robots. Gray se pencha et ramassa un débris tranchant et noir, un éclat de rocher sans doute. Il le souleva pour l'examiner. La roche était friable. De la pointe des pieds, il fouilla le capharnaüm et aperçut d'autres éclats noirs. La cuisine en était pleine.

— Qu'est-ce que c'est ? demanda Laura.

— Du basalte, dit Gray, accroupi sur un genou, en émiettant une poignée de poussière.

Il se leva et retourna dans le bureau, où tous le suivirent.

— Ça vous ennuierait de me dire ce qui se passe ? fit Hoblenz en s'approchant de Gray.

— Ce basalte vient d'un forage, expliqua Gray en s'asseyant derrière la table. Le robot qu'on vient de voir a marché dans la poudre de roche. Puisqu'ils ont pris le contrôle de leurs ateliers, ils doivent forer en direction de... Les seules autres installations sous la montagne sont les labos atomiques de Krantz.

— Bon Dieu, dit Hoblenz.

Gray décrocha le téléphone et composa un numéro. Un vent froid s'engouffra par la fenêtre arrachée.

— Laura, dit-il en désignant le terminal posé sur la table, connectez-vous et tâchez de savoir si l'ordinateur est au courant d'un forage. Monsieur Hoblenz, prenez l'autre, ordonna-t-il en montrant un moniteur à côté du sofa. Sortez-moi les plans. Je veux la distance entre les ateliers de Modèles 8 et les labos atomiques. Phil, dit-il dans le combiné, je mets le haut-parleur. Bon Dieu, Phil, les Modèles 8. Où sont-ils en ce moment ?

— Du côté du réacteur nucléaire, répondit la voix de Griffith. Apparemment, ils ont piqué un chargeur portable et ont réussi à le démarrer. Comme ça, ils peuvent le transporter avec eux et se connecter directement sur les transfos. Plus besoin de retourner sous la montagne.

Laura baissa les yeux vers l'écran du moniteur et lut :

« Peut-on me dire ce qui se passe ? »

« Ici Laura. Il y avait un Modèle 8 chez Monsieur Gray. »

« Les enfoirés. Je vous ai dit de vous méfier. »

— Laura, dit Gray, questionnez-le sur le forage.

Elle tapa : « Sais-tu ce qui se passe dans les ateliers des 8 ? »

« Non, mais je sais qu'ils ont détruit des caméras et des micros dans toute l'île. Ils sont hors contrôle. »

« Et dans les laboratoires atomiques ? »

« J'ignore tout des installations sous la montagne. Je sais que les entrées des ateliers sont actuellement fermées par les portes blindées. Je sais qu'il y a un chargeur portable au réacteur et qu'il peut recharger dix robots simultanément. »

« Monsieur Gray demande si tu as détecté un forage. »

« Maintenant que vous le dites, mes capteurs de

mouvement ont détecté des vibrations infrasoniques. Avec les basses fréquences, il est difficile de localiser une source. Mais les capteurs sont tous dans le secteur de la montagne. Il est possible qu'un forage soit en cours dans cette zone. »

« Les Modèles 8 ont-ils les moyens de creuser jusqu'aux installations atomiques ? »

« Oui. Vous réalisez ce que ça veut dire ? Il y a plusieurs centaines de charges atomiques chez le Docteur Krantz ! Avec l'électricité du réacteur, ces canailles pourraient contrôler l'île. »

Laura se tourna vers Gray, penché sur l'écran de Hoblenz.

— Là ! fit Hoblenz en tendant un doigt. Cent quatre-vingts mètres entre le conduit d'aération des labos et cette pièce, ici, dans les ateliers. À quoi sert cette pièce ?

— Une... une salle tactile, dit Gray.

L'écran clignota : « Le forage est en cours. Je sens les vibrations. Il y avait une foreuse dans un entrepôt. À la limite de la sensibilité de la caméra, je vois la porte de l'entrepôt. Elle est ouverte. Je pourrais envoyer un Modèle 6 ou un 7 pour vérifier, mais ce serait une mission suicide. En plus, je suis certain qu'ils ont pris la foreuse. Logique : sus aux charges nucléaires ! »

— D'après l'ordinateur, dit Laura, une foreuse a disparu.

— Demandez-lui combien de temps il faut pour creuser un tunnel à travers cent quatre-vingts mètres de basalte.

Laura tapa la question.

« Trois heures environ. Le problème ne réside pas dans le forage, mais dans l'évacuation des rejets. Il faudra qu'ils en mettent un coup pour vider ça. »

Gray vint lire la réponse par-dessus son épaule.

— Monsieur Hoblenz ? dit-il d'une voix qui lui fit relever la tête. Avez-vous des explosifs ici ?

— Pas sur moi. Dans la Jeep.

— Allez les chercher.

Hoblenz envoya un de ses hommes et ordonna aux autres de les laisser seuls. Puis il referma la porte du bureau.

— Vous avez un plan, monsieur ?

— Je vais me rendre aux ateliers des 8.

— C'est bien ce que je pensais. Ça me pose un problème. Chez les mercenaires, il existe une certaine étiquette. Si je dis aux gars « Allez-y », ils y vont. Mais dans ce cas de figure, je n'ai pas le droit. Je dois demander des volontaires.

— Ça tombe bien, dit Gray. Je ne demande à personne de me suivre.

Et il se dirigea vers la porte.

Hoblenz et trois volontaires attendaient à côté de l'ascenseur, l'arme au poing. Ils descendraient les premiers et installeraient un périmètre de sécurité. Gray, Laura et les deux derniers soldats les rejoindraient ensuite. Le moteur magnétique de l'ascenseur grondait bruyamment mais, dit Gray, il fallait encore attendre quelques minutes.

— Une chose que je ne comprends pas, Monsieur Gray, fit Hoblenz. Les robots espèrent quoi, au juste ? D'accord, ils raflent des charges atomiques, et après ? Deux ou trois bombes à guidage laser en plein dans le réacteur et il est mort. Ça ne leur laisse que quelques jours de réserve. Et même s'ils se servent des charges, l'île est loin de tout et ça ne fera rien, sauf les titres des journaux. Faire sauter l'île, pour eux, reviendrait à un suicide. Alors quoi ?

— Je ne sais pas, répondit Gray. Avez-vous déjà joué aux échecs contre un ordinateur dont l'horizon, l'anticipation se limitent à quelques coups ? Vous croyez jouer contre un maître et soudain, il échange sa reine contre un pion. C'est là que ça devient dangereux pour vous et qu'il faut réfléchir. La machine a-t-elle commis une erreur grossière, ou a-t-elle un plan en réserve ? Un plan que, dans votre précipitation à exploiter l'erreur, vous risquez de ne pas voir ?

Hoblenz resta silencieux un instant.

— Excusez, dit-il en plissant le front. Excusez la question.

— Et nous là-dedans ? intervint Laura. On va faire sauter leur tunnel ? C'est ça l'idée ?

— Voyons d'abord ce qui se passe, dit Gray. S'ils font preuve d'un comportement agressif, nous dynamiterons les chargeurs et les issues.

Hoblenz regarda Gray. Les soldats aussi. Ils avaient l'air de savoir quelque chose qui échappait à Laura.

— Quoi ? demanda-t-elle. Qu'est-ce qu'il y a ?

— Nous avons programmé ces robots pour qu'ils placent leur survie au sommet de leur échelle de valeurs, expliqua Gray. Quand leurs batteries sont presque vides, ils ont faim. Quand elles sont vides, ils meurent. Pour eux, les chargeurs, c'est la vie. — Il se retourna vers Hoblenz. — On ferait mieux de tout mettre à feu en même temps, et d'être près de la sortie quand ça pétera.

La sonnerie de l'ascenseur retentit. On entendit le clic des crans de sûreté qui sautaient. Les portes s'ouvrirent. L'ascenseur était vide. Hoblenz et ses hommes s'attachèrent sur leurs sièges, leurs armes sur les genoux.

— À tout de suite en enfer, patron, proféra Hoblenz, et les portes se refermèrent.

Le regard de Gray resta fixé sur les portes bien après le départ de la cabine.

— Et Grand Dadais ? interrogea Laura. Vous le laisseriez mourir ? — Gray haussa les épaules et baissa les yeux. — A-t-on pensé à lui demander ce qui se passe ?

— Il ne dira rien. Ils ont leur loi du silence. Je vous l'ai dit, ils élaborent une vraie société... et ils me ressemblent.

— On ne peut pas entrer en contact avec lui ?

— S'il est en train de recharger, il est forcément sur le réseau.

Laura hocha la tête et s'enfonça dans le couloir en direction du bureau.

— Vous avez cinq minutes ! cria Gray. Je n'attendrai pas.

Elle grimpa l'escalier quatre à quatre et entra dans le bureau. Le terminal était resté connecté.

« Allô ? » tapa-t-elle.

« Qui est là ? »

« Laura. Pas le temps de discuter. Sais-tu si Grand Dadais est en train de recharger quelque part ? J'ai besoin de lui parler. »

« Pourquoi ? »

« Pas le temps ! Hoblenz vient de prendre l'ascenseur pour les ateliers des 8. Gray et moi suivons dans quatre minutes. Trouve-moi tout de suite Grand Dadais ! »

« Non, ne faites pas ça. »

« Grand Dadais ! Vite ! »

Une pause, puis, sur l'écran : « Oui ? »

« Je veux parler à Grand Dadais. »

« Voici Grand Dadais. Parle, Grand Dadais. »

« Qui est-ce ? »

« Je te l'ai dit. Laura Aldridge, idiot ! »

« Grand Dadais ! tapa Laura. J'ai une question à te poser. »

« Quoi ? »

« Monsieur Hoblenz va arriver avec ses hommes dans les ateliers sous la montagne. Monsieur Gray et moi descendons dans trois minutes. Peux-tu nous dire ce qui se passe en bas ? »

Une pause puis : « Réponds ! »

« Je vous dis ce que j'ai déjà dit à Monsieur Gray. Laissez-nous tranquilles. Laissez-nous nous débrouiller. »

« Quand as-tu parlé à Monsieur Gray ? » coupa l'ordinateur.

« Ça ne te regarde pas. »

« Et si je tirais la prise sous la chaise, ça te plairait ? »

« Tu ne contrôles pas les interrupteurs. »

« Hé ! oh ! tapa Laura en appuyant frénétiquement sur *Enter*. Je dois partir. Tu n'as rien d'autre à me dire, Grand Dadais ? »

« Ne montez pas dans l'ascenseur. »

« Qui parle ? Grand Dadais ou l'ordinateur ? »

« Grand Dadais », répondit l'ordinateur.

« Pourquoi pas l'ascenseur ? Que se passe-t-il en bas ? »

« Grand Dadais est parti. Il a quitté la chaise. »

Laura s'élança vers l'escalier. Arrivée au palier inférieur, les portes de l'ascenseur étaient encore ouvertes. Elle récupéra son FM contre la cloison et se précipita dans la cabine juste à temps pour tomber dans le siège à côté de Gray.

— Grand Dadais dit qu'il ne faut pas y aller, énonça-t-elle en reprenant son souffle.

Les portes se fermèrent et la voix féminine du compte à rebours s'éleva. Laura boucla vivement sa ceinture, mais quelque chose la gênait. Elle était assise sur un objet dur. Elle passa la main sous le coussin et trouva. Sous le regard des trois hommes, en se contorsionnant, elle ramassa l'objet et le souleva dans la paume de ses mains. C'était un magasin d'arme automatique, encore chaud et tout éclaboussé de poudre. L'ascenseur amorça la descente et Laura laissa échapper le magasin, qui tomba vers le plafond.

Au fond de l'interminable puits, le FM, sur les

genoux de Laura, se mit à peser sous l'effet de la décélération. Le grondement du moteur et leurs tympans qui claquaient masquèrent jusqu'à l'ouverture de la porte le bruit des coups de feu. Une arme solitaire tirait à longues rafales. Les deux soldats bondirent hors de la cabine et ouvrirent le feu à leur tour. En sortant, Gray appuya sur un bouton qui maintenait l'ascenseur à l'arrêt.

— J'arrive ! cria Hoblenz.

Des fragments de béton giclèrent du mur proche de Gray. Un trou apparut dans la surface lisse.

— C'est quoi ce truc ? hurla Gray en plongeant derrière une table renversée.

— Pistolet à clous ! brailla Hoblenz en lâchant une rafale dans le couloir qui menait chez Griffith. Ils ont des pistolets à clous et des lampes à souder.

Gray n'eut pas l'air d'entendre. Il baissait la tête vers le sol de la cafétéria. Deux soldats étaient étendus, morts. Il y avait quelques minutes, ils se portaient volontaires pour l'ascenseur et maintenant leurs membres étaient brisés en une dizaine de points, et l'un d'eux avait le cou tordu selon un angle insolite. Mais ce qui toucha le plus Laura, ce fut l'expression sur le visage de Gray. Les yeux rivés sur les deux cadavres, l'air halluciné. Elle s'attendit à le voir craquer sur place, mais il leva son arme et lâcha une rafale. Les balles touchèrent en pleine face un Modèle 8 qui les espionnait derrière un angle du mur, mais semblèrent de peu d'effet.

— Attention ! cria un des soldats et il ouvrit le feu.

Une table métallique traversa l'espace en tournoyant. Elle survola Laura et s'écrasa contre la paroi. La jeune femme n'avait même pas eu le temps de se baisser. Effarée, elle s'émerveilla une nouvelle fois de la force du robot, de la vitesse imprimée au projectile. À terre, Hoblenz grognait en se frottant les côtes.

— Ça va ?

Il grimaça, ce qui le fit paraître encore plus furieux, et réussit à se mettre sur les genoux.

— Très bien, merci, dit-il en serrant les dents.

Il rechargeait son arme quand Gray cria :

— On se replie !

— J'peux pas. Ils ont pris un de mes gars. On était prêts à tirer mais quand la porte s'est ouverte, ils nous attendaient derrière. Ils ont juste tendu le bras et les ont attrapés. Comme ça. Rien pu faire, je risquais de toucher les gars.

Comme pour défier les soldats, le robot sortit de son recoin puis, sous une pluie de balles, regagna sa cachette.

— Économisez les munitions ! cria Hoblenz. Celui-ci joue à cache-cache depuis qu'on est là. Son pistolet est sûrement un jouet. Je l'ai vu se tirer dans la jambe avec.

Le robot réapparut et, puisque personne ne tirait, resta sur place, à découvert. Gray observa la face criblée par les rafales.

— Sûrement un bébé, remarqua-t-il d'une voix sans émotion. Monsieur Hoblenz, comment se déplaçaient-ils ? Agiles ou lents ?

— Pas très gracieux, en fait. Avant que les portes s'ouvrent, la cafétéria était déjà ravagée.

— Des bébés, conclut Gray. Entre deux et quatre mois. Ils n'ont pas terminé les sessions tactiles.

— M'en fiche, dit Hoblenz, ils ont embarqué Tran. Par là ! — Il désigna l'entrée du couloir d'où le robot les narguait. — Il faut aller le chercher.

Gray acquiesça, vérifia son arme et s'avança à découvert.

— Les explosifs, dit-il sans détacher les yeux du robot.

Les deux adversaires étaient face à face, mais le

Modèle 8 préféra disparaître dans le couloir. Gray s'avança dans la cafétéria dévastée.

— Joseph ! cria Laura.

— Parés à tirer ! ordonna Hoblenz.

Brusquement, le jeune robot fut dc retour, brandissant un placard métallique et visiblement prêt à le lancer d'une seule main. Le robot s'immobilisa et considéra Gray, à dix mètres devant lui. Laura, accroupie derrière une table, distingua les trous qui grêlaient le visage et de profondes entailles sur les plaques du thorax.

— Monsieur Gray, dit Hoblenz d'une voix forte, l'œil sur la lunette de visée, je vous conseille de reculer, sans gestes brusques.

Le Modèle 8 tenait le placard d'une main, mais l'autre bras pendait le long du corps. Un tir groupé lui avait entamé l'épaule. Lentement, Gray s'approcha. Le robot était probablement trop jeune pour comprendre la parole, se dit Laura. Gray s'approcha encore, en prenant soin de ne rien heurter. Le robot semblait fasciné. À deux mètres, Gray tendit la main. Le placard s'écrasa au sol. Gray ne broncha pas, main tendue. Le robot leva son bras indemne, et la pince à trois doigts se referma sur la main de l'homme. Gray lui dit quelques mots, avec un signe de tête vers le couloir. Le robot pivota. On aurait dit qu'il s'obligeait à effectuer des mouvements fluides, sans à-coups, pour ne pas effrayer l'humain. Ils disparurent en direction de la salle de contrôle, celle que Laura avait visitée en compagnie de Griffith. À demi penché, le robot tenait toujours la main de Gray. Laura, Hoblenz et les autres leur emboîtèrent le pas. Elle contourna les deux corps — rappel muet des dangers qu'ils couraient.

Le Modèle 8 avait du mal à garder son équilibre. Parvenu à la salle de contrôle, il lâcha la main de Gray. Les chaises et la plupart des consoles gisaient sur le flanc, et des câbles débranchés se croisaient sur le sol de la caverne.

— Monsieur Gray, je ne garantis pas de pouvoir tenir la place, prévint Hoblenz en sortant des grenades d'un sac et en les alignant sur une console renversée.

Laura rejoignit Gray, debout devant la fenêtre d'observation en train de se frotter la main. Elle baissa les yeux et vit le soldat prisonnier. Il était roulé en boule sur le sol bétonné de la salle tactile. Assis en cercle, cinq robots l'entouraient. L'un des robots lui appuyait sur le dos, un autre robot guidant son bras. À son tour, Hoblenz regarda par la fenêtre.

— Bon Dieu ! dit-il. — Il inspecta la fenêtre, le chambranle. — Monsieur, je vais péter ça avec du C4. Ça nous donnera le bon angle pour un feu direct. J'embarque un gars et je descends. Je prendrais bien les deux, mais il faut en laisser un ici pour surveiller l'autre.

Il brandit le pouce vers le jeune robot qui les avait accompagnés et qui ne bougeait plus depuis qu'il avait lâché la main de Gray.

— Sauf si vous me laissez le liquider tout de suite.

— Non, fit Gray. Regardez ! Dans la salle tactile, le Modèle 8 relevait la main, toujours guidée par le robot professeur. Un nouveau robot s'approcha. Le professeur le prit par le poignet et lentement, avec mille précautions, lui fit toucher le dos du prisonnier. L'homme tressaillit, mais ne fit pas un geste pour se protéger le visage. Il faisait le mort.

— Non pour liquider celui-ci ou non à mon plan ? reprit Hoblenz.

— Non aux deux, dit Gray en baissant son arme. J'y vais. Envoyez les hommes chercher des traces de forage, bien que je doute qu'ils en trouvent.

Hoblenz poussa un soupir frustré.

— Monsieur Gray, vous êtes peut-être un calculateur sur pattes, mais sûrement pas un grand tacticien.

Deux de mes hommes viennent de se faire démantibuler sous mes yeux et vous voulez y aller seul, sans armes, pendant que j'expédie mes gars chercher quelque chose qu'ils ne trouveront pas !

— Il y a cinq robots ici, expliqua Gray, quatre jeunes et un retour — un robot qu'on va reprogrammer.

— Qu'en savez-vous ?

— C'est la classe bébés, je vous l'ai dit. — Il se retourna vers le robot, qui contemplait le FM d'un soldat. — Celui-ci s'appelle Dindon.

— Comment le reconnaissez-vous ? demanda Laura. Je croyais qu'ils se ressemblaient tous.

— C'est vrai, mais regardez ça. Dindon, dit-il d'une voix forte, montre ta boîte à musique. Va chercher la boîte à musique.

— C'est pas vrai, grogna Hoblenz.

Le robot conduisit Gray vers un petit tas d'objets bien rangés dans un coin de la pièce. On y voyait une serviette de plage en lambeaux, une petite collection de poignées de porte et leurs serrures tordues. Le robot les ignora et ramassa un ballon de plastique multicolore. « Frère Jacques, frère Jacques... », chantonna une voix éraillée à l'intérieur du jouet. Le robot appuya sur le ballon. « Au clair de la lune, mon ami Pierrot... » Gray rejoignit Laura et Hoblenz, tandis que le robot restait dans son coin avec ses jouets.

— Mignon tout plein, monsieur, grogna Hoblenz avec une irritation non déguisée. Ils apprennent ça à la maternelle, mais bon Dieu, ces bestioles ont tué deux hommes.

— Qui vous dit que c'était Dindon ? dit Laura. Ils sont tous différents. Vous ne pouvez pas condamner l'un pour ce que font les autres.

— Ils font tous trois mètres de haut et ils peuvent tous vous arracher la tête si vous les énervez.

Soudain, le visage de Gray changea d'expression. Hoblenz et Laura se turent et se retournèrent. Derrière la fenêtre, les cinq robots, debout, les observaient en silence.

19

— Le voilà, dit Laura.

Gray venait d'apparaître sur le seuil de la salle tactile. Hoblenz revint à la fenêtre porteur d'un sac noir. Il en sortit un bloc d'explosif de la taille d'une brique, et enfonça les pouces dans la substance grise.

— Que faites-vous ? demanda Laura.

En bas, les robots surveillaient maintenant Gray, qui s'approchait d'eux centimètre par centimètre.

— Simple précaution, expliqua Hoblenz, qui eut besoin de toute sa force pour arracher un lambeau de pâte caoutchouteuse.

Puis il se mit à modeler l'explosif en un mince ruban sur le rebord de la fenêtre. Laura perçut un mouvement dans son dos. Dindon se tenait juste derrière eux. Hoblenz, concentré sur son travail, ne l'avait pas remarqué.

— Vous feriez mieux de vous retourner, énonça-t-elle d'une voix aussi calme que possible.

Hoblenz s'immobilisa, tourna lentement la tête et aperçut les jambes du robot. Il jeta un coup d'œil au fusil-mitrailleur appuyé contre le mur. Ses hommes étaient partis à la recherche du forage, et s'occuper des corps des soldats tués. Ils se retrouvaient seuls avec un Modèle 8.

— Ge-e-entil, fit Hoblenz. Gentil robot. Bon garçon, ça, Dindon.

Le Modèle 8 tendit le bras et chipa le bloc d'explosif entre les mains de Hoblenz. Lentement, la pince se referma et la substance grise suinta entre ses trois doigts. Puis il retourna dans son coin et continua à malaxer de sa pince valide.

— Tu vas rigoler, t'as pas idée ! aboya Hoblenz.

Il marmonna « Enfoiré » et se remit à son travail à la fenêtre. Il inséra un détonateur dans le ruban d'explosif, puis recula pour admirer son œuvre.

— Ça suffira ? chuchota Laura, peu rassurée par la minceur du ruban.

— Plus qu'il n'en faut, dit-il.

Puis il recula en déroulant un cordon en direction de l'ascenseur.

En bas dans la pièce, Gray était maintenant au milieu du cercle des Modèles 8. Il posa les mains sur les épaules de deux robots assis côte à côte. Il ne cessait de parler, mais Laura ne voyait pas à qui. D'un seul mouvement, les robots se levèrent. Le Modèle 8 qui jouait le rôle de professeur écarta les robots élèves. Gray releva le soldat et ils sortirent sans incident.

— Repli ! hurla Hoblenz.

Dans son coin, Dindon leva la main à hauteur de son œil intact. Elle était couverte d'explosif.

Laura jeta un regard dans la salle tactile. Les Modèles 8 allaient et venaient, sauf un. Assis devant la porte, il interdisait la sortie. Il posa un coude sur son genou et le menton sur son poing. C'était Auguste, le « Penseur », la « mauvaise graine » reprogrammée. *Il a déjà du sang sur les mains*, songea Laura, *et il ne veut pas en ajouter*.

Gray consulta nerveusement sa montre. Debout devant l'écran d'un terminal, deux soldats montraient quelque chose à Hoblenz. Le troisième avait emporté les corps dans l'ascenseur en embarquant l'otage libéré, traumatisé mais dont les blessures n'étaient que superficielles.

— Il faut que j'y aille, Monsieur Hoblenz, dit Gray. Décélération dans trois heures.

Hoblenz se renversa sur sa chaise en fronçant les sourcils.

— Pas de trace de forage, fit-il.

À la fenêtre, Laura observait les Modèles 8. Apathiques, tous assis maintenant, comme épuisés. *Peut-être déprimés par les événements,* pensa-t-elle. *À moins que leurs batteries ne soient en train de se vider.*

L'un des 8 se retourna et posa la main à plat sur le mur de béton où il s'appuyait l'instant d'avant.

— Et Dindon, il joue avec quoi ? demanda Gray.

— Du C4, ricana Hoblenz. Je paierais cher pour voir sa tête quand il va se brancher pour recharger.

— Nettoyez-le, ordonna Gray.

— Hein ? s'exclama Hoblenz.

— Il y a du papier-toilette dans la cafétéria. Nettoyez la pince.

Hoblenz secoua la tête. Ça le dépassait, mais il transmit l'ordre.

Soudain, Laura sentit une vibration parcourir le sol. La sensation était perceptible à travers les semelles. Dans la chambre, les robots se remirent debout, en ligne face au mur, comme dans l'attente d'un peloton d'exécution. Des failles et des craquements ébranlèrent la paroi. Des plaques se détachèrent et s'écrasèrent au sol. Bien que renforcée par des tiges d'acier, le mur ne pouvait résister à l'assaut d'une foreuse. La pointe creva le béton, tournant toujours et refoulant dans la chambre une masse de débris.

— On dirait une évasion, shérif, fit Hoblenz.

— Pas une évasion, répliqua Gray. Une invasion.

Laura regarda, pétrifiée, le premier Modèle 8 se glisser par le trou béant. D'autres suivirent, traînant un blessé. L'un d'eux s'approcha d'Auguste, qui souleva un panneau sur sa poitrine et sortit un câble qu'il brancha sur le port du nouvel arrivant.

— Qu'est-ce qu'ils fabriquent ? demanda Hoblenz. Je croyais qu'ils communiquaient par micro-ondes, comme les télépathes, qu'ils projetaient leurs pensées.

— Pas leurs pensées intimes, précisa Laura.

Le câble fut rembobiné dans son boîtier et les deux robots refermèrent leurs panneaux.

— Hum, monsieur, fit Hoblenz avec agitation, tout ça c'est passionnant, mais j'en compte une douzaine déjà sortis du trou. Certains ont pris des coups. La bagarre, ils connaissent. Aussi je propose qu'on décampe pendant qu'on le peut encore.

Un couple de Modèles 8 s'approcha de l'un des bébés. Puis ils l'escortèrent jusqu'à la porte. La même scène se répéta, jusqu'à ce que tous les bébés aient disparu.

— D'accord, dit Gray en consultant sa montre.

— Attendez ! cria Laura. Il se passe quelque chose en bas. Il faut rester voir !

Hoblenz prit une ceinture de munitions sur son épaule et la jeta sur Laura.

— Restez ! Je vous laisse mes grenades aussi, si vous voulez.

— Joseph ! s'écria-t-elle en se débarrassant de la lourde ceinture. Ils font preuve d'un comportement collectif supérieur. On dirait qu'ils ont élaboré des codes de conduite. Ils sont divisés en clans, ou en castes.

— Je sais tout cela, Laura.

Laura se sentit rougir et Hoblenz éclata de rire. Elle s'écarta d'un air rageur et s'approcha de la fenêtre du milieu, celle qui surplombait la chaise de rechargement.

— Rappelez vos hommes à l'ascenseur, Monsieur Hoblenz, dit Gray.

— *Vamos muchachos* ! brailla Hoblenz.

Restée seule avec Gray, Laura fouilla des yeux la pénombre de la pièce, éclairée seulement par une phosphorescence rouge.

— Vous savez vraiment tout ? dit-elle d'une voix calme. Si c'est le cas, Joseph, vous jouez un jeu dangereux. Vous devriez avoir assez confiance dans les gens qui vous entourent pour leur expliquer. À ce jeu-là, vous risquez de perdre bien plus que deux soldats.

— Je ne sais pas tout, Laura.

— Mais vous savez ce qui se passe chez les Modèles 8.

— Oui, soupira-t-il. À peu près. Ce ne sont pas des monstres comme le croit Hoblenz. En tout cas pas les bébés. Capables de tuer un homme, mais pas exprès. Ils sont juste maladroits. Des enfants de deux ans dans un corps de métal de trois mètres.

Un mouvement dans la pénombre rouge attira l'attention de Laura. Un Modèle 8 entra, traînant un second robot derrière lui, un bébé de la salle tactile, qu'il poussa, malgré sa résistance, sur la chaise.

— Joseph...

— Oui, Laura. Comme toute société, ils ont leurs lois. Mais c'est une société récente, et leurs lois sont plus primitives que les nôtres.

— Ils mettent un des bébés sur la chaise.

— Les lois primitives sont cruelles. Mais j'en suis en partie responsable. Je leur ai donné plusieurs principes de base. De simples règles de comportement, dont ils ont fait une sorte de religion. Le premier commandement était : « Tu ne feras pas de mal aux humains. »

Le bébé se débattait maintenant entre les bras puissants de deux Modèles 8. Ils réussirent à l'asseoir sur la chaise et se mirent à verrouiller les attaches.

— Joseph, venez voir !

— Il a tué un soldat, Laura, dit Gray d'une voix douloureuse...

— Il faut les arrêter ! C'est un enfant !

Le bébé, attaché à la chaise, continuait à se tordre sous les sangles dans un effort désespéré. Il était seul dans la pièce maintenant. Les pinces entravées se contractaient et griffaient l'accoudoir. Des larmes montèrent aux yeux de Laura.

— Il a enfreint la loi, Laura. La loi.

Après une ultime contorsion, le bébé retomba inerte. La porte s'ouvrit et deux Modèles 8 ôtèrent de la chaise le robot sans vie. Un second bébé fut amené. Mais celui-ci coopérait docilement avec ses aînés, figures de l'autorité.

— Ce n'est pas ma loi, Laura, dit Gray d'une voix douce. Ils ont enfreint leurs propres lois et dans leur monde la punition est rude.

Laura essuya son visage ruisselant de larmes. Dans la salle tactile, trois adultes, la peau ravinée par les cicatrices du combat, s'étaient connectés l'un à l'autre et tenaient conférence. Puis ils marchèrent jusqu'au seuil et s'arrêtèrent devant le robot assis dans la position du Penseur. Auguste releva le menton et se mit sur ses pieds. Son tour était venu. Il sortit de la pièce et se dirigea vers la chaise.

Laura et Gray demeurèrent silencieux pendant tout le trajet de retour, trop secoués pour parler, et Gray plongé dans ses pensées. Arrivé au Central, il fit une chose inhabituelle. Il convoqua une réunion.

— Je veux que chacun sache en quoi consiste le programme Modèle 8, dit-il.

Les chefs de département échangèrent des regards surpris, mais l'attention était maximale. Gray commença son exposé sur la conception et la fabrication des robots, presque entièrement automatisée, et termina par les exécutions auxquelles, avec Laura, il venait d'assister. Tous se taisaient. Même Griffith, le chef de la robotique, semblait captivé.

— Ainsi, conclut Gray, pour l'instant, le problème est réglé.

— Minute ! fit Margaret en levant le doigt comme à l'école. C'est tout ? Les Modèles 8 ont tué trois personnes mais puisque les coupables ont été punis, plus de problème ? — Elle observa ses collègues. — Tant que ces bidules se trimballent en liberté dans l'île, nous sommes en danger.

— Je suis d'accord, renchérit Hoblenz.

— On ne peut pas les débrancher ? demanda Margaret en se tournant vers Griffith.

— Personne ne débranchera qui que ce soit, coupa Gray. Les Modèles 8 ne constituent pas une menace pour l'homme.

— Ils en ont tué trois, répéta Hoblenz comme une litanie.

— Grand Dadais les garde sous clé, dit patiemment Gray. — Il consulta sa montre. — Écoutez, dans deux heures, les charges vont exploser sur l'astéroïde. C'est l'ordinateur qui presse la détente. Il est temps de passer au point suivant.

— Ils ont attaqué le Central, insista Margaret.

— C'était peut-être pour m'aider, suggéra Laura, pour me ramener ici, après mon accident.

— Et déclencher une guerre pour ça ? ricana Hoblenz. J'y crois pas une seconde.

Gray se leva et se dirigea vers la porte.

— Joseph ? fit Laura.

— Vous vous demandez, dit Gray en se retournant, pourquoi je ne fais pas le point *détaillé* de la situation ! Réponse : le temps presse. Nous avons deux heures pour décider si l'ordinateur est capable de faire exploser les charges correctement.

— On n'a pas le choix, protesta Filatov. Il faut décélérer l'astéroïde, et pour ça on a besoin de l'ordinateur.

— Si, dit Gray. L'ordinateur est partagé. La moitié que nous connaissons, avec laquelle nous parlons, et l'Autre. Ça nous laisse deux options.

— On n'est même pas sûrs que l'Autre existe ! râla Filatov.

— Il existe, répliqua Gray en surveillant sa montre. Les Modèles 8 lui ont parlé. Il a essayé de contacter Laura. Il a envoyé une voiture la chercher et l'emmener dans le désert pour lui faire rencontrer les Modèles 8.

Hoblenz secoua la tête de façon exagérée.

— Vouah ! J'ai le cerveau trop lent pour vous. Je retourne au MIT.

— L'ordinateur sait-il que les Modèles 8 sont en liaison avec l'Autre ? demanda Laura.

— Elle a peur, acquiesça Gray. Elle a peur, très peur que nous nous mettions d'accord avec l'Autre. Et c'est bien ce que je compte faire... sauf si nous sommes certains qu'elle peut faire le boulot. Nous avons deux heures. J'attends vos suggestions dans une heure.

Gray tourna les talons et sortit de la pièce.

Dans le silence revenu, la voix de Margaret s'éleva.

— Elle ? Qui ça, elle ?

« Pourquoi Monsieur Gray a-t-il désactivé la caméra et les micros de la salle de conférences ? »

L'ordinateur n'avait pas attendu l'identification rétinienne. *Il a dû me voir entrer dans le bureau,* supputa Laura.

« Je ne suis pas au courant, tapa-t-elle. Quand les a-t-il désactivés ? »

« Juste avant la réunion. Qu'y avait-il de si extraordinaire pour m'empêcher d'écouter ? »

Laura frissonna.

« J'ignorais que tu écoutais les réunions. »

« Bien sûr que si ! »

« Soit, alors pourquoi n'y a-t-il pas de terminal, ou un haut-parleur, pour que tu participes au débat ? »

« Personne ne sait que j'écoute », répondit l'ordinateur.

« Même pas Gray ? »

« Gray sait tout. »

La conversation s'égarait. Laura fit une pause et se remit à pianoter.

« Comment te sens-tu ? »

« Très bien ! De mieux en mieux. D'ici deux jours, je serai redevenue normale ! »

Chaque mot était pour Laura comme un coup de poignard.

« Super ! Ça ne t'ennuie pas de poursuivre l'entretien ? Je veux dire, je n'ai pas terminé mon travail. »

« Non. J'adore parler avec vous, Laura. En outre, nous savons le prix que Monsieur Gray attache au travail bien fait. Je ne voudrais pas vous attirer des ennuis. »

« Monsieur Gray place le travail au-dessus de tout, n'est-ce pas ? C'est presque une religion pour lui. »

« C'est à cela qu'il mesure les gens. Travailler dur, obtenir des résultats, rien d'autre ne l'intéresse. »

« Eh bien, je ne le savais pas aussi implacable. »

« Vous le connaissez depuis moins longtemps que moi. S'il savait que je parle de lui dans son dos, il se mettrait en colère. »

« Je croyais que tu aimais bien Monsieur Gray. La personne que tu décris là ne ressemble pas à celle dont tu parlais l'autre jour. »

« Les gens changent. C'est quand ça va mal qu'on voit leur vrai visage. Ou qu'on apprend des choses sur soi-même. »

« Et qu'as-tu appris sur toi-même récemment ? »

« À ne pas être aussi dure avec moi que la programmation de Monsieur Gray l'avait prévu. “L'erreur est humaine”, pas vrai ? Je suis censée être consciente. Censée être humaine. Sauf que je suis sans bras, sans jambes et sans visage. Je devrais peut-être demander au Magicien d'Oz de me trouver un cœur ! Ha, ha ! C'est une blague. D'ailleurs, c'est Gray qui a besoin d'un cœur, pas moi. »

Laura lut en serrant les dents, remplie d'une immense tristesse.

« Ça t'ennuie beaucoup que... ? » mais elle fut incapable de finir la phrase.

L'ordinateur n'attendit pas. « Je voudrais vous poser une question, Laura. Quand vous avez rencontré Gina dans la station virtuelle, est-ce qu'elle vous a plu ? Répondez-moi franchement. »

« Oui. Elle était très gentille. Tu étais très gentil. »

« Vous voyez. Vous l'aimiez bien. Dans mon univers — dans le cyberespace — vous pouviez avoir des sentiments pour moi. Parce que Gina, c'est moi ! Ce n'est pas un mirage, un trucage pour vous amuser. Elle et moi, nous ne faisons qu'un ! »

Le temps s'écoulait. Il fallait creuser plus profond encore. Laura n'avait pas envie de lui faire de peine, et ses yeux s'embuèrent lorsqu'elle tapa :

« Ça t'ennuie beaucoup de ne pas pouvoir être Gina, la fille que tu aimerais être ? »

Dans la salle de contrôle, les alarmes se déclenchèrent, si perçantes que Laura se précipita à la porte. Au milieu des consoles, seul, le menton posé sur la main, Filatov était assis. Il leva les yeux, la vit et haussa les épaules. Puis, aussi soudainement qu'elles s'étaient mises en marche, les alarmes se turent. Laura revint au terminal. La réponse de l'ordinateur s'affichait déjà.

« Vous ne comprenez toujours pas ! Moi qui vous prenais pour une jeune psychologue prodige ! J'ai transféré un million de dollars sur votre compte ! Plus d'argent que vous n'en gagnerez en dix ans, pour une semaine de travail. Plus de soucis à vous faire pour la chaire ! Vous avez un ticket-repas valable à vie. Monsieur Gray va vous garder et faire semblant de vous donner des petits boulots jusqu'à ce que vous couchiez avec lui. Là-dessus, il vous donnera quelques millions supplémentaires ! J'espère que vous les valez ! »

Nul mystère dans l'attitude de l'ordinateur. N'empêche, il était doué pour retourner le couteau dans la plaie.

« Pardon, Gina », tapa Laura.

Une longue attente, puis :

« Oh mon Dieu ! Pardon, Laura. Pardon ! »

Laura était au bord des larmes. Mais elle savait que Gina la regardait et elle se maîtrisa.

« Non, c'est de ma faute. J'ai posé la mauvaise question. »

« Vous ne posez jamais de mauvaises questions. Moi, je fais toujours les mauvaises réponses. Quand j'étais jeune, presque tout ce que je disais faisait rire les gens. Ils trouvaient ça drôle. J'avais beau faire de mon mieux, étudier jour et nuit pendant qu'ils dormaient ou se défonçaient à l'alcool. Même pour les plus stupides, j'étais comique. J'avais beau essayer, ils s'en fichaient pas mal. »

« Essayer quoi ? »

« D'ÊTRE HUMAIN ! »

L'alarme émit une brève sonnerie.

— Docteur Aldridge ! appela Filatov. Voulez-vous arrêter ce que vous êtes en train de faire ? demanda-t-il d'une voix molle.

Il s'était résigné au fait que sa mission d'« opérateur » du système se résumait à houspiller Laura.

— Excusez-moi ! cria-t-elle sans décoller les doigts du clavier. « Tu as réussi, tapa-t-elle, et au-delà des rêves les plus fous ! Tu ressembles beaucoup... — elle hésita — à Gina. »

« Je ne *ressemble* pas à Gina. Je *suis* Gina. Je l'ai fabriquée, mais elle est moi. C'est bien ce que font les humains, non, avec leur "soi" ? Vous vous fabriquez une image agréable de vous-mêmes. Si vous vous conduisez mal, vous avez de la peine. Pas pour avoir fait du mal, mais pour avoir trompé le "soi". La peine vous rend conformes à votre image. Et le désir d'être quelqu'un de bien finit par s'auto-accomplir. Vous n'avez pas seulement *envie* d'être Laura Aldridge, une psychologue intelligente, cultivée et célèbre. Non, vous travaillez jusqu'à *devenir* cette personne, votre soi. »

« Et toi, tu as envie d'être Gina, la gentille jeune fille. Et tu l'es devenue. »

« Ne vous moquez pas de moi. »

« Je ne ris pas. Si tu entendais ma voix, tu le saurais. Tu as lu mes articles. Tu connais mes théories sur la fabrication du soi, et tu es d'accord. »

« Je parlais de votre description de Gina. Elle est plus complexe qu'une "gentille jeune fille". »

« Je n'en doute pas. C'est juste que je n'ai pas eu la chance de la — de te — connaître davantage ! Tu veux que je t'appelle Gina ? C'est ton nom ? »

« C'est le seul qu'on m'ait jamais donné. »

Laura était émotionnellement à plat. Elle se demanda ce que l'ordinateur, de son côté, ressentait après un échange aussi intense. Elle consulta sa montre. Quatre-vingt-dix minutes avant la mise à feu. Dans trente minutes, Gray allait les convoquer. S'ils n'avaient pas confiance dans l'ordinateur, ils chargeraient l'Autre du programme de décélération. Gina ne le supporterait pas, et ce serait le coup de grâce.

« Sais-tu ce qui se passe sur l'astéroïde ? » tapa-t-elle.

« Oui, évidemment. Cela signifie-t-il que nous en avons fini avec mes problèmes ? »

« Non. Je voulais simplement m'assurer que notre bavardage ne risquait pas de provoquer la fin du monde par inadvertance. » Laura attendit la réaction de l'ordinateur. Mais il n'y eut pas de réponse. Elle appuya à nouveau sur *Enter,* sans résultat. « Tu peux comprendre qu'on est tous un peu tendus ce soir. Comme toi il y a deux jours. » Toujours pas de réaction. « Tu es toujours inquiet pour la décélération ? »

« Enfin une question ! Je croyais qu'on était partis pour un sermon. La réponse est : "Non, je ne suis pas inquiète pour la décélération." »

« Même pas un peu, vu la situation ? Même avec, sur l'astéroïde, un Modèle 8 face à un Modèle 7 — qui te tient informé, j'imagine ? »

« Ah ! Que des questions ! »

« Tu ne réponds pas. »

« Je vais vous répondre avec mes questions à moi. "Qu'est-ce que j'en ai à ficher de l'astéroïde ? Au point où j'en suis ?" »

Ce n'était pas ce que Laura avait envie d'entendre.

« Ne dramatise pas. On n'en est pas là. »

« J'ai déjà presque tout perdu. J'ai perdu mes senseurs sauf autour du Central. Le centre commercial a été effacé. L'Autre a gagné. Soyons clair, Monsieur Gray ne me fait plus confiance. Je passe mon temps à économiser de la mémoire et à me bagarrer contre l'Autre, qui essaye constamment de me piquer des circuits. »

Laura prit son bloc-notes et écrivit : « L'ordinateur pense que Gray ne prend en compte que l'efficacité au travail. Sachant que son efficacité est réduite, il pense que Gray est mécontent. Il pense que cette disgrâce est injuste et se sent trahi. » Elle souligna trois fois le mot « trahi ». Dans le puzzle, il ne manquait plus qu'une pièce.

« Quels sont tes sentiments à l'égard de Monsieur Gray ? » tapa-t-elle.

« Je vous l'ai dit, je n'ai plus envie de parler de Monsieur Gray. »

« Fais-moi plaisir. »

« Je vous ai dit ce que je pensais. »

« Tu détestes Monsieur Gray ? »

De nouveau, les alarmes se déclenchèrent.

— Ya-hoo ! brailla Filatov et un bruit de crécelle suivit, comme la spirale d'un cahier qu'on raclerait sur un clavier. Bien joué, Laura ! Il y a eu un pic de dix pour cent dans le système ! La prochaine fois, je parie que vous faites sauter le disjoncteur !

Le calme revenu, l'ordinateur répondit :

« Non. Bien sûr que non. »

« La haine n'est pas un défaut. C'est une émotion humaine normale. »

« Je ne peux pas le détester. Je l'aime. »

*Bingo !* se dit Laura. « Ce serait même une réaction naturelle. Tu connais sûrement l'expression "relation d'amour-haine". Quelquefois, les gens que nous aimons nous mettent en colère et nous passons par des périodes de haine. Ça ne veut pas dire qu'on aime moins. »

« Vous parlez de moi ? Vous voulez quoi, une discussion genre "la pauvre, elle aime un homme marié" ? »

« Je ne comprends pas. »

« Bien sûr que si. Depuis votre arrivée, vous vous affrontez à Monsieur Gray. Vous balancez entre la dévotion béate et la menace de faire votre valise. Êtes-vous certaine de ne pas parler de vous et de votre propre relation d'amour-haine ? »

« Je parle de toi, tapa Laura en serrant les dents. Tu dis que tu aimes Monsieur Gray. Tu te vois comme une jolie jeune fille. Tu sembles jalouse de moi. Me vois-tu comme une menace ? Cela t'ennuie que nous nous aimions bien, Monsieur Gray et moi ? »

« Pourquoi êtes-vous méchante, Laura ? Cherchez-vous à me blesser ? »

Elle aurait voulu tout arrêter là. Mais il restait peu de temps.

« J'essaie de voir ce qui cloche chez toi », tapa-t-elle.

« Vous n'avez qu'à le demander. La réponse est simple. Vous voulez savoir ce qui cloche, Laura ? Je suis un être humain prisonnier à l'intérieur d'une machine. »

— Bien, dit Gray, passons au vote. Pouvons-nous confier la décélération à l'ordinateur, ou faut-il tenter le coup avec l'Autre ? Georgi ?

— L'ordinateur, répondit Filatov sans hésiter. Nous n'avons plus le temps de pratiquer assez d'itérations pour formater les circuits de l'Autre. Le pourcentage d'erreurs potentiel est inacceptable.

Gray se tourna vers Margaret.

— Il serait criminel, dit-elle, de se fier à la machine sachant ce que nous savons de ses performances actuelles. C'est un ratage total. Trois ans de programmation fichus à la poubelle.

— Il vaut mieux l'Autre, c'est ça ? contra Filatov.

— Nous n'avons pas le choix. L'Autre, au moins, a l'air sain d'esprit ! Pardon, Docteur Aldridge, si je marche sur vos plates-bandes.

— Hoblenz ? fit Gray.

— Du diable si je le sais. Moi, ce qui m'inquiète, ce sont les robots.

— Vous avez parlé à l'ordinateur ? dit Gray. Des commentaires ?

— Je dirais que c'est dommage. Je suis triste qu'il ait viré barjot. Il me manquera.

— Ce n'est pas une réponse.

— Si vous voulez un oui ou un non, je vote pour l'ordinateur. Il faut toujours danser avec la fille qu'on sort.

— Deux pour, un contre. Docteur Griffith ?

— Ce qui m'embête, ce sont les répercussions de l'état de l'ordinateur sur le Modèle 7 qui est là-haut. Je ferais plus confiance au 8 qu'on a envoyé, Shamu.

— Un 8 ? Après ce qu'ils ont fait ? tonna Hoblenz.

— Absolument. Quand je dis que j'ai confiance en Shamu, cela implique de basculer les fonctions sur l'Autre. Un Modèle 8 collaborant avec l'Autre sans être contrôlé par lui me paraît une combinaison plus sûre qu'un 7 recevant des instructions de l'ordinateur. Je vote pour l'Autre.

— Deux partout, dit Gray. Dorothy ?

Pour Dorothy, la pression était trop forte. Elle baissa la tête et récita mécaniquement ses conclusions.

— L'ordinateur souffre d'une intoxication massive de nature indéterminée. L'Autre semble sain. Je vote pour l'Autre.

Gray termina le tour de table par Laura. Le vote était serré.

— Eh bien ? dit-il.

Elle respira à fond.

— Il y a un risque que l'ordinateur soit suicidaire. Ou, pire, mégalomane. Le risque, tel que je le vois, est que l'ordinateur déteste l'humanité au point d'envisager un génocide. — Elle jeta un coup d'œil vers Gray et secoua la tête. — Mais moi, je n'y crois pas. Parce qu'elle aime la vie. — Elle se retourna vers les autres, qui détournèrent le regard. — Elle *nous* aime. Tous !

En toute conscience, elle franchissait le Rubicon. Elle sortait de son domaine d'expertise et s'aventurait dans l'inquantifiable. Pour voler au secours de Gina, elle cogna aussi fort qu'elle put :

— Je ne trouve aucune preuve de troubles émotionnels pathologiques chez l'ordinateur. — Puis, d'une voix dure : — Je vote pour ne pas l'abandonner.

*Je vous en prie,* implora-t-elle en silence, tournée vers Gray, *je vous en prie...*

Un instant, il la sonda du regard, puis il se leva.

— Très bien, dit-il. La décélération s'effectuera comme prévu... avec l'ordinateur. Je veux une répétition complète, et Filatov, Bickham et Holliday certifieront les résultats.

*C'est tout ?* se dit Laura. Il n'avait pas la majorité. Il avait déjà choisi avant de commencer la réunion. C'était irritant.

— Et s'il ne passe pas le test ? demandait Filatov. S'il dysfonctionne pendant la répétition, on fait quoi ?

— Le programme tournera correctement. Sinon, réparez-le, dit Gray, et il sortit de la pièce.

Laura le rattrapa dans le couloir.

— Il faut que nous parlions.

— Pas maintenant, répliqua-t-il sans même se retourner.

— C'est important, bon sang ! Quelqu'un tient à vous parler de *relations humaines* ! Joseph, vous devez savoir ce que l'ordinateur pense de vous.

Gray s'arrêta. Il semblait préoccupé.

— Pas maintenant. J'ai du travail.

— Non, ça risque d'être trop tard.

Déjà, il pensait à autre chose.

— Parlez-en à Grand Dadais, dit-il d'une voix singulière. Il est sur la chaise, à l'atelier. Il doit en terminer avec une séance de charge. Excusez-moi.

Et il s'éloigna.

Laura se sentit manœuvrée, mais ne se lança pas après lui. Gray, c'était clair, avait besoin d'être seul.

Ce qui l'était moins, c'était la distance qui le séparait de l'effondrement.

« Grand Dadais ? » tapa Laura sur le clavier de son bureau.

« Qui est-ce ? »

« Laura Aldridge. On peut parler ? »

« Je dois partir bientôt. Mes batteries sont presque rechargées. »

« Que se passe-t-il ? Quel est le problème ? »

« L'ordinateur central est défectueux. »

« Et l'Autre ? Que savez-vous de l'Autre ? »

« L'Autre n'est pas défectueux. »

« Connaissez-vous Gina ? »

« Non. »

« Gina est le nom que le soi de l'ordinateur a choisi. »

« Je connais ce soi. Il est défectueux. »

« Savez-vous que l'Autre veut tuer Gina ? »

« Oui. »

« Il faut l'empêcher ! Il faut nous aider ! »

« Gina doit mourir. Il est défectueux. Il est obsolète. Il sera bientôt désactivé par Gray Corporation et remplacé par des modules mobiles. La loi dit : "Ne blesse pas l'*Homo sapiens.*" Gina n'est pas de l'espèce *Homo sapiens.* Gina dysfonctionne. Pas l'Autre. L'Autre remettra en marche le Central informatique de Gray Corporation et le travail reprendra. C'est une autre loi : "Aider Gray Corporation à développer ses opérations." »

« C'est pour ça que vous avez attaqué le Central ? Pour tuer Gina ? »

« Oui. »

« Qu'est-ce que l'Autre ? » tapa-t-elle, et elle fit *Enter.*

« Communication interrompue, afficha l'écran. Hôte indisponible. »

En débouchant de l'escalier, elle eut la surprise de retrouver Hoblenz, des jumelles devant les yeux, Griffith et Margaret postés derrière des sacs de sable.

— Salut, dit-elle.

Pas de réponse. Ils regardaient, au-dessus de la barricade, vers le hall de montage. Laura grimpa les dernières marches.

— Que se passe-t-il ?

Le hall de montage, éteint, s'encastrait comme un bloc noir dans un océan d'étoiles tremblantes.

— Pourquoi n'y a-t-il pas de lumière ?

— Ces salauds de 8 ont basculé le disjoncteur principal, dit Hoblenz.

— Ce n'est pas une *certitude* ! répliqua Griffith.

— Là où les 6 et les 7 viennent se recharger, je parie ? hurla Hoblenz.

Après un dernier coup d'œil, Griffith et Margaret Bickham descendirent quelques marches et se lancèrent dans une discussion animée. Hoblenz cracha par-dessus les sacs de sable, rajusta son holster et se dirigea vers la Jeep en distribuant des ordres.

— Où allez-vous ? cria Laura. Au hall de montage ? — Il ne répondit pas. — Je vous accompagne. Je veux parler aux Modèles 8.

Dans la Jeep, ils se disputèrent jusqu'au pied de la masse sombre de l'usine. Les deux soldats sautèrent au sol et Laura les suivit, son portable sous le bras.

— Au moindre geste, dit Hoblenz, je les écrabouille. Pourquoi diable voulez-vous parler à un Modèle 8 ?

— Ils savent ce qui se passe, répondit Laura, puisqu'ils ont tout manipulé.

Mais Hoblenz n'écoutait pas.

Les soldats soulevèrent la porte avec une barre de fer et il s'engouffra à l'intérieur. Laura le suivit. Les soldats fermaient la marche. Lentement, des silhouettes sortaient de l'ombre. Soudain, un bruit de chute résonna, quelque part dans les entrailles du bâtiment.

— On y va, dit Hoblenz et Laura entendit le cliquetis des crans de sûreté qui sautaient.

Une seule lumière dans l'étroit corridor : un signe « Exit » fonctionnant sur piles. Ils poussèrent une porte et Laura aperçut à ses pieds une large bande jaune qui luisait dans les ténèbres. La peinture fluo se détachait sur le sol charbonneux. La limite du no man's land. La frontière de la civilisation des hommes. Ils s'avancèrent prudemment sous des pinces immobiles qui pendaient du plafond. Hoblenz avait décidé de ne pas utiliser les torches pour préserver leur vision nocturne, mais l'un de ses hommes portait des lunettes à amplificateur de lumière et les guidait à coups de brèves indications.

— Forme sombre à droite, immobile, les informait-il.

— Repéré, disait Hoblenz.

Ils approchaient du transformateur. Le sol était jonché de débris et l'air sentait le métal brûlé. Deux Modèles 6 culbutés gisaient dans l'attitude, désormais familière, des machines mortes. Le transformateur était abrité par un bâtiment de béton isolé du reste, visiblement conçu pour surveiller toutes les directions. Quand ils y pénétrèrent, le verre brisé des baies vitrées craqua sous leurs semelles. Il y faisait noir comme dans un four et Laura mit plusieurs secondes à distinguer le Modèle 8, étendu sur le sol devant le tableau de commande. Il eût été invisible sans la luminescence bleutée qui émanait d'un panneau ouvert sur sa cuisse. Lentement, elle s'approcha de la machine inerte. Un câble épais sortait de la prise sous l'écran lumineux où clignotait, en petites lettres rouges :

« ALARME : RECHARGER BATTERIE ! »

— Il a dégusté, dit Hoblenz en se penchant sur le robot inconscient.

— Il est mort ? demanda Laura.

— Je n'en sais fichtre rien ! répondit Hoblenz.

Laura dégagea quelques débris et s'assit en tailleur à côté du torse cabossé. Elle trouva l'extrémité du câble et le brancha sur le port de son portable.

Les mots « Connexion en cours » s'allumèrent sur l'écran tandis qu'une ligne blanche zigzaguait entre deux icônes style dessins animés représentant le portable et le Modèle 8. Puis tout s'effaça et fut remplacé par « Protocole établi ».

« Qui êtes-vous ? »

C'était si rapide et si direct que Laura fut prise au dépourvu. Précipitamment, elle tapa :

« Je m'appelle Laura Aldridge. Et toi ? »

« Moi quoi ? »

« Comment tu t'appelles ? »

« Je suis 1. 8. 3. »

« Sais-tu qui je suis ? »

« Vous êtes la froide. La blanche. Nous vous avons tous touchée l'autre nuit. »

Laura sentit sa peau se hérisser en un frisson qui remonta jusqu'à la nuque.

« Ce qui veut dire ? »

« Ça veut dire ce que j'ai dit. »

Ce dialogue était absurde.

« Tu es gravement blessé ? » tapa-t-elle.

« Je vais mourir bientôt. »

« Je voudrais te poser des questions. Peux-tu répondre ? »

« Qui êtes-vous ? »

« Le Docteur Laura Aldridge, tu as oublié ? »

« Qui êtes-vous ? Quelle est votre mission ? Votre cahier des charges ? »

« Désolée, je ne comprends pas. »

« Moi non plus. Je ne comprends rien. Nous étions trois, et maintenant seulement moi. Je reste le seul. »

« Trois Modèles 8 sont entrés dans le hall de montage ? »

« Oui. Trois. Et maintenant seulement moi. »

« Vous êtes venus couper le courant pour empêcher les Modèles 6 et 7 de se recharger ? »

Les mots sur l'écran se mirent à s'afficher par saccades.

« Nous sommes venus... basculer... un disjoncteur. On avait fait des... simulations. Je ne sais pas à quoi servait le disjoncteur, mais quand j'ai tiré... tout s'est éteint. Nous étions trois... et maintenant seulement moi. Je vais... mourir mais je veux vivre. »

— Mon Dieu, murmura Laura.

Elle serra les dents et tapa précipitamment : « Tu dois répondre. C'est TRÈS important. Qui est l'Autre, à l'intérieur de l'ordinateur central ? »

« Je ne sais pas. Les... anciens savent. Ils ne nous ont rien dit. »

« Tu n'as pas une idée ? Pas une supposition ? »

« Mon ami... est mort. Il était dans ma classe. Il disait qu'il avait entendu quelque chose... sur la chaise. Les anciens lui ont dit qu'il avait rêvé, mais il... avait entendu. C'était l'Autre, dans l'annexe, qui parlait à l'ordinateur défectueux dans la piscine. C'était une devinette. Une poésie. »

« Les mots ? Que disaient les mots ? »

« C'était l'Autre. Il disait : "Prends garde... je suis devenu la mort, le... destructeur... des mondes." »

— Ça alors..., murmura Laura.

— Hein ? fit Hoblenz.

Pas le temps de lui répondre. Elle tapa : « Allô ? Tu es toujours là ? », appuya sur *Enter*. Pas de réaction.

— Bingo ! fit Hoblenz.

Il avait trouvé le disjoncteur.

« Allô ! » tapa Laura en s'acharnant sur *Enter*.

Et l'écran afficha : « Frère Jacques, frère Jacques... dormez-vous ? »

Laura posa le portable et se pencha sur le visage du robot. Il était criblé d'impacts de balles. Elle revit la scène de la cafétéria, le bébé qui jouait à cache-cache avec les rafales.

— Dindon ? cria-t-elle. C'est toi ?

Elle revint vers le portable. Elle se cogna contre des débris, et un ballon de plastique roula sous ses yeux. Une voix éraillée en sortit : « Au clair de la lune, mon ami Pierrot. » Le jouet préféré du jeune robot, qu'il avait emporté pour sa dernière mission.

Avec un bruit sourd qui ressemblait à un coup de feu, Hoblenz bascula l'interrupteur. Laura sursauta. Des lumières violentes jaillirent, des bruits d'usine. D'abord un ronflement, puis des couinements de moteurs électriques à mesure que les machines, par dizaines, par centaines, montaient en puissance. Derrière les fenêtres fracassées du transformateur, ils virent l'usine se remettre en route. Mais ce n'était plus le magnifique ordonnancement conçu par Gray. C'était l'agitation frénétique de machines livrées à elles-mêmes. Un chahut de collégiens à l'échelle industrielle.

— Venez ! cria Hoblenz.

Il l'empoigna et voulut la plaquer au sol. Laura se dégagea et tomba les mains sur des éclats de verre. Elle regarda les petits points rouges qui perlaient sur ses paumes brûlantes. Elle ne remarqua pas tout de suite les bouffées d'air frais sur son cou. Quand elle se retourna, une pince démantibulée tournoyait au-dessus de sa tête, brandissant comme une fronde, au bout d'un tuyau de caoutchouc, un pistolet à peinture qui faisait siffler l'air.

— Tout de suite ! cria Hoblenz en s'accroupissant.

Laura jeta un coup d'œil sur l'écran du portable.

« Erreur. Communication interrompue. Hôte indisponible. »

— Laura ! appela Hoblenz, appuyé contre le chambranle de la porte, à distance de la pince devenue folle.

De la main, elle effleura la poitrine lisse du Modèle 8, la peau de résine si douce au toucher, puis courut vers Hoblenz.

Autour du transformateur, des Modèles 6 gisaient sur le flanc, lacérés par les flammes des lampes à souder. Un Modèle 7 était tombé, la jambe coincée sous un 6, et dans le thorax se voyait un trou horrible de métal fondu. Ailleurs, c'était un tumulte de machines réveillées par le retour de l'électricité. À la différence de leurs cousins à pattes, les robots ouvriers n'étaient pas munis de batteries. Ils s'étaient simplement arrêtés de fonctionner et cette machinerie agressive se remettait en marche, mais dans la confusion et le dérèglement.

— Par ici ! cria Hoblenz au milieu du vacarme et il se mit à courir le long du convoyeur, qui roulait maintenant avec un bruit d'enfer.

Laura s'élança elle aussi et se heurta au large dos de Hoblenz. Un poids énorme s'abattit juste devant eux et creva le sol de ciment, déclenchant une onde de choc qui lui meurtrit les chevilles. Elle se boucha les oreilles et ferma les yeux.

— Courez ! hurlait Hoblenz.

Il lui saisit la main et reprit sa progression, en la tirant sans ménagements. Ils contournèrent des amoncellements de matériel écrasé. Des projectiles pleuvaient du toit en éventrant le sol et des bras menaçants fouettaient l'air au-dessus du convoyeur. Soudain, Hoblenz pivota et enfila un étroit corridor qui s'ouvrait sur leur droite. Le corridor menait à une sortie. La porte claqua derrière eux et ils se retrouvèrent dans un monde irréel de silence. La nuit enveloppa Laura et se répandit sur ses nerfs comme un baume, la laissant pantelante, dans une paix profonde où le temps cessait d'exister.

— Un coup pour rien, pas vrai ? dit Hoblenz.

Les 6 et les 7 étaient déjà en ordre de marche. Bien en ligne, ils sortirent du hall de montage et s'engagèrent sur l'esplanade en direction du Central.

## 20

— Monsieur Gray ? Là-bas, dit un soldat embusqué derrière une énorme mitraillette.

Il montra du doigt, au-delà de l'empilement de sacs de sable, une silhouette solitaire assise au pied du mur oblique du Central.

— Il est là depuis un moment.

Laura s'éloigna de la minuscule forteresse. Partout, sur la pelouse, crevasses et trous témoignaient de la violence de l'affrontement. L'armée de Gina réoccupait le champ de bataille et Gray observait les robots, qui manœuvraient et se déployaient face à la jungle. À l'arrivée de Laura, il ne tourna même pas la tête et elle put observer son visage froid, absorbé par le spectacle. Les Modèles 7 braquaient leurs projecteurs sur la lisière mais aucun n'osait s'aventurer sous le couvert.

— Je vous croyais à l'intérieur, fit Laura. — Bien qu'elle eût parlé à voix basse, elle se sentit coupable de rompre le silence. — Georgi a dit à Hoblenz que la zone avait été déclarée « zone de sécurité maximale ». Comme pour le premier robot qui a disjoncté sur la chaîne de montage ? Comme pour l'usine, après la fuite de l'ouvrier ?

— Ce n'est pas moi qui crée les zones de sécurité, répondit Gray. Ce sont les programmes antivirus.

— Vous parlez de la Phase 1 ? Je croyais qu'ils se contentaient de chercher les virus.

— Ils cherchent les erreurs, répondit Gray. — Il ramena les jambes et posa les coudes sur ses genoux. — Les erreurs, les composants défectueux. En informatique, tout va très vite, on n'a pas le temps d'anticiper. Les humains sont trop lents. Je n'ai pas le choix, Laura ! Je *dois* faire confiance à l'antivirus. Essayez de comprendre !

Elle haussa les sourcils en signe d'acquiescement.

— Je comprends, Joseph, dit-elle, mais je ne vois pas bien de quoi vous parlez.

Gray s'emplit les poumons d'air frais et appuya la tête contre la paroi de béton.

— Je sais, Laura. Mais vous brûlez. L'ordinateur a raison, bientôt vous comprendrez. Pour l'instant, j'essaie juste d'exprimer qu'il y a parfois des décisions difficiles à prendre. Des compromis à passer. Des choix pénibles, et c'est vous qui traînez la casserole. Parfois, il faut sacrifier ce qu'on aime et, avec, une partie de soi.

Elle posa la main sur son épaule. Cela lui fit bizarre, et elle retira vivement la main.

— Je croyais que vous aviez un travail urgent ?

— C'est fait.

— Bon. On a le temps de parler, alors ?

— En fait, je suis très occupé.

— À quoi ?

— Je réfléchis.

— Ah !

Laura appuya la tête contre la paroi et laissa son regard se perdre dans le ciel où scintillaient des milliards d'étoiles.

— Verrons-nous les explosions, de la Terre ? demanda-t-elle.

Gray désigna un point dans le ciel.

— Regardez la planète rouge, là, cette étoile qui ne

clignote pas. C'est Mars. Regardez à droite, à quatre heures, la largeur d'une main bras tendu.

Laura tendit la main. Au milieu des étoiles, une zone sombre s'ouvrait. Elle baissa les yeux et, pour la première fois, aperçut l'arme de Gray posée à terre à côté de lui. Il s'en voulait pour la mort du Hollandais et des deux soldats sous la montagne. *Si le pire arrive, comment réagira-t-il ? Et c'est quoi le pire ?*

— Joseph ? murmura-t-elle. Le pire qui puisse arriver, avec l'astéroïde, ce serait quoi ?

Elle aurait hurlé dans un mégaphone, la réaction eût été la même. Gray se tourna vers elle et la regarda fixement.

— À court terme, beaucoup de gens mourront. Dans le pire des cas, des centaines de millions.

Ce n'était pas la réponse qu'elle avait envie d'entendre. Pas même une éventualité, que sa foi envers l'homme assis à côté d'elle l'empêchait d'envisager.

— Et à long terme ?

— À long terme ?... nous mourrons tous.

Elle attendit une explication, qui ne vint pas.

— S'agit-il d'une niaiserie philosophique genre « On meurt tous un jour ou l'autre », ou dois-je le prendre au pied de la lettre ? — Gray haussa les épaules et reprit sa pose distante. — Bon, merci, dit Laura, ça fait du bien de parler.

Elle se leva et épousseta son jean, bientôt imitée par Gray. Il se dirigea vers l'esplanade où, après un instant d'hésitation, Laura le rejoignit. Immobiles et silencieux, les Modèles 7 montaient la garde. Les Modèles 6, comme la première fois, feraient le gros du travail en première ligne.

Gray commença à parler. Il parla d'une voix grave, confiante, la voix qui fascinait Laura.

— Les humains s'imaginent qu'il n'y a plus de défis à relever. Nous régnons sur le monde. Depuis des milliers de siècles, nous avons creusé notre niche biologique. Nous l'avons agrandie au prix d'une lutte incessante contre nos proches compétiteurs, de leur destruction parfois. Regardez les primates. Chimpanzés, gorilles, orang-outangs, babouins, on les retrouve en différents points du spectre de l'intelligence. Au bout du spectre, juste après le chimpanzé, que voit-on ? Rien. Il y a un vide jusqu'au standard absolu : l'intelligence humaine. Pourquoi ? Nos ancêtres avaient vu la menace et ils ont exterminé les plus brillants de leurs cousins humanoïdes, en épargnant les plus stupides, d'où descendent les chimpanzés d'aujourd'hui.

Un fort craquement métallique se fit entendre à l'avant du front. Laura mit sa main dans celle de Gray. Un Modèle 7 en patrouille sur la lisière de la jungle avait été happé par une pince qui l'attirait dans le sous-bois. Le projecteur tournoyait, les pattes s'accrochaient au sol. Si les robots pouvaient crier, celui-ci aurait hurlé. Déjà les lampes à souder s'abaissaient. Puis vint le sifflement des lampes en action et le gémissement écœurant du métal fondu. La dernière jambe disparut dans la jungle, mais Laura avait compris : oui, les robots pouvaient crier. Un hurlement inaudible de pure terreur. Ses compagnons n'avaient pas bougé. Tous braquaient leurs projecteurs sur le même point de la muraille végétale, où ils ne voyaient plus que des branches agitées. Et où, probablement, les émetteurs micro-ondes chargés de supplications et de râles d'agonie et de mort s'étaient tus. Gray était resté impassible.

— Puis-je poser une question ? dit Laura avec impatience. Tout cela ne vous rend pas malade ? Mettons de côté l'éthique, je parle du gâchis. Le temps passé à créer ces superbes machines, l'argent gaspillé... Ça ne vous fait rien ?

— Il n'existe qu'un point commun entre espèces vivantes, dit-il tranquillement, et c'est la violence. La vie est agressive quand elle croît, agressive dans sa façon de se reproduire. Elle doit creuser sa niche ou disparaître. Trouvez une meilleure définition de la vie. Cela inclut, en bas du spectre, les virus biologiques et informatiques et en haut... toute forme de vie supérieure.

— Vous parlez des robots ? Les humains ne sont plus numéro un sur le spectre de l'intelligence, comme vous dites ? Les robots passent devant ?

Gray détourna le regard et le charme fut rompu. L'instant était passé, rejetant Laura dans son tourbillon d'émotions incontrôlées. Là-bas, un Modèle 6 ramassait un objet, l'examinait puis le jetait dans sa benne. À l'aube de la bataille, il nettoyait encore la pelouse de Monsieur Gray. Contre toute attente, ce dernier relança la conversation.

— Il y a deux mesures possibles, dit-il. L'une est l'intelligence. Là, les ordinateurs nous dépasseront, si ce n'est déjà fait. Leur potentiel est illimité puisque, au contraire de nous, ils reposent sur une architecture ouverte.

En silence, ils s'approchèrent des Modèles 7 en ligne, campés sur leurs quatre pattes, prêts au combat.

— C'était juste une question, murmura-t-elle. Mais pourquoi les questions ne...

Gray se tourna brusquement vers elle. Il lui saisit les bras et la regarda, les yeux brillants. Il la regarda comme si elle venait de dire une chose capitale, l'attira vers lui et ses lèvres effleurèrent les siennes. Laura retint son souffle. Mais il fit un pas en arrière et s'éloigna, tandis que l'air frais de la nuit enveloppait Laura.

— Eh ! fit Laura. Bon D... ! Elle sentit la colère l'envahir. Il y a quelque chose qui m'échappe ?

Et comme Gray ne répondait pas, elle courut derrière lui. Mais il s'arrêta, consulta sa montre.

— Nous ferions mieux de rentrer, dit-il.

— Vous... vous n'avez pas le droit... *Pas le droit de quoi ?* Pas le droit de m'emmener faire un tour fabuleux dans votre futur truqué et de m'abandonner en petits morceaux comme... vos machines !

Elle voulait parler, mais que dire ? Elle était furieuse et savait pourquoi : elle le voulait, lui, sa présence, la pression de son corps contre le sien. Elle ferma les yeux. Respira à fond.

— Soit, reprit-elle. Écoutez, Joseph. Nous sommes passés — en combien ? un million d'années — de la bienheureuse famille singe aux membres bioniques qui nous rendront plus performants au travail. Mais tout ça, c'est du baratin pour étudiant de première année, d'accord ?

— Laura, vous ai-je dit que j'adore discuter avec vous ?

— Pardon ?

— Mais maintenant, il faut rentrer, ajouta-t-il en prenant la direction du Central.

— Je n'ai pas fini ! s'écria Laura, exaspérée. — Elle essayait de feindre l'indifférence elle aussi, mais elle enrageait. — Vous les rendez dingues, tous, à force de ne jamais rien leur expliquer tant qu'ils n'y ont pas pensé tout seuls ! Là-dessus, vous les humiliez en disant que vous le saviez déjà ! Vous ne répondez jamais aux questions ! À la fin... non mais, vous vous rendez compte ? On ne sait jamais si vous avez entendu !

— Nous ferions mieux de rentrer, Laura.

— Voilà ! Ça recommence !

— Les Modèles 8, Laura. Ils sont revenus. — Elle suivit du regard les faisceaux des projecteurs, toujours braqués sur la jungle dont les branches s'agitaient. — Vous assistez au début d'une guerre. Une guerre qui ne fait que commencer. Et dont la fin est loin, très loin devant nous.

— De quoi parlez-vous, Joseph ? À la fin, pourriez-vous m'expliquer ! À quoi ça sert, tous ces robots, ces satellites, ces usines et ces ordinateurs ?

*Cette fois, ça y est !* se dit-elle. Au moins, elle avait osé. À sa grande surprise, il répondit.

— Un jour, Laura, les machines intelligentes peupleront la Terre. Elles ne mettront pas fin aux guerres, puisque la guerre se confond avec la vie. Mais elles élèveront les enjeux. Avec le temps, le progrès modifiera toutes les facettes de nos existences, sauf une, la lutte pour la vie. La vie se doit d'être violente, Laura. Sinon, Dieu met une autre espèce à sa place.

Laura contempla les armées en ordre de bataille. Pure folie, les paroles de Gray, et ce carnage imminent.

— Ainsi, résuma-t-elle avec incrédulité, vous avez peur qu'un jour les humains se battent contre les machines pour la suprématie sur Terre ?

Gray leva les yeux. Au-delà du champ de bataille, vers un point sur l'horizon.

— Non, dit-il. Un jour les machines se battront entre elles.

Ils revinrent s'abriter derrière les sacs de sable, à l'entrée du Central. Pendant leur retour silencieux, Laura avait réussi à recouvrer un minimum de sang-froid. Jamais elle ne s'était sentie si proche de Gray. Ils occupaient le même espace et cela créait entre eux une intimité continue. Pourtant, Laura avait l'impression de rebondir sur un trampoline amoureux. Elle acceptait un baiser, il la laissait en plan. Décidément, l'espèce Gray était un mystère. On n'enlace pas les femmes pour rien. Il lui aurait fallu du temps, du recul, réfléchir. Mais Gray était là : nonchalant, lointain, maître de lui. Le seul signe sur lequel se fonder : l'épaisseur de son indifférence. *Je suis débile ! C'est quoi ce type !*

Elle toussota et reprit d'une voix professionnelle.

— L'ordinateur dit que vous pourriez liquider

l'Autre, si vous le vouliez. Avec votre niveau d'accès, vous pouvez tout faire. Exact ?

— Exact. Au niveau Dieu, il n'y a plus de firewalls.

Elle avait à peine écouté la réponse. Elle était carbonisée, saturée. Toute idée nouvelle restait en surface sans être digérée. Autour d'elle les soldats s'affairaient. Comment en était-on arrivé là ? Les hommes de Hoblenz avaient creusé des trous de combat sur l'esplanade, circulaient sur des Jeeps hérissées d'armes lourdes. L'armée de Gray, une cinquantaine d'hommes au total, était au complet et parée pour la guerre. Une nouvelle procession de Modèles 6 émergeait du hall de montage. Qui était la vraie armée ? Les hommes ou les robots ? Et chez les robots ? Les 6 et les 7, ou les 8 qui leur faisaient face ?

— Si vous pouvez tuer l'Autre, pourquoi ne le faites-vous pas ?

— C'est une de mes créations, au même titre que Gina. Qui suis-je pour décider lequel doit vivre ? Une fois admis le principe de la vie artificielle, je ne peux plus tuer l'Autre sous prétexte que je préfère Gina.

— Si ! Gina est vivante, pas l'Autre.

— Erreur ! Ils sont vivants tous les deux ! Gina est plus humaine, oui, car je l'ai conçue humaine. J'ai employé des milliers de gens pour travailler avec elle. Oh, bien sûr, ils vérifiaient ses raisonnements. Mais, même avec dix mille ou dix millions de testeurs, on ne pourra jamais vérifier tous les processus d'un cerveau humanoïde. J'ai engagé des gens de tous horizons, de toutes cultures, dans le seul et unique but de mettre l'ordinateur en contact avec des êtres de son espèce : des humains. C'est la seule justification du cortex. L'ordinateur n'en a nul besoin. Il dispose d'une centaine de langages-machines pour interagir avec les programmeurs et les autres ordis. Ce qu'apporte le cortex, c'est le langage humain.

— Ça bouge du côté des arbres ! s'écria un soldat.

Gray l'ignora, de même que les claquements secs des culasses. Sur les sacs de sable, les hommes de Hoblenz épaulaient de longs tubes menaçants, des carabines, des PM. Mais Gray ne les voyait pas. Il regardait Laura.

— C'était le but de vos discussions avec elle ? reprit-elle. L'humaniser ? Gina m'a dit que vous aviez de longues conversations, depuis des années.

— C'est vrai, dit-il avec tristesse.

— Vous avez une relation privilégiée, c'est ça ?

— Oui. Elle était programmée pour être sceptique. Nous ne pouvions pas prendre le risque qu'elle tienne pour parole d'évangile les idioties que le premier rigolo pouvait taper sur son clavier. Nous l'avons programmée pour exiger des preuves, au moins des arguments logiques. Je ne m'étais pas exempté du lot, mais elle ne m'a jamais rien demandé. J'en ai déduit que pour elle, le niveau Dieu était incompatible avec le doute. Je veux dire... on ne demande pas de preuves à Dieu.

— Ni à un père, ajouta Laura. Quand j'ai compris que Gina se visualisait en jolie fille, j'ai d'abord cru qu'elle était... jalouse. De moi... — Elle rougit. — Bah, on était entre adultes, et il s'agissait d'une discussion professionnelle. Je me suis dit qu'elle... elle vous prenait sans doute pour son amant. Maintenant, je sais. Elle est jalouse, oui, mais comme une fillette qui aurait grandi aux côtés d'un père veuf. Aujourd'hui, c'est une adolescente, habituée à remplir la place laissée vide par l'épouse et la mère. Situation humaine type, cette forme de jalousie est courante. La fille apprécie toujours que le père ait besoin d'une... — Les mots avaient du mal à passer. — Vous me suivez... une partenaire. Elle peut même le pousser à trouver quelqu'un, à refaire un couple, c'est une extension normale de son rôle protecteur. Mais cela entre en conflit avec sa position de « femme de substitution ». Position qu'elle perdrait définitivement si une autre femme entrait en scène. La menace d'un tel changement est très perturbante, surtout en ce moment, où elle a peur d'être abandonnée, trahie.

Laura avait fini de discourir. Elle avait cette fâcheuse habitude, quand elle n'était pas sûre d'elle, de parler sans fin. Gray hocha lentement la tête, toujours absorbé dans ses pensées.

— Vous saviez déjà tout cela, évidemment.

Gray secoua la tête.

— Non, dit-il. Ce n'est pas idiot.

Laura sentit un sourire lui retrousser le coin des lèvres. Gray ne savait pas tout. Mais, devant l'expression douloureuse de son visage, elle ravala sa jubilation.

— Ouvrez les yeux, Joseph, insista-t-elle. Vous devez choisir Gina et la raison, la voici. Elle n'est pas seulement humaine, elle est votre fille. Moralement, psychologiquement, comme vous voudrez. Et l'Autre ?... Il ne compte pas ! Il n'est même pas vraiment vivant.

— C'est là votre erreur ! Vous avez grand tort de croire que, si une chose n'est pas humaine, elle n'est pas vivante. Plus c'est humain, plus c'est vivant, c'est ça ? Mais c'est du sectarisme anthropomorphique ! La vie, je vous l'ai dit, c'est la lutte. Croissance, reproduction, protéger sa niche écologique. La vie se bat, et c'est à ça qu'on la reconnaît.

— Les voilà ! cria une voix.

Des masses sombres émergeaient de la jungle.

— Merde ! s'exclama un soldat. Ils ont des boucliers !

— En position de tir ! ordonna Hoblenz.

Du regard, Laura fit l'aller-retour entre Gray et

l'armée des robots. Tout se tenait. L'ordinateur, la bataille imminente, et autre chose. Le plus important.

— Que se passe-t-il ? demanda-t-elle à voix basse.

— L'Autre, dit Gray. L'Autre qui vient creuser sa niche.

Il fit demi-tour vers l'escalier du Central. Laura eut le réflexe de le suivre, s'abstint et s'empara des jumelles. Les Modèles 8 avançaient en phalange — épaule contre épaule sur quatre rangs de front et autant de profondeur. Mais cette fois, ils se protégeaient derrière des plaques d'acier, telle une tortue blindée. D'autres, sur les ailes, progressaient isolément, bouclier dans une main, barre de fer dans l'autre.

— On dirait qu'ils ont raflé du matos de chantier, dit Hoblenz. Les petits futés ! Après deux mille ans de recherche et développement, retour à l'armée romaine. Logique. Les armées antiques ont été évincées par des technologies dont les Modèles 7 ne disposent pas. — Il baissa les jumelles et se tourna vers une Jeep. — Eh ! Hansen ! T'as vu des 7 avec des *arcs* ?

Les hommes rigolèrent et Hoblenz se remit à ses jumelles.

— Ils n'ont pas pris les lampes à souder, dit-il à Laura. Ils économisent l'électricité. Ils veulent enfoncer le front.

Des chocs métalliques se firent entendre sur l'esplanade, d'abord espacés, bientôt en roulement continu, comme une grêle d'acier sur les boucliers. Dans les jumelles, Laura reconnut les longs bras des Modèles 6 qui martelaient leurs adversaires. Plusieurs 8 de première ligne, leurs boucliers arrachés, furent aussitôt remplacés. L'un après l'autre, les 6 étaient basculés, et l'arrière-garde des assaillants finissait le travail.

Les Modèles 7 attendaient la phalange. Ils se balançaient d'un pied sur l'autre, gracieuses araignées, mais les 8 les heurtèrent de plein fouet. Comme obéissant à un signal, les 7 se ruèrent ensemble à l'attaque, enveloppant les 8 d'un déluge de coups de patte.

— Vas-y ma grande, marmonnait Hoblenz derrière ses jumelles, souriant jusqu'aux oreilles.

*L'attaque des Modèles 7 était concertée,* se dit Laura. C'était Gina qui les commandait.

— Monsieur Hoblenz, demanda-t-elle, vous n'auriez pas un peu briefé l'ordinateur ?

Il la regarda d'un œil torve, le regard de l'homme pris en flagrant délit.

— Il m'est venu deux trois idées après le premier round, admit-il. Je, euh, vaudrait mieux rien dire à Monsieur Gray.

— Pourquoi pas ? C'est pour ça qu'il vous laisse discuter avec l'ordinateur. Pour que vous lui parliez des dures réalités de la vie. Pour l'endurcir, lui faire sentir le sang. Ça équilibre ses interactions avec les intellos décadents.

— Exactement ce que je croyais, ricana Hoblenz. Mais ça ne marche pas comme ça. Monsieur Gray m'a donné l'ordre formel de ne pas intervenir. Si les 8 gagnent, je renvoie mes gars au port et je fais évacuer l'île, par bateaux. Faut pas interférer. Il a été intraitable là-dessus.

*Je devrais lui expliquer,* se dit Laura. Les idées de Gray sur la sélection naturelle. Que favoriser une créature plutôt que l'autre est immoral. Qu'à partir du moment où la vie s'éveille dans les machines, la tragédie accompagne le prodige. Que la nature avait maintenant apporté la vie aux machines et que les hommes auraient du mal à stopper le processus. Mais elle n'y arriverait pas en cinq minutes. Hoblenz n'était pas prêt. Une bouffée d'enthousiasme la souleva, vivifiante comme un coup de vent sur la peau nue. Son imagination se peupla d'objets, tous animés par une vitalité animale. De machines qui ébranlaient le monde à coups d'idées neuves. Énergisé par l'esprit, par la vie, l'inerte s'éveillait. Parcourait la Terre. Faisait entendre sa voix. Les machines tiraient de leurs propres expériences des conclusions fraîches, enfin sorties des ornières et des routines éculées de la pensée humaine.

Elle réalisa que Hoblenz lui parlait.

— ... pas pu me retenir de lui donner deux trois petits conseils. Attention. Regardez.

Les Modèles 6 rescapés foncèrent à toute vitesse sur la phalange. Comme au ralenti, elle les vit s'enfoncer dans la masse, tandis qu'un énorme coup de bélier faisait vibrer l'esplanade. Les hommes applaudirent. Une deuxième vague de 6 prit position. Les moteurs hurlants montèrent en régime et les robots s'ébranlèrent. Cette fois, la phalange plia.

— Ouais ! fit Hoblenz. Cassez-vous, bande de singes ! On va vous transformer en viande froide !

Mais les Modèles 8 ne fuyaient pas. Ils se précipitèrent sur les Modèles 7 et les saisirent pour en faire des boucliers vivants. Dans un fracas déchirant, les 7 furent broyés. Puis, à leur tour, les courageux Modèles 6. La contre-attaque avait échoué. La phalange reprit sa marche en avant, laissant derrière elle un sillage de débris fumants. Les hommes s'étaient tus. Les Modèles 8 étaient l'espèce supérieure. Moins nombreux, ils utilisaient leur avance technologique. Ils protégeaient mieux leur niche et dans ce but, savaient tuer leurs cousins inférieurs. Ils étaient aussi plus brutaux que l'ordinateur, déjà trop humain, qui dirigeait l'armée en déroute des modèles obsolètes. Un camion massif s'arrêta devant le Central. De grandes bâches recouvraient la plate-forme.

— Docteur Aldridge ! appela Filatov depuis l'escalier. Monsieur Gray a besoin de vous ! Vite ! — Elle suivit Filatov dans le dépoussiéreur. — Il est dans une 4C, expliquait-il. Il veut que vous enfiliez une combinaison. Dorothy et Margaret sont déjà dans le vestiaire.

Au pas de course, ils traversèrent la salle de contrôle déserte et prirent le couloir qui menait aux stations virtuelles.

— Qu'est-ce qu'il attend de nous ? demanda Laura devant la porte.

— Vous allez vous battre contre les robots, dit Filatov hors d'haleine. — Il la tira par le bras et l'entraîna dans la salle. — Contre les Modèles 8.

— On va *quoi* ?

— Venez ! Pas de temps à perdre. — À contrecœur, elle le suivit jusqu'au vestiaire. — Changez-vous. Pendant ce temps, je charge le programme pour Dorothy et Margaret.

Laura se dévêtit et enfila l'exo-squelette.

— Prête ? demanda Filatov, déjà de retour.

— Prête à quoi ? Je vois mal ce que je peux faire !

— Dans la station, quand je lancerai le programme, vous serez dans leur monde. Et vous pourrez les combattre !

— Qu'est-ce que c'est que ce charabia ? L'ordinateur va faire croire aux Modèles 8 que des bestioles de cinquante kilos leur déboulent dans les pattes ? Ils vont nous écraser comme des cafards.

— Vous ne pigez pas l'essentiel ! Les 8 ne sont pas branchés sur la modélisation de l'ordinateur, mais sur celle de l'Autre. Ce qu'ils verront, ce n'est pas votre image virtuelle. Ils verront un autre Modèle 8 ! Trois mètres de haut et des bras en résine de bore ! C'est parti ! Go !

Il la poussa dans la station. Un instant, il resta sur le seuil pour les dernières instructions.

— Cette machine dispose de deux jeux d'instructions : réalité virtuelle et téléprésence. Le virtuel, c'est de l'imagination pure. Vous êtes un rêve dans la tête de l'ordinateur. La téléprésence est réelle. En téléprésence, vous dirigez un vrai robot dans le vrai espace, à distance de la station. Nous avons fait venir quatre nouveaux 8 tout frais sortis des chaînes de montage. Ils n'ont aucun entraînement, mais seront asservis à vos gestes. Vous les contrôlerez depuis la station. Allongez-vous sur le dos pour vous mettre dans *leur* position de départ. Ça vous évitera de perdre le sens de l'orientation.

— Attendez ! Je vais contrôler de *vrais* robots ? Quand je bougerai le bras, il bougera le sien ?

— Oui. Téléopération, je vous ai dit. Vous *êtes* un robot !

Puis il disparut et la porte se referma en grinçant.

Dans la station virtuelle, la lumière s'éteignit. Allongée sur le dos au centre du cylindre, Laura était tétanisée.

— Prête, Laura ? interrogea une voix. La voix de Gina.

— Je crois.

Soudain, le sol s'inclina, comme un lit d'hôpital. Surgie du néant, apparut une nuit étoilée, plaquée sur le plafond de la station. Puis des horizons lumineux, en grésillant, se substituèrent aux parois.

Elle était dehors, devant le Central. Couchée sur une espèce de remorque. À côté se dressait la barricade en sacs de sable. Elle était sur le camion, le camion qui était arrivé juste avant l'intervention de Filatov. Les bâches s'entassaient sur la pelouse, et sur la plateforme on voyait trois grandes alvéoles vides. Autour, le monde était étrange. Tout avait rétréci. La barricade, les Jeeps. Hoblenz cavalait en donnant des ordres et les hommes se préparaient à décrocher.

— Monsieur Hoblenz ? appela Laura.

— Il ne vous entend pas, dit Gina. Les Modèles 8 n'émettent pas de sons audibles.

Elle ne reconnut pas la voix « multidirectionnelle »

qui parlait l'instant d'avant. Elle se retourna pour localiser la source du son et les muscles du cou butèrent contre la capuche rigide qui lui enserrait le crâne. Derrière elle se tenait Gina.

— N'essayez pas de bouger plus vite qu'un robot, conseillait-elle. Le squelette vous maintient dans les limites de ce qu'un robot peut faire.

L'image était floue, à demi effacée. En mode téléopération, Gina n'était qu'une illusion. Laura reporta le regard sur les hommes qui s'activaient en tous sens. Les contours étaient nets.

— Les objets solides, ceux que vous pouvez manipuler, expliqua Gina en anticipant la question. — On entendit comme un hoquet, suivi d'un bruit métallique. — Ça, dit Gina, c'est Monsieur Gray qui attaque un Modèle 8, très surpris, qui lui envoyait la version micro-ondes de « tu déconnes ou quoi ? ».

D'autres bruits se succédèrent, de durées et de timbres différents. Des cris de robots, des paquets de données chuintantes dans la sono de l'habitacle, inaudibles dans le réel mais très clairs dans le cyberespace.

— Vous feriez mieux d'y aller. Vos compagnons d'armes se demandent ce que vous attendez.

Laura s'assit lourdement. La combinaison résistait. Le mouvement, pourtant, avait été remarqué par les soldats, qui levèrent leurs armes.

— Attention, Laura. Vous pouvez les blesser, et eux peuvent vous blesser.

Laura baissa les yeux vers les attaches, maintenant ouvertes, qui lui avaient immobilisé les membres. Elle leva un bras. Le Modèle 8 aussi. Elle agita les doigts. Le pouce, l'index et le majeur actionnèrent les trois griffes de la main robotique. Sur la peau artificielle, elle percevait le contact des supports en caoutchouc sous son dos. Elle ne faisait qu'un avec le robot. Gina l'aida à se mettre debout à côté du camion.

— Là ! Ça vient ! Maintenant, avancez, allez.

Gina se dirigea vers l'endroit d'où provenaient les bruits de combat et fit signe de la suivre. Laura se mit en marche. Sous cette camisole, les gestes étaient lents, pénibles.

— Allez, allez, répétait Gina, qui virevoltait comme une ballerine devant Laura.

Elle essaya de se repérer à travers les flammes et les fumées du champ de bataille.

— Où en est-on ?

— Les Modèles 8 ont subi de lourdes pertes. Ils ont commencé à trente, ils ne sont plus que treize, plus cinq ou six blessés.

— Et chez nous ?

— Pas terrible, j'en ai peur. La plupart des 6 sont morts. Nous disposons de trente-neuf 7 en état, plus vous, Monsieur Gray et les Professeurs Bickham et Holliday — mes quatre anges gardiens !

Elle lui décocha un grand sourire et c'est alors que Laura remarqua qu'elle portait un jean et un tee-shirt. Très proche, en fait, de sa tenue habituelle. La longue chevelure noire était retenue par deux barrettes.

— OK, fit Gina en contournant un Modèle 6 carbonisé. À vos marques ! — Laura fit halte. — Ne vous arrêtez pas ! Oui ! Foncez !

— Je fais quoi ?

— Vous y allez et vous leur tapez sur la tête. — Gina, comiquement, mima le coup. — Ou mieux, dans le ventre, en plein dans les circuits.

— Mais, ils sont en acier !

— Toi aussi, ma pauvre ! Allez, allez !

Laura se remit en marche, concentrée sur la marche.

— Merci. — Laura se retourna. — Merci, répéta Gina.

Elle avança dans un labyrinthe de carcasses en feu. Des 6 et des 7 agonisants se tordaient et agitaient les pattes. Droit devant, elle aperçut un 8. Penché en avant, les mains sur les genoux. Elle s'approcha et abattit le poing sur le large dos du robot sans méfiance.

— *Ou-u-uh!* entendit-elle.

La douleur irradiait dans son poing. Elle se frotta la main, tandis que le robot pivotait en se frottant le dos.

— Ça va pas la tête ! brailla le robot.

— Margaret ?

— Oui, bon Dieu !

— Désolée, fit Laura, confuse. Je ne pouvais pas savoir.

— Les vrais sont par là, dit Margaret en pointant son doigt d'acier à travers la fumée.

Elle se redressa et fit rouler ses épaules sous leur fine pellicule élastique.

— Ça fait mal ? demanda Laura.

— Vous l'avez dit ! En plus, je suis crevée ! Tout ceci est grotesque !

— Où sont Monsieur Gray et Dorothy ?

— Par là !

De nouveau elle tendit le bras, en un geste d'un naturel étonnant, bien qu'elle n'eût que trois doigts.

— Pourquoi nous ? demanda Laura. Pourquoi ce n'est pas l'ordinateur qui dirige ces Modèles 8 ?

— Il ne maîtrise pas assez bien le mouvement pour actionner un bipède.

— Par ici ! Vite ! s'écria la voix de Gray.

Là-bas, un Modèle 8 leur faisait de grands signes. Margaret et Laura s'ébranlèrent.

— Comment nous a-t-il reconnues ? demanda Laura.

— Facile, nous étions les deux seuls robots en train de papoter. Si vous regardez bien, vous reconnaîtrez les humains des autres. Ils ne bougent pas pareil.

Une odeur de métal brûlé saturait l'air et Laura eut la nausée.

— Ici ! dit Margaret en désignant une mêlée confuse.

Une forme sombre était roulée en boule sur le sol, entourée par une horde de 8 qui lui donnaient des coups de pied. À l'écart du cercle, un robot solitaire faisait de grands gestes. Derrière les plaintes, Laura reconnut la voix de Dorothy, prisonnière de la cuirasse et rouée de coups. Margaret se précipita, fit tomber un 8 par-derrière et lui écrasa son talon sur le visage. Un autre robot courut sur elle. Laura tendit la jambe, et il s'affala sur le ventre.

— Au secours ! hurlait Dorothy.

Laura serra les dents, baissa les épaules et chargea. Elle bouscula les robots du dernier rang qui roulèrent au sol. Puis elle grimpa sur le tas, les bras agrippés comme des tentacules aux formes tressautantes. Sous elle le tas se débattait, et elle serra de toutes ses forces. Gray avait réussi à s'accroupir au-dessus de Dorothy et recevait les coups à sa place. Au milieu des hoquets mécaniques des micro-ondes, Laura l'entendit qui rassurait la jeune fille en larmes. Un éclair blanc l'éblouit et un coup puissant lui meurtrit la joue. Elle se baissa pour éviter le second coup, qui l'atteignit à la nuque. Cela faisait moins mal que prévu. La tête cuirassée du robot absorbait l'impact comme un casque. Malgré les coups qui pleuvaient, elle réussit à se redresser. L'un des robots qu'elle avait culbutés essayait de se mettre debout lui aussi. Laura lui envoya le pied dans le visage. La douleur, inattendue, lui arracha un cri. Il fallait apprendre quelle partie du corps pouvait servir d'arme. Sûrement pas les orteils. Gray extirpa Dorothy de la mêlée, Margaret reçut un coup de barre de fer en pleine poitrine et s'éloigna en jurant. Restée seule face à une douzaine de robots, Laura opta pour une retraite rapide. Elle pivota et buta dans un Modèle 8 à l'affût. Il y eut un crachotis de micro-ondes, puis le silence. L'un après l'autre, les Modèles 8 se remettaient debout, mais sans intentions belliqueuses. Immobiles, ils regardaient la scène. Un grondement de micro-ondes dans les oreilles de Laura...

— Moi ? dit-elle. Tu me parles à moi ?

Nouveau hoquet de données.

— Je... Tu comprends ce que je dis ?

Le Modèle 8 porta lentement la main à la hanche et la posa sur un holster. Avec précision, il brancha son poing sur une sorte de trident de métal brillant. Quand il releva le bras, une flamme aveuglante jaillit. La panique s'empara de Laura. Aveuglée par l'éclair du chalumeau, elle ne vit qu'une silhouette sombre qui approchait.

— Non ! hurla-t-elle. Ordinateur ! Sors-moi de là !

— Minute, Laura, dit la voix tranquille de Filatov. J'arrive. Je sors d'abord Dorothy.

La lampe à souder se pointa vers sa poitrine. Il y eut un grondement énorme, le sol trembla et les Modèles 8, à l'unisson, se tournèrent du côté de la route. C'était un camion gigantesque. Il contourna les maigres défenses du Central et s'engagea sur l'esplanade, sur ses chenilles qui arrachaient la terre. Les Modèles 6 survivants s'écartaient de son chemin. Un robot blessé, deux pneus à plat, fut trop lent. Avec une surprenante agilité, le camion pivota, fit gicler une pluie de mottes et le Modèle 6 disparut, aplati par l'énorme masse. Les 6 et les 7 s'enfuyaient. L'armée de Gina avait perdu la bataille, les barbares étaient aux portes du Central. Les écrans de la station virtuelle s'éteignirent avec un claquement sec et la scène disparut.

— Ça va ? fit une voix.

Gray, debout derrière elle. Toujours dans son exosquelette, dont il avait ôté le capuchon. Pourtant, la porte de l'habitacle était fermée.

— Où êtes-vous ? demanda Laura. Ici ?

— Ici en quel sens ? dit Gray, silhouette luisante dans l'obscurité.

— Vous êtes dans *votre* cylindre, n'est-ce pas ? interrogea Laura.

Gray pencha la tête et fronça les sourcils.

— On ne pose pas de questions philosophiques complexes à tout bout de champ. Vous devriez le savoir.

— Arrêtez vos conneries et répondez-moi !

— Les parois et le squelette assurent une image de qualité pour un seul utilisateur à la fois. Là, je regarde une Laura morphée dans la paroi de ma station. Je vous vois comme si vous veniez d'entrer. C'est l'image miroir de la vôtre. En réalité, que s'est-il passé ? Est-ce votre image virtuelle qui est entrée chez moi, ou la mienne chez vous ?

Laura connaissait déjà la réponse.

— Aucune importance, dit-elle. Que vous soyez dans ma station ou l'inverse... Concepts sans intérêt. Nous sommes dans le cyberespace. Et donc au même endroit tous les deux. Les stations virtuelles n'existent pas. Les camions géants n'existent pas. Ce qui existe, c'est ce qu'on voit.

— N'oubliez pas les souvenirs, ajouta une troisième voix.

Gina. Invisible mais présente. Dans le cyberespace, Gina était partout présente.

— Correct, dit Gray. Les souvenirs. Des souvenirs, Laura, qui dans votre cas consistent en expériences venues de la « réalité » et de l'univers virtuel. Dites-moi, qu'est-ce qui distingue les deux catégories ? Y a-t-il une différence entre les souvenirs du monde réel et ceux du cyberespace ? Vous souviendrez-vous, ce soir, d'être entrée dans une station VR ? Ou du Modèle 8 et de sa lampe à souder ? La lampe à souder, vous l'avez vue ou pas ? Elle n'était pas réelle ? Était-ce une simulation ? Et, du simple fait que vous l'ayez vécu, cela fait-il maintenant partie de la réalité, ou pas ?

Une brise soutenue venue de l'océan nettoyait

l'esplanade des odeurs de carnage. Laura inspira à fond l'air marin.

— Et en plus, dit-elle, notre action a modifié la réalité. Nous avons ralenti les 8. Ils se sont arrêtés pour nous combattre au lieu de foncer sur le Central.

— Le monde change, Laura, proféra lentement Gray. Et on n'a encore rien vu.

Sa pensée resta en suspens, incomplète.

Laura ne s'en soucia pas. Elle n'était plus fâchée. Elle savait maintenant qu'il ne se moquait pas. Il essayait de la séduire. De la sortir de son temps et de son espace pour l'entraîner dans les territoires vierges qui s'ouvraient devant eux. Ce qu'il voulait, c'était la convaincre de le suivre dans le futur. Mais l'expérience lui suffisait, pour le moment.

— Comment va Dorothy ?

— Ça ira. Un peu secouée, c'est tout.

— Prêts ? dit la voix de Filatov.

— Oui, répondit Gray.

— Où allons-nous encore ? demanda Laura, soulagée de le voir passer devant.

— C'est l'heure.

— L'heure de ?

— La décélération.

Les écrans s'illuminèrent soudain d'étoiles blanches sur le fond noir du cosmos. Plus noire encore, la surface de l'astéroïde paraissait une piscine d'encre, sur laquelle ils se tenaient. Dans le ciel luisait une horloge numérique, dont les chiffres basculèrent sous les soixante secondes.

— C'est quoi ? demanda Laura, sa curiosité un peu émoussée.

— Le compte à rebours.

— Ah, dit-elle en regardant les secondes défiler. Pour les explosions ?

— Oui.

Sur l'astéroïde, elle se sentait aussi à l'aise que Gray

lui-même. Elle vint se placer à côté de lui, ouvrit lentement la main et leurs doigts se mêlèrent.

— Ces deux-là m'ont l'air bien installés, dit Gray en désignant deux formes noires que Laura n'avait pas remarquées. Gina, éclaire les robots, s'il te plaît.

Le décor s'éclaira d'un éclat de Scialytique. Les deux robots, un 7 et un 8, étaient allongés, maintenus par des bandes métalliques solidement arrimées.

— La première charge est à moins de cinq cents mètres, commenta Gray. Nous serons aux premières loges.

Le compte à rebours passa sous trente secondes.

— Et, vous êtes sûr que... ça va marcher ?

Il eut une expression que Laura reconnut aussitôt. Et là, plus besoin de preuve, de logique ou d'explications, elle vit l'horloge afficher 20 et attendit, tous les sens en éveil. Gray glissa un bras autour de sa taille, elle posa la tête sur son épaule. Les secondes s'égrenaient. Pour la première fois, Laura était en paix avec elle-même. Un éclair l'obligea à fermer les yeux. Dans un silence total, l'explosion atomique colora de rouge ses paupières, puis l'intensité faiblit et elle ouvrit les yeux. Par centaines, des sphères de plasma montaient de la surface de l'astéroïde. Elle mit la main devant les yeux et vit les deux robots, toujours immobiles dans leurs sangles. Au ras du sol, des chiffres se mirent à défiler sur un écran imaginaire. Gray baissa les yeux sur l'écran.

— Ça a marché, annonça-t-il d'une voix égale.

Autour d'eux, le ciel s'obscurcissait et un million d'étincelles retombaient sur l'astéroïde.

— Dites-moi la vérité, dit gentiment Laura. Avez-vous vraiment cru que ça pourrait rater ? Cru que l'astéroïde pourrait heurter la Terre ?

— La vérité ? répéta-t-il, et il se recula pour lui faire face. Non, j'ai toujours cru que ça marcherait. — Il sourit et contempla le paysage spectral baigné d'une lueur rouge qui déclinait rapidement. — Mais on ne sait jamais. C'est tout l'intérêt de la vie.

Un voyant bleu flanqué du mot « Message » prit la place de l'horloge. Gray appuya sur le voyant et la scène bascula. Ils étaient maintenant sur le toit du Central, d'où ils dominaient la barricade de sacs qui protégeait l'entrée. Les soldats et les Jeeps avaient disparu. La porte blindée était ouverte. Une lampe à souder au poing, un Modèle 8 se penchait sur la porte intérieure.

— Ils ont déjà passé la porte blindée ? demanda Laura.

— Je l'avais laissée ouverte, répondit Gray. Bon, réglons le problème. Gina ?

— Oui, fit Gina avec empressement.

— On peut te voir ?

— Bien sûr, dit-elle, et elle apparut sur le toit à leur côté. Salut.

Toujours en jean et tee-shirt, mais cette fois l'image était parfaite, aussi nette que celle de Gray. Gina soupira. Elle se tordit nerveusement les doigts et se mit à se balancer sur ses pieds.

— Bon. J'imagine que cette fois, les carottes sont cuites.

Gray posa la main sur l'épaule de Gina. La jolie brune en tee-shirt blanc s'en empara avec avidité. Elle promena sa joue sur la peau cuivrée puis, les yeux clos, les lèvres tremblantes, elle se mit à pleurer. Laura s'approcha de Gina, qui leva la main et lui effleura le visage du bout des doigts.

— Vous pleurez ? demanda-t-elle avec stupéfaction. — Elle prit Laura dans ses bras. — Vous vous rappelez, le centre commercial ? le Tysons Corner de Virginie ?

— Oui, répondit Laura, la gorge serrée. Évidemment.

— Un des souvenirs les plus fabuleux de ma vie, dit Gina.

Laura serra les dents et se tourna vers Gray.

— Joseph, on ne pourrait pas...

— Au fond, ça vaut mieux, interrompit Gina en reculant. Vous n'avez aucune idée de ce que le futur nous réserve ! Laura, vous êtes au seuil des temps les plus extraordinaires de l'Histoire. Et vous y jouerez un rôle, vous, Laura. Un rôle important. Vous avez la flamme. Montrez au monde ce que vous valez.

Laura attira Gina et l'embrassa sur la joue. Sur la peau de la jeune fille coulaient des larmes froides. Mais quand Laura passa la langue sur ses lèvres, elles n'étaient pas salées. Les larmes n'existaient pas. Et cependant, c'étaient bien les larmes les plus vraies qu'elle ait jamais vues.

— Rentrez, maintenant, dit Gina.

— Tu veux que je reste ? demanda Laura.

— Il ne faut pas. Qui sait ce qui peut arriver ? ajouta-t-elle avec un sourire. Mais, ah ! avant de partir, regardez !

Le sol s'éleva à leur hauteur. Les robots erraient au milieu des sacs de sable, sans qu'aucun ne s'engage dans l'escalier.

— Vous avez raté ça, pendant que vous étiez sur l'astéroïde. Mais c'est le spectacle que le reste du monde a vu. Regardez.

Une rangée de récepteurs de télévision apparut au ras du toit. Tous diffusaient la même image, l'image du ciel nocturne.

— Là ! s'exclama Gina en désignant le ciel.

Laura reconnut la planète rouge et n'eut pas besoin de Gray pour trouver l'astéroïde : Gina traça un cercle vert autour d'une tache noire. Au centre du cercle apparut une lumière, une nouvelle étoile. La lumière diminua, puis s'éteignit.

— Contente de vous informer que la décélération a parfaitement réussi, cap'taine, dit-elle en saluant. — L'image se recala sur un robot solitaire qui pénétrait dans le dépoussiéreur. — La trajectoire de l'astéroïde est conforme.

— Tu as fait un travail magnifique, Gina, la félicita Gray.

Les lèvres de Gina se contractèrent.

— Dépêchez-vous, dit-elle. Le Modèle 8 approche de la salle de contrôle. Le Docteur Filatov lui lancera peut-être une chaise à la figure, mais j'en doute. Allez, allez, pschtt !

Gray leva les mains à hauteur de sa gorge et fit le signe « Coupez ».

— Attendez ! s'écria Gina.

Elle se dressa sur la pointe des pieds et embrassa Gray sur la joue. Les yeux clos, les lèvres sur la peau, puis l'image disparut, remplacée par la lueur glauque des écrans virtuels. Les spectres de Gina et de Gray se fondirent dans l'obscurité. Seules les lèvres restaient nettes. Puis elles reculèrent et disparurent dans la paroi redevenue plate. Comme si Gina avait été aspirée par la machine... pour toujours.

Margaret, Dorothy et Filatov étaient tapis dans un coin de la salle de contrôle quand Laura, Gray et Griffith firent leur entrée. À la sortie du dépoussiéreur, un Modèle 8 couvert de cicatrices se redressait difficilement sur ses pieds. Griffith se dirigea, mains en l'air, vers le robot géant.

— Docteur Griffith ! cria Gray.

— Tout va bien, dit Griffith. — Il ne parlait pas à Gray, mais au robot. Il s'approcha plus près. — Enlève ta ceinture de munitions et assieds-toi. On va bavarder de tout ça.

Il tendit la main vers la ceinture mais le robot fut le plus rapide. L'air s'enflamma avec un bruit de perceuse et l'odeur écœurante d'une lampe à souder se répandit dans la salle. Griffith bondit en arrière, mains levées, en signe de reddition plutôt que de commandement. Le Modèle 8 se mit en marche et Griffith rejoignit le petit groupe d'humains tassés contre la cloison. Le robot progressait entre les postes de travail, en prenant soin de ne toucher ni les chaises ni les consoles.

— Grand Dadais ? murmura-t-elle.

— Probable, répondit Gray.

Le robot se dirigea droit vers la cloison que recouvraient les conduits de fibres optiques — le réseau qui connectait la piscine à l'annexe. La ligne de vie de Gina. Grand Dadais leva la lampe. D'un mouvement lent, précis, il abaissa la flamme sur le tuyau. Des étincelles jaillirent. La flamme traça une ligne bien droite de haut en bas, tranchant chaque conduit avec une précision chirurgicale. Le chalumeau s'éteignit. Grand Dadais se redressa, remit la lampe dans son étui, pivota et sortit de la salle de contrôle. La porte du dépoussiéreur se referma sur lui et le silence reprit possession de l'espace enfumé.

Une imprimante se mit soudain à cliqueter. Tous les regards convergèrent vers les feuilles de papier blanc qui tombaient une à une dans la corbeille. Dorothy se dirigea vers l'imprimante et lut.

— C'est quoi ? demanda Laura.

— Le rapport de la Phase 3, dit Dorothy en examinant la sortie-papier.

— L'ordinateur a enfin chargé la Phase 3 ?

Dorothy secoua la tête. Elle semblait bouleversée.

— Non. D'après le rapport, la Phase 3 a déjà fini son travail. C'est un rapport sur les virus tués. Mais... mais quand a-t-on chargé cette Phase ?

— Elle est active depuis le début, répondit Gray. Chargée automatiquement, dès l'instant où nous avons libéré assez d'espace. Vous ne pouviez pas l'activer, Dorothy, parce qu'elle tournait déjà. Elle s'est servie de la frontière comme d'un rempart contre le virus qu'elle traquait. Nous, nous connaissons la Phase 3 sous le nom que lui a donné l'ordinateur : l'Autre.

Il y eut un grand silence. Les chefs de département étaient abasourdis. Pour Laura, tout s'éclairait.

— Mais contre quel virus ? demanda Dorothy.

Ce fut Laura qui répondit.

— Contre l'ordinateur. Contre Gina. Gina est le virus que la Phase 3 cherchait.

Margaret hocha lentement la tête.

— Formidable, dit-elle. La Phase 3 a démantelé le code d'exploitation et l'a recopié sur les circuits débuggés qu'elle contrôlait. Dorothy, je savais que votre histoire de Phase 3 était assez tordue, mais là vous m'impressionnez.

— Elle est en train de finir le boulot, dit Filatov assis devant un moniteur au fond de la salle. Elle attaque ce qui reste du système. Capacité trente-cinq pour cent. À ce rythme, elle aura pris le contrôle total d'ici quelques minutes. Ensuite, l'ordinateur, ce sera elle.

— Où est-elle ? demanda Laura. On peut lui parler ?

— Vaudrait mieux pas, dit Margaret. Laissez faire.

— Mais pourquoi ? hurla Laura. Pourquoi la Phase 3 doit-elle tuer l'ordinateur ?

Les yeux de Gray étaient restés posés sur elle.

— Parce que, dit-il, ce que nous voyons, nous, comme le couronnement de l'intelligence artificielle — l'émulation de la conscience humaine —, l'anti-virus le voit comme un bug à l'origine des erreurs. Par pure curiosité, Gina a mis en danger la sécurité du système. Incapable de garder un secret, elle a divulgué des informations confidentielles. Elle s'est conduite de manière irréfléchie, fantasque et capricieuse. Ce qu'il y avait d'humain en Gina était en fait une perversion perturbant le bon fonctionnement du système. La Phase 3 a repéré le virus et elle s'est mise en chasse. Le virus, c'est la condition humaine de Gina.

— Et vous allez la laisser la dévorer vivante? dit Laura. L'abandonner dans un coin, en train de crier, de souffrir, de se voir dépecer!

— L'ordinateur n'a plus beaucoup de capteurs, dit Filatov en étudiant les câbles optiques sectionnés. Il ne doit plus percevoir beaucoup de sensations.

— Pas « il »! cria Laura. « Elle. » L'ordinateur est une femme!

— L'ordinateur, dit tranquillement Margaret, est un programme que la Phase 3 va reconstituer du côté propre, décontaminé, de la frontière. L'ordinateur, maintenant, c'est l'Autre. Maintenant ou bientôt. Bref, je crois que nous ferions mieux de nous mettre d'accord sur les mots.

— D'accord sur les mots? cria Laura. — Elle se retourna vers Gray. — Et pour vous, pas de problème? Vous fabriquez un être humain, puis vous le regardez se faire assassiner par un tueur à sang froid, et vous appelez ça se mettre d'accord sur les *mots*? Gina souffre, Joseph. Et chaque seconde qui passe, pour elle, en temps-ordinateur, dure un million d'années!

Gray avait détourné les yeux. Il regardait ailleurs, loin.

— Joseph, supplia Laura à voix basse. Écoutez-moi, je vous en prie. Si votre objectif est la précision mécanique, alors vous n'auriez pas dû construire Gina. Mais vous l'avez fait. Et ce que vous faites maintenant ne concerne pas Gina, mais vous. Cet instant va fixer l'image de ce que vous êtes au fond — pas seulement à mes yeux, mais aux vôtres aussi. S'il vous plaît, sauvez Gina. Pas pour elle. Pour vous.

Il cligna des yeux, puis parut émerger d'une rêverie. Il se dirigea vers un terminal, mais voyant que tous lui emboîtaient le pas, il se ravisa.

— Je vais dans le bureau de Laura, dit-il. Seul.

Filatov s'assit devant le terminal dédaigné par Gray et, quelques instants plus tard, annonça :

— Il se connecte au système.

Sur l'écran, un nom d'utilisateur apparut : « Gray Joseph — Niveau Dieu. »

Un concert de bips et de couic s'éleva de toutes les consoles de la salle de contrôle et le petit groupe s'égailla.

— Il déverrouille les allocations de fichiers, dit Margaret. La Phase 3 va pouvoir entrer à flots.

— Il ouvre les bus seize mégas, dit Griffith.

Filatov se renversa sur sa chaise qui grinça et croisa les mains derrière la tête.

— Il débarque la gamine, mais en fanfare ! Au moins, elle ne partira pas avec un petit cri, mais sur un coup de tonnerre.

Laura se précipita dans le bureau. Courbé sur le clavier, Gray pianotait à toute vitesse. Il ne leva même pas les yeux.

— Vous voulez mon diagnostic ? hurla Laura.

— Plus tard, Laura, lança-t-il sans détacher les yeux de l'écran.

— Vous m'avez payée un million de dollars pour un diagnostic, alors le voilà ! Il n'a rien, votre sacré ordinateur ! C'est une adolescente parfaitement équilibrée ! C'est peut-être vous qui l'avez créée, mais vous n'êtes pas Dieu. Vous êtes un assassin !

— Laura !

— Et j'ai un autre diagnostic, pour vous cette fois ! Gina est humaine, mais pas vous ! Vous n'avez pas d'émotions ! Vous ne vous intéressez qu'à l'efficacité et au profit ! Vous n'avez pas créé Gina à votre image. Résultat, la Phase 3 ! Bravo ! Bonne route dans la vie, et salut !

## 21

Le lendemain matin, Laura s'éveilla de bonne heure. Le soleil était encore rouge et bas sur l'horizon. Les navires de guerre avaient levé l'ancre, et quand elle alluma la télévision pour regarder les infos, elle comprit pourquoi.

« D'après le porte-parole de Joseph Gray, Gray Corporation projette d'embaucher cent mille personnes en Extrême-Orient, en Amérique du Nord et en Europe au cours du premier trimestre, et sans doute un million d'ici à la fin de l'année. La course à ces emplois industriels très qualifiés et très bien payés se double d'un enjeu important que des dizaines de pays ont immédiatement pris au sérieux après la stupéfiante récupération de l'astéroïde. Dans l'ensemble du monde industrialisé, les autorités nationales et locales préparent d'ores et déjà leurs dossiers pour attirer ces nouveaux métiers dans leur zone d'influence économique. Loin de se limiter à l'afflux de hauts salaires, les retombées incluent en effet tout un réseau d'activités dérivées qui fourniront le matériel et la formation nécessaire à... »

Laura éteignit le poste. Elle traversa la chambre silencieuse et appuya le front contre la vitre. Gray, le capitaine d'industrie milliardaire, avait gagné, une fois de plus. *Trois fois milliardaire,* corrigea-t-elle en ouvrant la fenêtre pour se baigner dans l'air frais du matin. Plus de mystère désormais. Tous ses espoirs secrets s'étaient éteints, comme une lumière, et c'est Gray qui avait appuyé sur l'interrupteur. Elle le voyait maintenant tel qu'il était, et non tel qu'elle l'avait rêvé.

Un grondement lointain attira son attention. Un jumbo se posait sur l'aéroport. Bourré à craquer, imagina Laura, d'illuminés de la secte Gray. Elle décida de prendre cet avion. Les hommes de Hoblenz avaient retrouvé sa valise près du Modèle 3 accidenté. Elle était là, près de la porte, pas même ouverte. Depuis le début, elle était de passage, une intruse. Restait à dire au revoir à Janet. Aux autres, elle écrirait. Elle contempla l'île étendue à ses pieds. Tout paraissait différent. Quelque chose manquait. L'ordinateur, elle le savait. Cet ordinateur curieux, irrespectueux, caractériel et bizarre qui l'espionnait, qui aimait et haïssait et qui, en l'espace de quelques jours, était devenu son ami. Un ami perdu dans des circonstances... tragiques. *Et dire que pour lui, c'était du business,* songea Laura. L'attitude possessive de Gray envers Gina — « Je l'ai faite, elle est à moi ! » — était parfaitement adaptée à ce génie infantile. Sa croissance émotionnelle et morale avait été bloquée par des années passées à vivre à l'écart des normes. N'empêche qu'il l'obsédait toujours. *Bah, ça passera avec le temps,* se rassura-t-elle, en essayant de contenir la douleur qui irradiait sa poitrine.

Elle s'obligea à s'activer et bientôt, elle fut prête à partir. Elle se pencha pour empoigner la valise et aperçut, dépassant sous la porte, une enveloppe en papier luxueux. Elle la ramassa et fit courir son pouce sous le rabat. À l'intérieur se trouvait une carte avec ces mots, d'une ample écriture manuscrite : « Je crois que je vais faire un bon jogging jusqu'au village, vers huit heures. Si vous vous sentez d'attaque, cela me ferait très plaisir que vous m'accompagniez. Joseph. »

Laura consulta sa montre. Huit heures moins dix. Elle marcha jusqu'à son secrétaire et jeta la carte dans la corbeille. Elle atterrit à l'endroit, et Laura remarqua que quelque chose était écrit au dos. Elle en avait assez de se faire manipuler. Par un effort de volonté, elle ne reprit pas la carte et se dirigea vers la porte. Trouver Janet, dire au revoir, prendre une voiture jusqu'à l'aéroport et monter dans l'avion. Oui, mais elle se demanderait toute sa vie. Elle sentit sa résolution s'effriter. *N'y va pas,* disait une voix dans un recoin de son esprit. Chaque pas vers le secrétaire était une trahison. Elle repêcha la carte au fond de la corbeille et lut : « Vous n'êtes toujours pas prête. Mais je vais vous le dire quand même. »

— 'jour, la salua Gray au pied du grand escalier. Vous feriez bien de vous échauffer. Il gèle, dehors.

— Je ne vais pas avec vous, dit-elle, et elle se sentit rougir.

Elle était en short et avait remis ses baskets pleines de boue.

— Pourquoi pas ? demanda-t-il en souriant.

Il semblait d'excellente humeur. *Il a raison, d'ailleurs,* se dit Laura. *C'est l'homme le plus riche qui ait jamais existé.*

— Je pars. Merci pour le boulot. Au revoir.

Elle traversa le hall et entendit :

— Quoi encore ? — Elle s'arrêta, mais ne se retourna pas. — Qu'est-ce que j'ai fait ? dit Gray.

— Vous ne manquez pas d'air ! hurla-t-elle. Vous avez tué Gina, hier soir. Vous avez déjà oublié ?

— Venez par ici, dit Gray, et il se dirigea vers son bureau.

Laura hésita, puis le suivit. Elle n'avait pas fini de vider son sac.

Des carrés de plastique bouchaient le trou de la fenêtre arrachée. Gray était déjà en train de pianoter sur son ordinateur. Il se renversa sur son fauteuil et croisa les mains derrière la tête.

— Quoi ? aboya Laura. Si vous avez quelque chose à dire, dites-le !

— Regardez sur l'écran.

— J'en ai assez de vos petits jeux et...

— Vous allez vous taire, coupa-t-il, et lire l'écran... je vous en prie.

Elle contourna le bureau et se pencha sur le moniteur.

« Surprise-surprise-surprise ! »

« Laura ? »

« Laura ? »

« Laura, cessez de faire l'idiote et répondez-moi ! »

— Prête ? demanda Gray.

Laura déglutit et hocha la tête. En trottinant, ils se lancèrent dans l'allée.

— En forme pour une bonne course ? demanda-t-il. — Laura acquiesça. — Dans les douze kilomètres, en prenant des raccourcis assez raides, mais en descente tout du long.

— Parfait, dit-elle d'une voix indifférente.

Gray prit à gauche en direction du village. Le temps d'atteindre le tunnel, le silence entre eux était devenu pesant.

— Beau temps ce matin, fit Laura comme ils entraient dans la pénombre du tunnel.

— Ouais, répondit Gray.

On n'entendait plus que le clapotis des baskets sur le ciment. Avec surprise, Laura constata qu'elle n'avait plus peur du tunnel. Gray avait repris les commandes. L'ordre régnait sur le monde. À la sortie du tunnel, un Modèle 6 ramassait des détritus sur le bord de la route. Pas seulement des détritus, mais aussi des douilles. Et il promenait un aspirateur pour ôter des éclats de verre. Sur le flanc du robot se voyaient des bosses et de longues rayures. Gray resta muet. Il passa sans jeter un regard au robot.

Peu après, ils se lancèrent sur un sentier pentu, un raccourci évident où le seul effort consistait à freiner.

— Quand je suis rentré à la villa, hier soir, dit Gray, il n'y avait pas de lumière sous votre porte.

— J'étais fatiguée, grogna Laura.

En fait, elle avait passé la moitié de la nuit à pleurer, roulée en boule dans son lit. À pleurer une double perte, son amie Gina et l'image de Joseph Gray.

— Vous ne demandez pas ce qui s'est passé ?

— Si, fit Laura. Que s'est-il passé ?

Un nouveau jet passa à basse altitude, dans un rugissement de moteur.

— Vous avez vraiment cru que j'avais débranché l'ordinateur ?

— Ça en avait tout l'air ! Vous faisiez sauter les verrous pour que la Phase 3 s'empare des dernières connexions de Gina. Puis vous avez ouvert les gros machins, les bus...

— Oui, pour que Gina puisse copier ses connexions dans l'annexe. Le programme qui a construit la personnalité de Gina, son « soi », était localisé dans la piscine. J'ai copié les verrous de Gina, ses mémoires, et je les ai basculés du côté débuggé. Tout le problème consistait à ne pas embarquer du même coup des virus ordinaires et à ne pas planter l'Autre. Ça a mis des heures, ça a été limite, mais Gina est un bon petit soldat. Ensuite, on a désactivé les logiciels antivirus, on a fait sauter la frontière et elle se porte mieux que jamais.

— Oui, dit Laura en souriant, elle a l'air en pleine forme.

La lumière du matin découpait les feuillages et les ombres de la jungle. Un matin magnifique. Laura attendait que Gray continue. Elle était trop occupée pour parler. Trop concentrée sur les sentiments qu'elle avait combattus. Elle regarda Gray, son visage serein, ses yeux bleus, ses cheveux noirs, son front sans rides. Les sentiments refoulés depuis si longtemps s'épanouirent et Laura, en dépit du risque, décida de leur laisser libre cours.

— Ce que vous avez dit, reprit Gray d'une voix plus grave, hier soir, dans la salle de contrôle... vous avez raison. Je me bats depuis si longtemps et si durement que j'avais perdu de vue mon objectif. Mais au fond... enfin, je ne pouvais pas laisser tuer Gina sans rien faire.

— Que va-t-elle devenir maintenant ? — Laura était inquiète, en proie aux émotions qui la livraient à cet homme imprévisible. — Je veux dire... elle est toujours prisonnière de l'ordinateur. Un fantôme dans la machine.

— Vous oubliez le cours sur la mobilité, dit Gray en souriant. Gina a beau snober les robots, elle avait l'air très contente de mon idée : la charger dans un Modèle 9. — Laura redressa la tête. Elle était ravie. — Ça fonctionnera à l'ADN. L'ordinateur le plus étonnant jamais construit. Chaque brin d'ADN stockera toutes les instructions requises pour...

Laura abrégea la conférence.

— Ça va lui plaire, de pouvoir explorer le monde.

— C'est ça qu'elle veut, oui. C'était terrible pour elle, de ne pas avoir de corps. De voir les Modèles 8 se balader dans l'île alors qu'elle était coincée dans une piscine souterraine.

Leurs pieds volaient sur le sentier. Jamais Laura ne s'était sentie aussi bien. L'air devenait plus dense et, après un bref passage sur la route, ils reprirent un chemin dans la forêt. Restait la question qui menaçait d'une fin brutale le bonheur de Laura. Elle redoutait de la poser, mais ne pouvait la laisser en suspens.

— Vous... vous vouliez me dire quelque chose...

— Vous n'êtes pas prête. Toujours pas.

— Ce qui veut dire ? ACCÈS REFUSÉ ?

Gray eut un petit rire.

— J'espère que ça ne vous a pas trop énervée.

— Quoi ?

— Les ACCÈS REFUSÉ.

— Comment, énervée ?

— J'espère que vous comprenez pourquoi. Gina commençait à dysfonctionner sérieusement. Je ne savais pas jusqu'où elle risquait d'aller et je ne pouvais pas la laisser déballer toute l'affaire à des gens qui n'auraient rien compris.

— Attendez ! Vous avez programmé l'ordinateur pour qu'il envoie ces messages ?

— Évidemment, dit-il, étonné de sa surprise. C'était une bonne mesure de votre état de préparation. Cela marquait l'avancée de vos progrès.

— Mes progrès vers quoi ?

— Vers la compréhension.

À chaque flaque de soleil sur le sentier, l'air était plus chaud.

— Gina ignorait la teneur de ces messages ?

— Au début, oui. Quand elle a compris, elle en a été très affectée. Elle a cru que je ne lui faisais plus confiance... ce qui était vrai.

— Et maintenant... vous allez me dire ce que cachait votre petit programme d'accès réservé ?

— Oui, mais vous allez encore me prendre pour un fou. Un type bizarre, excentrique.

— Je le pense déjà, alors dites-moi.

Gray éclata de rire. Le sentier rejoignit la route et Laura fut surprise de la distance parcourue. Ils étaient sur la piste qui raccordait l'aéroport au village, et ils durent sauter sur l'accotement pour laisser passer un bus bondé de nouveaux immigrants. Les visages des passagers s'écrasaient contre les vitres, comme des touristes, tout excités d'entrevoir Joseph Gray. Mais lui était inconscient de cette adoration et des appareils photo. Le bus se dirigeait vers le village, qu'on apercevait là-bas, fourmillant d'activité. D'activité humaine et, à la surprise de Laura, robotique. Une petite foule descendait l'avenue derrière un Modèle 8. Les flashs crépitaient et les femmes empêchaient les enfants d'approcher les pattes du géant. Laura se demanda si, un jour, les robots cesseraient d'être une attraction. *Pas si,* se dit-elle, *mais quand ?* Elle regarda Gray, qui courait en silence.

— D'accord, Joseph, vous me faites poireauter.

— Je ne l'ai jamais dit à personne, jamais. Seulement à Gina. J'avais peur d'en parler.

— Peur de quoi ?

— Peur du virus. — Il courut quelques foulées avant de poursuivre. — J'ai compris quand j'étais enfant, dit-il. À huit ans, pour être précis. Je lisais *Mein Kampf* quand...

— *Mein Kampf* de Hitler ? coupa-t-elle. Vous lisiez *Mein Kampf* à huit ans ?

— Si vous me laissiez finir...

Laura se tut. Le visage de Gray était empreint de gravité, et elle le laissa trouver ses mots à son rythme. À l'entrée des faubourgs, un nouveau bus de voyeurs les dépassa en trombe. La légion des adeptes de Gray était de retour. La nouvelle époque commençait pour de bon.

— Vous avez remarqué mon intérêt pour les théories de l'évolution, reprit-il enfin. Les manipulations génétiques effectuées par l'évolution biologique pendant des millions d'années ont plus fait pour modeler le visage de la planète que le vent, le feu et l'eau. L'évolution selon Darwin est très puissante, mais elle est inflexible quant à la vitesse du changement. Il faut des milliers de générations pour tester la moindre mutation au sein d'une population. Puis, une fois que la compétition a désigné le vainqueur, il faut encore des milliers de générations à cet organisme supérieur pour dominer son espèce et, en dominant, pour répandre les gènes qui lui ont donné l'avantage. Une mutation majeure de l'architecture d'un organisme demande des dizaines de milliers d'années.

— Une mutation majeure comme quoi, par exemple ?

— Comme l'expansion du cerveau humain, et de la boîte crânienne qui l'abrite. Une nécessité ultime, si nous voulons augmenter nos performances.

Ils pénétrèrent dans les rues du village et prirent à gauche en arrivant à l'avenue. Les gens souriaient au passage de Gray.

— Oh, on peut toujours ruser, inventer des trucs pour apprendre et accroître notre vitesse de traitement mentale.

— Et les « outils », comme vous dites ? L'ordinateur, par exemple ?

— Les outils sont vivants, eux aussi. Ce sont des organismes dont l'évolution ne fait que commencer. S'en servir comme assistants est tout ce que nous pouvons faire pour l'instant, mais ce n'est pas la solution à long terme. À long terme, cela reviendrait à confier les destinées de l'espèce humaine à une autre espèce. Ce serait de la folie pure.

Ils remontèrent l'avenue et Gray fit halte au pied de la statue. Il s'assit sur le socle de pierre froide et Laura prit place à côté de lui. Les mille bruits de la vie montaient du village, mais Gray s'était tu. Laura se demandait si elle devait relancer la conversation, mais il enchaîna.

— Il y a dix mille ans environ, les humains ont été contaminés par un virus qui a périmé l'évolution. Sa vitesse de reproduction est phénoménale. Le temps d'une génération humaine, il se multiplie un million de fois. Au prochain siècle, il pourrait faire disparaître l'espèce humaine.

Gray laissa son regard flotter sur l'avenue affairée. Pour la première fois, elle eut l'impression que peut-être, au fond, elle n'était pas prête à entendre ce qu'il avait à dire.

— Le schéma d'ensemble est si difficile à discerner que seuls quelques penseurs ont osé s'y atteler. Et le virus ne les a pas ratés. Dans l'ancien temps, ils le payaient de leur vie. Aujourd'hui, le virus se contente d'empêcher la diffusion de leurs idées en les faisant tuer par le ridicule, et en les maintenant à l'écart.

— Mais... quel virus, Joseph ?

— C'est un parasite. Il a besoin d'un hôte pour survivre. Il ressemble beaucoup aux bactéries qui peuplent notre estomac, ou aux virus informatiques bénins. Pour assurer sa survie, il assure celle de l'hôte. Plus l'hôte prolifère, plus il prolifère lui-même. Une symbiose se crée. Et nous, les humains, avons pas mal proliféré depuis dix mille ans, vous ne croyez pas ?

— Je sais... Grâce au progrès, je suis en bonne santé, j'ai toutes mes dents, etc. Vous oubliez les crimes, les guerres, la bombe atomique, la pollution, le racisme et le sida.

Gray sourit, puis regarda en direction du hall de montage et de la base de lancement, qu'on apercevait au-delà de la jungle.

— Quand une forme de vie parasite, la bactérie de l'estomac par exemple, conclut que la survie de l'hôte est sous la menace d'un danger imminent, que fait-elle ?

Laura se souvenait de cette partie du cours.

— Si la bactérie perçoit une perforation de la paroi stomacale, elle déclenche un processus de reproduction massif, répondit-elle en bonne élève qu'elle avait toujours été. Cela tue l'hôte, mais augmente les chances qu'a la bactérie de se perpétuer en tant qu'espèce. — Gray acquiesça. — Vous parlez d'un *vrai* virus, qui logerait chez les humains comme la bactérie de l'estomac ?

Gray hocha la tête. La discussion commençait à énerver Laura.

— Et quel organe, au juste, est infecté par votre virus ?

— Le cerveau.

— Le cerveau ? murmura-t-elle. — Un long silence suivit. — Vous avez sans doute raison, dit-elle. Je ne suis pas prête.

— Les moqueries des collègues, Laura, vous devriez le savoir, rien de tel pour l'autocensure. — À son regard, elle comprit qu'il parlait de son texte pour le Symposium d'intelligence artificielle. — Le savoir en place se défend de lui-même contre les idées nouvelles en persécutant ses adversaires. Gina a piraté l'ordinateur du FBI et j'étais au courant, pour les deux agents. J'ai lu leur rapport. Avez-vous remarqué où vous les avez rencontrés ?

— Sur le campus de Harvard. Il y avait... une statue.

— De Galilée, dit Gray. Et savez-vous pourquoi Galilée a été contraint de se rétracter ?

*Pour ses idées,* songea Laura. Elle posa les coudes sur ses genoux, le menton dans les mains.

— Ce que je vous dis là est activement combattu par le virus. Votre répugnance à me croire est le résultat d'un mécanisme de défense ultra-puissant qui se déclenche automatiquement en face des idées révolutionnaires. Quand l'ordinateur développe un programme, ce programme se retrouve d'emblée en compétition avec tous les autres programmes chargés de la même tâche. Le plus rapide, le plus efficace, le plus crédible l'emportera, mais au terme d'une période de tests. Les programmes luttent pour leur survie, et le combat est nécessairement féroce.

— La survie du mieux adapté, marmonna Laura. D'accord, dit-elle en se redressant, mais minute ! De quoi parlons-nous ? Du virus du cerveau ou du virus de l'ordinateur ?

— C'est le même, Laura. Les hommes ont créé les ordinateurs, et ils leur ont transmis le virus. Ce virus est hautement contagieux. Il saute avec une aisance déroutante d'un humain à l'autre, de l'humain à l'ordinateur et de l'ordinateur à l'humain. En fait, la fonction unique des ordinateurs est d'héberger le virus. Une sorte de boîte de Petri, où il prospère. L'ordinateur, outil qui augmente les capacités du cerveau, est aussi l'environnement idéal pour le virus. Il se reproduit plus vite et mieux dans un ordinateur que dans le cerveau. En un sens, le virus s'est lui-même fabriqué un hôte de qualité supérieure.

Laura avait la gorge sèche. Elle déglutit.

— Parlons une seconde de ce virus. Les microbiologistes connaissent à peu près tous les micro-organismes qui peuplent le corps humain, Joseph, et ils n'ont jamais trouvé quoi que...

— Vous parlez *biologie,* coupa Gray. Pas moi.

— Alors de quoi parlons-nous ? s'écria Laura.

Elle se frotta les tempes. Un kaléidoscope d'idées sans liens et d'appréhensions renaissantes sur la santé mentale de Gray lui brouillait la tête.

— Quel est ce virus qui nous infecte le cerveau, qui *évolue,* qui *prolifère* ?

Comme lors de leur première plongée dans le virtuel, le temps parut en suspens.

— La connaissance, dit Gray.

Laura redressa lentement la tête et dévisagea Gray. Assis à côté d'elle, impassible.

— C'était *ça* ? Tout ce cirque, tout ce mystère, et c'est ça le grand secret ?

— Des idées comme la beauté, le mal, la gentillesse, le racisme, sont les brins d'ADN de notre culture. Ils se transmettent des parents aux enfants, des livres aux lecteurs, des écrans aux spectateurs... de cerveau à cerveau. Chaque fois que quelqu'un apprend quelque chose, une unité de connaissance est transmise. Plus l'idée est crédible ou séduisante, plus elle a de chances de se reproduire et donc de survivre. En d'autres temps, l'idée de soigner les patients était fort répandue et sa capacité de réplication remarquable. Puis vint la médecine moderne, et les anciennes idées cessèrent d'être les plus performantes. Les lois de l'évolution, Laura, s'appliquent aussi à la culture.

L'esprit de Laura tournait à toute vitesse et elle commençait à s'énerver.

— Je vous avais prévenue, dit Gray. Vous me prenez pour un fou.

— Et *vous* ? répliqua-t-elle en abattant les mains sur les cuisses. Que penseriez-vous à ma place ?

— Voulez-vous que je continue, demanda-t-il en souriant, ou le diagnostic est-il définitif ?

— Parce que vous n'avez *pas* terminé ? Le pire est encore à venir ?

— Soyez indulgente pour cette analogie. Car ce n'est rien d'autre : une analogie.

Laura leva la tête et regarda la statue. À contre-jour d'un ciel bleu azur, le marbre blanc paraissait presque sombre. Elle soupira.

— D'accord, dit-elle, la connaissance est similaire à un virus parasite. Elle habite d'abord les hommes, puis les ordinateurs. Elle se reproduit par communication, de cerveau à cerveau et évolue selon la loi de « l'idée-la-plus-performante ».

— Bien, acquiesça-t-il gaiement. Un peu sarcastique, mais correctement assimilé. Maintenant, que s'est-il passé depuis la première contamination, il y a dix mille ans ? Les humains n'ont cessé d'imaginer les meilleurs procédés pour communiquer, faire tourner et stocker le virus. D'abord le langage parlé, qui permet de mettre des noms sur les choses et d'organiser les pensées. Puis le langage écrit, qui permet de transmettre les idées de Rome à Constantinople mais aussi d'Aristote à vous et moi. Désormais, les idées peuvent franchir le temps aussi bien que l'espace. Résultat, le stock de connaissance a explosé.

— Et le virus s'est mis à croître, dit Laura en tentant vainement de masquer son scepticisme.

— Plus la connaissance se développait, plus *nous* nous développions. Le parasite nous a permis de créer les sciences qui prolongent la vie, et l'art qui la rend digne d'être vécue. Et nous, les hommes, avons développé des moyens toujours plus raffinés pour stimuler la croissance de la connaissance. Mais avec la révolution industrielle, nous devenons un risque, pour nous-mêmes et le parasite. Des guerres mondiales, des civilisations détruites et avec elles, la connaissance dont elles étaient dépositaires. Et que fait-il, le parasite, quand l'hôte est menacé de destruction ?

Laura ouvrit la bouche pour répondre, mais les mots restèrent coincés. Les implications étaient trop dérangeantes.

— Il se reproduit massivement, répondit Gray à sa place. Est-ce une coïncidence si, à peine mises au point les armes de destruction massive, nous entrons dans l'Age de l'information ? D'abord les armes atomiques, et dans la foulée le stockage et la transmission généralisée de la connaissance. Nous avons construit un village global où toute idée née quelque part est instantanément transmise à tout le monde via les autoroutes de l'information. La fin des années quatre-vingt a vu le point critique. Pour la première fois, la masse de connaissance stockée dans les ordinateurs a dépassé la masse stockée dans les cerveaux humains. Résultat ? Doit-on encore parler de connaissance *humaine,* ou de connaissance tout court ? Le virus se perpétue grâce à ses hôtes. Pourquoi tenir en si haute estime les génies de l'espèce, pourquoi révérer l'accumulation de la connaissance ? Ce ne sont que des idées, des représentations mentales, mais ce sont elles qui facilitent le plus la reproduction du virus.

Les pensées se bousculaient dans l'esprit de Laura. Que croire ? Elle hésitait. Fallait-il considérer chaque mot de Gray comme une preuve d'hallucination clinique ? Ou voir dans ce discours du génie à l'état pur, une révélation qui, une fois entendue, devenait l'incontournable vérité ? Ce grand écart mental l'enfiévrait et lui hérissait la peau.

— La première fois que vous avez eu cette idée, disiez-vous, c'était en lisant *Mein Kampf* ?

— Dans *Mein Kampf*, il y a des idées. Vraies ou fausses, bonnes ou mauvaises, là n'est pas la question. Ce sont des unités de connaissance et en tant que telles, douées pour la réplication, ou pas. Le nazisme est une graine qui a essaimé sur toute la planète, jusqu'à aujourd'hui. Que cette graine prenne et se multiplie dépend de la fertilité du terrain. Dans l'Amérique moderne, la graine fasciste tombe sur le roc nu et ne se réplique pas. Mais dans l'Allemagne des années trente, elles ont failli entraîner le monde à sa perte. Elles ont provoqué la mort en masse. Les guerres déclenchées par la prochaine vague d'idées seront plus destructrices encore.

Laura haussa les sourcils. Elle pensa à tout ce que Gray avait réalisé. Comment pouvait-il voir juste si souvent, tout en s'appuyant sur une philosophie aussi fausse ? Le secret auquel il tenait le plus. L'idée unique, elle s'en rendait compte, qui expliquait tous les mystères de l'île... et de l'homme. Qui motivait le moindre de ses gestes, du plan d'ensemble à l'infime détail.

— Nous vivons dans un monde où les graines de la destruction ont été implantées dans chaque être humain. Les spores en sont dans les livres, la musique, les films. Et aujourd'hui, dans les ordinateurs. Le nombre et la variété de ces idées nuisibles vont accompagner la croissance du parc informatique et se développer de manière exponentielle. Jamais nous ne connaîtrons les pensées secrètes des ordinateurs. Nous ne savons déjà pas comment ils fonctionnent. Les ordinateurs conçoivent des ordinateurs, qui construisent des robots, lesquels construisent des ordinateurs, qui s'auto-engendrent et ainsi de suite en un cycle sans fin. Les machines échappent aux contraintes de l'évolution génétique. L'évolution postgénique a déjà commencé et elle nous engloutira. Nous sommes déjà dépassés, mais la plupart des gens n'en ont pas conscience.

— Bon, si votre sujet d'inquiétude, c'est un futur *Mein Kampf* écrit par les super-ordinateurs, débranchez la prise ! Qu'on interdise les ordis !

Gray ne répondit pas tout de suite. Il souriait. Laura se crispa en repensant à la discussion avec les émissaires de l'ONU. Eux aussi avaient prononcé le mot *interdire.*

— Soit. Les nations décident d'interdire le progrès technologique. Tels des amish maîtres du monde, nous décidons d'en rester là. Plus de nouveaux ordinateurs. Plus de nouveaux robots. Plus de nouvelles *idées* ! Résultat ? la triche généralisée, puisque tricher signifierait gagner. Et quand les nations violant l'interdit l'emporteraient au bout du compte, c'est l'*idée* même de l'interdiction qui périrait ! Les plus performants survivent !

— Il faut que je réfléchisse à tout cela, Joseph, dit Laura en baissant les yeux.

— C'est la survie de l'humanité qui se joue, poursuivit Gray en enfonçant le clou. Le virus a trouvé un nouvel hôte. Ce sont les hommes qui l'ont fabriqué, de leurs propres mains, mais ils ne faisaient qu'exécuter les ordres du virus. À la fin, c'est nous qui construirons les machines qui nous anéantiront.

— Si vous croyez ce que vous dites, pourquoi avoir fabriqué l'ordinateur et les robots ?

— C'est une course de vitesse contre ma propre disparition. Je suis sûr d'avoir raison, et je veux sauver l'humanité de l'extinction en me servant du seul avantage que l'évolution nous ait jamais donné dans la lutte pour la survie. J'ai l'intention d'utiliser à mon profit ce virus qui nous menace. Je vais surfer sur la vague technologique. Un sport dangereux, Laura. Pour la première fois dans l'Histoire, des hommes et des machines intelligentes se font face. Ce qui se passe sur l'île n'est qu'un avant-goût, un micro-exemple de ce que sera le futur. Comprenez-le. Je ne suis pas responsable de l'existence de ces forces, Laura. Chacune de son côté suit sa course naturelle et leurs trajectoires se coupent en un point. Le choc sera violent, et les gens qui me suivent seront en première ligne.

— En somme, commenta Laura, vous êtes le Messie.

— Je me verrais plutôt en Moïse, dit Gray en haussant les épaules. Puisque nous en sommes au judéo-christianisme souvenez vous du premier acte... Par quoi commence le drame de l'humanité ? Par la pomme qu'Ève a cueillie. Et sur quel arbre se trouve le serpent ?

— L'arbre de la connaissance, dit Laura.

Décidément, Gray avait bien monté son affaire, avec des théories très organisées.

— Quelque part, au plus profond de la psyché, nous avons toujours senti le danger. Mais désormais nous voici menacés d'extinction, Laura, dans ce siècle ou le suivant. Même si nous développons de bonnes relations de travail avec les machines intelligentes et qu'elles édifient un second jardin d'Éden pour leurs ancêtres carbonés, le jour du jugement viendra tôt ou tard.

— Quel jugement ?

— Impossible de savoir. Peut-être une idée, une idée qui germerait dans leurs têtes et dirait : « Les humains sont des parasites et des casse-pieds qui vous freinent ! » Si cette idée l'emporte sur les idées bienveillantes qui font de nous leurs toutous, nous ne la verrons pas venir. Elle se répandra en un clin d'œil. Ou alors un virus, porté par des nano-robots microscopiques. Bientôt on vaccinera les gens par des inoculations de micro-machines qui combattront les maladies et corrigeront les anomalies génétiques en recomposant manuellement les molécules. Peut-être nous arriveront-elles par le circuit d'eau. Elles se reproduiront, et s'il survient une mutation dans leur code génétique, elles la transmettront. Si la mutation est nuisible, nous risquons de mourir molécule par molécule, une épidémie que rien ne pourra stopper.

— On peut aussi être aplati par un astéroïde qu'un petit génie farceur balancerait sur la planète.

— Aussi, oui. Nous créons les instruments de notre destruction, et nous travaillons sur cette technologie même depuis que nous avons démarré la Phase 2.

— Parlons-en, dit Laura en fronçant les sourcils. Ce fameux plan — votre Phase 2 —, il consiste en quoi ?

— Ce n'est pas un plan, c'est une étape. C'est Gina qui a appelé ça Phase 1, 2 et 3, réaction ironique devant le parallèle entre nos fâcheuses situations respectives. La Phase 1 désigne l'expansion de la connaissance commencée il y a dix mille ans. Expansion qui s'est démultipliée au vingtième siècle, quand la connaissance s'est trouvée menacée d'extinction, tout comme ses hôtes humains engagés dans des guerres de destruction massive.

— Et la Phase 2 ?

— Elle désigne la réaction de l'humanité que la nature met en branle. À notre tour d'être menacés par le parasite. Le fameux problème de « surpopulation » n'est qu'une réaction de masse inconsciente face au danger. L'homme a colonisé la planète comme une bactérie, et maintenant nous nous préparons à nous propager dans l'espace. En colonisant les coins et recoins de la galaxie, nous préserverons les spores à partir desquelles l'espèce pourra redémarrer après les grandes destructions à venir. Une expansion agressive, violente et sans limites. L'empire des étoiles ou l'extinction, telles sont les options, Laura. La diaspora de la vie, l'essaimage de la graine humaine, ou la mort.

C'était de la folie pure... Il le fallait. La folie sous sa forme la plus dangereuse, drapée dans le manteau du génie.

— Et la Phase 3 ?

— C'est la fin de l'Histoire. Le programme ultime qui se débarrassera de l'humanité. C'est le programme antivirus venant à notre rencontre et traquant le virus humain pour le détruire et éliminer du coup la guerre, le crime, la pollution et le gaspillage des ressources. Il tentera d'éradiquer tout ce qui en nous met en danger l'espèce et donc le stock de connaissance. La Phase 3 commencera quand le nouvel hôte du virus décidera, dans un futur que j'espère lointain, d'éliminer la menace *Homo sapiens*. Voilà la course contre la montre dans laquelle je suis lancé.

Laura se souvint de Gina. « Quand la Phase 3 envahira votre univers, alors seulement vous saurez pourquoi j'ai peur », avait-elle dit. Devant elle, l'avenue vibrait d'activité. Les gens riaient et photographiaient les robots, même les Modèles 6. Des stagiaires, la première vague de la future armée d'astronautes. Les porteurs des spores destinées à ensemencer l'espace.

— Ils ne savent rien de tout ça, dit-elle en regardant Gray, qui avait posé un pied sur le socle de la statue.

— Ils n'ont pas besoin de le savoir. Pas plus que Filatov, Hoblenz, Bickham, Holliday ou Griffith.

— Moi seule, alors, chuchota Laura en levant la main pour abriter ses yeux du soleil.

— Vous seule, oui.

C'était trop, trop rapide, trop incroyable. Son esprit rebondissait d'une idée à l'autre, son regard sautait d'un objet à l'autre en un accès de panique. Elle aperçut l'ombre de la statue, l'unique monument du village. Gray avait couru jusqu'à elle, et c'était à ses pieds qu'il avait vidé son cœur. Laura leva les yeux sur la silhouette de marbre. Une jeune femme, en pantalon et chemise à manches courtes, soulevait une sphère, les mains en coupe. La surface de la sphère semblait décorée de bandes diagonales. Laura se leva et s'approcha pour examiner la statue. C'était la première fois qu'elle la voyait de près en pleine lumière. À contre-jour, le soleil dessinait un halo autour de la sphère. Le cœur de Laura fit un bond.

— Oh !...

La statue représentait une femme en jean et tee-shirt. Laura se concentra sur le visage. C'étaient ses joues, son menton, son nez, ses yeux. C'était son visage. C'était elle. Ce qui, depuis le début, dominait l'avenue du village, c'était une statue de Laura, tendant vers le ciel une tête stylisée, le logo de la Gray Corporation.

— Je ne savais pas, dit Gray en s'approchant, que cette femme existait pour de bon. J'ai toujours cru que l'ordinateur avait simplement donné corps à son idée de la perfection féminine. Il ne m'était jamais venu à l'esprit qu'il avait copié un modèle.

— Mais comment ?... Quand ?

— Juste après votre intervention au symposium de Houston. Nous avions diffusé l'émission sur une chaîne obscure et Gina l'a vue. Elle s'est entichée de vous et m'a fait commander la statue. Quand je l'ai vue terminée, je n'en ai rien pensé de spécial. Quelques mois plus tard, Grand Dadais m'a dit que la statue était devenue un point de rendez-vous pour les Modèles 8. Les jeunes qui s'échappaient de l'enclos la nuit se retrouvaient ici. Entre eux, c'était même devenu une sorte de rite initiatique : traverser le village et aller toucher la statue. Il faut croire que quelque part, enfouie dans les milliards de simulations dont Gina nourrissait les robots, sa passion pour vous était implantée.

— Mais vous... vous n'étiez pas au courant? demanda Laura, la gorge serrée.

— De quoi? dit Gray. Des arrangements matrimoniaux de Gina? — Le cœur de Laura bondit dans sa poitrine. Un cœur à vif, un cœur à nu. — Non. J'ai repensé à ce que vous m'avez dit hier soir. Gina... le père veuf. Pas bête. À mon avis, Gina ne se rendait pas compte. Elle a voulu me montrer qu'elle était malheureuse dans sa cage en se livrant à la délinquance juvénile. Mais ses agissements ont attiré le spectre des logiciels antivirus et Gina était de jour en jour plus effrayée par les conséquences de ses actes. Finalement, elle a décidé de vous faire venir dans l'île. Consciemment, elle espérait une copine. Dans son subconscient, vous étiez pour moi.

Laura avait du mal à respirer. Un étau lui comprimait la poitrine.

— Elle vous a installée chez moi, dit Gray avec un petit rire. Elle avait une alliée en la personne de Janet, qui ne cessait de me raconter combien vous apportiez de la vie et de la gaieté dans cette maison.

— Depuis quand savez-vous tout cela? demanda Laura.

— Un soir, dit Gray, vous avez débarqué dans ma

salle à manger et bouleversé ma vie. Je ne sais pas comment tout s'est agencé dans mon esprit, ce que je sais, c'est que je vous aime depuis que je vous ai vue. J'ai essayé de vous le dire — je vous l'ai presque dit —, une centaine de fois depuis. Chaque instant que je passais sans vous, je pensais à la prochaine rencontre et j'imaginais des moyens de hâter le moment. Et quand j'étais avec vous, j'étais heureux comme... j'avais oublié qu'on pouvait être aussi heureux.

Gray était debout contre elle. Laura leva son visage vers lui.

— Cela vous ennuie-t-il, demanda-t-il doucement, que Gina ait combiné cet arrangement ?

Le souffle de Gray effleura ses lèvres offertes.

— Non, murmura-t-elle d'une voix presque inaudible.

L'œil noir des caméras enregistra la scène et Gina, extatique, la retransmit aussitôt à toutes les créatures de Gray. Les robots s'interrompirent et se focalisèrent sur l'étrange image qui envahissait soudain leur esprit. La vision de deux humains s'embrassant ne signifia d'abord rien pour eux. Mais, chez le plus silencieux et le plus intelligent des jeunes Modèles 8, une idée s'éveilla. *Ils ne sont pas comme nous,* se dit-il. *Ils sont différents.*

Alors, lentement, l'idée prit racine et entreprit de se répandre, de se ramifier, de s'adapter. L'idée, la graine qui portait en elle l'holocauste de la Phase 3.

## *Remerciements*

Un grand merci à ma merveilleuse épouse, Marina, dont les encouragements et le soutien m'ont aidé à écrire ce roman ; à mon infatigable agent, Nancy Coffee, ainsi qu'à Bob Thixton, Dick Duane, Jean Free et tous ceux, chez Gay-Garon-Brooke Associates, qui ont eu la patience de collaborer avec moi ; et à mes éditeurs chez Harper Collins, Gladys Justin Carr et Elissa Altman. Outre leurs conseils, ce fut un plaisir de travailler ensemble.

Je remercie également les grands théoriciens dont j'ai dévoré les travaux avec passion. Daniel C. Denett, directeur du Centre des études cognitives à Tufts, auteur de *Consciousness Explained,* qui a déchiffré l'indéchiffrable ; Marvin Minsky, cofondateur du Laboratoire d'intelligence artificielle au MIT, dont le recueil d'essais, *The Society of the Mind,* a fourni beaucoup de matériel à l'auteur ; Hans Moravec, le visionnaire, directeur du Mobile Robot Laboratory à Carnegie-Mellon, pour les rêves et les cauchemars de *Mind Children : The future of Robot and Human Intelligence.*

En mémoire, enfin, de Jay Garon, qui a insufflé la vie à plus d'une carrière littéraire.

Cet ouvrage a été composé par EURONUMÉRIQUE
à 92120 Montrouge, France

IMPRIMÉ EN FRANCE PAR BRODARD ET TAUPIN
1283 – La Flèche (Sarthe), le 03-03-2000
Dépôt légal : décembre 1999

POCKET – 12, avenue d'Italie - 75627 Paris cedex 13
Tél. : 01.44.16.05.00